滄海叢刊

佛學研究

周中一著

1988

東大圖書公司印行

佛學研究
編號 E22001
東大圖書公司
©佛學研究

作者 周中一
發行人 劉仲文
出版者 東大圖書股份有限公司
總經銷 三民書局股份有限公司
印刷所 東大圖書股份有限公司
地址／臺北市重慶南路一段六十一號二樓
郵撥／○一○七一七五一○號
初版 中華民國六十六年三月
三版 中華民國七十七年十月
編號 E22001
基本定價 伍元壹角壹分
行政院新聞局登記證局版臺業字第○一九七號
著作權執照臺內著字第一○六六六號

前言

佛敎在中國已有兩千餘年之歷史，與儒家思想及老莊思想，滙成中華文化之主流。上至帝王，下逮平民，皆爲佛光所被。近世紀以來，邪說亂世，正敎陵夷。昔時所賴以維繫人心，安定社會之傳統文化，名存實亡，良爲可惜。佛學義理，本致廣大而盡精微，極高明而道中庸。談體性則凌駕一切哲學之上；談自然則深合一切科學原理。筆者初嘗法味，覺一切學科，皆三藏十二部之註釋。曾就見聞所及，隨時筆記。並將原稿影印發行。名曰佛學散記。惟倉猝問世，訛誤實多。年來續有所記。爰將前後稿本，合併整理付印。並更名爲佛學研究。計分六篇。第一篇爲概說：將佛學與各種有關形上學說作比較之研究。第二篇爲法性；就與本體問題有關之哲學、科學與佛學，作整體之研究。第三篇爲法相：所研究者爲宇宙之自然現象，凡生理、物理及生命問題等均屬之。第四篇爲心法：專談心性問題。第五篇爲行持：泛談修養問題。第六篇爲附篇：包括譯著與名相簡釋及紀事雜記等項，以供研究之參考。各篇內容，本互有關聯，難截然劃分。故只能採用重點主義。有關同一義理之經論及先賢語錄，均廣徵博引，以求說理明徹。偶有參加個人意見之處，力求符合經義與不違反哲學與科學。文字亦力求簡明通俗。其中間有與先德言論不盡符合之處，只存懷疑探究態度，非敢標新以立異也。第一義諦，本不可言說。筆者自慚譾陋，何敢妄談佛學。但信解爲學佛之初步工作。苟理有未明，則研究工作，亦不能少。用敢輒陳鄙見，以就正於有道。

周中一記於臺北寓所

佛學研究 目錄

第四篇

第一篇　概　說

佛法簡述

佛字係梵音佛陀之簡稱，義爲覺者。有自覺、覺他、覺行圓滿三義。與大學之三綱領完全相同：自覺即明明德；覺他即新民；覺行圓滿即止於至善。法字梵音爲達摩；相當於道字。有任持自性與軌範他解二義。如水有濕的自性，火有熱的自性，此爲水火一定的軌則，不能作相反之解釋。法字之範圍甚廣：包括感官所能觸對之一切有爲法；及感官所不能觸對，乃至言語所不能道，思慮所不能緣之無爲法。前者爲現象界之一切事物，後者爲無形無象之本體界。即易所謂形下與形上也。佛法二字之涵義：爲覺知宇宙間一切法則，而求自我（自覺）與各類衆生（覺他），在不同的時空以內，均能自在無礙。（覺行圓滿）

宇宙之現象，不外精神與物質二者，自我則爲二者之總和，故生活環境與其所需求者，亦不離斯二者。必須保持平衡，始得自在無礙。惟物質有成、住、壞、空。軀殼有生、老、病、死。物理、生理，既有變遷，心理亦難保持平衡，不免心爲形役。故人類最大問題，莫如解脫生死。此一問題，爲心理的，而非物理的與生理的。心爲精神之主宰，佛法爲修心之法。欲求解脫，捨學佛而外，實別無他途。

覺性爲人人所本具，一闡提（不信佛法者）皆有佛性，所以人人皆可成佛。只因爲物欲所蔽，自性無法顯露。故佛家之修持方法，只在排除雜念。卽能明本自心，見自本性，證得佛果。孟子所謂：「萬物皆備於我，反身而誠，樂莫大焉」。卽足以說明此理。佛教是以心爲主體，一切反求諸巳，不假外在之力。我欲仁，斯仁至矣。放下屠刀，立地可以成佛。不同於其他宗教，自視甚卑，必須求助於莫須有之天神。教徒之崇拜佛像，只是尊師重道之意，非有所祈禱也。同時借拜佛以集中心意，以排除雜念，亦修行方法之一種。中國人祭祀祖先與先賢，皆有拜跪儀式，各宗教對於教主，亦莫不皆然。習俗如此，非爲崇拜偶像也。至於禪宗，則並此儀式，亦不重視。

唯物論者謂神爲欲望所產生。因人類對自然界各種現象，無法瞭解；對自然力量，無法抗拒。遂認自然界一切，均爲神所支配。希望消災獲福，而人力有所不逮，不能不求助於神，因之而有祈禱。唯神論之宗教，均係如此。如婆羅門教所信奉之梵天，卽係具有完全人格之造物主。長阿含十四梵動經云：「我爲梵天；爲大梵天；爲勝者；爲不敗者；爲全智者；爲管理者；爲自在者；爲作者；爲計畫者；爲最勝者；爲分配者；爲過去未來之聖父。一切衆生，由我而作」。此種獨尊思想，原係起於專制時代。一般人習見君主操生殺予奪之權。遂以人類統治形態，比擬天神。凡屬信徒，皆爲神的奴隸。佛敎一反專制時期之獨神思想，以平等爲口號。是一種反獨裁，反專制的革命宗敎。現在民主國家，將此種革命精神用之於政治，而不能用之於宗敎。是對於精神生活之自由，不如現實生活之重視。

中國佛學，在道安以前，附屬於老莊學說以逐漸發展，卽當時所謂格義。然於佛法之眞諦，尙不能完全表詮。因前此中國語文，無法說明此高深之形上學理也。自姚秦時鳩摩羅什來華，歷陳、隋時代，譯經者多。佛學思想，已漸近獨立時期。由眞諦三藏至玄奘大師宏揚法相時期，譯經語文，採用邏輯組織，始完全脫離中國傳統語文形式，而回到梵文之本來面目。加之此一時期科判註疏之風特盛，以科學方法研究佛學。使經論語文，另具獨特之風格。天台、華嚴兩家之判敎，復從印度佛學中抽繹其精義，以配合中國之思想形式。故佛敎來華，幾八百年之發展。主持譯事者，皆當時傑出人材，文學造詣甚深。而譯經時皆捨而不用。另用艱深之語文以表詮佛法。蓋不如此不足以契合博大精深之佛理也。在各國語文中，中國所用之佛經語文，實爲唯一足以說明佛學之語文。

哲學科學宗教與佛學

哲學問題之來源有三：一爲自覺的我，一爲客觀的宇宙，一爲自我與宇宙之關係。卽生命（生理）問題，知識（心理）問題，宇宙（物理）問題，以及三者之關係。科學家與宗教家所研究者，亦不出此範圍。惟哲學之目的：在了解自我與宇宙之整體問題，重視綜合的研究；科學家之目的，在了解各個事物之個別問題，重視分析的研究。前者失於空洞，後者失於零碎。一般宗教之目的，在調整自我與宇宙之關係，重視教條的研究，又失之於盲從。惟佛家係以學理爲依據，以澈悟爲印證。解行相應，心與境冥。非其他哲學之空洞，科學之零碎，宗教之盲從。故佛學合乎哲學，而哲學不能盡攝佛學。因哲學不必求證，而佛學可以求證。佛學合乎科學，而科學不能盡攝佛學。因科學只求物證，而佛學可以心證。佛學合乎一般宗教，而一般宗教不能盡攝佛學，因一般宗教只重信與行，而佛學則兼重解與證。

自然科學，建立在客觀上；精神科學，建立在主觀上。故自然科學知識，係透過感官所得，向外把握對象。智慧是無對象而以主觀爲主的知識。科學拘限於一種境界以內，愈深入而境界亦愈狹。哲學則能涵蓋一切，可將各種科學貫通而成爲統一的體系；且能引導科學作更廣泛之深入。故科學問題爲個別問題，哲學問題爲整體問題。

哲學之目的，均在研究超現實之形上問題，中西哲學，皆同一指標。但西方哲學在求知解，只須說理符合邏輯。屬於思辯哲學。東方哲學在求行解，一切須爲體驗所得。屬於實踐哲學；同時亦爲實證哲學。如儒家之格、致、誠、正，佛家之明心、見性，皆爲證悟境界。化知識爲情感，化情感爲理念。使心物一如。此爲中西哲學所不同之點。因最高之智慧，不能憑知解以求得。換言之：卽不能以感覺世界之常識，探索本體界之眞象。故希臘神像，係眼向外視。而佛像則係眼瞼低垂，向內反視，卽足以代表兩種不同之意義。宇宙不在心外。收視反聽，則內外合一。向外探索，非爲物累，卽墮頑空，不足以體證眞如。蘇格拉底謂「智慧是向內的知識，不是向外的知識」。此言深合佛理。

西方哲學，因其向外探索，自視甚卑。故一切仗託於神力，重視禱告。中國儒家精神，則以人爲主體：可以贊天地之化育，可以與天地參，可以上下與天地同流。以及王陽明之天人合一。均視自我與宇宙，並無主體客體之分。佛家更進一步的主張萬法唯心。惟一切求之在我，則兩家之主張相同。孟子所謂：「求則得之，舍則失之。是求有益於得也，求在我者也」。與佛家之自淨其意，皆不主張向外馳求。

西方哲學所研討者，計有三種：一爲自然問題；二爲知識問題；三爲人生問題。佛家所談者，亦不外此三種問題。性宗詳於自然問題；相宗詳於知識問題；律宗詳於人生問題。實則三種問題，各宗均曾談及，惟詳略彼此不盡相同耳。西方哲學談及自然問題，不離唯心、唯物、唯神三種；佛家則爲非心非物、卽心卽物之心物一元論。西方哲學談及知識問題，不離理性與經驗兩種；佛家則認爲識心（經驗）與正智（理念）本爲一體，因受生活經驗之熏習而有差別。（知見立知）西方哲學談及人生問題，不離現實生活之價值觀念；佛家則重視治心與觀心工夫。自然哲學；包括本體論與宇宙論兩種；知識哲學，包括認識論與邏輯學兩種；人生哲學，包括價值論與社會學兩種。上列六種，在西方哲學中，均爲各別獨立之學科，而缺少統一性。佛家則爲開三合一，互有關聯。雖千頭萬緒，而以心爲樞紐。最後則爲平等一如。故佛學實含攝一切哲學。

西方哲學之唯心論，認爲思惟原理與存在原理同一性質，卽論理的意義與究極的存在意義，其背境均存有價值原理。此與佛家之唯心論大異其趣。佛家雖主張萬法唯心，本體上的眞如與現象的生滅，只有體用之別，皆不離一心。但眞如境界，是絕對待的。一切世法，皆有對待。乃至語言思慮，皆生於經驗，不能用以說明絕待之眞如境界。眞如乃超越論理的價值，只能由體驗以得之。所謂「如人飲水，冷暖自知」。故西方哲學，只在求知解與說理圓融。佛家則重在證悟。此二者之重要分野。

西方哲學中談宇宙問題之唯心論，與談意識問題之觀念論，二者之意義，頗相類似。但實際上則有分別。唯心論係以自我爲範型而向外界投射，乃主觀的客觀化。觀念論將外界吸收於自我中而融化之，乃客觀的主觀化。此兩者不同之點。唯識家所謂唯識變與唯識現，係認外界事物皆由吾人識心所變現，卽相當於西方哲學之唯心論。禪宗之直指人心，見性成佛，與淨土宗之反聞聞自性，係但求自我之自覺，則客觀環境，亦隨之以淨化。卽相當於觀念論。前者以能攝所，是由內而外；後者攝所歸能，是由外而內。先後次第，容有不同。但兩者之結果，實殊途同歸：卽能所不二，物我一體。不似西方哲學之各爲體系也。

西方哲學之唯實論，謂諸法歷時久必至壞滅，空間則局於一處，故虛而不實。但物雖壞滅，其共相仍存（概念）。例如桌子的佔有時間與空間，均有限度。但桌子的概念，普遍常存。唯名論以共相不可見聞，唯名無實。唯實論執名爲實，乃離識之遍計執。因名言不可代表實際事物。故不可執爲實有。唯名論相當於諸法但名宗。尙無離識之遍計執，自係較爲進步之說。

西方哲學之機械論，以原子與結果之盲目的與必然的聯結，爲事態原理。希臘初期之原子論，亦卽機械論。首創者爲盧吉蒲及門人德謨頡利圖，謂一切事態變化，皆成於運動歷程：一半由於諸原子之自由降落活動；一半由於原子彼此互相推壓衝撞所生之變化。近代之霍布士、黑格爾等唯物家，均傾向於機械論之思想。乃至一元論之形上學家斯賓諾沙，亦謂原因與結果爲機械的聯結，彼此銜接，非意志所能予以間斷。二十世紀初期，擧凡生理學、心理學、社會學，皆可依物理學、化學之原則公例以探討。甚至心靈現象，亦依機械論概念解釋一切。近數十年來，對於機械論所持之普遍中效性（效準）之說，發生動搖。因機械論不能適用於無限大之天體與無限小之極微。如水星之軌道運行，不能以牛頓力學之定律爲之說明。核子之跳躍，不循一定之途轍。物理如此，其他可知。至是而機械論不攻自破。佛家之因果律與機械論似同而實異。蓋機械論認因果爲必然性，有是因必有是果。佛家於因果之中尙多一緣的關係，對事物有極大的影響力。心法之生起，必須具備增上緣、所緣緣、次第緣三種；色法之生起，必須有增上緣。以植物爲例：種子雖有能生之功能，此因也。如無水、土、日光、空氣之助緣，其芽不生；遇有災害之逆緣，亦不能生。其關係錯綜複雜，在在足以破壞因果之必然性。故過去雖種惡因，倘遇順緣，可使惡因不起現行；過去雖種善因，倘遇逆緣，可使善因不起現行。佛家之所以重修行，卽所以順善緣而伏惡緣。以改善過去之因，兼長未來之善。非機械論所能比擬也。

認識多元論對外界條理，認有四種：一爲原子性：所謂原子，非指實質上之原子，而是指構造上有分段的可能性，亦卽可斷性。如空間可分爲點，時間可分爲瞬。但空間並非集點而成，時間並非集瞬而成。其他一切事物，當然可作同樣看法。原子性亦可稱爲單體性，亦可稱爲個體性。二爲連續性：卽兩種事物能互相擴及，且能擴及第三者。換言之：卽不斷的可能性。如數學上的一，可分爲無限的多。故多中含有一，一是由原子性而成，多則由一的連續性而成。此種連續性是無限的。一個生物的生長，須依靠四週的質料；離開四週的質料，不能自給自足。數學上的多，卽由多數的一所連續而成，與此同一原理。三爲創變性：卽每一組織，在本身卽是一個新的事物。凡有變化，均是有所創新。此種新的創生，必歸之外界確有與之相應者。四爲可塑性：此種可塑，並非外界事物本身的可塑，而是由感覺的塑造性，在意識上塑造事物的形像。其實此種認識，佛家早已言之。所謂原子性時空非爲集結體，只有可分性，卽一爲無量之意。惟多元論係由物理透視時空。如在時空以內，無一事物之塡充，則時空均不可得，更何可分。因一切時空，皆由事物之無常所顯現也。佛家之一與多，係就性相之關係言。較多元論之說，更爲澈底。所謂連續性，事物的相互擴及，即前段之補充說明。證以事事無碍之理，則色法亦具有此種特性。所謂創變性：變化的創新，即佛家之所謂無常。一切事物，均在成、住、壞、空四相中流轉，無時不變，無物非新。心法之生滅亦然。所謂可塑性：即熏習之謂。衆生隨多生之熏習而改變其個性，非有客觀之標準也。又亞納薩哥拉士之物種論，謂於諸元素之外，有一精神原理，號曰奴士，其作用爲簸動物種，使之分合變化，以成萬物。其說亦類似安培鐸克爾所謂愛與恨之作用。所不同者，奴士爲單純之精神活動，相當於靈魂之說；愛與恨則爲由情感所生之業力，亦即含有可塑性者。

新柏圖派之創始人普羅泰魯斯，認精神、靈魂、肉體爲哲學中之三體。肉體爲感官所覺知之世界；靈魂爲具有精神與時間之世界；精神爲完全實存之世界。現象世界，根本無實在。靈魂非存在之高峰而爲中點，因其聯絡精神世界與現象世界也。靈魂從精神所流出而爲物體，精神是理型，靈魂是觀念，物體則爲形式。由形式進入觀念，由觀念進入理型。理型之於理性，乃是神的反映。宇宙與人類，均爲神的流出。上帝自行流出而成宇宙與人類。人類自神流出，自必重歸於神。人類的靈魂與身體之結合，乃是一種墮落。人類應履行普遍的德行以求靈魂不爲肉體與感覺所支配，與神合一。其說與佛理完全相通。如將上帝二字與神字改爲法身或法性等，即可置諸內典中以亂眞。惟非本諸新舊約。特借哲學理論以牽合其宗敎耳。

儒釋道之異同

儒主入世，道主出世，各走極端。佛主先出世而後入世，又主張由入世以出世。其出世而非厭世，入世而非戀世。可以救儒道二家之偏。儒家所謂下學而上達，及上下與天地同流，與天地參，贊天地之化育等，其思想爲一切皆有的人本主義，只談生而不談死。與希臘哲學頗能相應。老子之思想，爲攝有以返無，否定一切現象界之價値。如剖斗折衡，絕聖棄智，皆其精神之表現。魏晉時解老者謂其崇無以賤有，非無據也。但莊子思想，則不盡同於老子。莊子謂虛空以不毀萬物爲實，是並不否定現象世界。頗接近大乘佛法之思想。故佛教入中國以後：第一步與道家之超脫思想結合；第二步與儒家之救世思想接合。所不同者，佛家的精神：在不變而隨緣，雖超脫而不捨世法；又隨緣而不變，雖入世而不染汚。可以救儒老之弊而無其短。儒家認爲離去物理世界，一切皆不可觸摸，近於虛玄。故不免捨心而論物，一切惟求形似。老子認爲物理世界，一切皆爲道障，過於汚濁。故不免捨物而論心，一切落於虛玄。佛家先建立十二因緣及四諦法門，以說明流轉世界因緣生法之理，指示出苦之道。復建立阿賴耶識，說明熏習功能與因果法則。現象界一切事物之生滅變化，皆歸之於一心；六度萬行之修持法門，亦不離一心。故世出世法，等無差別。思益梵天所問經云：「聖人無所斷，凡夫無所生。是二不出於法性平等之相」。煩惱卽是菩提，在感情淨化以後，一切皆納入性海之中，是萬法歸於一也。

現象世界，一切無常；本體世界，則係恒常不變。佛家所謂眞如、法身、涅槃，均係以永恒爲最後歸宿。達此境界，卽獲得最高智慧，所謂阿耨多羅三藐三菩提是也。道家與儒家所求者，亦係此最高歸宿與最高智慧。老子所謂「復命曰常，知常曰明」。上句指法身言，下句指菩提言。老子對千差萬別之現象，認爲同出一源。如曰：「玄同出異」。玄卽指本體而言；出卽指現象而言。亦如佛家之性相與理事也。老子對於此種差別之相，抱定捨棄態度，類似小乘之沉空滯寂。儒家凡所謂天，皆指本體界而言。其最後歸宿，與佛老同。其所謂明德與明命，亦佛家之所謂菩提也。惟儒家之一切活動，則拘限於現象界之開物成務。並以邁進的精神，將一切事物，投入時間以內，成爲永無窮盡的創造歷程。「創業垂統，爲可繼也」。所謂「天地之大德曰生」，與「生生之謂易」，卽係說明生命之相續無窮。老子將一切現象（出異）均置諸空間以內，必須回到本源處，拋棄出異的一段時間，始能復其本常。儒家重視時間，而將空間的變易，以時間加以連續。如父作子述，垂統相繼，乃異體相續。此與老子之復命，佛家之生命流轉，均不相同。佛家對於時空二者，視爲心不相應行，乃不卽不離態度。老子捨時間而獨取空間；儒家則捨空間而獨取時間。孔子稱爲聖之時，亦可作此解釋。但老子之消極思想，類似小乘之灰身泯智。儒家之入世精神，能契合大乘佛法。所謂人與天地參，卽金光明最勝王經之所謂：「不捨於俗，不離於眞」，及「平等無異」之謂。以人贊天地之化育，卽「依於法界，行菩提行」之精神也。

老子對於本體與現象之關係，與儒家之乾坤，佛家之性相，同一觀點。其所謂：「一生二，二生三，三生萬物」。係由絕待之一以生萬殊。亦如孔子所謂：「吾道一以貫之」。佛家所謂：「無量義者，從一法生」。老子之所謂「復命曰常」，易所謂「復其見天地之心乎」。亦如佛家之轉識成智。是儒釋道三家之基本觀點，原係一致。惟在行持上略有差異耳。魏晉以前儒家，出入於孔老之門，或過於積極，奔走於利祿之場而忘其所本；或過於消極，任運而無所爲。自佛法東來，孔老之學者，多入於佛。非無因也。蓋孔涉因緣，重於入世；其嚴於治身，則似佛家之戒。老主自然，重於出世；其精於忘我，則似佛家之定。二氏各執佛家之偏，故不易爲各階層所普遍接受。惟佛教三學並重，其五乘教義，自人天以至等覺，自入世以至出世，無所不包。故能三根普被，盛行中土。宋孝宗原道論主張以佛修心，以道修身，以儒治世，此調和三教之說也。其實大乘佛法，出世入世，無不相宜。

儒家認宇宙以生爲目的，故一切德目，皆奔赴生之目標。孔子曰：「未知生，焉知死」。是談生不談死也。中庸云：「大哉聖人之道，洋洋乎發育萬物，峻極於天」。是以生爲道也。周子云：「聖人在上，以仁育萬物，以義正萬民」。是以生爲仁也。程子云：「天地之大德曰生」。是以生爲德也。邵子云：「夫變也者，昊天生萬物之謂也；權也者，聖人生萬民之謂也」。是以生爲權變也。故研究儒家哲學，當從此處着眼。因重生而重視世法，此其與佛家精神相同之點；因重生而避談出世法，此其與佛家精神不同之點。

日僧願曉謂：「凡夫不知生死而入，二乘知生死而捨。菩薩知生死而不捨異二乘，入生死而不着異凡夫」。（金光明最勝王經玄樞）佛家認生死原爲不一不異，蓋知生必有死，而死可再生也。莊子云：「方生方死，方死方生」。此亦生死相同之意。儒家之談生不談死，若引伸莊子之義：則言生而死亦包括在內。「生生之謂易」，上一生字，係指過去之既生而言；下一生字，係指現在之方生而言。雖不言死而死在其中。如種死而芽生，芽死而種生，卽生生之變易也。中庸之所謂「贊天地之化育」，化者變也、育者生也。故生生之與生死，化育之與生死，皆同一理。不入生死，不捨生死、順乎理性，與天地參，故云贊也。孔子所謂：「未知生，焉知死」。亦可解作因生死本爲一事之兩面看法，知生則知死也。證以「朝聞道，夕死可矣。」之說。是善生卽所以善死也。

家語載：「子貢問於孔子曰：『死者有知乎？將無知乎』？子曰：『吾欲言死者之有知，將恐孝子順孫妨生以送死；吾欲言死者之無知，將恐不孝之子，棄其親而不葬。賜不欲知死者有知與無知，非今之意，後自知之。』」是孔子之不言死，恐妨世法也。從其「後自知之」一語推究：後字如解作生後而言，卽係死後自知。如解作將來而言，定係俟子貢學養工夫再進，始能了知。生前既能證知死後情形，則死後卽非無知。故「後自知之」一語，卽係死後有知之謂。所不明言者，恐人墮斷常之見耳。易曰：「夫大人者，……與鬼神合其吉凶」。既有鬼神，死後豈得無知。惟子貢未履大人之域，尙不足以語此耳。

以上是泛言三教問題，其實三教異同之處，尙不止此也。以下當再就各家所重視的問題及其學說，分別言之。

仁　義

仁義二字，爲儒家作人指標。仁指內心之修養而言，義指行爲之合理而言。故仁爲萬善所從出之理念，相當於佛家之菩提。仁又爲覺知的本體，亦卽超越經驗的最高智慧。相當於大學所謂明德。其發乎外者則爲義。蓋仁爲理而義爲事也。孔子稱顏回「其心三月不違仁，其餘則日月至焉而已」。所謂不違，所謂至，便是指心證境界而言，不假外在的事象加以說明。故弟子問仁，孔子皆答以不知。有時指忠恕爲近道，而不直接解答仁字之含義，以仁在內而非在外也。韓愈原道篇謂：「博愛之謂仁」是僅將仁字作有爲法解釋。愛固然本乎仁，但不足以盡仁字之用。「回也其心三月不違仁」，宜與「回也其庶乎屢空」一併研究。所謂其庶乎，指庶乎近道而言。何以知其近道？因其能空諸相也。此處空字，當作動詞用，係遣相之空。所謂三月不違仁，亦指屢空而言；所謂屢空，亦指三月不違仁而言。註釋家均以屢空爲困窮，是物空而非心空，是所空而非能空。窮而近道，則乞丐皆聖人也。其說不通之至。然則何以將空字解作困窮？因下文有子貢貨殖之語。遂誤以貨殖可以致富；富的反面，當然是窮。不知孔子斥子貢之貨殖，謂其逐物也。心爲物累，則不能空。空則不爲物累。能空則近道，此孔子所以贊顏子而斥子貢也。

文殊師利云：「菩提性空」。所謂三月不違仁，與屢空意義，極爲近似。不違仁便是空，空便是不違仁。屢空卽常空之義，延續至三月之久，可謂常矣。仁遠乎哉？我欲仁斯仁至矣。只在欲之常與不常耳。常則能持續至三月之久，不常則日月至焉而已矣。

希臘哲學，以智慧爲主腦；中國哲學，以仁爲主腦；佛家哲學，則兼斯二者。如菩提與佛，皆譯爲覺；般若譯爲智慧。皆智也，其中亦有仁焉。因菩提分爲兩種：一爲緣事菩提，以四宏願爲方便；一爲緣理菩提，以上求下化爲目的，皆重在度生，此仁也。自覺、覺他、覺行圓滿，始稱佛陀，亦仁也。六度首重施捨，亦仁也。是無在而非智，亦無在而非仁。大乘之普度衆生，必須悲智雙運。所謂漚和般若、（方便智度）菩提薩埵，（覺有情）義卽在此。故有仁無智，或有智無仁，皆失之偏，非大乘佛法也。然此所謂仁，指狹義之博愛言，廣義之仁，原係包括悲智二者。

易以乾元爲萬物之本體。楊慈湖謂：「乾元在人而名爲仁，卽是本心，萬善自此發現，故曰善之長」。明儒徐魯源曰：「惟仁者性之靈而心之眞」。易於乾言仁而曰大明，故仁有明覺之義。大學之明明德，卽指仁而言。熊十力以仁爲本心及吾人與天地萬物所共同具有之本體，不爲無據。是仁卽第一義諦也，故不可言說。孔子對弟子問仁，只令在事上致力，由工夫而悟到仁之本體，從不顯說何者爲仁。其比較具體的爲答顏淵問仁之克己復禮。（禮與理通）克己者無我也；復禮者見性也。無我則不爲物累，故能見性。經云：「三世諸佛，依般若波羅蜜多故，得阿耨多羅三藐三菩提」。乃遣相卽證菩提之謂，卽克己復禮之意。王船山以爲必先復禮，才克得己，即證菩提者無我相之謂，是就果位而言。論語云：「君子無終食之間違仁」，以及顏子之三月不違仁，皆所以說明仁爲內在的而非外在的，與義字的意義相反。孔門往往以忠恕二字詮仁字，如曰：「夫子之道，忠恕而已矣」。「忠恕違道不遠」。「強恕而行，求仁莫近焉」。通常以忠於國，忠於君、忠於事爲忠，此淺乎言之也。大戴禮記謂：「知忠必知中，知中必知恕」。（另詳）知中卽廣大宇宙入乎其中，指心體而言；知恕卽內外合道之意，卽所謂「盡己之性；盡人之性；盡物之性」。盡己忠也；盡人盡物恕也。佛家之我法兩空，卽此境界，是爲仁之本體。

宋儒將仁字作生字解釋。如周子云：「天以陽生萬物，……仁也」。程子云：「醫書言手足痿痺爲不仁，此言最善名狀，仁者天地萬物爲一體也」。又曰：「萬物之生意最可觀，以元者善之長，斯所謂仁也」。朱子云：「如萬物收藏，何嘗休了，都有生意在這裏面，如谷種桃仁杏仁之類，種着便生，不是死物，所以名之爲仁，見得都是生意」。又曰：「天地以生物爲心者也，故語心之德，雖其總攝貫通，無所不備。然一言以蔽之，則曰仁而已矣。……蓋仁之爲道，乃天地生物之心」。儒家亦有時以仁爲萬善之總體，將一切德行，皆包涵於仁之內。如張子云：「仁總天下之善」。程子云：「聖人以仁爲己任」。朱子云：「聖人只敎人求仁，蓋義、禮、智、信四者，仁足以包之」。又曰：「孔門之學，求仁爲先。蓋此是萬理之源，萬事之本」。仁既爲生，又爲萬善之總體，故仁爲儒家哲學之中心。

根據天地以生爲目的之原則，實踐仁字的工夫，應與萬物爲一體，使各得其生。如有人、我之分，在一體之內，氣不貫通。自不免手足痿痺。張橫渠云：「天體物不遺，猶仁體事物無不在也。禮儀三百，威儀三千，無一物而非仁也。昊天曰明，及爾出王；（往也，上聲。）昊天曰旦，（亦明）及爾游衍，（寬縱）無一物之不體也」。程伊川云：「仁者以天地爲一體，莫非己也。認得爲己，何所不至。若不有諸己，自不與己相干。如手足不仁，氣已不貫，皆不屬己。故博施濟衆，乃聖人之功用。仁至難言。故止曰：『己欲立而立人，己欲達而達人，能近取譬，可謂仁之方也矣』。欲令如是觀仁，可以得仁之體」。陽明云：「大人者，以天地萬物爲一體者也，其視天下猶一家，中國猶一人焉。若夫間形骸而分爾我者小人矣。大人之能以天地萬物爲一體也，非意之也，其心之仁本若是。……是故見孺子之入井，而必有怵惕惻隱之心焉。是其仁之與孺子而爲一體也。孺子猶同類者也。見鳥獸之哀鳴觳觫，而必有不忍之心焉，是其仁之與鳥獸而爲一體也。鳥獸猶有知覺者也，見草木之摧折，而必有憫恤之心焉。是其仁之與草木而爲一體也。草木猶有生意者也。見瓦石之毀壞而有顧惜之心焉。是其仁之與瓦石而爲一體也」。儒家一體之仁，卽佛家之無緣大慈，同體大悲。所不同者：儒家之目的，止於求生；然生意又有時而盡。莫能相代。痿痺不仁之現象，遂無在蔑有。因生必有死故也。大乘佛法之精神，則在了脫生死。不僅具有與萬物爲一體之心理，且能實證與萬物爲一體之境界，因生死皆不着故也。

孟子義內之說，頗相當於唯心論。所謂「仁、義、禮、智，非由外鑠我也，我固有之也」。卽性具之謂。「是集義所生者，非義襲而取之也」。亦所以說明義內之理。朱註謂集義猶言積善」，卽事事皆合於義以成浩然之氣。並非行事偶合於義，便襲取於外而得到浩然之氣。依此解釋，則集義爲事事皆合於義，含有多數之意。義襲爲偶合於義，含有少數之意。因義行之多少不同，而浩然之氣，亦有有無之分。與「我欲仁，斯仁至矣。」之說不合。朱子係誤以集爲多，與多相對者卽爲少，遂以義襲爲偶合於義。集固可解作多，襲則不可解作偶。其說牽強不可從。按集與止字可以通用。如「色斯擧矣，翔而後集。」之集字，與「緡蠻黃鳥，止於丘隅。」之止字，卽同一解釋。詩周南「黃鳥于飛，集於灌木」。唐風「肅肅鴇羽，集於苞栩」。傳：「止也」。禽經：「獨鳥曰止，衆鳥曰集」。古書中所用之止字，相當於佛家之安住與安忍。如「止於至善」；「於止知其所止」；「穆穆文王，於緝熙敬止」。及止於仁，止於敬，止於孝，止於慈等，均有安止之義。故集字應作安集(止)於義解釋，指內心本具之理念而言。義襲之義，指行爲之形式合於義而言。二者有理事之別。中庸所謂：「喜、怒、哀、樂之未發謂之中」。卽相當於集義；「發而皆中節謂之和」，卽行爲之義。孟子主張義內，卽係重視內在的修養，而不專重形式也。此與佛家唯心之精神完全相合。

荀子謂：「約定俗成謂之宜，異於俗則不宜」。卽行爲爲習俗所公認者卽是義，原無一成不變之標準。然世風愈下，習俗澆漓，馴至仁與義脫節。因之而有集義所生，與義襲而取之不同。莊子曰：「是非之彰也，道之所以虧也，道之所以虧，愛之所以成」。又曰：「仁義之端，是非之塗，樊然殽亂，吾惡知其辯」。人爲的行爲軌範，隨時變遷，無絕對之眞理。故是非不易確定。老子云

：「失道而後德，失德而後仁，失仁而後義，失義而後禮。夫禮者忠信之薄而亂之首」。一切由習俗所產生之禮制，均只求形似，僅是一種行爲的制約，不能防止人心之陷溺，故均爲先哲所不取。

周代宗法：分大宗、小宗、羣宗三種，目的在鞏固封建制度。孔子所謂：「親親之殺，……禮所生也」。指宗法制度而言，非孔子之主張也。孔子之倫理觀念，爲周而不比。所謂：「己欲立而立人，己欲達而達人」。是先人而後己；孟子的「老吾老以及人之老，幼吾幼以及人之幼」。是先己而後人，是愛有差等的主張。禮運：「大同之世，大道之行也，天下爲公。故人不獨親其親，不獨子其子。小康之世，大道既隱，天下爲家。故各親其親，各子其子」。此卽孔孟不同之處。後儒以孔子之親親爲大，卽孟子之施由親始。如依禮運之解釋：則親親爲大，係指「不獨親其親」之親親而言。另有一說：卽父母有教育之恩，義所當報。各親其親，係就事言。至於仁民，指心法而言。一念之誠，無遠弗屆。愛物何碍於仁民？仁民何碍於親親？雖施由親始，並非愛有差等。後儒執有差等之說，故倫理範圍，止於一家，未能進而仁民愛物。所謂一體之仁，只是遠程目標。此博施濟衆之所以爲病於堯舜也。佛家一面主張無緣大慈，同體大悲；同時又主張孝親。但無愛有差等之說。因佛家重在遣除我執。必須淨化分別之心。如論親論疏，不能一視同仁，卽不足以語慈悲也。

董仲舒云：「治人與我者，仁與義也。以仁安人，以義正我。故仁之爲言人也，義之爲言我也。……仁之法在愛人，不在愛我；義之法在正我，不在正人。我不自正，雖能正人，弗予爲義；人不被其愛，雖厚自愛，不予爲仁。……義與仁殊：仁謂往，義謂來。仁大遠，義大近」。儒家言仁義，上至孟子，下及韓愈，均不分人我。仁義並用，殊嫌含混。董氏之言，最爲明徹。能達忘我境界，則仁之中卽有義在，義之中卽有仁在。亦卽慈悲與無我之謂也。康德謂道德上活，有二大目的：一爲自我的完全，卽善良意志；一爲他人的快樂，卽間接培養其善良意志。亦如董子之仁義也。

誠

中庸以誠爲物之終始，不誠無物。誠可以成己成物。是誠爲萬德俱備之體性，亦如佛家之眞如與自性也。成己成物，卽是內外合道，亦如佛家之能所一如也。自誠明，係由本體所起之覺照，故謂之性。自明誠，係由始覺所趣之眞理，故謂之敎。自誠明之明爲菩提，屬於體，係人人本具的覺性，佛家稱之爲本覺。自明誠之明爲般若，屬於用，係趣向本體之功夫，佛家稱爲始覺。同一明字，而有體用之別。

中庸云：「唯天下至誠，爲能盡其性；能盡其性，則能盡人之性；能盡人之性，則能盡物之性；能盡物之性，則可以贊天地之化育」。其性爲何？卽宇宙之覺性；化育爲何？卽宇宙之生元。以科學言，則爲形成一切事物之動能。所謂人性物性，皆緣於不同之動力而生，卽所謂化育也。誠則不雜一物，故能盡性。盡字當作證字解，盡性卽證性之謂。贊字指贊助而言，有明德新民與自覺覺他之意。此段含有解行相應之義。

「至誠無息」，本指性體之常寂不變而言。故朱子解爲「旣無虛假，自無間斷」。與佛家眞如不變之義相合。有人根據「自強不息」之義，將「無息」二字，解作動而不止。但下文有「不見而章，不動而變，無爲而成」。皆指不作爲而言。則無息不能解作不止。一念不生謂之誠，動念卽乖，以其逐物也。不見、不動、無爲皆指不變而言：下文之而章、而變、而成皆指隨緣而言。有體有用，卽動靜一如的景象。或以至誠就體言，無息就用言，義亦可通。但欠圓融。誠則不僞，此眞也；誠之至，卽篤也。篤則不變，此如也。至誠卽眞如之謂。眞如之體，是靜的不是動的。中庸云：「天地之道，可一言而盡也，其爲物不貳，則其生物不測」。天就本體言，地就現象言。上一物字指本體，下一物字指現象。不貳指至誠之一眞絕待，平等不二。不測卽無量之意。由不貳以至不測，卽一爲無量之意。易曰：「大哉乾元，萬物資始；大哉坤元，萬物資生」。乾坤亦指天地而言。蓋體雖不動，而動由體生。用雖恒動，而體實寂然。一切事物，未有動而恒久不變者。易曰：「吉凶悔吝生乎動」。與佛家之諸行無常，同一意義。如以無息爲動，則下文之不息則久，與不見，不動，無爲諸句，卽無法貫通。至「天行健，君子以自強不息」。是就性之發用言。因行者動也。故此處之不息，則係指動而言。與無息之義不同。息字有生義、長義。如息耗、孳息、消息等，皆作生長義。故此處所謂無息，就時間形式言，卽朱子之所謂無間。就空間形式言，卽佛家之所謂無生。皆所以指寂靜之體性而言。

中庸謂：「誠者天之道也」，係指宇宙之本體而言。「誠者不勉而中，不思而得」。係指衆生本具之覺性而言。前者屬於自然哲學領域；後者屬於知識哲學領域。東方學者，往往將二者混合說明，不似西方哲學之截然劃分。宋儒稱誠爲理，有時亦稱爲性。朱子云：「誠只是實，誠只是理」。又云：「天地之間，有理有氣。理也者，形而上之道也，生物之本也；氣也者，形而下之氣也，生物之具也。是以人物之生，必禀此理，然後有性；必禀此氣，然後有形」。人禀天地之氣以生，爲儒家將本體論與知識論合一之主因。誠爲道爲理，卽係兼本體與覺性。（德）此種認定，周子已先言之。如云：「誠爲萬物之本資，萬事之原理」。又云：「誠爲五常之本，百行之源」。在各種解釋中，以伊川爲最接近眞如之義。如云：「眞近誠，誠者無妄之謂也」。朱子之說，亦秉諸周程。誠在本體上是寂靜的，動則爲經驗世界之雜多事物。誠在覺性上爲喜、怒、哀、樂之未發，已發則爲情。卽易所謂：「寂然不動，感而遂通」。周子云：「寂然不動者誠也」。是動則非誠也。朱子云：「性纔發動便是情」。是未發則非情也。故誠無論在本體與覺性方面，皆爲不動之體，而非已動之用。金剛錍謂：「隨緣不變名性，不變隨緣名心」。亦以體用爲言。

道

道爲儒釋道三家所共用之名相，亦各有體用之分。儒家詳於言用，道家詳於言體。佛家則係體用兼備。無爲法皆所以言體，有爲法皆所以言用。性宗、空宗多言體，相宗，有部多言用。但言體者亦非不言用；言用者亦非不言體，只有詳略之分耳。不似儒道二家之各有所偏也。儒家重視倫理哲學，一般人所熟讀之論語，卽係偏重倫理之書。實則孔子之形上學說，當於大易及學庸中求之。論語中雖偏重倫理，亦非否定形上之道也。如曰：「朝聞道，夕死可矣」。聞道卽死，是與世法無關，乃明明德之菩提大道也。張無盡居士護法論：「孔子曰：『朝聞道，夕死可矣』。以仁義忠信爲道耶？則孔子固有仁義忠信矣。以長生久視爲道耶？則曰：夕死可矣。是果求聞何道歟？豈非大覺慈尊，識心見性，無上菩提之道也」。孔子五十始知天命。是在五十以前，尚未精研形上學理。故有「假我數年，卒以學易，可以無大過矣。」之願望。七十始能「從心所欲不逾矩」，達到解行相應的證悟境界。是孔子之於道，係體用並重。其諄諄以倫理爲言者，亦勉人之但盡凡情之意也。

道不可說：老子以道爲「玄之又玄，衆妙之門」。又曰：「唯恍唯忽」。莊子云：「至道之精，窈窈冥冥；至道之極，昏昏默默」。老莊均係認定道體玄妙，不可捉摸，非現象界之可觸對也。易曰：「形而上者謂之道」。是道在形象之外也。書曰：「道心惟微」。卽指微妙而言。道之所以微妙者，以非感官所能觸對，非言語所能表詮，非思慮所能攀緣也。言語爲分別世法之音符，自不能表詮超世法之自性。（道）否則說火時口應被焚，說刀時舌應出血。孔子亦不談道體問題。偶爾說到「吾道一以貫之」。亦無具體說明，便被曾子推到忠恕上去了。「忠恕違道不遠」。「夫子之道，必忠恕以得之」。是忠恕並非道，只是由忠恕以入道耳。因道不可說，曾子答以「唯」，表示領悟之意。曾子弟子不明此意，還要再問，曾子無法直答，只能就違道不遠之忠恕作答：「夫子之道，忠恕而已矣」。以道之難言也。孔子的門人說：「夫子之言性與天道，不可得而聞也」。非孔子之不重視道也。如不重視，何必聞道卽死。孔子曰：「我欲無言」，以不能言也。三論玄義云：「至道虛通，目之曰道」。亦指微妙而言。老子謂：「有物混成，先天地生，吾不知其名，字之曰道」。莊子謂：「道不可言，言而非道也。……道不當名」。亦以其微妙之故。入楞伽經云：「言語不能了第一義」。又曰：「一切法無性，離言語分別故」。又思益梵天所問經云：「一切諸法，性常清淨，……離憶想分別故」，楞伽偈云：「正覺所分別，自性不可得，以離於言說，故說離自性」。有言說則有自性，非絕對待之道也。各家之觀點相同。因一切名言，隨對待而立。如因長而有短，因大而有小，……乃至因是而有非等，無一無對待之事物。卽無一無對待之名言也。老子曰：「天下皆知美之爲美，斯惡已。皆知善之爲善，斯不善已」。又曰：「有無相生，難易相成，長短相形，高下相傾，音聲相和，前後相隨」。皆所以語對待也。莊子曰：「方生方死，方死方生，方可方不可，方不可方可。因是因非，因非因是」。又曰：「是亦彼也，彼亦是也。彼亦一是非，此亦一是非，果且有彼是乎哉？果且無彼是乎哉」？亦指對待而言。道體既係一眞絕待，卽係涵蓋一切而無動相。如天之高也，不能與山之高相比，因山亦在天之涵蓋中也。程子謂「無適之謂一」。是動則有所適，將生二生三以生萬物也。老子謂「大道無名」，以其不可名也。莊子謂「道通爲一」，又曰：「旣已一矣，且得有言乎」。因道體之一，非與世法相對之一。所以說：「一與言爲二，二與一爲三，自此以往，雖巧歷不能算」。因道體之一，加言說之一，合而爲二，卽墮入相對之世諦中，非無適與絕待之一也。故曰：「使道而可以告人，則人莫不告其兄弟」。第一義諦，惟證方知。有時因說理之方便，强爲言說，以指指月，而指非月。故得意忘象，得魚忘筌。因道「可傳而不可受，可得而不可見」。正莊子所謂：「夫迹、履之所生，而迹豈履哉」？亦懼人之以指爲月也。如來說法四十九年，不曾道着一字。禪師接引學人，不許直接道出，卽恐其落入有差別之識心中，而不能悟道也。世尊拈花，迦葉微笑，已證涅槃妙心。維摩不語，已入不二法門。二祖默立，已得祖師法髓。顏子不違如愚，卽足以法。眞悟道者，只是心領神會，何曾道了一字。孔子曰：「天何言哉？四時行焉。百物生焉」。亦不言之敎也。僧肇涅槃無名論：「玄道在於妙悟，妙悟在於卽眞。卽眞則有無齊觀，齊觀則彼己不二。所以天地與我同根，萬物與我一體」。彼己不二，天地同根，萬物一體，乃一眞絕待之眞如景象，只能妙悟，豈可言說。寶藏論云：「本際無名，名於無名；本際無相，名於無相。名相旣立，妄念遂生，眞一理沉，道宗事隱」。本際卽形上之道也。旣無名無相，自不可以言詮。楞伽經云：「一切言說，墮於文字，義則不墮。……諸佛菩薩，不說一字，不答一字。所以者何？法離文字故。非不饒益義說。言說者，衆生妄想故」。德山宣鑒禪師曾著金剛經疏鈔，自以深通佛理。迨悟道以後，焚其鈔稿。謂「窮諸玄辯，若一毫置於太虛；竭世樞機，似一滴投於巨壑」。殆悟言詮無契於道也。

道之普遍性與平等性：道無所不在，遍虛空，滿法界，無一處非道，無一時非道，無一事非道，無一物非道。中庸曰：「道也者，不可須臾離也，可離非道也」。道既不可離，則無處、無時、無事、無物而非道也。老子云：「道可道，非常道；名可名，非常名」。林希逸解之云：「常爲不變易之謂；可道可名，則有變易；不可道，不可名，則無變易」。是老子之常，即中庸之不可離。亦即至誠無息之謂。莊子謂道無不在，亦是認定一切處、時、事、物，皆道之所在。以上諸說，卽等於佛家所謂法身遍宇宙之說。

道既如此普遍，卽無差別之相。莊子謂：「道在螻蟻，道在稊稗，道在瓦甓，道在屎溺」。與佛是乾矢橛，佛是蔴三斤同一觀點。由此類推：則聖、凡、淨、垢、善、惡等一切差別之相，亦莫非道也。故金剛經云：「是法平等，無有高下」。因差別之相，生於我法兩執。能斷執情，則差別之相卽無。莊子云：「長者不爲有餘，短者不爲不足。故鳧脛雖短，續之則憂；鶴脛雖長，斷之則悲」。是鳧鶴之脛，雖現長短之相。語其效用，則平等一如。若強求相同，續之斷之，斯爲苦矣。宗鏡錄云：「若欲捨劣就勝，厭異忻同，欲令凡聖一倫，垢淨平等者，無有是處」。因凡聖本爲一倫，垢淨本爲平等。今捨凡而就聖，捨垢而趣淨，以求平等。是聖與聖，淨與淨，自爲平等，非人心中之平等。因於聖中偶見一凡，於淨中偶見一垢，此心立卽顯現差別之相，而忻厭之情以起，此煩惱之所由生也。六祖云：「不二之性，即是實性」。即平等之義也。一切對待與是非之相，皆起於不平等之一念。莊子云：「是非之彰也，道之所以虧也。道之所以虧，愛之所以成」。眞如體上，一法不立，即不應有任何差別之相。一有差別，即失於平等。亦非遍宇宙之法性也。

道之體用：道有體用之分，前已略及。在法性篇中所談之有無、色空等，亦就體用而言。此一問題，爲佛學之重點所在，故反覆爲之說明。儒家之談體用，首推孔子之「吾道一以貫之」。孔穎達疏云：「用一理以統天下萬事之理也」。朱熹註云：「渾然一理，而泛應曲當，用各不同」。此一理究爲何理，均無說明。及孔穎達疏：「夫子之道，忠恕而已矣」。云：「夫子之道，惟以忠恕一理，以統天下萬事之理。更無他法，故云而已」。忠恕本爲兩事，何得稱爲一理？如謂忠恕本於一理，則係另有所本之一，而非忠恕之二也。此一應爲平等一如之一，絕對待之一。故不可言說。若果如孔疏，則孔子直接說「吾道忠恕以貫之」。豈不更合論語簡明之體例。何必多此「一」字？又再加一個「以」字以加強其語氣？曾子又何必不直接對孔子答出忠恕，而只是「唯」了一聲，等門人再問時，始答出忠恕來？故「一以貫之」的一，指道體而言；貫指道之用而言。即一爲形上之道，貫爲形下之器。

一理貫通萬事，此一貫之簡釋也。相當於佛家一爲無量之義。一字具有專一與唯一兩義。宇宙最後之存在，爲必然性與普遍性：專一指永恆不變而言，即必然性；唯一指無所不包而言，即普遍性。以此二義詮釋眞如，最爲恰當。因眞爲不異，卽係專一之必然性。易曰：「其靜也專」。經云：「眞實不虛」。卽此義也。如爲不二，卽具有唯一之普遍性。莊子云：「天地與我並生，萬物與我爲一」。經云：「平等一如」，卽此義也。無一則不能貫，而貫實本乎一。儒家多只就貫通之義解釋，而忘其周遍圓融絕待之一理。

焦循論語通釋云：「一陰一陽之謂道，分於道之謂命，形於一之謂性。（二語出大戴禮記）分道之一，以成一人之性；合萬物之性，以成一貫之道」。是道指萬物全體所以生之原理；而人物之性，則所分於道之一部份也。一指道之性而言，貫指性之分於萬物而言。一貫之道，指性之分合而言。此解深契佛家哲理。

易曰：「天地之道，貞觀者也」。孔穎達疏云：「天覆地載之道，以貞正得一，故其功可爲物之所觀也」。又曰：「日月之道，貞明者也」。孔穎達疏云：「日月照臨之道，以眞正得一而明也」。又曰：「天下之動，貞夫一者也」。孔穎達疏云：「天下萬事之動，皆正乎純一也。若得於純一，則所動遂其性；若失於純一，則所動乖其理。是天下之動，得正在一也」。蓋一切動象，不離乎一。天地之覆載，日月之照臨，萬事之動作，皆始於一。一爲不動之體，而動象不離乎一。一貫之關係亦如此。周子通書云：「是萬爲一，一實萬分」。邵康節觀物外篇云：「合之斯爲一，衍之斯爲萬」。朱子亦有「理一分殊」的主張，皆可作一貫之釋義。

佛家均係以一多代表體用，所謂「無量義者，從一法生」。以及「一卽一切，一切卽一」，與「萬法歸一」。皆一貫之義也。凡數始於一而終於無量。故無量中含有一，一中亦含有無量。一者數之靜，亦卽數之體；多者數之動，亦卽數之用。老子之由一生二、生三、生萬物，卽數之動也。天地之氣，本凝而爲一，因其動也，而有森羅萬象。

現象界一切對待之相，最後皆歸之於絕對待之統一。佛家之空，假、中；與黑格爾之正、反、合；儒家之陰、陽與太極；物理學之質子、電子與中子，乃至哲學上之心、物與一元。前二者皆爲對待而有，後者則絕對待之統一體。所謂窮則變，變則通。推而至於宇宙間之一切事物，莫不皆然。對待起於衆生之分別心，是非、得失之觀念，亦由對待而生。吉藏大師淨名玄論云：「於道未始二，於緣未始一。於道未始二，故衆生卽是佛；於緣未始一，故六道異法身。六道異法身，故六道覆法身，名爲如來藏。如來藏者，謂如來胎。以失於不二，故起二見。由斯二見，纏裹不二，不二道不得現前。故此二見，爲不二之胎。又不二之見，隱於二見，名如來藏」。二卽對待之相，一則絕待。但二者一之動相，一者二之本體。是二亦一也，一亦二也。猶水之與波，有水焉，必有波焉，此二也。然水之與波，其性皆濕，此一也。一不可說，有言說則一已動，動則爲二，不能復稱爲一。如如不動，斯爲一矣。華嚴之「一中無量，無量爲一」。係分就理事言。法藏大師華嚴義海云：「緣起萬有，有必顯於多門；無性一宗，宗蓋彰於衆德，分其力用，則舒卷之趣易明；覽其玄綱，則理事之分易曉」。華嚴之理事，卽體用也。

以數理言：兩數相値，必產生第三種之數。由此迭變以至無窮，卽象徵宇宙之變化，由單一之事象，而涉及無窮之萬象。而萬象之本體則爲一，此無量之攝乎一者。一不自一，必有二以至無量之數與之相對而知其爲一，此一之成於無量者。華嚴宗之十玄緣起，卽係就一十相待而有以立論。一多係相互融通與攝入。雖千差萬別，重重無盡，仍不失其平等之性。因數窮則變，物極必反。吾人置身此變化無窮之宇宙，隨數浮沉，動輒得咎。惟有動心忍性，隨緣不變，變之極處，自有通時。一切變化，不能超越性海之堤防，雖波瀾詭譎，不足爲累也。

淮南子謂：「天圓地方，道在中央」。解釋方圓二字者，均就形象言。實則天爲本體；地爲現象；圓者周遍，指一眞法界之虛通普覆而言；方者方所，指有形事物之佔有空間而言。道在中央者，謂貫通於二者之間也。佛家以空爲圓融，假爲行佈，貫通於二者之間者，則爲中道義。淮南子之言，與此正合。亦卽一貫之意也。邵康節所列之伏羲六十四卦方位圖，外爲圓形，內爲方形，以圓爲陽，以方爲陰。圓爲天而方爲地，亦係天圓地方之意。此外如莊子所謂遊方之外與遊方之內，亦猶形上與形下之意。因方與形爲同一義也。凡此諸說，皆指道之體用言。

老子謂：「天得一以淸，地得一以寧」。莊子謂：「一而不可易者道」。此一卽一貫之一。宗鏡錄云：「理事不出一心，性相寧乖一旨」。寒山子云：「可貴天然物，獨一無伴侶，促之在方寸，延之一切處」。是一多皆一心所主，非於一心之外，別有所謂一與多也。

又此一卽宇宙之實相。實相本無相，無相則空，空卽一也。大集經云：「能以一字入一切法爲衆生說，是名般若波羅蜜」。卽指一爲空相之義。宗鏡錄云：「了心無作，卽悟業空；觀業空時，名爲得道」。業指衆多之世法而言，空卽一也。故名得道。其唯一條件在了無作，卽六祖無念之義。心空則絕對待，則爲道。是空卽一，一卽空。空有之與一多，實同一義。

道體旣是離相，吾人從何認識道的存在。必須從道的發用上去體認道。如火在木中，人不能見。雖斷此木爲萬片，找不出一點火星。但一經燃燒，則寸木不留，盡爲灰燼。此火之發用也。道之發用，亦復如是。因道爲萬物之根荄；舉凡宇宙之形成，思想之啓發，行爲之顯露，皆爲道所發用。中庸謂：「誠則形，形則著」。及易所謂：「形而下者謂之器」。卽係認定有形事物，皆爲道所發露。老子謂：「道者萬物之奧」。是以萬物皆爲道所收藏。與莊子之「道無所不在」，同一意義。法句經云：「森羅及萬象，皆一法之所印」。一切事物，莫不具有道之全體；而道之體性，亦不稍減。一月映千江，千江各有一月。道之體用，亦猶是也。卽「萬物並育而不相害，道並行而不相悖」。體用之圓融，理事之無礙，卽此理也。老子謂：「道在天下，猶川谷與江海」。又曰：「大道氾，其可左右，萬物恃之以生而不辭」。莊子謂：「道於大不終，於小不遺」。又曰：「夫道覆載萬物者也」。韓非子謂：「無爲而尊者天道也，有爲而累者人道也」。又曰：「天道運而無積，故萬物成」。凡此皆所以語道之發用。佛家以眞如爲道之體，以緣起爲道之用。他如性相、空有……等，皆就體用以爲言也。實則體用本不可分。宗鏡錄云：「靜而不結，故眞如是緣起；動而不亂，故緣起是眞如」。體之與用，原爲一事之兩面觀。故曰：「全體之用，用不離體；全用之體，體不離用」。華嚴經頌云：「譬如地性一，衆生各別住，地無一異念，諸佛法如是。……亦如大海水，波濤千萬異，水無種種殊，諸佛法如是。……亦如地界一，能生種種芽，非地有殊異，諸佛法如是」。因從用而言，則緣起無盡；從體而言，則約性不二。宗鏡錄云：「一心總含萬有，萬有不異一心」。一心卽體，萬有皆用。淨名經云：「不捨道法，現凡夫事」。亦體用一如也。

道體本屬空無自性，不可捉摸。現象一切事物，亦虛妄不實，最後仍歸到空無之道體上。心經從「是諸法空相」，至「無智亦無得」一段文字，卽是否定一切差別之相。諸法二字指千差萬別的事物而言。空相卽指道體而言。從道體去體認一切事物之生滅、垢淨、增減及五蘊、六根、六塵、六識、十二緣起，四諦乃至智與得等，皆以一個無字予以否定。以其無實性也。吾人置身宇宙之間，亦是由道所顯現的事物之一種。是此身此心，莫非道也。佛家稱此身爲菩提樹，以其可以生長菩提也。稱此心爲如來藏心，以其藏有佛性也。五蘊既具有道體之空相，則由此五蘊所組成之身心，亦道體所顯露；而由身心所發露之動、言、視、聽，亦莫非道也。只因妄想執着，未能證得耳。能斷妄念，當下卽是道體。易曰：「反復其道」。又曰：「復其見天地之心乎」。老子曰：「復命曰常」。復字均當作證字解。卽證得道體之謂也。孔子朝聞道之聞，亦證道之意。吾人軀殼，死後四大分離，非我所有。惟此覺知之心，永恆不滅，應爲證道之主體。因此各家均在心性上做工夫，以求證悟。

忠以盡己，恕以愛人，卽內外合道，物與同胞之義。亦卽能所一如之義。此理佛家言之最詳，儒家言之較略。眞如體上，一法不立。只因無明妄動，而有主客之分。一切人我、是非觀念，隨之而來，而對待之相以生。佛家之能所、心物、及我法……等，儒家之忠恕、內外、上下等，無非主客之對待名相。有了對待觀念，即不能契合平等一如之道體。故修道者皆從掃除主客、是非……等觀念入手，以淨化心中差別之相，使復於平等一如之道體。佛家之能所一如，心物一元，我法兩空。與儒家之上下同流，內外合道，皆係平等一如之修持功夫，亦即一貫之道也。忠恕亦所以趣向此一目標，故違道不遠。但忠恕仍係對待名相，猶有違道之嫌，以其是貫而非一也。

就心與物之關係言，心爲體而物爲用；就性與心之關係言，性爲體而心爲用。爲聖爲凡，皆一心主之。起信論分心爲眞如門與生滅門。儒家分爲人心道心。實則心只是一，用有不同耳。了知是法平等之義，則煩惱即是菩提。事事均得無礙。萬法唯心，心平則諸法皆平。故心無煩惱，則無時不是菩提；心無窒礙，則無在而非涅槃。宗鏡錄云：「若智照之，即世法而成佛法；若以情執之，即佛法而成世法。一心實不動，二見自成差。同共一法中，別成凡聖解」。法無凡聖與垢淨之分，人心自生差別耳。

性相：性相問題，即體用問題，內典中談之甚多。在法性篇所談之有無、色空等，皆不離性相之關係。法藏大師以金喩性，以師子喩相。金是師子，等於性即是相；師子是金，等於相即是性。離金以外無師子，等於離性無相；離師子以外無金，等於離相無性。是金與師子，一而二、二而一者也。此即性相一如之理。師子作成以後，人但注意師子，而忘其爲金。衆生均係以感官的認識，代替眞理。其見師子而不見金者，乃遍計也。知金之可以爲師子，乃依他起性也。知生、住、異、滅之師子，即永無變異之金，乃圓成實也。師子之金遍於全體，故以一毛收全師子。因一毛之性，即全師子之性也。

漢時魏伯陽於所著參同契一書，談道家修行方法，並作水火匡廓圖，以黑白二色代表水火二氣，其中心則爲二氣之混合。傳至陳摶，仿之爲無極圖，以示無極與太極之分。宗密大師仿其圖以說明眞如與無名之關係，亦即性相之關係。周敦頤之太極圖，則改爲陰陽二氣。即八卦圖是也。玆附眞如圖如左，以說明性相之關係。

白色代表眞如，黑色代表無明。中心白圈表示原始眞如體上之一法不立。自無明妄動，而明與無明，遂互相混合。眞如中含有無明，而無明中亦含有眞如。無明以眞如爲體，而眞如被無明所覆蓋。圖中之三層圓圈，均係黑白各半，只是表示二者之混合，不能作平面之分割看。

德國哲學家謝林謂：「自然是看得見的精神，精神是看不見的自然」。此即色空不異之說。又謂：「自然與精神，均爲絕對的表現；在絕對之中，萬有一致」。此即是法平等之說。柏拉圖認爲精神與自然是分離的、精神是超越自然的。亞里士多德認爲精神內在於自然界而非超越的。二乘人之沉空滯寂，常住涅槃，即係誤認有超越自然之精神，故必析色而後明空也。大乘佛法，重在入世，卽係認精神與自然不可分。故柏氏之說類二乘，亞氏之說類大乘。

經驗界之有字，是指感官能接觸的事物，空是指感官所不能接觸的事物。本體界既不能觸對，則不得稱之爲有；一切現象旣由本體所生，亦不得稱之爲無。倘離本體觀念而另有本體，則有之意義卽成爲被覺知的現象而非本體。倘所謂有，是思想的必然，則此有是理性的，卽觀念中的本體。故本體爲非空，而又亦有亦空。

康德認爲本體與現象界爲對立，非認識之對象。故不可知。如循此觀點以探索本體界，勢必求之於現象界之外。是其智慧，只限於經驗界，而無法與眞理契合。故對於經驗界較爲抽象之事物，皆視爲先天形式。以哲學鉅子如康德，尙囿於此生之經驗，不能直透本源，餘可知矣。

孫中山先生云：「總括宇宙現象，要不外物質與精神二者。精神雖爲物質之相對，然實相輔爲用。在科學未發達之時，往往以精神與物質爲絕對分離，而不知二者本合而爲一」。王船山云：「乾坤有體則必有用，用而還成其體」。故精神與物質，二者原不可分。凡心物一元之說，皆契佛理。

華嚴宗以理事代表本體與現象，亦有互攝之義。日僧凝然謂：「所謂理者離事之外，無別有理，事卽理故；事者離理之外，無別有事，理卽事故」。卽性相互爲一體之意。

澄觀大師以圓融與行布解一多云：「行布是敎相設施，圓融乃理性德用。相是性之相，故行布不礙圓融；性是相之性，故圓融不礙行布。圓融不礙行布，則一爲無量；行布不礙圓融，則無量爲一。無量爲一，則圓通隱隱；一爲無量，則涉入重重」。圓融就理言，故曰一；行布就事言，故曰無量。理乃事之理，故不礙於事；事乃理之事，故不礙於理。理事本一如，故能融通與涉入也。

體相用：道不僅有體用之分，亦可分爲體、相、用三種。言體用則用中攝相，言體相則體中攝用。除大乘起信論分爲三種外，餘多只分兩種。另有三身佛性之說，亦含有體用相三種意義。法身指宇宙不動之本體而言；報身指形成宇宙之動力作用而言；化身指宇宙之形象而言。因法身而有報身，因報身而有化身。亦卽因體起用，由用顯相之一貫大道。故法身萬德莊嚴，無理不備，是卽體也。而用與相悉在其中。報身諸智俱備，顯體以成相，是卽用也。而體與相賴以融通。化身遍及萬象，隨緣生滅，是卽相也。而由理與智之所生。華嚴宗所謂：「理無不備，而用待以成。……用相有所未現，而體元無不備」。卽道不可離之意。王船山則否認理先存在之說，謂「天下唯器而已矣。道者器之道也，無其道則無其器，人皆能言之。雖然，苟有其器矣，豈患無其道哉？無其器則無其道，人鮮能言之，而固其誠然者也。洪荒無揖讓之道，唐虞無弔伐之道，漢唐無今日之道，則今日無他年之道者多矣。未有弓矢而無射道，未有車馬而無禦道，未有牢醴璧幣、鐘磬管絃而無禮樂之道。則未有子而無父道，未有弟而無兄道。……可有而且無者多矣。故無其器則無其道，誠然之言也」。是殆認爲有用無體，有相無用之倒見也。唯物論者認一切皆物，乃至認吾人之識心活動，亦爲物理上之條件反應。不承認現象世界之外，尚有一靈覺之本體界也。使無本體，則現象將無由生。譬如木石，因雕刻而現山水人物之形，其在未經雕刻以前，此山水人物之型，已隱藏於木石之中，特因雕刻而始現，非因雕刻而始有也。木石猶如體，雕刻之動力猶如用，山水人物猶如相。三者互爲一體。故相無定型，隨緣而異。但成於體用則無二致。

宋儒所說的理，便是佛家所說的性；宋儒所說的氣，便是佛家所說的用。然理字只能說明眞常的理體，而不能含攝覺照的妙用，是死的不是活的。氣字只能表詮變化的功用，而不能含攝森羅萬象的差別相，是抽象的，不是具體的。華嚴宗之所謂理，乃指理性而言。體用兼攝，含義較廣。所謂事，乃指具體事物而言，卽性相之相。是佛家之性與理，有體有用。合相與事而成體用相之三位一體。西洋哲學，只有體相而無用，宋儒只有體用而無相。

六祖語智通禪師云：「清淨法身，汝之性也；圓滿報身，汝之智也；千百億化身，汝之行也」。此對三身之釋，甚爲簡明，亦最能說明體、用、相之關係。吉藏大師金剛般若疏謂「法身是佛性，要由佛性故，修因滿成報身，此二卽是自德。然後化衆生，卽是化他德，故有化佛也」。是三身仍爲一身。因作用不同而名稱亦異。若就體、用、相三義而言，則三身實一身也。金光明最勝王經云：「惑障清淨，能現應身；業障清淨，能現化身；智障清淨，能現法身。譬如依空出電，依電出光。如是依法身故能現應身；依應身故能現化身。由性清淨故能現法身；智慧清淨能現應身；三昧清淨能現化身。此三清淨，是法如如，不異如如，一味如如，究竟如如。是故諸佛體無有異」。據經義研究：所謂三身，原止一體。惟衆生業感不同。故所見各異。如空、電、光本爲一體，而所顯現之相，則有差別。楞伽經謂有四佛：一、化身佛；二、報身佛；三、如如佛；四、智慧佛。隨機應感，名之爲化；酬其往因，名之爲報；本覺顯照，名之爲慧；理體無二，故曰如如。此係從報身中分自受用與智慧二種。名之爲二，實卽一也。此外尙有二身與十身種種說法。均係由用分別。佛與衆生，尙無差別，其本身更何差別之可言。傅大士云：「十方諸佛，共一法身」。故二身、三身、十身，隨用立名；約其體性，惟一身而已。如冥室曦光，隨孔而照。光雖萬殊而本之者一，所謂眞法身也。金光明經云：「應化二身，是假名有，法身是眞實有」。此遣虛存實之說也。

大慧禪師云：「天命之謂性，便是清淨法身；率性之謂道，便是圓滿報身；修道之謂敎，便是千百億化身」。法身本來具有，卽天命之謂；報身顯佛實智，卽率性之謂；化身普度衆生，卽修道之謂。此與體、用、相之說，亦正相同。又大學之三綱領，與三身佛性，亦能配合。明德爲自受用，等於報身；新民爲利生，等於化身；止於至善，則等於清淨法身。

菩提道：佛家稱菩提爲道。菩提是覺義，卽覺道之謂。計分三種：一曰：眞性菩提，此以理爲道也。卽衆生本覺之妙眞如性，故曰眞如。亦卽天命之謂性是也。二曰：實智菩提，此以智慧爲道也。卽衆生始覺。根本之智，照澈心源，無明皆盡，爲眞實之智，故曰實智。亦卽率性之謂道是也。三曰：方便菩提：此以透機施敎爲道也。卽自覺已圓，然後化他。以後得智觀機施敎，廣開方便之門。故曰方便。亦卽修道之謂敎是也。

菩提與煩惱爲對稱名相，有四種不同之用法：一爲斷除煩惱，卽是菩提，此一切皆有之俗諦也，意在勸修。二爲本無煩惱，亦無菩提，此一切皆遣之空諦也。意在掃相。三爲煩惱卽是菩提，此不一不異之中道也。意在圓融。四爲本無煩惱，元是菩提，此不二不異之眞諦也。意在顯性。要之是法平等，無有高下。智者見之謂之智，仁者見之謂之仁，非道理之差，所見不同故耳。依法而言，境無順逆，有我執者，不如意事恒居八九；無我執者，則隨境皆安。是煩惱本無自體，只是我執爲崇耳。煩惱與菩提，本爲一體。闡提皆有佛性，此煩惱中之菩提也。如來藏中，攝藏善惡種子，此菩提中之煩惱也。

知禮法師將「卽是」二字區分爲三種：一爲二物相合；二爲背面相翻；三爲當體全是。一是通敎之相；二是別敎之相；三是圓敎之相。按二物相合，乃二體之同在；背面相翻，乃一體之兩面，均二而非一。當體全是，始爲卽是，故爲圓敎。又煩惱爲假，菩提爲空，卽是者非假非空，卽假卽空之中道也。以哲理言：緣生緣滅之現象，皆煩惱之所依；不生不滅之本體，乃菩提之所依。然除本體無別現象；除現象無別本體。本體之與現象，蓋二而一者也。有人將煩惱卽菩提，解作矛盾的自己統一。此就感覺之觀點而言。實則原是統一，本無矛盾。眞如隨緣，穢土卽爲淨土。理事無碍，性相一如，皆同一理。

維摩詰經記文殊與維摩問答云：「問：善不善孰爲本？答：身爲本。又問：身孰爲本？答：

欲貪爲本。又問：欲貪孰爲本？答：顚倒想爲本。又問：顚倒想孰爲本？答：無住爲本。又問：無住孰爲本？答：無住卽無本」。菩提性空，煩惱亦無本，亦空也。法性與無明，本爲矛盾的對立；但追究諸法的始源，皆是無本。先德多以無明與法性是同體異用，亦卽一理隨緣。如依無本之說解釋，則體亦不存，煩惱與菩提，皆爲畢竟空。經云：「應無所住而生其心」。心無不生，不生不足以言心。問題只在有住無住。有住則心生而逐物，是爲煩惱。無住則隨緣而不變，是爲菩提。故生心無住，則煩惱卽是菩提。

煩惱所以代表現象界之事物，菩提所以代表形上之理念。煩惱卽是菩提一語，卽形上與形下爲一體，本體不離現象之謂。亦可解作中道義或不二法門。所有隨緣不變，不變隨緣，理事無礙，性相一如……等，凡體用兼擧，迷悟兼擧者，皆煩惱與菩提之代名詞也。金剛錍云：「萬法是眞如，由不變故；眞如是萬法，由隨緣故」。本體與現象，只有體用之分。性爲體，心爲用。菩提性也，煩惱心也。湛然大師云：「隨緣不變故爲性，不變隨緣故爲心」。又體爲空，用爲假，統一空假者，卽中道也，煩惱卽菩提之卽字。具有統一之義。又性爲如，相亦如，卽字具有如義，亦卽不二之謂也。

天臺第八祖宗潁大師對「如來不斷性惡，闡提不斷性善」之解答：「善惡的本體，卽是空、假、中。若斷性惡，則斷三諦。……若斷性惡，如來則闕法界威儀，隨類示現，從於何處」？又謂：「貪、嗔、癡性，卽是菩提，經有明文。若斷善惡，卽斷菩提」。因善、惡皆以實相爲自體，實相還以善惡爲自相故。善、惡在於佛地，皆爲佛界。如衆像之妍媸，在明鏡皆爲光淨。天臺性具之說，宗頴言之最爲了澈。煩惱與菩提，皆爲性具，卽係皆以實相爲自體。若以智照之，則煩惱卽是菩提；若一入識心，則菩提亦爲煩惱。二者雖爲性具，而又均無自性也。德韶國師云：「自性清淨，一法不可得。是佛理；百福莊嚴，一善不可棄，是佛事。雖分二途，本來是一」。現象界之一切事物，莫不從本體所流出，而又還本體界。只是人心多一分別耳。

吉藏大師謂：「煩惱若有自體，卽是本來是常，常不可斷；煩惱若無自體，卽無煩惱可起，何能斷耶？而今言斷者，只悟煩惱本不起，是名斷耳」。予爲之廣其意曰：煩惱本無自體，以覺知煩惱之心爲自體；菩提本無自體，以不覺煩惱之心爲自體。故不爲煩惱所惱，卽是能斷煩惱；悟得煩惱無自體，是卽煩惱爲菩提。是菩提之有與無，決定於煩惱之無與有。煩惱之有與無，決定於煩惱心之有與無，均別無自性也。

煩惱卽菩提之義，談之甚多。但經有人詢及此一問題，則又苦於無適當語言爲之說明。如應之曰：隨遇而安，是遣除煩惱之謂也。與以煩惱爲菩提之義不相契。如應之曰：菩提性空，煩惱亦性空；或曰：菩提無自性，煩惱亦無自性。二者皆爲性空，皆無自性，故稱爲卽是。此只能說明二者相同之處，不能解作卽是。蓋卽是者一體之謂，相同則爲二矣。二不可爲一。如曰：菩提者道也，道本乎自然；煩惱亦自然之產物。是煩惱與菩提，本爲不可分之一體，此說猶嫌抽象。若具體言之：菩提爲本體界之產物，煩惱爲現象界之產物。而現象界之一切事物，又皆由本體界所流露，亦卽眞如之一體，本無所謂煩惱也。衆生之需要不同，情見各別，因之對現象界之一切事物，隨其趣捨以定是非之標準，如是而有喜、怒、哀、樂、愛、惡、欲之七情。卽所謂煩惱也。是煩惱生於我執，非於一切事物中除我執外，別有所謂煩惱也。苟能捨去自我立場以觀萬法，如乘飛機昇萬丈之高空，俯視塵世，則茫茫雲海，與太空爲一體，欲分別而不可得，於是忻厭之情皆無。向之所謂煩惱者，皆淸淨無有矣。卽此淸淨之心，是爲菩提。仁王經云：菩薩未成佛時，以菩提爲煩惱；菩薩成佛時，以煩惱爲菩提。何以故，於第一義而不二故。諸佛如來乃至一切法如故」。神會五更轉云：「迷則眞如是妄想，悟則妄想是眞如」。皆煩惱卽菩提之說也。

人心道心：人心道心，與煩惱卽菩提之義，似異而實同。大乘起信論之眞如門與生滅門，卽人心與道心之說。熊十力居士將心分爲眞心與習心二種，更淺明易曉。書大禹謨：「人心惟危，道心惟微。惟精惟一，允執厥中」。尙缺正確之解釋。孔頴達疏：「人心危則難安，安民必須明道；道心微則難明，將欲明道，必須精心；將欲安民，必須一意。故以戒精心一意，又當信執其中」。王陽明傳習錄：「惟一是惟精主意，惟精是惟一工夫。非惟精之外，復有惟一也」。據此兩種解釋：是精一原不可分。但就上下文氣硏究，精一似有不同。因上文分人心道心兩種。一則危而不安，當思所以愼用之道；一則微妙難知，當思所以證悟之道。惟精係針對人心所用之工夫；惟一係針對道心所用之工夫。故精字宜作精純解，卽去其疵而取其純之意；一字宜作專一解，卽淨念相繼，一心不亂之意。必如此然後動靜一如，執兩用中。易謂「乾、其靜也專，其動也直」。上句可釋惟一之義，下句可釋惟精之義。一心不亂，此專也，亦一也。隨緣不變，此直也，亦精也。

陸九淵解釋「道心惟微」云：「無聲無臭，無形無體，非微乎」。此自「上天之載，無聲無臭」而來。因道心即係本體，故微妙難知。至惟一之一，非與二相對之一，乃周遍圓融，無所不包之一，絕對待之一。故精一二字之義，有如佛家之隨緣不變，儒家之致中和。惟精即隨順世緣，爲所當爲，是發而皆中節之和。以其隨順事宜，不雜染欲，故曰惟精。惟一者即至誠無息，淨念相繼。是喜、怒、哀、樂未發時之中。以其絕待而平等不二，故曰：惟一。惟精是有爲法，惟一是無爲法。偏於惟精，則着於世相，不能幾道；偏於惟一，則滯於空寂，不能利生。故允執厥中。此佛家「不盡有爲，不住無爲」之中道精神也。

涅槃道：菩提與煩惱，就覺性言；涅槃與生死，就生命言。二者有因果關係：前者爲因，後者爲果。證菩提者必入涅槃，有煩惱者必有生死。涅槃之解釋甚多：其中最簡單者爲圓寂。即功德圓滿，煩惱寂滅之謂。詳細解釋，不下數百種阿毘達磨大毘婆沙論以槃作名詞，涅作動詞用。謂永出諸趣，永無煩惱業，永離諸蘊稠林，永不織生死異熟果絹，皆名涅槃。大智度論以有無二見俱空，始達彼岸，即指涅槃而言。如是則二乘人不得入涅槃。所謂住於涅槃，沉空滯寂之說，與智論所云，不相符合。入楞伽經謂「菩薩常不入涅槃，以善知一切諸法，本來涅槃故」。大雲經謂「貪欲是涅槃，恚痴亦如是。……菩提與貪欲，是一而非二，皆入一法門，平等無有異」。宗鏡錄云：「無生死不涅槃，故法界皆生死；無涅槃不生死，故法界皆涅槃。法界皆涅槃，故生死非雜亂；法界皆生死，故涅槃非寂靜。生死非雜亂，衆生卽是佛；涅槃非寂靜，佛卽是衆生」。此皆是法平等，煩惱卽菩提的思想。一切法相，起於分別。此心平等，則無在而非涅槃。故涅槃非他，卽一切差別相之均衡作用也。又大雲經謂：「如來方便入涅槃，其身不動亦不滅」。中論云：「不離於生死，而有於涅槃。實相義如是，云何有分別」。是皆以生死爲涅槃，與煩惱卽菩提之義，可以配合。十住斷結經云：「道在泥洹，（泥洹卽涅槃之異譯）不離虛寂；菩薩泥洹，以度人爲名；辟支佛泥洹，現神足爲名；聲聞泥洹，現狹劣爲名」。是入涅槃而住者，只是沉空滯寂之聲聞。餘則皆爲度生之方便而大權示現，雖入涅槃而不住無爲，雖入生死而不離空寂。故涅槃與生死，兩無差別。

大乘佛法，不離生死，不住涅槃，此理隨處可見。小乘之沉空滯寂，爲佛所呵斥。中土佛法，本爲大乘。惟闢佛者例以小乘作代表。宋儒一面竊取大乘佛法，改換名相，據爲已有；一面援小乘佛法以作批評佛法之依據。此種議論，始見於張橫渠之正蒙太和篇。其言曰「太虛不能無氣，氣不能不聚而爲萬物，萬物不能不散而爲太虛。循是出入，是皆不得已而然也。然則聖人盡道其間，兼體而不累者，存神其至矣。彼語寂滅者，往而不反；徇生執有者，物而不化。二者雖有間矣。以言乎失道則均焉。……聚亦吾體，散亦吾體；知生死之不亡者，可以言性矣」。所謂往而不返」，係指二乘而言。張氏原意，則係包括全部佛法。徇生執有，指因果而言。所謂聚散皆吾體，原係竊用法身常在之說；但用一「體」字，終不免執實之嫌。又正蒙誠明篇云：「盡性然後知生無得，則死無所喪」。卽生死爲涅槃之說也。

中道：諸法皆是相待而有，未曾有一法而能獨立存在者，故爲空爲假。中道卽因空、假而有，離空、假而中道亦無。宗鏡錄云：「法若卽性，性常應常；性若卽法，法滅應滅。此二相成，非常非斷；此二相奪，非有非空。爲中道義」。荆溪大師云：「一切無相謂之空，無法不備謂之假，不一不異謂之中」。此釋最爲簡明。依以上二說，是中道爲統一理與事之代名詞也。神會語錄云：「中道因邊而立，猶如三指並同，要因兩邊，始立中指。若無兩邊，中指亦無」。故中道不離空假。

中土先德，談中道者甚多。如成實、三論、天臺、法相各宗，各有其不同之主張，多失之於繁瑣穿鑿。實則中道應以中論爲依歸。尤當先明不生、不滅、不常、不斷、不一、不異、不來、不去之八不義；由此八不以顯假有之畢竟空；又由空假以顯中道。其中有事證與理證兩種。事證以谷爲喩：谷種從前已有，非今新生，故不生。從古至今，永存不滅，故不滅。今谷非昔谷，故不常。新舊相續，故不斷。谷芽非谷花，故不一。離芽花卽無谷，故不異。谷之芽、莖、花、果本自變而非外來，故不來。谷中無芽、花等是不出，不來、不出故不去。理證以四不生偈爲依據：「諸法不自生，亦不從他生，不共不無因，是故知無生」。由此否定，卽肯定萬法本自不生，無生自亦無滅，卽是中道。又由生滅兩不而明六不：卽世相流轉而非斷；諸行無常故不常；

萬象不同故非一，萬象歸於一理故非異；時、空、物均不可得，故無來去。中論云：「衆因緣生法，我說卽是空，亦爲是假名，亦是中道義」。萬象無自性故空，萬象因無自性故因緣有，畢竟空而宛有之眞空妙有境界，卽絕對中道境界。中論云：「有若不成者，無云何可成。因有有法故，有壞名爲無」。又曰：「若有不空法，則應有空法，實無不空法，何得有空法」？是超越有無，卽爲中道。

天臺宗之三諦圓融中道觀，爲超絕遮照，而又成立遮照。卽任擧一物，皆爲空、爲假、爲中。空之中有假與中；假之中有空與中；中之中有空與假。因空非斷無，空本身卽具足種種妙相，故空卽是假；空非頑空，空本身卽具有絕對之德用，故空卽是中。假非實有，假本身卽具有本來寂滅之體，故假卽是空；假爲非空非有，亦空亦有，妙用無窮，故假卽是中。中乃非空非有，亦空亦有，其體空，其相假，其用絕對。故中是卽空卽假之中。因之一空一切空，假中無不空；一假一切假，空中無不假；一中一切中，空假無不中。此爲空、假、中之總觀。三諦雖各有特性，但又相卽相入，是差別中有平等性，乃心、物世界之本體。了知此義，則心卽是物，物卽是心，一卽一切，一切卽一，此爲三諦之圓融觀。三諦在圓融中各具特殊之性德：空諦有破情（遣執）之德；假諦有立法之德；中諦有絕對之德。故萬象雖畢竟空，而因空以建立萬法，因空而有假，因假而有空，卽空卽假而有中道。

黑格爾認爲辯證過程中紛歧的統一，心是最要緊的機關。心的作用以及哲學的任務，卽是在紛歧的狀態中發現其潛在的統一性。倫理學的任務，是使人的個性和他的社會爲一致；宗教學的任務，是使個人精神和宇宙的一致。佛教更在使人體會到宇宙與自我的一體與絕對。所謂絕對，就是一切對立的統一，就是一切存在的總和。所有的心與物，善與惡，主體與客體，在這總和中根本不分。……擺脫了一切關係，便無存在可言。黑氏的統一思想，與佛家之中道義完全相同。中道是絕對待的、空與假，所以代表一切對待名相。空假皆不離絕對之中道；而中道之建立，亦不離空、假之關係。

黑氏認爲絕對是所有事物在其發展中的總和。所謂事物的發展，不離緣生緣滅。從其生的一面而言則爲有；從其滅的一面而言則爲空。故諸法不可定言其有，亦不可定言其空。空有兩種不可說，此絕對之謂也。然事物之發展，畢竟不離生、滅。生、滅雖不可說，爲非空、非有；但既有生、滅，卽有因緣。此因緣卽建立在空有雙存之上，卽總和之謂也。是黑氏之說，相當於中道義。黑氏認上帝是絕對的。是上帝爲非空、非有之理性，理性是自然律之織物和結構。生命和精神在此範圍之內活動和生長。上帝是精神，精神便是生命。歷史是精神的發展，亦卽生命的發展。（黑氏語）此卽緣生之說也。黑氏又以開始生命是不知本身之隱晦的力量，此卽無明妄動之說。根據黑氏之說，上帝只是中道義之代名詞，實不應以人格神視之。

中國思想之近乎中道義者，當推莊子。如云：「方生方死，方死方生，方可方不可，方不可方可，因是因非，因非因是。是以聖人不由，而照之於天，亦因是也」。是以生死、可否、是非皆有對待，故爲聖人所不取。而以天然之道照破之。此亦卽空，卽假而離空，離假之中道精神也。又曰：「是亦彼也，彼亦是也。彼亦一是非，此亦一是非」。是各是其是，各非其非，通觀則是非兩忘。故能「以應無窮」。乃中道也。其所主張之「道通爲一」，亦係中道之意。所謂：「其分也、成也；其成也、毀也。凡物無成無毀，復通爲一」。有成有毀者假也，無成無毀者空也。因假、因空而復通爲一，亦中道也。

易　理

易有三義：卽所謂變易、不易、簡易。變易相當於佛家之所謂無常；不易相當於佛家之所謂眞如；簡易相當於佛家之所謂緣生。故三義之中，不易就體言；簡易就用言；變易就相言。綜合三義：則易卽不易，而不易者常易。易與不易，蓋二而一者，不亦簡乎。亦卽性相一如，理事無礙之謂。僧肇宗本義首云：「本無、實相、法性、性空、緣會一義耳」。憨山大師註云：「本無爲一心之體，緣會爲一心之用，實相、法性、性空皆一心所成萬法之義。故曰一義耳」。是本無卽所謂不易，緣會則指簡易而言；萬法則爲變易。此與三身之義，亦能相通：本無者法身也；緣會者報身也；萬法屬於化身。又一眞絕待，此不易也；一爲無量，此變易也；無量爲一，此簡易也。故儒家之言，最爲接近佛學者，莫如大易。惟各家解釋，略有不同。如易緯乾鑿度以易簡者其德也；變易者其氣也；不易者其位也。鄭玄依此義作易贊，崔覲劉貞簡等謂易簡爲生生之德；

變易爲生生之道；不易者天地定位也。周簡子謂易者易代之名，變易者相變改之名。均與以上兩說相同。惟以不易者爲常體之名。並謂「有常有體，無常無體」。常體不知究何所指。與位字之義，似不盡同。依佛理而言：一切世法，無有體性，故稱無常；本體界既稱眞如，卽是常義。此種解釋不易之義，較勝舊有定位之說。孔穎達疏生生之謂易云：「生生不絕之詞，陰陽轉變，後生次於前生。是萬物恒生謂之易也。前後之生，變化改易，生必有死，易生勸戒。獎人爲善，故云生不云死也」。是簡易與變易皆就生生而言。所謂生生，卽生滅也。生滅之中，有不生不滅之體性，亦卽永恒不變之體性也。非諸家所指之天地乃至君臣之定位。（鄭氏等皆作此說）仍以周氏之說，實較圓融而近佛理。

大易爲詳言體用之書，不僅爲儒家哲理所從出，東西哲學，亦不能越其範圍。如「形而上者謂之道，形而下者謂之器」。卽說明哲學上之體用關係。其所謂形而上，卽指有形以上而言。凡感覺所不能觸對者，卽爲形上之道。故「形而上」一詞，已被哲學家用以說明本體界。亦有簡稱形上者。其所謂形而下，指感官所能觸對之現象世界而言。器字包括一切物理現象。佛家所稱之器世界，卽係本諸大易。他如乾坤與動靜，皆係分就體用而言。陽與陰亦指體用之對待關係而言。如曰：「一陰一陽之謂道，繼之者善也，成之者性也。仁者見之謂之仁，智者見之謂之智。百姓日用而不知，故君子之道鮮矣」。此一段解釋道之體用情形，亦卽佛家所談之體用也。惟儒家對陰陽二字，頗多異說。實則一陽指乾而言，一陰指坤而言。卽係體用之分。因乾卦六爻皆爲陽。坤卦六爻皆爲陰。以陽陰二字代表乾坤，並非勉強附會。所謂一陰一陽之謂道，明係指道之體用而言。由體用所顯現之森羅萬象，皆具化育之功，故曰善。能成此化育之功者，皆自性所本具。卽由道體所流露。正佛家所謂「森羅及萬象，皆一法之所印」。性體上本無善惡、是非之分。其分善分惡，分是分非者，由我法二執之故，乃識心所起之分別作用。因之見仁見智，各有不同。識心之分別，原無一定之標準。故曰：「變動以利言，吉凶以情遷」。又曰：「愛惡相攻而吉凶生，遠近相取而悔吝生，情僞相感而利害生」。識以生情，情以造業。善惡、是非之分，隨衆生之好惡而來。實則一切事物，在體性上原係平等一如。在聖人視之，原無差別。故易曰：「天下之動，貞夫一者也」。動象爲差別之所由生。如心無所動，則所見者皆一眞絕待之體性也。

道遍一切處，前已言之。吾人之起、居、坐、臥、動、言、視、聽、嗅、嘗、覺、知，亦莫非道也。故易曰：「百姓日用而不知」。正佛家所謂「平常心是道」也。

佛家以覺性爲宇宙之本源，大易之思想亦同。如曰：「乾知大始，坤作成物」。此知卽指覺性而言。大學之明德，孟子之良知，皆係本諸覺性。亦如佛家之稱菩提，稱婆若海，稱大覺，稱本覺、始覺，稱見性。視其說理之方便而異其名相。其爲覺性則一也。覺性雖有覺照之功，但係物來則應，物去不留。無分別，無執着。故易曰：「易無思也，無爲也，寂然不動，感而遂通」。莊子所謂：「至人之用心若鏡，不將不迎，應物而不藏」。亦本寂然不動之義。周子謂：

「寂然不動者誠也」。亦斯義也。佛家之菩提性空及寂滅等義，皆寂然不動之意。所謂感而遂通。卽係由覺性所起之用。感爲衆生之心理活動。或趣眞如，或趣生滅。一心可通二門。趣眞如門則仍寂然不動。趣生滅門則起善惡、是非之分別，而喜、怒、哀、樂之情以生。首楞嚴經所謂：「知見立知，卽無明本」。易所謂：「吉凶悔吝生乎動」。皆指感性而言。大乘起信論謂：「一切諸法，唯依妄念，而有差別。若離心念，則無一切境界之相」。此指分別心而言也。

宇宙之森羅萬象，皆由知性所起之用。故易曰：「坤作成物」。又曰：「夫易開物成務，冒天下之道」。卽道能冒覆天下，與道無所不在之意同。佛家所謂「無量義者，從一法生」，以及一卽一切等，皆同此理。此一卽指絕待之體而言，一切卽指萬象而言。易曰：「天下同歸而殊途，一致而百慮」。同歸、體也，殊途、用也。其存乎人心者，由眞如（一致）而顯生滅。（百慮）亦猶一與一切也。易曰：「乾、其靜也專，其動也直」。所謂專指專一而言；直指自然法則而言。蓋體唯是一，而用待以成。本體界本係絕待而自性空。但動機一生，卽隨緣應物。此正眞如與生滅之互相爲用也。其中含有因果法則。故又曰：「夫易、聖人之所以極深而研幾也。唯深也，故能通天下之志；唯幾也，故能成天下之務」。深則無遠弗屆而無微不入，幾則有感斯通而有動斯應。

易之爲義，甚難言矣。故曰：「書不盡言，言不盡意」。因形上之道，體絕對待也。如必強爲之言，只能就有對待之乾坤以爲言。亦如佛家之第一義諦不可說，如強爲言說，只有統一空假之中道。無空假則無中道，無乾坤亦無易。故曰：「乾坤其易之蘊耶，乾坤成列，而易立乎其中矣。乾坤毀則無以見易；易不見，則乾坤幾乎息矣」。此明謂易蘊藏於乾坤之中。乾坤本爲對待名相，故曰成列。易在乾坤之對待中，無乾坤則不見易，無易亦無乾坤。此卽無空假不成中道，無中道不成空假。故曰：「窮則變，變則通，通則久」。窮爲空而變爲假，窮而變則通，是易道也，亦中道也。又此段之易字，亦可作變易解。乾爲體，坤爲用，變易則爲相。

易以生生爲德，此生生二字，係包括生死輪廻而言，非謂談生不談死也。易曰：「原始返終，故知生死之說」。此卽輪廻之說也。又曰：「精氣爲物，遊魂爲變，是故知鬼神之情況」。是不僅有生死，且有鬼神。故生生之德，要不離善生以善死。如曰：「君子安而不忘危，存而不忘亡」，卽所以指生生之德。又曰：「原始返終」。亦有復性之義。「復其見天地之心乎」。復性卽能證悟宇宙之眞理。此佛家見性之說與始覺之義也。故大易之學，與佛學可以互相發揮。

格致誠正

大學格物、致知之義，各家解釋不同。後之學者，遂不談格致功夫，而專談誠意正心矣。按格有化義。格物者，物我兩忘而俱化也。致者、至也復也。知卽良知，乃覺性也。故致知爲復性之謂。我法兩空，物與同胞，卽可以致良知，如佛家之明心見性也。此儒家最上一着之工夫。孟子之所謂存心養性，卽格致之謂也。至下句之誠意、正心，謂誠則情無虛僞，正則心無偏私。皆就識心言。是在六七兩識上做工夫。故此兩句有性與心之別。

儒家之言物，亦如佛家之言法也。佛家之法，有法界之法，指理而言，屬於體；有法塵之法，指事而言，屬於用。是法字之義，無所不包。物字亦有兩種用法：如「其爲物不貳」，指理而言；「則其生物不測」，指事而言。格物之物字，則兼攝兩義。從其境界而言則爲理，從其功夫而言則爲事。此點當從格字上着眼。物有本末之物，及不誠無物之物，均兼攝體用，亦如佛家之泛言法也。

格物之格，有人謂係格拒之格，卽格去物欲之謂。此是誠意，正心功夫，而非最高的理念。王陽明釋格爲正，謂「物乃意之動，格物乃格意之不正而歸於正」。此與格拒之格，大同小異，僅措辭之差耳。後人多引論語的「有恥且格」，孟子的「格君心之非」兩句，以證實陽明的解釋。此誤也。所謂正其不正，上一正字作動詞用，卽糾正之意。對民衆而言，旣已「有恥」在先，則下文之「且格」，是果而非因。換言之：是目的而非手段。故此格字，當作化字解，卽爲「有恥」效果的擴大。謂不僅有恥，而且感化。至「格君心之非」，亦只能用感化方法，而不能用糾正方法。故格字亦當作化字解。如「舞干苗格」，「神之格斯」，「格於上下」，幾個格字，均是化的意義。

大學八條目之順序，是由內而外，由深而淺。格物是八條目中最基本的工夫，也是最深的境界。與正心、誠意大不相同。因誠與正兩字作動詞用，都帶有勉強功夫。如佛家之戒與止，要不離識心用事，所謂「正其不正」，乃正心功夫，非格物也。故格物之義，為物我兩忘，能所一如之境象，卽「盡物之性」是也。

朱子解格物為「窮至事物之理，欲其極處無不到」。此與孔子所否認之「多學而識」，恰正相同。後人以朱子之解格物為道問學，因其對事物之表裏精粗無不到也。在二千餘年以前，人類對於事物之認識，僅憑感官與經驗以得之，並無科學之研究方法。如事事物物，欲其窮理至極，實不可能。故格物之義，非如近代之研究科學。是朱子誤解格物，而後人又誤解朱子。

朱子謂：「學者當就意見上分眞妄，存其眞者，去其妄者而已」。旣有眞妄之分，仍係識心用事。知見立知，卽無明本，識心中無一眞的事物。在性體上平等一如，原無眞妄之分。眞亦性也，妄亦性也。分別無，則眞妄亦無。只是湛然明覺。纔有分別，遂有眞妄。故妄固當去，眞亦當去，而去眞去妄之去心亦當去。是非悉泯，始是格物功夫。其間着不得絲毫強勉。

爾雅釋詁：「格者至也，必看穿物之現象而至其本來面目，方可得其眞象」。鄭康成謂：「格、來也，物猶事也。其知於善深則來善物，知於惡深則來惡物，言事緣人所好來也」。爾雅釋詁為朱註之所本，鄭註為孔疏之所本。是致知在先而格物在後。根據「物格而後知致」語義詮次，則格物在先，為致知之方法，非致知之結果也。鄭註顯係錯誤，似尚不如爾雅釋詁之能自然其說也。又荀子解蔽篇：「凡觀物有疑，中心不定，則外物不清；吾慮不清，則未可定然否也。冥冥而行者，見寢石以為伏虎也。見植林以為立人也。冥冥蔽其明也」。鄭註當本乎此，然與大學之本意不符。

張橫渠以天下之物，無一非我，其正蒙大心篇云：「大其心則能體天下之物；物有未體，則心爲有外。世人之心，止於聞見之狹。聖人盡性，不以聞見梏其心，其視天下，無一物非我。孟子謂盡心則知性知天以此。天大無外。故有外之心，不足以合天心。見聞之知，乃物交物而知，非德性所知。德性所知，不萌於見聞」。所謂能體天下之物，卽格物之義。物格則不爲聞見梏其心，可以知性知天。卽所謂致知也。又誠明篇云：「性者萬物之一源，非有我之得私也。惟大人爲能盡其道。是故立必俱立，知必周知，愛必兼愛，成不獨成」。此爲萬物一體之境界。至此境界，則非物交物之知，亦致知在格物之義也。又曰：「天人異用，不足以言誠；天人異知，不足以盡明。所謂誠明者，性與天道，不見乎小大之別也」。是誠爲天人合一之境界。亦卽格物境界。明爲天人合一之菩提正智，亦卽最高之致知境界，卽佛家之所謂無分別智，哲學之所謂理念。

佛家之種種行持，不外觀心與治心兩種。治心屬於勉強學問，乃識心用事。觀心則係直澈心源，明本自性。格物致知卽係觀心功夫。有此觀心功夫，則意自誠而心自正矣。如不從格物致知入手，而專談誠意正心，則係治心功夫，仍爲識心之分別。故千百年來，讀聖賢書者多，而爲聖賢者少。卽錯在識心中找出路也。大學首標明德，卽重視致知。老子謂：「自知曰明」，又曰：「知常曰明」。亦明德之意。易曰：「大明終始」；又曰：「乾知大始」。皆明德之謂也。亦致知之謂也。

二程學說

程氏兄弟，均治易學。惟明道則着重宇宙之變化與活動。謂易爲生成之活動，乃宇宙之本性或其作用。故明道稱易爲天理。蓋卽指變化與其活動而言。伊川則以道爲常住不變，乃係宇宙之本源；並稱道爲理。謂萬物之本性爲理。卽易所謂形而上之道。從陰陽二氣所生之物，乃形而下之器。在其所著易傳中論易象與理的關係，謂「至微者理也，至著者象也。體用一源，顯微無間」。一般人遂以伊川爲理氣二元論者。實則乃偏於理一元論者。惟其所主張之「理事相卽」，特別強調一切皆緣於理。其思想來源，深受華嚴宗之影響。華嚴宗始祖杜順始創三重法界觀：以「眞空第一，理事無碍第二，周遍含容第三」。四祖澄觀主張四法界：「統唯一眞法界，謂總該萬有，卽是一心；然心融萬有，便成四種法界：一、事法界，界是分義，一一差別有分齊故。二、理法界，是性義，無盡事法，同一性故。三、理事無碍法界，具性分義，性分無碍故。四、事事無碍法界，一一分齊事法，一一如性融通，重重無盡故」。圭峰宗密大師，爲澄觀大師之弟子，與周濂溪善，曾著法界觀，宏揚其師學說。濂溪之太極圖說，深受宗密大師之影響。程氏兄弟就學於濂溪，師承有自。伊川之「事理一致，體用一源」，卽華嚴宗之理事無碍。惟華嚴之最高境界爲事事無碍。卽平等一如，圓融無碍之謂。如納須彌於芥子，建寶幢於毫端。及一念萬年……等，皆此哲理之具體說明。惟此等境界，只是悟境，不可言說。故儒家皆視爲玄妙莫測。無法作理智之探測。伊川精研佛理，非不知也。因偏重現實生活，又需遷就愛有差等的觀念，不能不捨棄事事無碍之最高哲理。伊川曾提出「理一分殊」之說，謂在事象的本源雖同一理；但顯現成爲事象，就有各種不同之形象。於是不得不事事着眼於分殊，而忘其本源。其說本始於張橫渠之「一氣萬殊」。張氏謂「太虛爲氣之本體，虛、實、動、靜，而爲陰、陽、剛、柔游氣紛擾。合而成質，生人物之萬殊」。其說見於西銘。伊川對此理論，極爲推重，謂其「具有至理，可作理一分殊之說明」。就世法言：理一分殊之說，可云切合愛有差等的精神。然既講泛愛，又別親疏。多一分別觀念，實無法使感情的運用，恰到好處。過與不及之處，無在蔑有。流弊所及，不得不偏於自利之功利主義。所謂仁也者，範圍愈見其狹；所謂義也者，輕重愈失於平衡。一言以蔽之，我執之障也。佛家之萬法歸一，與理一分殊之說，本無不同之處。惟佛家僅用以說明體用之關係，非用以分別世相。在心理上仍係平等一如，無有差別，故不爲物累。就二程之悟境言：明道係以分殊爲一理，伊川則捨一理而論分殊。故明道眼中有妓而心中無妓，伊川則係眼中無妓而心中有妓。此二程之別，亦伊川與佛家之別也。

朱熹學說

朱子爲有宋一代之理學鉅子，其對本體界之觀點，以周子之太極圖說爲基本；並融合邵張二程之說，集理學之大成。其說以本體爲太極，或稱之爲理，或稱之爲道。謂一切有形事物，皆由太極所產生，必先有是理而後有是物。而各物又皆具太極之全體。故太極爲至善的，其中萬有畢具，與釋氏所說之空不同。（朱子語）朱子認爲：「釋氏只見得皮殼，裏面許多道理，他卻不見。他皆以父子君臣爲幻妄的。」（朱子語類卷九十四）又曰：「天命之謂性。此句謂空無物耶？謂萬理畢具耶？若空則浮屠勝；果實則儒者是」。（荅張敬夫書）是朱子儒佛之辨，只在空與不空。其實朱子之理與物，卽佛家之性與相，及理與事。朱子所謂太極無不在，蓋主張心物一元者。佛家所謂法身遍宇宙，非無不在而何。所謂萬法唯心，與理事無碍，非心物一元而何。此外關於心物一元之說，在內典中俯拾卽是。首楞嚴經云：「一切世間諸所有物，皆卽菩提妙明元心」。心物一元之說，何等具體。至於般若所談之空，目的在遣相。佛家說到性體，原有遮詮與表詮之別。般若純用遮詮。但爲免除着空之弊，「於法不說斷滅相」。（金剛經）而又強調「不棄有爲界？……不棄一切雜染之法，是爲眞取甚深般若波羅蜜多，亦眞修行甚深般若波羅蜜多」。（大般若經）說到究極處，便是色空不異而又卽是，乃空有不二的思想。金剛經云：「若見諸相非相，卽見如來」。若見、是遣相之見，則見、是見性之見。有與無，皆就見言。因吾人感官所得事物，並非事物之眞相。無論是科學家、哲學家均不否認此說。是有見皆妄。能去得一分妄見，卽是去得一分執着。所謂終日吃飯，不曾嚼着一粒米；終日穿衣，不曾披着一縷紗。並非空事，只是空心。又佛家之空，爲無自性之義。因無自性，故可隨緣。如水形無自性，故可變爲冰霜雨露，又可隨器易形。故無自性卽是可塑性，正朱子之所謂萬理畢具也。朱子所指之空，乃空無之空，非佛家之所謂空無自性也。此就空宗而言。至性宗經論，係用表詮之法，直顯般若所未詳言之本體。朱子批評佛學，僅就遣有的一面而言，而不知空亦須遣。更未能了解全部佛學之統一精神，故不免斷章取義。朱子學說之思想，亦係着重親疏有別之倫理觀念。此種學說，以之施敎則可，以之治心，則不能無我。自不能證果。以着了君臣父子，遠近親疏之相，而不能淨化私心，如佛家之無緣大慈，同體大悲也。予嘗謂佛家重在行仁義，而宋儒重在說仁義。於朱子學說可見也。

朱子謂：「天地之間，只有動靜兩端，循環不已。更無餘事。此之謂易。而其動靜，則必有動靜之理。此太極也」。是其動靜指諸行無常而言，因其循環不已也。朱子又以動靜之理，爲太極所本具。氣依此理而顯現動靜之實。動爲陽，靜爲陰。動靜無端，陰陽無始，不可以先後分。至於形而上之理。則所謂不可以動靜言。卽本體原無動靜，而現象世界則有動靜之謂。其所謂氣，相當佛家之所謂業力。業始於無明，無明與本覺，皆無始以來所具有。卽朱子所謂太極所本具也。陰陽二字，只是事物之對待名詞，統攝一切差別觀念，與佛理甚合。惟以動爲陽，靜爲陰；又認一切事物皆有動靜兩面，與佛家之性相相似而實不同。佛家以本性不動，而相無不動者。朱子是承認理是不動的。而又認爲事物也有不動的。是動靜並非就性相兩面言，乃專就現象言，與諸行無常之說不合。

朱子哲學，雖係以說理爲主；但其作宇宙人物之主宰者，則是氣而非理。如曰：「天地之間，有理有氣，理也者，形而上之道也，生物之本也；氣也者，形而下之器也，生物之具也。是以人物之生，必稟此理，然後有性；必稟此氣，然後有形」。此處所說之理，乃指宇宙間之自然法則。又曰：「無情者亦有理：如舟只可行之於水，車只可行之於陸」。是其所謂理，只是固定的公式。如希臘哲學中之所謂形式。氣則爲材料，爲動力。亦可解作理是死的，氣是活的。佛家以性爲一切事物之潛能。朱子之理，則無潛能。氣雖有能，而又被朱子視作形下之器。朱子雖認「性只是理」，但又認爲「靈處只是心，不是性」。析心與性爲二。則其所謂心，係專指識心而言。心與理將永無一致之時。朱子註大學「在明明德」云：「明德者，人之所得乎天而虛靈不昧，以具衆理而應萬事者也。但爲氣稟所拘，人欲所蔽，則有時而昏。然其本體之明，則有未嘗息者。故學者當因其所發而遂明之，以復其初也」。據此則心非性外之物，理亦非是死的。前後矛盾。朱子之病在事外尋理，亦如西人之向外探索本體界。故說到心性時，因動靜不同，無法使其一致。

朱子以各物皆具有一太極，但太極之本體，並未分割。如月映萬川。此語本出佛典，非朱子之創見也。華嚴經頌云：「譬如日月住虛空，一切水中皆現影，住於法界無所動，隨心現影亦復然」。般舟經亦有水中月影之喻。宗鏡錄更有詳說：「一道澄江，萬里而一月孤映。又如三舟共觀：一舟停住，二舟南北。南者見月，千里隨南；北者見月，千里隨北；停舟者見月不移。是爲此月不離中流而往南北。設千百共觀，八方各處，則千百月各隨其去」。宗鏡錄爲宋初佛學名著。朱子曾遍閱佛書，此書自爲當時研習佛學者所必讀。故借用此喻。

宋儒學佛而闢佛，非有惡於佛也。蓋不欲人知其說之本於佛也。朱子云：「儒者若待看通佛書，再來闢佛。佛典未看通，早被佛降伏去矣。如人在關河上行，不知不覺，便行入番界」。是欲人盲從其闢佛之說，心跡照然若揭。太虛大師謂朱氏「蓋欲後世學者莫窺其學識之自來，以崇拜其爲天人，爲神聖。而不敢逾越其識見而已」。爲學貴能虛心；思想統制，不應爲學人所應有之態度，大師之言，非厚誣朱氏也。

司馬光論佛

司馬光作華嚴法堂記，曾語及佛。其言曰：「夫佛蓋西域之賢者。其爲人也，清儉而寡欲，慈惠而愛物。故服弊補之衣，食蔬糲之食，岩居野處，斥妻屏子。所以自奉者甚約而憚於煩人也。雖草木蟲魚，不敢妄殺。蓋欲與物並生而不相害也。凡此之道，皆以涓潔之身，不爲物累。蓋中國於陵仲焦先之徒近之矣。聖人之德周，賢者之德偏。周者無不覆，而末流之人，猶未免棄本而背原，況其偏者乎」。文中並聲言光不習佛書。觀其言，只見佛之偏，而未見佛之周，確爲不習佛書者矣。蘇軾作司馬光墓誌云：「公不喜佛，曰：『其精微大抵不出吾書，其誕吾不之信』。李屏山云：『嗟呼！聰明之障人，如此其甚耶？同則以爲出於吾書，異則以爲誕而不信。適足以障其聰明而已』。聖人之道，其相通也，有如關鑰；其相合也，有如符璽。相距數千里，如處一室；相繼數萬世，如在一席。故孔子曰：『西方有聖人焉』。莊子曰：『萬世之後，一遇大聖而知其解者，是旦暮遇之也』。其精微處安得不同。……以非耳目所及，光不敢信。既非耳目所及，吾敢不信耶」。儒家崇拜孔孟，一切言行，必以孔孟爲極則。黨同伐異。固步自封。數千年來，文化之停滯，胥受此影響。至程、朱、陸、王雖於六經之外，另有創見，而必強爲依附於孔孟之門。蓋不如此，不能見諒於當世。此無他，一尊之見使然也。

陽明學說

王陽明爲明代之心學大師。但其學說之來源，無一不本諸內典，僅文字相不同而已。其全部精義，爲陽明四訓。所謂：「無善無惡心之體」，卽佛家之「眞如體上，一法不立」。六祖壇經云：「不思善，不思惡，便是本來面目」。所謂「本來面目」，卽指自性而言。自性卽心之體也。陽明所謂：「有善有惡意之動」，卽首楞嚴經之「知見立知，卽無明本」。人性本無善惡之分，絕一切對待觀念。自無明妄動，而產生能、所之觀念；由能所觀念而生我、法二執。於是善、惡、是、非種種對待之觀念，亦因緣以生。此大易之所謂：「吉、凶、悔、吝生乎動也」。陽明所謂：「知善知惡是良知」。其本意以良知爲覺性，亦如佛家之菩提。但旣云：「知善知惡」，則係識心中之分別作用。只可擬之於佛家之正智或始覺，而非原始覺性也。所謂：「爲善去惡是格物」，卽佛家「諸惡莫作，衆善奉行。」之意。然爲善、去惡，只是誠意、正心功夫，尚未達到格物境界。因有「爲」與「去」，皆物也，還不曾格得。至於佛家所稱之爲善、去惡，重在「自淨其意」。意識淨化以後，才是與物俱化的格物。陽明所謂：「致良知」，卽佛家發菩提心之謂也。王氏所謂：「良知卽道」，亦如佛家之稱菩提爲道。王氏所謂：「天地萬物，與人原是一體」，卽佛家無我之謂。隨舉一毫一渧，皆爲全法界，何曾有心外之物。王氏所謂：「知行合一」。在儒家而言，是獨絕千古的創見。但是本諸佛家的「解行相應」之說而來。且知、行旣爲兩事，如何可以合一？相應則無語病。王氏所謂：「良知在人，隨你如何，不能泯滅」。卽佛家「一闡提皆有佛性」之說。王氏所謂：「滿街都是聖人」，卽佛家「人人皆有佛性」之說。王氏所謂：「去得人欲，便是天理」，卽佛家「放下屠刀，立地成佛。」之說。王氏所謂：「日光添燈」，前此儒家，絕無此語。完全是從佛家的「知見立知」而來。王氏所謂：「喜、怒、哀、樂，本是中和的，纔自己着了些意思，便過與不及，便是私」。喜、怒、哀、樂，生於情感。未發時始是無善、無惡的心體，故稱爲中。發而皆中節，不使太過，便是和。中和二字，係分就喜、怒、哀、樂之未發與已發而言。王氏並爲一談。旣非中庸本義。亦與其本人所謂：「無善無惡心之體。」的涵義不同。未免前後矛盾。王氏所謂：「物來隨應」，卽佛家隨緣不變之意。惟王氏之言，說得不甚透澈。王氏所謂：「心一也，得其正道者卽道心，失其正者卽人心」。此爲儒、佛兩家之一致觀念，已見前說。王氏所謂：「吾人用功，只求日減，不求日增，減得一分人欲，便復得一分天理」。與老子之「爲道日損」，同一意義。佛家之遺相及慈、悲、喜、捨之「捨」字功夫，亦此意也。惟求減之心，只是誠意、正心功夫，非最高之理念也。佛家之遺相，並須遣其所遣，空有兩皆不着。如六祖所云：「惠能沒伎倆，不斷百思量，對境心常起，菩提作么長」。是從煩惱中以證菩提。既不求增，亦不求減。隨緣放曠，任性逍遙，方是本源自性。如多一求減之心，則不能與物俱化，不能契合無善、無惡之理念。王氏又曰：「論性不論氣不備，論氣不論性不明。氣亦性也，性亦氣也」。此即佛家體用一如，性相相融之說。亦深合煩惱卽菩提之義。與上述求減人欲的功夫，顯然有別。蓋王氏心學，皆從學問中得來。故說理時妙緒泉湧，與先聖之言，多能契合。因非證悟境界，故有時又不免於矛盾之處。第一義諦，惟證方知。未履其境者，則言說有時而窮。宋明學者，均坐斯弊。

王氏亦係以繼承儒家道統爲己任。故雖精研佛學，仍以闢佛爲口號。其有關闢佛言論，如云：「佛氏不着相，其實着了相；吾儒着相，其實不着相。如佛氏怕父子累，卻逃了父子；怕君臣累，卻逃了君臣；怕夫婦累，卻逃了夫婦。都是爲了有個君臣、父子、夫婦着了相，便須逃避。如吾儒有了父子，還他以仁；有了君臣，還他以義；有了夫婦，還他以別。何曾着了父子、君臣、夫婦的相」。所謂逃避父子、君臣、夫婦者，乃指沉空滯寂之二乘人而言。佛家之有二乘，亦猶儒家之有隱士也。巢由洗耳，之推避祿，子陵垂釣，陳摶騎驢，……避世之士，無代無之。此等潔身自好者，正足以廉頑立懦，挽既倒之狂瀾，作中流之砥柱。對世道人心，皆有裨益。奚必人人爭名於朝，爭利於市，而後有利於國家社會焉。至大乘佛法之眞正精神，則在普度羣生，故現各種不同之身相以說法。雖入地獄而不辭，並無逃避倫常之說。維摩詰示有妻子相，其所證之境，遠超過諸大菩薩。二乘人之長住涅槃，爲佛所呵斥。故菩薩像均係衣冠楚楚而不着袈裟，卽係寓有入世之意。以求混俗和光。故不能以小乘概全部佛家，亦猶不能以隱士概全部儒家也。維摩詰經云：「菩薩不盡有爲，不住無爲」。又曰：「行少欲知足，而不捨世法；不毀威儀而能隨俗」。卽所謂大乘佛法也。其他經論中此類文句甚多，不勝枚舉。

王氏又曰：「吾儒養心，未曾離了事物。……釋氏卻要盡絕事物，把心看作幻相，漸入虛寂去了。與世間若無些子交涉，所以不可以治天下」。又曰：「無善無惡理之靜，有善有惡氣之動。無善無惡，是爲至善。佛氏着在無善無惡上，便一切都不管，不可以治天下。……草有妨碍，理宜去草。……畢竟物無善惡」。所謂一切都不管，未免厚誣佛氏。小乘人重視戒律與因果，大乘重視六度與萬行。所謂：「諸惡莫作，衆善奉行」，何曾是一切不管，儒家之三綱五常，遠不如三十七道品之完備。儒家之止惡爲善，只求行動之合乎規律，佛家則重在淨心，不純以行動辨善惡也。善者勸之，惡者憫之，不以善惡易其慈悲之心。物來則應，物去不留，行所無事，非不管之謂也。莊子所謂「應物而不藏」，卽隨緣不變之謂也。王氏所謂去草，卽降魔之謂。在學佛過程中，降魔爲必要功夫。惟佛家重在去心中之魔，心魔去而外魔亦無。所謂除山中之賊易，除心中之魔難，此說爲稍近之。

第二篇　法　性

提要：佛家將諸法分爲有爲法與無爲法兩種。有爲法就現象而言；無爲法爲超現實的存在。前者稱爲法相，另詳第三篇；後者稱爲法性：包括本篇所談之有、無問題，色、空問題，自性問題，本體問題，能力問題，大我問題。一眞法界，本無法用語言文字以表詮其眞實性。所謂第一義諦，惟證方知。但在佛法中，又極重視此等問題。故本篇反覆說明。使研究此一問題者，能從多方悟入。又性宗、空宗，在佛學中原係兩個體系。初稿亦係分爲兩篇。現一併列入法性篇者：以談性不離談空，談空亦係談性，二者實不易截然劃分也。

有為無為

有爲、無爲，原係一體。維摩詰經：「菩薩不盡有爲，不住無爲」。大般若經：「不得離有爲說無爲，不得離無爲說有爲」。華嚴經：「於有爲界示無爲之理，不滅有爲之相；於無爲界示有爲之法，不壞無爲之性」。十住斷結經：「無爲不離有爲，有爲不離無爲」。勝思惟梵天所問經：「有爲、無爲之法，文字言說有差耳」。持世經：「有爲法如實相，即是無爲」。大智度論：「因有爲故有無爲；若無有爲，則亦無無爲」。以上諸說，皆認有爲、無爲無差別性。蓋無爲爲體，有爲爲用。體用一如，原不可分。老子之「無爲而無不爲」，亦兼攝體用，與經意相同。宗鏡錄云：「理無不事，佛法卽世法，豈可揀是除非耶？事無不理，世法卽佛法，寧須斥俗崇眞耶」？文佛說法，係適應衆生之機，單就某一問題而言。並非每次均談及佛法之全體。如談相則略性；談性則略相；談空則性、相俱略。三藏十二部，自有而無，包羅萬象，非任何一經所能含攝殆盡。故研究佛學，必須全部貫通；不可斷章取義。熊十力居士懷疑空宗言性體不涉生化，未領會性德之全，稍有滯寂溺靜的意思，便陷於惡取空，空盡生生性種。熊氏此種解釋，係以斷滅視般若，以頑空視般若。般若並不如此。熊氏以般若未談無爲而無不爲，係未徧讀上舉諸經論之故。摩訶般若經云：「離有爲法，無爲法不可得；離無爲法，有爲法不可得」。上句乃無不爲而無爲，下句乃無爲而無不爲。放光般若經云：「亦非有爲，亦非無爲」。又曰：「適無所爲，故行般若波羅蜜」。肇師涅槃無名論解此句爲「聖人無爲而無不爲」。幷引伸其義云：「無爲故，雖動而常寂；無所不爲故，雖寂而常動。雖寂而常動，故物莫能一；雖動而常寂，故物莫能二。物莫能二，故愈動而愈寂；物莫能一，故愈寂而愈動。所以爲卽無爲，無爲卽爲，動靜雖殊，而莫之可異也」。是眞善解般若者。又其答劉逸民書云：「聖人無知而無所不知，無爲而無所不爲」。故般若之精神，一方面係無爲，一方面則無所不爲。放光般若經云：「不動等覺而建立諸法」。豈眞滯寂溺靜者有此作爲耶？

第一義諦，不可言說。謂其有爲，則本來寂靜；謂其無爲，則萬法俱備。故各種經論，說到第一義諦，只存其名，而不涉及義相。因實相無相也。一切語言文字，皆吾人日常生活經驗中所產生之名相。其所表詮者，也只限於生活經驗，不能表詮超生活經驗之第一義諦。如強爲說明，不僅無當於義。且虛妄分別，益增邪見。熊氏推崇般若之遣相，但深惜未能說明本體無爲而無不爲之義，不免有惡取空之嫌。此乃熊氏之惡取空，而非般若之惡取空也。金剛般若不壞假名論云：「無餘涅槃者何義？謂了諸法無生性空，永息一切有患諸蘊，資用無邊，希有功德，清淨色相，圓滿莊嚴。廣利羣生，妙業無盡」。此所以說明大乘佛法之不住涅槃。唯識家言：雖則涅槃而是無住。不住生死，不住涅槃，盡未來際，作諸功德。歐陽竟無居士謂：「有爲不可歇，生滅不可滅」。故無餘涅槃者，決非灰身泯智之謂也。般若顯體，純用遮詮之法，空有皆遣。所以免於執有與執空。也。大般若經之二十種空，皆爲否定。空空則爲否定之否定。空既否定，則空不離有。故曰：「於法不說斷滅相」。亦遣空之意也。遣空卽所以存有，非無不爲而何？

大般若經第三十六卷云：「非離有爲，施設無爲；非離無爲，施設有爲」。此與無爲而無不爲，正同一義。而文句則更圓融。蓋下句爲無爲而無所不爲；上句則爲無所不爲而無爲。亦卽第四十九卷所謂：「雖有所爲而無一實」之意。

以方便度生，以慧觀空。度生而不離慧，觀空而不離方便，此大乘佛法之大旨也。僧肇謂：「般若之門觀空，漚和（方便）之門涉有。涉有未始迷虛，故常有而不染；不厭有而觀空，故觀空而不證」。是空有互相爲用。

大般若經謂欲成辦一切功德者，均應學般若波羅蜜多。乃是欲有所爲，而以無爲爲方便。故云：「應以無住爲方便，安住般若波羅蜜多，所住能住，不可得故」。（三卷）此說明般若非無所爲，乃爲而不住。一部大般若經，均係空有雙遣。遣有不離空，遣空不離有。非有非空，非空非有，此般若之大旨也。執空的一面以觀般若，誤矣。金七十論云：「釋迦說非有不執無，說非無不執有。離有無執，故不成破也」。肇師般若無知論：「至人處有而不有，居無而不無。雖不取於有而不有，居無而不無。雖不取於有無，然亦不捨於有無。所以和光塵勞，周旋五趣，寂然而往，怕爾而來，恬淡無爲而無不爲」。此眞善解般若者。熊氏似於肇論未之睹也。

持世經云：「有爲中無有爲，無爲中無無爲。但爲顚倒相應衆生，令知見有爲性故。分別說是有爲法，是無爲法」。是有無不可截然劃分。中論云：「定有則着常，定無則着斷」。楞伽經云：「若有若無有，是二悉俱離」。有無皆不可着，着則斷常之見生。老子之「無爲而無不爲」，亦恐人之着有着無也。乃就其無爲眞理而言，非勉人以有所爲也。

大乘密嚴經云：「要待於有法，而起於無見。有法本自無，有見何所待。若有若無法，展轉互爲因」。中觀論云：「非有是有，有是非有」。楞伽經云：「以有故有無，以無故有有」。此從有無互爲因緣以立論也。吉藏大師云：「旣是因緣有無，則是有無宛然而非有無。非有無宛然而有無。故言有不自有，故非有；無非自無，故非無。非有非無，假有假無。……有無非是定性，故不起愛見，不遭苦果」。

大乘入楞伽經云：「待有故成無，待無故成有，無旣不可取，有亦不應說」。肇論云：「欲言其有，有不自生；欲言其無，緣會則形。會形非謂無，非無非謂有。……且有有，故有無，無何所無；有無、故有有。若無無，何所有。然則自有則不有，自無則不無」。有無相待而生，故執無則無亦成有，執有則有亦成無。一切有無之說，無非說明相待之理。報恩禪師云：「有有、則有無；無無、則無有。有無、則有見競生；無有、則無見斯起。若亦有亦無見，非有非無見，亦猶是也。夫不能離諸見，則無以明自心；若無以明自心，則不知正道矣」。其主旨在說明心外無法。有無二見，皆一心所生，足以障道。

眞空妙有，是大乘佛法的特色。卽是以眞空構成世界觀，以妙有建設其體系。眞空之極至爲妙有，妙有的背後是眞空。不得視爲虛無。般若之空，完全肯定着自由無碍的人格活動；且能實現於現實生活。維摩詰以遊戲三昧，表現其眞空妙有的生活；觀世音之種種化身，亦係如此。寶積經云：「以無心意而現行」。是心空而行不空也。

依世諦言：空有原係互相爲用。如杯中之水，無空則水不能入，無杯（有）則水不能持。空有之關係，亦復如是。老子所謂：「有之以爲利，無之以爲用」。即是佛家空有互相爲用之說。

老子之「無名天地之始」，是以無爲宇宙之最高層。莊子則於無之上而有無無。如曰：「有有也者；有無也者；有未始有無也者；有未始有夫未始有無也者」。等於空空之義。儒家的思想是絕對有；老子的思想是絕對無；莊子的思想，係有無相對向上探索的無窮系統，包括雙非雙即之義。佛家之中道義，便是建立在相對系統之上。在形式上不同於般若之有無雙遣。但曰空曰假，皆否定也。所不同者：般若在形式上只破不立；三論則有破有立。僧肇不眞空論謂非性有，非相有，而是因緣作用上之有。即中道精神。亦即揉合莊子與般若所產生。般若以破爲立，不同於小乘之頑空。而係空中有物。即性相皆無而作用是有。如運動過程，（另記）皆由本質上所起之分化作用，亦猶虛空之不礙於羣相之發揮也。

色空（即空有）

本節與上節僅名相之別，意義完全相同。佛家之空，可作三種解釋：一爲動詞，用以遣相。如大般若經之二十空是也。一爲形容詞，用以表詮無性。如我空法空是也。一爲名詞，用以表詮性體。如諸法空相之空，與色即是空之空是也。故色空四句，所以說明性相與理事。

梵文中之舜若多 Sunyata 一語，應稱爲空性，ta 是其接尾詞；Sunya 是其語根，可作空字解釋。ta 有性質、實在、形態等義。兩相合併，即爲空性。非僅一個空字可以代替。解空者多作空無、空虛。是斷滅而非空性也。空性二字，只能解作無自性。因無自性，故可隨緣；因能隨緣，故非空無。色不異空，係以色無自性，以遣執有；空不異色，係以空無自性，以遣執空。此雙遣也。色卽是空，空卽是色，乃色空不二之義。澄觀法師云：「色外無空，全色爲空；空外無色，全空是色。色謂緣生之法，空謂無性之理。由緣生故，無性卽色事而是眞空；由無性故，從緣卽空理而爲色事」。

學佛之目的，在求精神之自在。必須掃除一切罣碍。凡有個性者皆有碍。空則無碍。木村泰賢謂：「空之意義，其目的要在使人離捨一切個別相與變化相，而住於平等無差別之念。在概念上雖是居於虛無之境地；然而體驗上則爲脫離一切個別的束縛，而成爲最自由充實之當體」。是空卽自在之義。宗鏡錄云：「空則一切法，法則一切空」。與自在之義略同。因變現無碍，卽自在也。無自性則有可塑性與適應性，故稱自在。但不可執，執則成滯而非空。空亦非等於零；若等於零，則爲斷滅。諸法將無由而生滅變化。色法如此，心法亦然。

「色不異空」，謂緣起性空，卽緣生無性而非有。色雖分明顯現，而無實體，是色而非色。「空不異色」，謂性空緣起，卽無性緣生而非無。雖空無實體，而色仍分明顯現，是空而非空。「色卽是空」，謂緣生無性，卽緣生以性空爲體，因色而顯空，是卽色卽空。「空卽是色」，謂無性緣生，卽性空爲緣生所依。因空而顯色，是卽空卽色。色無常，空亦無常，故云不異；因色顯空，因空生色，故云卽是。不異者平等之謂，卽是者一如之謂。色空四句，不外色空平等一如也。從效用言：空的效用是不空，因其可以容物也；不空的效用是空，因其不能容物也。故色空四句，亦含有因果成份。「色卽是空，色不異空」之色字是因，空字是果，卽有色故空。「空卽是色，空不異色」之空字是因，色字是果。卽有空故色。色空互爲因果。

密嚴經云：「諸法性常空，非無亦非有」。是有無皆非空義。又曰：「離空無有色，離色無有空。如月與光明，始終恒不異。諸法亦如是，空性與之一」。故色空僅是一對待名相而已，非於色外有空，亦非於空外有色也。宋譯了義般若波羅蜜多經云：「色體自性空，以離性故。色體卽空，離色無別空。空體卽色，離空無別色」。亦同一義。

龐居士云：「有無同一體，諸相盡皆離」。上句可詮「色卽是空，空卽是色」。下句可詮「色不異空，空不異色」。以同體二字說明卽是之義，至爲恰當，文義自明。離相二字，可以說明不異之義。因「不異」卽「似」。色旣似空，是離色相；空旣似色，是離空相。諸相皆離，卽色離色相，空離空相。宗鏡錄云：「色卽是空者，以色擧體全是眞空；空卽是色者，以眞空必不異色」。又云：「看色無不見空，觀空莫非見色。無障無碍，一味法也。如擧衆波，全是一水，擧一水全是衆波。波水不碍同時，而水體挺然全露」。寶藏論云：「空可空，非眞空；色可色，非眞色。眞色無形，眞空無名」。能量（後詳）可作無形之說明，絕待可作無名之說明。

商主天子所問經云：「若是眞性，卽名無性」。此無性之性，徧於諸法。色卽是空句，當作如是觀。華嚴記廣釋云：「緣生故有，是有義，無性故空，是空義」。故說有只是就緣生言，說空只是就無性言。

宗鏡錄云：「若有性故，一法不成；以無性故，諸緣並立。於無性中，有無俱不可得」。又曰：「不壞空而常有，染淨之法宛然；不礙有而常空，一眞之道恒見」。空爲體，有爲用。體以成用，用以顯體，皆無自性。有自性則體中無用，用中無體，體用截然爲二，而無法融通。

空有問題，是佛學中之對立問題。般若與瑜伽，卽兩者之代表。依理而言，應互相矛盾。但究極處則係相通，只是觀察之角度不同而已。從相以求性，則皆是眞空；從性以觀相，則皆是妙有。故徧計雖空，而依、圓是有。惟第一義諦，既絕言說，不得言有。依他既以圓成爲體，體空則用亦空。般若以空遣空而有空空，是空本非空；瑜伽以無性說相，是有本非有。空既非空，則空亦爲有；有既非有，則有亦爲空。

諸法緣生緣滅，故稱爲空。空能隨緣，故稱爲有。是空與有，皆以緣故。大樹緊那羅王所問經云：「諸法非有亦非無，以因緣故諸法有」。解深密經云：「由依他緣力故有，非自然有」。大乘入楞伽經云：「若離諸因緣，則便無有法」。此皆從有的一面以論因緣也。廣百論云：「諸法若實有，應不依他成；既必依他成，定知非實有」。中論云：「未曾有一法，不從因緣生，是故無一法，無不是空者」。此皆從空的一面以論因緣也。入楞伽經云：「虛空卽是色，以色大入虛空故；色卽是虛空，依此法有彼法，依彼法有此法故」。此從色空相待以論因緣也。「以有空義故，一切法得成」。故空不僅有可變性，且係能變性。一切事物之生滅變化，均賴有空性也。

有爲法皆是暫起卽滅，故云爲空。但仍現幻有之相，故云空卽是色。萬有生滅不已。從其生的方面看，實未嘗無；從其滅的方面看，實未嘗有。有無皆是暫時現象，非其本性，故云色空不異。莊子云：「方生方死，方死方生」。如舊種方爛，新芽卽生。分觀則芽生種滅，通觀則無生滅。

法藏大師云：「色是幻色，必不碍空；空是眞空，必不碍色。若碍於色，卽是斷空；若碍於空，卽是實色」。以不碍二字解色空，卽無自性之謂也。惟眞空之眞字，有執實之嫌。似不如改用靈空，更能顯示無性之義。僧肇不眞空論云：「有其所以不有，故雖有而非有；有其所以不無，故雖無而非無」。又曰：「有其所以不有，不可得而有；有其所以不無，不可得而無」。不有卽係眞空之義。然詞意生動，無執實之弊。衆生以執有爲病，故以空治有。曰幻有，曰眞空。此眞空卽對幻有而言。如以空論空，則空亦幻有也。如空而爲眞，則幻有從何而生。是眞空乃空有皆空之空，非與有相對之空也。故用靈空二字，則無執實之弊。靈字有靈活與靈覺二義，以之彩容性體之生化作用，實爲至當。

色空四句，亦含中道義之精神。色不異空者，色無自性故；空不異色者，空無自性故。蓋色空相待而有，展轉爲因也。色卽是空者，色因空有故，非於空外求色。空卽是色者，空因色有故，非於色外求空。稱不異者，無性之謂，乃遮詮之法；稱卽是者，互攝之謂，乃表詮之法。或有謂空爲色因，是色以空爲自性也；色爲空因，是空以色爲自性也。曰：此依他起性也，非自性也。所謂自性者：不仗他緣，本來如是。若緣生緣滅，皆非自性。如空假互爲因緣而有中道，是中道以空假爲自性也。

十住毘婆妙論以空代表平等、實相、佛性等義；並以空觀諸法及衆生。如云：「以空一相空，觀諸法皆平等，衆生亦如是」。一相卽包括生佛之相，皆爲實相無相，故名平等。平等則無差別，故名空。偈云：「智者於空中，不說分別相，空一而無異」。是此空爲平等一如絕諸對待。故般若以空詮眞諦；以空表佛性。空以外無別有體性也。又偈云：「能如是見空，是則爲見佛。佛不異空故，說言諸佛一」。空本無性：無自性，亦無他性。有性則不名爲空，亦不名平等。故謂空爲一相。偈云：「一切佛衆生，離自性他性；一切諸衆生，亦離自他性；一切法亦爾，離自性他性。以是因緣故，是故名一相」。所謂平等，不僅是佛與衆生，無有高下；乃至佛與衆生，亦不可得。以其離性也。有無俱遣，始爲平等一相。偈云：「有諸佛亦非，無諸佛亦非；有諸衆生非，無諸衆生非；有諸法則非，無諸法亦非。離於有無故，名之爲平等」。是所謂一相，所謂平等，所謂無性，皆所以語空也。而空性卽爲佛性。故般若之空，不僅是遣相，亦是顯性。遣相與顯性，原爲不一不異也。又一非與二相對之一，無非與有相對之無。有相對者，則一與無皆相也。經云：「若見諸相非相，卽見如來」。卽一相無相之謂也。

大智度論云：「一切實，一切非實，及一切實亦非實，一切非實非不實，是名諸法之實相」。故「諸法空相」之空，係指空有皆空而言。僧肇不眞空論云：「有非眞有，故雖有而空；空非眞空，故雖空而有。猶如幻化人，非無幻化人，幻化人非眞人」。非無幻化人，指空非空而言；幻化人非眞人，指有非有而言。是空而不空，不空而空。有而非有，非有而有。空有之義，盡於是矣。故什師嘆爲解空第一。

僧肇解維摩詰經「空空」之義，謂上一空字爲智空，下一空字爲法空，以「直明法空，無以取定。故內引眞智，外證法空也」。道生亦云：「上空慧空，是空慧空也；下空理空，是前理空也。言要當以空慧然後空耳；若不空慧，終不空也」。觀二公之註，均認定上一空字，是指能空之智慧而言，相當於般若之義。下一空字，指所空之理事而言，亦卽諸法是也。如無智空，求空諸法，如執有以求無，無亦成有，以有有無之分別故也。維摩之不二法門，原爲絕諸對待。有之與無，卽對待也。對待起於分別。智空卽指無分別言。故經云：「空何用空，以無分別空故空」。肇註：「上空法空，下空智空也。諸法本性自空，何假智空然後空耶」？此解上句也。又解下句云：「智之生也，起於分別。而諸法無相。故智無分別，卽智空也；諸法無相，卽法空也。以智不分別於法，卽知法空也。豈別有智空，假之以空法乎」？若簡言之：卽無分別爲智空，智空卽法空。故經云：「若無所得，則無攀緣。何謂無所得？謂離二見」。綜合各種解釋：智爲能，法爲所。心無分別，是能空；於法無取，是所空。能空卽係智空，亦卽無智之謂；所空卽係法空，亦卽無得之謂。能所兩忘，則絕對待，是入不二法門也。

大般若經：「五蘊自性空，是五蘊非自性。若非自性，卽是般若波羅蜜多。於此般若波羅蜜多，五蘊不可得，彼常無常亦不可得」。是空卽無自性，無自性卽是不可得。一部大般若經，所談者均不外此。

聖天云：「破如所破」。此語可作空空與無性自性空之詮釋。意指能破的理，亦如所破的執，皆空無所有。一切存在於因緣，無獨立自性，是畢竟空。能破的理亦然。此一空到底之空也。歐陽競無解釋空空之義為遣內外一切執。解釋無性自性空之義為無性為空自性故。空空既為遣執，則空亦當遣。無性自性，卽空之代名詞。是知空而非空，特不可執，執則成有。

大智度論云：「空破五受衆，空空破空。……空破一切法，惟有空在；空破一切已，空亦應捨。……空緣一切法，空空但緣空。如一健兒，破一切賊；更復有人，能破此健兒。空空亦如是。又如服藥，藥能破病。病已得破，藥亦應出。若藥不出，則復是病。以空滅諸煩惱病，恐空復為患。是故以空捨空。是名空空」。空為否定，空空則為否定之否定。然空旣否定，卽易誤認係反面之有。因空有係對待而立，非此卽彼。空空並非如此。凡所有相，皆是虛妄。故空字有破無立。一切皆空，卽一切非有。但如肯定為空，則空亦成有。故於遣有遣空之後，又繼之以遣勝義之空。如以皂去汚，汚去而皂當去，皂去而去皂之水亦當去。空其所有，而空亦不立。因立有則墮於常見，立空則墮於斷見。故空空有雙非雙卽之義。

般若遣有而不着空，遣空而不着有。所談雖為二諦，而最後仍歸結於非有非空。中邊分別論云：「故說一切法，非有亦非空。有無及有故，是為中道義」。僧肇不眞空論云：「有其所以不有，故雖有而非有；有其所以不無，故雖無而非無。雖無而不無，無者不絕慮；雖有而不有，有者非眞有。若有不卽眞，無不夷跡。然則有無異稱，其致一也」。又曰：「非有非無者，眞諦之談也」。是眞諦建立於有無之上，亦猶中道之建立於空假之上也。

般若談空，我法皆破；涅槃談常、樂、我、淨，我法皆立。兩者在形式上絕對相反。但實際則平等一如。如般若所談之我法，皆情見所執，乃妄相之顯現，生滅無常，故應遣除。涅槃所談之我法，爲諸法之體性，不生不滅，故應建立。破者所以說明諸法無自性，立者所以說明諸法之實體。華手經云：「我常修行空，而不着空」。修空卽所以遣有；不着空卽所以遣空。寶雨經云：「菩薩雖行於空而不爲斷；復不執空；亦不見空性；亦不依空性；亦不入於無所有性」。般若遣有以顯眞空，是以破爲立；涅槃顯眞常以遣空，是以立爲破。二者在本質上原無不同之處。

覺賢大師與鳩摩羅什（禪宗傳記謂係竺道生）論色空之義。師曰：「汝祇說得果中色空，不說得因中色空」。什問何謂因中色空？師曰：「一微空故衆微空，衆微空故一微空。一微空中無衆微，衆微空中無一微」。往復數番，羅什罔措。此事不知是否記載有漏誤之處？如僅此四句，似無難解之處。因一與衆相待而有：衆爲一之所集，一係衆中之一。故一必待衆，衆不離一。無一卽無衆，無衆卽無一。一衆本爲同體，稱一稱衆者，就用言之也。體爲因，用爲果。用有一衆，體則俱空。故有則同有，空則同空，只有體用之別耳。可參考下節之一多問題。

自性

自性之定義：應爲本來具有，永不變滅。如係本無今有，或本有今無，是生滅法，非自性也。如本甲而乙，或本乙而甲，是變異之相，非自性也。生滅變異，皆無常之世法所攝，無有定性。在佛法中所謂自性，指體性而言，卽佛性之謂。所謂無自性，非謂無體性，指世法非實有而言。與一般相反之名相意義略有不同。

無自性指可塑性與可變性而言。故雖無而實有，但無定性耳。如水形無自性，可以隨器變形，大小圓方，無所不可。若堅硬之物，各有定形，(自性)置諸體形不同之器具中，立見其鑿枘也。了解斯義，則知佛學中之所謂無自性者，能變現生滅之謂也，非謂諸法無佛性也。其爲物不貳，指自性而言。則其生物不測，指無自性而言，蓋一而二，二而一者也。

宗鏡錄云：「一無定性，假多而起；多無定性，由一而生。……若有一可一，此是定性一；若有多可多，此是定性多。若是定性多，多不因於一；若是定性一，一不因於多。今由多故一，此一不自一；今由一故多，此多不自多」。此說明一多相待而有，均無自性。文中定字亦作自字。是定與自，本爲一義。無自性之自字宜作定字解。

中觀論云：「異中無異相，不異中亦無。無有異相故，則無彼此異。如長與短異，長中無短相，長無可對故無有長。短中無長相，短無可對故無有短。長中無長相，短無可對故無有短。短中無短相，長無可對故無有長。既無長短，孰有異耶」。百論云：「長不在長中，以因短故；長不在短中，以相違故，亦不合在長短中，有二過故。既無長短，何所待哉？法不屬因，不在緣故。因緣之名，其義不定」。是相待無自性，因緣亦無自性。諸法之生起，皆唯識變現，而識亦無自性也。

緣生無性，無性緣生，可互相說明。諸法待緣而生，故云無性；有性則不必待衆緣也。諸法無自性故，遇緣卽生；有自性則雖遇緣亦不生也。因既云自性，則任持不變。故有生有滅，均非自性。中頌云：「諸法不自生，亦不從他生。不共不無因，是故知無生。如諸法自性，不在於緣中。以無自性故，他性亦復無」。是無自性包括自他兩性而言。三論宗從一切法無自性的觀點出發，認一切法唯是假名，不從自、他等生。並以長短相待說明此理。如「無長可長，無短可短。無長可長，由短故長；無短可短，由長故短。由短故長，長不自長；由長故短，短不自短。不自長，故非長；不自短，故非短。非長非短，假說長短」。以上引用長短喻凡三次，以此喻爲最簡明。

諸法無自性，諸法因緣生，是因緣有自性也。既無自性，何以能生。首楞嚴經云：「非因緣，非自然」。是否定因緣有自性也。宗鏡錄云：「非因卽是不自生，非緣卽是不他生。既無自他二法，無法和合，卽是不共生；非自然性，卽是非無因生」。是諸法雖生於因緣，而因緣亦無自性。如有自性，則生者永生，滅者永滅，無變易、差別之相。故諸法無自性，包括因緣而言也。但諸法在無自性之變易、差別中，仍有其變易、差別之範疇。如時序不同而四時往復不易，是無自性亦無自性也。

日僧宗豫謂「無性有二義：一、事無性者，但無如妄執之自然實有性，故云無性，非是無如幻事。二、理無性者，即是眞如隨緣義也」。按眞如具隨緣、不變二義。以隨緣故，爲諸法種子，現妙有相，即不空義，是眞如不守自性。以不變故，緣生即滅，雖現妙有而仍爲眞空，是生無自性。故爲空義。經云：「應無所住而生其心」，即隨緣不變義也。

諸法有自性與諸法無自性，並非對待名相。諸法有自性，乃就法與法之比較言。謂諸法各有不同之屬性，不能相混，即法住法位之意。是一種横面的、表層的看法。諸法無自性，是深一層的看法，乃諸法本身屬性的透視。爲法與法的通性，而非法與法的比較性。華嚴經云：「諸法無作用，亦無有體性。是故彼一切，各各不相知」。此所謂諸法，專指生滅法，不攝無爲法也。凡情執生滅爲實有，計有作用與體性，故予以破斥而云各不相知，明一切法無有能知與所知者。能所皆無，即是空無自性。楞伽經云：「諸法無體性，而說唯是心，不了於是心，而起於分別」。意謂諸法本無體性，只是妄心所起之分別，以爲有體性。又云：「非幻無有譬，說法性如幻，不實速如電，是故說如幻」。此所謂法性，指生滅法性而言，生滅法刹那不住，迅速如電。非有實體。綜上諸說：是有爲法皆無自性，不同於實體法之恒常不變。但眞如隨緣，又當別論。

大般若經云：「一切法皆以無性爲其自性，於自性中有性無性，俱不可得」。解深密經云：

「一切諸法，皆無自性，無生無滅，本來寂靜」。中論云：「諸法無自性，非有亦非無」。是所謂自性者，卽以無性爲其自性也。

般若遣相，均用否定方式。而無自性可以含攝一切否定辭義。所謂無與空，皆無自性之簡稱。諸行無常，是諸行無自性也。諸法無我，是諸法無自性也。實相無相，是實相無自性也。無性無自性，是無性亦無。一切旣無自性，是皆不可着。任運隨緣，則煩惱卽是菩提；人我、是非，則菩提亦爲煩惱。故大般若經云：「無自性卽是般若波羅蜜多」。

因地球之自轉而有晝夜，因地球之公轉而有寒暑。是晝夜、寒暑，皆無自性，而有待於地球之轉也。地球乃至銀河系及全宇宙，無時不在變動中，且無永恒之定律。因核子之跳躍，不循一定之軌道；星球由核子所組成，亦隨核子以俱變。故科學所確定之定律，能適用於地球者，未必能適用於其他行星；能適用於現在的，未必能適用於將來。一切事物，均無絕對之眞理。其較爲眞實者莫如數理。亦係相待而有。擧一與二，可例其餘。如不知一之量，而以二之一半爲之說明。則二旣未定，何以能作一之說明。不知二之量，而以一之一倍爲之說明。則一旣未定，何以能作二之說明。一之說明不離二，二之說明不離一。是一必待二，二必待一，此兩相待也。二不能明一，一亦不能明二。是一與二之相待，又非絕對之定律也。一二如此，餘數可知；數理如此，餘事可知。故一切事物雖相待而有，而相待亦無自性也。

華嚴頌云：「一一心中一切心，一一塵中一切塵；一一心中一切塵，一一塵中一切心；一一塵中一切刹，一切刹塵亦復然。諸法諸塵諸刹身，其體悉然無自性。無性本來隨物變，所以相入事恒分。故我身心塵刹徧，諸佛衆生亦復然。一一身土體恒同，何妨心佛衆生異。異故分別染淨緣」。此係根據事事無碍，平等一如之理，以說明因無自性而隨緣。反之，如有自性，則爲自性所縛，不能隨緣。心佛衆生，本無差別。因隨緣而現差別之相。但雖現差別之相，而又平等一如，心物不分。不變而變，變而不變，故曰無自性。

西洋哲學，將本體問題與現象問題，分爲兩個獨立之體系。本體問題：所以探討宇宙存在之眞理，舉凡有關實在或實體問題，或存在之本義，皆屬本體問題。現象問題：所以探討宇宙之衍進歷程，舉凡有關宇宙所由構成之一般法則與萬有秩序，皆爲現象問題。換言之：卽在尋求何者爲構成宇宙之基本質料；與如何由無形之本體而構成有形之宇宙。佛家之性相、理事、心物、眞假、空有等，皆本體與現象之代名詞也。本體既爲存在之本質，則非空也。空乃有之對待名詞，係就現象之幻有而指爲空，乃一事之兩面觀，非謂本體亦空也。然本體非感官所能觸對，非言語所能表詮，非意識所能攀緣，故亦不能稱爲有。而有生於空，則空亦非無。是空有問題，如執名字相以求，實無法得到圓滿之解答。故空之爲言，只是無自性，而非斷滅也。

無智無得：測法師謂無智無得有兩釋：一曰：在因名智，卽般若；果位名得，卽菩提。一曰：菩提名智，涅槃名得。此與能所之說，亦能相通。元賢謂能空之智不可得；所空之理亦不可得。亦同一義。莊子謂：「道人不聞，至德不得」。不聞卽無智之謂，不得卽無得之謂也。老子云：「知、不知、上，不知、知、病」。是以不知爲知也。蘇格拉底云：「我知道我亦無所知」。孔子曰：「吾有知乎哉？吾無知也」。又曰：「不知爲不知，是知也」。皆可作無智無得解釋。尊婆須蜜菩薩云：「第一義無智。……無智是涅槃」。又偈云：「無禪不智，無智不禪。有禪有智，是謂涅槃」。前後語句，顯有矛盾。但細譯之則同。因有禪有智，乃觀空之智；第一義無智兩句中之智，乃識心分別。

道絕是非，超越知見，故曰無智。道絕能所，超越有無，故曰無得。一眞法界，平等一如，絕差別相。有智有得，卽有對待，有對待卽有差別。此純就果位言。木村泰賢則就因位解釋：謂依世諦而言：關於道德行爲，不問其有無利益，係達到解脫上所必須之條件，非實行不可。前者稱爲有漏善，卽有得之善。後者稱爲無漏善，卽無所得之善。一是欲望肯定上的善，一是欲望否定上的善。二者從形式上看，均是要求犧牲自己，並無差別。但其動機，則有不同。善報惡報，完全立於功利主義的道德觀。爲大衆說法，不得不然。木氏雖僅就無得而言。如依此義以解釋無智，亦可分別就世諦與勝義諦而言。唯識五法：於正智之外，尙有如如。是智在勝義諦中並無地位。因智之動機在欲望的肯定上。旣有能所，亦有是非，非平等一如之無漏法也。有智則能擇善而從，白法修因，固不失爲出世無漏法之方便。但其中仍雜有分別心，非觀空之般若也。所謂如如：上如爲如理，下如爲眞如。卽由如理智而證得之眞如。至此境地，泯人我是非之相，光照一切，隨緣不變。正智如孔子之所謂不惑，如如如孔子之所謂從心所欲不逾矩。老子之絕聖棄智，亦惡其分別也。要之因分別而有智愚，因好惡而有得失。心無分別，何有於智；心無好惡，何有於得？故證法空者必無智；證我空者必無得。又反其義而言：因智愚而有不同之所知障；因得失而有不同之煩惱障。故斷所知障者（法執）無智；斷煩惱障者（我執）無得。此與上釋語異而義同。因智慧以知識界爲範圍；而知識又不離現象界之一切事物經驗。一切事物之生滅變化，無有實體。人類更就此不實之現象以作區別。因分別之廣度與深度以別智愚。如了知諸法之平等一如，原無差別對待之相，則智愚無所施設。故曰：證法空者無智。得有能得與所得之分。旣有能所，則求得之我與所得之對象，爲兩個對立的單元。我與我所旣分之爲二，雖得而無得，因得不在我也。若擴大我之範圍，則天地與我同體，我之外更無一物。得之對象旣無。是「楚弓楚得」，何有於得？故曰證我空者無得。

又智爲能得之主體，得爲智之對象。一爲能，一爲所。能得之主體旣無，所得之對象亦空，卽是能所兩忘之如如景象。但能所二字，係指心與心所有法而言。此處不言心而言智，所以別於心識也。因心識爲生活經驗之集結體；離開生活經驗，卽無所謂心識也。智爲超生活經驗之覺照。衆生在覺照之中，一切皆空，內外混然，無主客對待之分。此時無智之智，是爲眞智；無得之得，是爲眞得。大智度論云：「般若波羅蜜，喩如大火聚，四面不可取，是名眞取」。取卽得也。

涅槃經云：「無所得者則名爲慧。……有所得者名爲無明。……菩薩安住如是大涅槃中，不見一切諸法性相，故名無所得」。是無智無得，具有因果關係。因無智故，亦無所得。一念不起，諸法不生。卽是無所得。「不見一法卽如來」，是無得卽佛性也。

智論云：「有所得者，卽謂以我心於諸法中取相故」。又曰：「諸有二者，是有所得；無二者是無所得」。佛藏經云：「有所得者，說有我、人、壽者、命者」。探要記云：「愛執卽生，名有所得」。維摩詰經云：「菩提不可以身得，不可以心得，寂滅是菩提，滅諸相故」。是有相皆得，無相則無得。

六祖謂：「無一法可得，方能建立萬法」。白紙一張，可以塗色，以其無得也；有色之紙，不能再塗他色，以其有得也。故空則無得，無得則通。又曰：「一無所得，名最上乘」。已乘羊鹿等車者，不能同時又乘大白牛車；未乘車者，可擇車而乘。得與不得，義亦如是。

本　體

西洋哲學，認現象世界之外，另有一本體世界。而將本體視爲立於現象背後或超越於現象之上，以作現象之根源。同時又認爲有超越一切的上帝。東方哲學雖承認有現象世界與本體世界，只是形上與形下之分。不似西方哲學之將二者分爲兩個相待的世界，向現象以外找尋本體。所以西方哲學的本體世界，永遠是一個迷。東方哲學之形上與形下，乃就體用以爲言。在吾人介爾一念心中，卽具有一切世界。孟子所謂：「萬物皆備於我」。中庸所謂：「合內外之道」。佛家所謂心卽是佛。皆所以說明本體與現象合一之理，亦卽心物一元之說。此心向外馳求，心爲境牽。卽認作境爲心外之物。一念寂然，則心物不分，體用一如。孔子以天爲性體，嘗曰：「天何言哉，四時行焉，百物生焉」。首句卽性體本空義，次爲空卽是色義。其讚性德云：「上天之載，(存)無聲無臭」。亦係說明本體空寂之義。

勃克來倡存在卽知覺之說。謂一切存在，必存在於一知覺之中心。假如吾人相信有此事物，卽不在我知覺之中，則必存在於他心中。此爲知識上之一元論。反一元論者，謂我與客觀事物，爲二元的非一元的。而不知此客觀事物，乃緣於人心之虛妄分別，並非實有。勃克來之所謂存在，亦指攀緣心而言。形式上雖似心物合一，實際上仍爲兩個體系。因我與非我，各爲獨立之個體。存在於他心中者，旣不在我心中，仍爲二元對立。必須認定人我知覺，同出一源，他知不出我知之範圍，始爲一元。其精深之說明，當求之於內典也。

西方絕對觀念論或客觀觀念論，亦主張宇宙全體植根於心靈或精神。斐希德名宇宙全體曰絕對自我；黑格爾名曰絕對理念；叔本華名曰絕對意志；柏烈德萊名曰絕對經驗；羅益世名曰絕對自己。於是吾人之心靈或神識乃與實在(體)之本質元精，密相聯結。非在進化程序中生長之物，乃是原始根源之物。易言之：卽構成宇宙之基本材料也。此與體用一如之說，頗能相合。

埃利亞學派始祖巴美尼底斯否認感官世界之存在。因其不斷的變異。只有理性才能認識世界的本源。眞實的存在，決不含感官的諸性質。眞的存在是唯一的，不生的，無限的，不變的，不可分的，永恒的住於自己之中不動的存在。因存在若是生出來的，應由有或非有而生。若由有生。則有之前既有有，因之有不是生的。若由非有生，非有既是不可思惟，故不合理。就未來也同樣能如此說。有成爲非有是不可能，故有是不生不滅，有是不可分的。假如有無之間可以區分，則需區分兩者之某物。而其區分的應爲有以外之某物——即非有。因之發生非有之有的不合理。有應爲不變不動。有若動，則運於非有之中，而犯了以非有爲有的不合理。巴氏之言，深契佛理。

西洋哲學分三大部門：即存在論，知識論，價値論。而存在問題，又可包括哲學之全部，不僅形上學已也。玆表解如次：（　）中爲筆者所加按語。

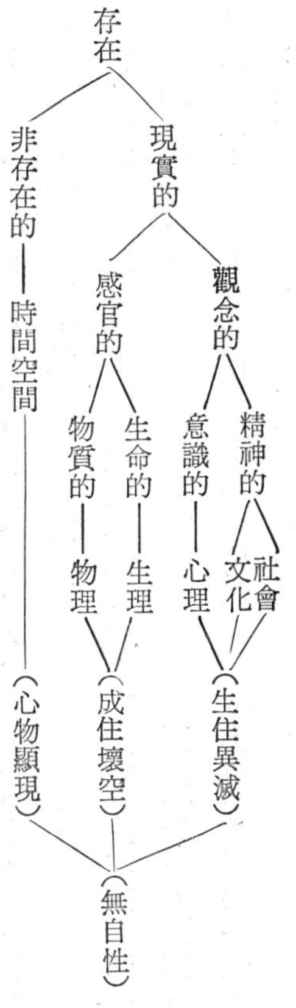

此種分類方法，將有形的、無形的，乃至有爲的、無爲的（時空）均歸納於存在之中。但此種存在，乃緣生緣滅，無永恒的實在性。一切事物，既非過去所本有，亦非未來所長有。所謂觀念的存在，不離生、住、異、滅四相；所謂感官的存在，不離成、住、壞、空四相。至時空二者，雖似永存。然由心物所顯現，無心物則時空亦不存在。故一切皆無自性。卽一切皆不存在。佛家所謂存在，係超越感性知性，無生、住、異、滅與成、住、壞、空諸相，不在諸法之內，亦不在諸法之外。此種存在，惟具超經驗之智慧者，始能證得。

西洋哲學之存在主義的，謂存在與思惟合一，一切存在的本體，充滿宇宙，故一而不動。其變動者乃感官的分別。此與唯識變現之說略同。所謂一而不動者，殆亦指體而言。

漩洑頌云：「若人欲識眞空理，身內眞如還徧外，情與非情共一體，處處皆同眞法界」。宗鏡錄云：「一切法是心，心是一切法」。華嚴經頌云：「法性徧在一切處」。無量義經云：「無量義從一法生」。以上皆所以說明本體與現象之關係爲不可分之一體。惟所用名相不同耳。如「一切法是心」之法字，係指現象事物；「從一法生」之法字，則指本體而言。漩洑頌中之眞空、眞如、眞法界等，皆指本體而言。就以上諸說而言，是本體與現象，個人與宇宙，皆不可分。「不識廬山眞面目，只緣身在此山中」。

新唯識論謂：「易曰：『乾知大始』。乾謂本心，知者明覺。非知識之知。乾以其知而爲萬物所資始，孰謂物以惑（無明）始哉？……是故此心卽是吾人的眞性，亦卽一切物的本體」。是否定無明之說。「乾知大始」之知，殆指覺性而言，爲本體。動而發用，則覺性變爲識心。首楞嚴經所謂：「知見立知，卽無明本」。卽從眞起妄之謂。起信論之一心開二門，亦就眞妄言。因眞而有妄，因妄而有物，煩惱卽是菩提。故謂物始於惑也可，謂物始於眞如，亦無不可，眞妄本同一體也。易以乾爲本體，以坤爲現象。「乾知大始，坤作成物」。是明說在體爲知，在用爲物。亦猶菩提之與煩惱也。熊氏但言乾而不言坤，不免斷章取義。故有此誤解。

太子本瑞應經云：「菩提之道，不可圖度，高而無上，廣不可極，淵而無下。大包天地，細入無間，故謂之道」。此「致廣大而盡精微」之義也。

費長房歷代三寶紀載：「先是中土未有泥洹常住之說，但言壽命長遠而已。慧遠乃嘆曰：『佛是至極，至極則無變；無變之理，豈有窮耶』？因著法性論曰：『至極以不變爲性，得性以體極爲宗』。羅什見論而嘆曰：『邊國（指中國）未見有經，便與理合，豈不妙哉』」。其所謂不變，指體而言，似非謂其有自性也。蓋自性爲本具而不假修持，無得與不得之分。旣云得性，與本具自有不同。然性亦不自外來，與本無亦不相同。是得而非得，非得而得也。此理微妙，言詮相當困難。冰水之喩，差堪比擬：如水凝爲冰，不見濕相而濕性仍存，是不變之謂也。消冰爲水，立覺其濕，是得性之謂也。當水凝爲冰時，濕性失而未失；迨冰消爲水時，濕性非得而得。如謂濕有自性。當其爲冰時，何以無濕之用？如謂濕無自性，當其爲水時，何以濕性不滅。故知體恒不變，而用則有殊。所謂不一不異是也。句中用一得字，卽縛於文字相。如改得字爲證字，則較易了知。

來布尼玆以萬物之基本單位爲精神的，乃無數微小知覺。現代汎心理主義如克福立主張宇宙全體由心靈材料所構成。此心靈材料，乃最後的宇宙實體。吾人之意識，成於無數基本的感知性。他如詹姆士、華德、斯特朗、鮑爾生等，皆持各種汎心理主義之說：以宇宙之基本元素爲心靈或感知性或意識。至物體與人腦，只是此本質的精神實在所產生之各種現象而已。其說相當於唯識變現之說。費希奈主張所有物質都納入於一種基本的意識，宇宙全體爲精神化。每物皆有靈魂。物質之微分子有機體植物及全宇宙，無不皆然。其說更爲具體，惟稍嫌執實耳。

美人柏克斯特利用皮膚對電流反應，使測謊器能畫出起伏線的原理，將植物葉子與測謊器的電極連接起來，發現在澆水時似人類在經歷情感刺激時所產生之弧線。柏克斯特便決定找火柴來燒葉子，在設想時，植物產生極大的反應，類似瘋狂。當他把火柴拿走時，便停止反應。柏克斯特又試驗一棵植物和主人的協調：當主人乘飛機旅行時，其反應與主人焦急情緒相吻合。此反應，可達七百里之距離。不只植物有理解力，即鷄蛋與乳酪，經試驗均有理解力。（六十三年七月六日聯合報轉載世界論壇社稿）是人與一切動植物，皆爲同一精神原料所創造，只是結構不同，故其所顯現之效能亦有差異。如一堆頑鐵，經熔鑄後可變成靈巧之機器；一塊頑石，經雕刻後可變成精美之形像。人類之所以靈於萬物者，只是大腦與五官之組合結構較爲靈巧之故，在本質上原無殊異也。

希臘古代哲學家克白多克列以水、火、土、空氣四種元素，爲永不生滅的萬物之根。由愛與恨活動之混合與分離，獲得運動性，現象世界物質之生滅，即四種元素之混合與分離。四種元素亦稱四根，與佛家之四大完全相同。所謂愛與憎之分合，等於佛家業力之說。惜其語焉不詳，繼起學者，又未能作進一步之研究。

構成宇宙之質料問題，哲學家有各種不同之看法。就性質言：卽討論此質料爲物質的？抑爲精神的？抑爲介乎物質與精神間之中立元素？就數量言：卽討論此質料爲一種的？抑爲兩種的？抑爲多種的？二者本相關聯，故數量內容，卽涉及性質。主張一種者，謂宙由一種基本元素演化而成。一切人與物爲其所涵之各分體，是爲一元論。主張兩種者，謂宇宙除物質外，另有精神爲動力。此精神或名之曰奴士，或名心靈，或曰程序。是爲二元論。主張多種者，謂宇宙由水、火、土、氣與愛憎所接合而成；或由無數量之原子所構成，是爲多元論。惟一元有知識的一元論與性質的一元論之分。英儒華德開始以單元代替一元，嗣後德儒寇爾白以有關心物之辨者稱爲一元二元；有關萬有之元素或原理多寡之辨者，稱爲單元多元。單元究爲何物？泰列士稱爲水；亞納西曼德稱爲無窮；亞納西明納稱爲氣；赫臘頡利圖稱爲火；畢達哥拉稱爲數。愛利亞派謂單一爲存在必不可缺之本德。因單一爲實在，衆多與變遷爲虛妄。中國先哲所謂無極、乾、道、理等，皆單元之說也。近代哲學家如康德、斐希德、謝林、黑格爾等，皆以一最高觀念或原理爲衆義所從出。此最高原理之形式：或爲自我之創作行爲；（斐）或爲絕對的中性狀態；（絕對不關心）與絕對的同一；（謝）或爲絕對的存在。（黑）叔本華則以意志爲最後唯一的實在。其單元論據有四：一、凡依邏輯程序能推衍出最普遍之通則者，必爲單一；二、凡宇宙之最爲基本者，必爲單一；三、凡存在者，必爲單一；四、最良好者，必爲單一。佛家之三界唯心，萬法唯識，相當於叔本華意志之說。惟心識係就由體起用而言，非宇宙之最後質料。因眞如本體，一法不立也。然求本體於現象之外，亦不可得。故於心識之外，求宇宙之基本質料，亦不可得。此佛家之單元說也。

孫中山先生以萬物肇始於生元，謂「人身結構之精妙神奇，生元爲之；人性之聰明知覺，生元發之」。又曰：「生元有知覺靈明，有動作思惟，有主宰計畫」。生卽生命，元爲元素。是心物皆爲生元所生。與叔本華之意志，佛家之唯識，同一說也。

原始宇宙，只有一個含有覺性的空虛，此空並非空無所有之頑空，可以用靈空二字表詮。由此靈空，經生化而爲精神與物質，卽空與色是也。有時亦稱名色。屬於精神方面的：分爲受、想、行、識四蘊；屬於物質方面的：分爲地、水、火、風四大；介乎精神物質之間者爲眼、耳、鼻、舌、身五根。由單一而趨於複雜，由寂靜而趨於變動。亦卽儒家所謂無極而太極；老子所謂有生於無。不過說得不透澈，易落空玄。西洋哲學有關各種形上學說，支離破碎，故爲唯物論與唯神論所支解。只有佛家能夠說出本源。至如何由靈空而產生萬有。唯識學說有具體之說明。

由靈空所起之勢用，卽爲能量；由能量之活動而產生素粒子，散布空中。素粒子爲具有轉動力之微細物體。赫克爾以物質爲有感覺、有意志而非墮性不動、無生命之物質。其說不爲無據。宇宙之動力，原於電磁場之引力與斥力。故素粒子之轉動不停。一部份濃縮而爲星雲，愈濃縮則其含藏之熱力愈高。因不斷之旋轉，使星雲受熱力澎漲之壓力而爆炸破裂，散布空中而爲行星。此能量爲何？靜爲覺性，動爲心識。故宇宙之誕生，皆能量之活動作用。當另詳法相篇。

猶太哲學家斐若認爲神是超一切的，不可名，不可理解。神爲萬物之淵源。因萬物是不純的，是惡的。故神與物質，不能接合。於是從神發出諸勢力，（如天使等）與物質接合，形成世界。神既爲世界之根源，卽係造成世界之材料。以美與善的原料，而造成醜與惡之物質，實不合理。神愛世人，而又造出毀傷世人之各種事物，更不可解。柏羅底諾斯亦以神爲中心概念，較斐氏更爲顯著。所不同者：斐氏主張神物二元論，柏氏則主張神物一元論。柏氏謂神是一切，一切存在於神之中。此與佛家之一爲無量，無量爲一頗爲相似。其說明萬有，謂係由自然而流出，一爲精神，二爲靈魂，三爲物質。則不同於唯識學說。

黑格爾謂上帝是各種關係集合而成的系統，一切事物，均在此系統中運行；依賴此系統而存在；並因此系統而產生意義。此爲無關係便無存在之究極說明。將大衆所認定之人格神，視爲一集合系統，而不認其有獨立之存在。此亦可作法身及緣生之解釋。因一切事物，皆在法身含攝之中；而諸法仗緣而生，亦無獨特之自性也。

印度之奧義書，爲哲學鉅著，佛敎中之若干敎理，亦不少出自奧義書者。其解釋大梵，謂大梵與世界爲一體。大梵是一，此非數字之一，乃眞元太一。數學之一性，或則摒除多性，或則爲多而不可分之一性，以多爲其分數。此非大梵之一體性。大梵之一，旣不可增，亦不能減，更不可分。奧義書教我人見大梵於我人自我生存中。蓋大梵卽個我靈魂，亦卽宇宙萬有不變易的存在。凡在我人爲變易者：如身體、生命、心思、氣質、動作，皆非我人眞實不變之個我靈魂。要皆個我靈魂在運動中之變易是也。眞實之個我靈魂，卽是大梵。此爲純粹不可分之本體，亦同於佛家之法身。又奧義書謂萬物由宇宙的至高實在而生。薄迦梵經認爲我人心靈深處的一點靈犀顯現時，便是大梵。吠陀經謂大梵遍佈整個宇宙：水中、火中，花草中皆有大梵。凡此皆爲法身之說明。莊子謂：「道在螻蟻。……」亦同此義。

法界如海水，現象界如海水之有泡沫。在泡沫之上，現有種種色相，如大地之有森羅萬象也。各種微生物在泡沫上繁殖不已，亦如大地之有衆生也。儒家認此泡沫爲宇宙之本體；且有無窮之生命相續，思所以改善泡沫上之環境，調順泡沫上之物性。使一切生物，皆循一定之秩序，以適應其環境。其注意力完全集中於泡沫之上；對泡沫以外之海水及泡沫毀壞以後諸問題，非所問也。道家及小乘佛家，則認泡沫之生命有限，且混濁不堪，起厭惡之感，思如何脫離此混濁不堪之泡沫，入於清淨大海。既不屑於改善泡沫上之環境，亦無暇度脫其他衆生同入清淨大海。其餘外道，則誤認其他泡沫爲天堂，思以遷地爲良。而不知其所向往者，亦如幻之另一泡沫也。大乘學者了知泡沫爲海水所變現，泡沫之與海水，不一不異；佛與衆生，亦復如是。泡沫雖現爲山河大地、人物、鳥獸種種差別之相，皆爲幻有之假相。衆生認假爲眞，忘其本性，而煩惱以生。但能不執着泡沫之假相，不厭棄泡沫之混濁，心淨如水，則垢淨不二，卽能證得超脫境界，煩惱皆爲菩提。知泡沫與大海爲一體，此身亦海水之一滴。能淨此心，一切平等，不必別求淨土。此大乘佛法之不同於其他學說也。日本太賢法師云：「平等性者，一心眞如，乃至流成六道之波。動而永寂，衆生卽佛；寂而似動，佛卽衆生。如契經言，卽此法身，無量煩惱之所飄動。往來生滅，名爲衆生」。（見金光明最勝王經玄樞）此不僅說明心佛衆生三無差別之理。且說明色空不異與煩惱卽菩提之中道義，亦卽心物一元之法界觀也。

初閱佛書，常懷疑山河大地及一切現象，何以爲吾人識心所變現。客觀事物，旣爲主觀所有，則吾人死後或入睡時，能變現的主體，旣不起現行；則其所變現的事物，應亦不能有客觀性的離我而存在。或有解釋一切現象爲共業之招感，如衆燈共明，雖缺其一，而光不減。是一切現象，非一人之所變現，乃衆生之合力所造成。此種解釋，猶有人我之分，非究竟語也。了解法性平等之義，則所謂識心，乃全宇宙之識心。衆流入海，同一濕性，原無主客之分也。

能與力

法性旣不能言說思慮，且爲寂然不動之體，又如何產生此現象世界？求體不可得，當於用上求之。本節所談之能量、動能、動力等，皆由體所起之用也。根據科學家之研究：現象世界，由原子所結合。原子爲極小之微粒子，任何顯微鏡均不能見。氫氣一立方公分（卽米厘）之體積中，約可含有五千四百億個原子。其細已甚；而原子之最後單位爲電荷。（陽電荷名曰質子，陰電荷名曰電子。）原子之重要成份有四：質子、電子、中子、正子。電子之下有光子、微中子、（其質量小於電子二千分之一）力子、（萬有引力能量之單位）量子之類。是現象界單位之最大者爲星球，最小者爲波長最長之量子。（卽波長三萬公尺之量子質量爲 73×10—44 克）由最小之量子，組成電子、中子、質子；由中子、質子組成原子核；由原子核與電子而組成原子；由原子組成份子，而成爲物質與物體；由物體之結合而成廣大之星球以至宇宙。是宇宙最後之實體，並非籠統不分之物質；且能自由行動。每一原子，有一陽性核子，（帶陽電之核子，所謂原子核。）而由數個陰電子繞之而行。亦如太陽系行星之繞日然。其速度與光相比。（此係根據重量以推其與光速相當之數，而一氫原子之電子，一秒鐘卻只有一千三百英里之速度。）究竟宇宙最後之材料爲何物？其動力又如何發生？科學家但知其工作行動而已。故無以名之，名之曰能。此能卽構成宇宙之最初元素。亦卽動力之主因與潛力。此能爲何物？卽佛家所謂業力，亦卽衆生之心力也。可參閱腦波條。

唯物論者以物質爲實體，係客觀的存在，不隨主觀意志而轉移。精神爲概念的存在，非感覺所能觸對。是虛的不是實的。但此一觀點，基於下列事實，不能成立。

一、以前科學家認爲只有有機物始能構成生物。最近科學家將甲烷、氨、氫和水氣置於閃電之下，竟獲得產生葡萄糖及四種主要氨基酸份子，經實驗成功。已證明無機物亦可變爲有機物，適合佛家心物一元之說。

二、原子之構成，爲陰陽兩性電子之不斷地旋轉，故原子有質亦有能。原子的質固爲客觀的存在，原子的能亦爲客觀的存在。如太陽發出之光能與熱能。其在離開太陽而向地球進行之時間以內，卽係客觀之存在。由各星球發出之光，到達地球時，有經數年之久者。其時間與空間之距離，如是之大，均只有客觀之存在，而無實體。因光之實體爲太陽。離去太陽，卽係離去實體也。

三、任何生物，皆有伏能。如鷄蛋之中含有皮、毛、骨、肉、血等物質。如何變爲鷄，必須另加力量，促其顯現，此卽伏能作用。能非附屬於物，因由此物發出之能觸及他物時，可發生另一種能。如雌雄相交而產生胎，在未交時則無此胎。是胎由交而生，非生於雌雄之身軀也。以往唯物論者認能不離物，經科學予以否定。宇宙間一切事物，無時不在變動中，因動而有變化。物質本身，非能動者。故動能乃精神之力所產生。

愛因斯坦謂物質可以消釋而成能；能可凝結而成物質。蓋質是能的顯形：能是質的原料。質與能本爲一體的兩面。實相當於佛家色空不異之說。或爲物，或爲心，皆能之變現也。科學家對能有種種不同之說法：如散逸性，不滅性、變動性。其效用皆爲心力所具有。在佛學上之一切問題，從能之效用研究，當可求得圓滿之答案。佛學與科學溝通之處，亦卽在此。

原子所含藏之各種成份，以中子調和其間。原子爆炸，係由中子擊破核子以至分裂而產生巨能。原子熔合，亦可釋出巨能。此動之力也。亦稱動能。電子繞核子旋轉，亦動力也。故大而宇宙，小而核子，皆由動力之激盪而成。心識之活動，有電波散發，亦動力也。是心與物皆同一具有動能。衆生之業力，卽其動力也。

凡物皆具有生命能，此生命能無所不在。動植物具有生命能，固不待言。卽礦物經化合以後，亦有生命能。如煤可發熱；由熱推動蒸氣而生動能；由動能而發電能而發展各種聲、光、電、化動能，皆生命也。地球之能量來自太陽者，一秒鐘放射四百萬噸之光能。故有自轉與公轉及六種不同之左右旋轉與前後擺動。同時亦具有吸引力，皆爲能量。加州大學之科學家，已在核子中發現其生命只有一百億分之一秒的新質點，亦名中性串聯超粒子，（無電荷）是小如核子，亦有生命能之存在，則遍虛空皆爲生命之場所。山河及大地，全露法王身。皆覺性也。

唯物學者認能爲物質，以其能生物質也。實屬大誤。能生與所生，並不限於同類，如水能生電而電非水，電能生光而光非電。能既無體位與質量，自不得視爲物質。只是一種具有生力與活力之精神。因動而有聚散；因聚散而有生滅。聚散爲能之勢用；生滅爲心物現象。其聚而靈活者心識也，舒卷自如；其聚而密結者物質也，氣凝形滯；其湛然不動者，乃眞如體性也。妙明圓寂。以往物理學家有物質不滅之說，近來證明物質可以消滅，惟能則不滅。此乃宇宙之究極存在。就其與物之關係言，一經凝爲物質，則不斷地變化與散發，故物質皆有壞滅。然此處散發之能，又於他處凝聚而爲物質。此生彼滅，此滅彼生。物質有生滅，而能無生滅；物質有變異，而能無變異。所謂平等一如，卽指能之不變體性而言。不僅物質爲然，心法之活動，亦卽能之活動也。所不同於物質者，心識無質量、無形象耳。故不受時空之限制。着於物則爲物所轉移；不着於物，則能轉物。心物同爲能所變現，故稱心物一如。虛空中之有能，亦如海中之有水也。可分可合，能動能靜，有清有濁。眞如之能，以靜爲體性，其動者乃衆生之業力。業因逐物而生。解脫物縛，便趣眞如。佛性與能性，其趨一也。

心識既爲變現萬有之靈機，其組成心識之能量，應具有兩大特點：卽一、具有不同之變化性，凡現象世界一切事物之特性，皆爲能所具有。因聚散之形式與時空不同，而顯現者亦千差萬別。二、具有各種不同之動力，凡一切事物之成、住、壞、空，心識之生、住、異、滅，皆由能之活動結果。因活動之方位與速度不同，而反應亦有強弱之分。能本無自性，故有可塑性，隨各種關係條件之不同而轉變。如空中之雲，如海中之水。性雖平等一如，而變化無窮，隨緣分合，舒卷自如。爲心爲物，原無定型。惟因心識爲能之集合羣，其活動特強，故習慣上認爲有一個體之存在也。修行人之發願，卽集中能力以奔赴目的地。修行人而有神通，卽係加強心力以轉化事物。修行而有感應，卽係由能之互相刺激所引起之反應。修行而能見佛，卽係能羣之會合。因佛有度生之願，衆生有求度之願。兩種願力，皆具有同一活動型態之能，故有互相吸引之力，亦如無線電之有聯絡號也。謝元甫云：心靈卽是能。它產生意念，其速度比音速、光速快千萬倍。同時由能所生化出來的力，更是神奇無比。故能不僅爲宇宙萬物的演化中心，且亦爲人體生活行爲的中心。

佛有三身，，有體、用、相之別，能力亦然。所謂法身，卽能力遍布虛空之潛力也；所謂報身，乃能力隨緣應物之活動作用也；所謂化身，乃能力感物賦形之顯現作用也。衆生心力，卽能力也。動則森羅萬象，變化無常；靜則寂湛圓融，平等一如。佛家之我法兩空，就其靜態言之也；因緣生法，就其動態言之也。萬有皆不斷的轉變中，緣生緣滅，無本來具有的事物，亦無永恒不變的事物。大而宇宙、地球有自轉與公轉；恒星亦然；推而至於銀河系，莫不皆然。吾人在太空中所佔之位置，一刹那之間，不知相去若干里也。小而核子電子乃至原子能，亦不斷地在跳躍活動中無固定之位置。是大而虛空，小而核子，皆浮盪於能之大海中。一切事物旣因能之浮盪而集合，亦因能之浮盪而消散，一如海水之有泡沫也。事物雖有生滅變化，而能無增減變異。故知無一賦有自性之事物存在於宇宙間，一切唯能而已。

大腦皮質內部管理感覺知覺的神經細胞，如何可能變作意識現象，科學家認爲是尙待研究之問題。若認能爲一冥頑之物質原素。此一問題，自亦無法解答。如認作係宇宙間之靈覺，則可以解答科學上之一切難題。蓋能由團聚而爲知識，由凝結而爲物質。因活動方式不同而效用亦有差異。

唯識諸師建立功能爲諸法生起之因。無着於攝論中語及功能；世親護法諸師均主張之。謂一切功能潛藏於現象界之後，而爲現象作根荄，建立本識以統攝之。是功能非物質而爲產生物質之力用，實卽物理學中之能也。能爲心物活動之潛力，亦爲心物之原料。功能與能，乃同一主體之兩種名相耳。中論頌：「諸法不自生，亦不從他生，不共不無因」。法相家如雜集論釋此頌云：「自種有故不從他，待衆緣故非自作，無作用故非共生，有功能故非無因」。是種生現，現生種，一切變現，皆功能之力也。有情心識中含有無量功能，分有漏無漏兩類。無漏功能，所以趣入佛果，茲不具論。有漏功能，爲變現萬有之種子。根據唯識學說，其體性有六，與物理學所謂能之體性，亦可互相配合。㈠剎那滅：相當於能之散逸性，實非滅也。觀於㈢之恒隨轉可知。㈡果具有：謂種生現，因果同時，相依俱有，與決定性同。㈢恒隨轉：謂前後相續，相當於能之不滅性。㈣決定性：謂善等性決定，因緣辦果，乃就善不善之性別言。相當於能之變化性與招感作用。㈤待衆緣：謂法不孤起，緣無定性。亦相當於能之變化性。㈥引自果：色心各生於法，因果不亂，此就體性言。卽以類相聚之謂。相當於能之招感作用。又㈡㈣㈤㈥皆有互動之義，另詳於後。關於功能之由來，有三種不同之主張：㈠法爾本有，不從熏生。爲護月、唯本所主張。㈡無始現行，熏習故有。難陀、唯新所主張。㈢本有新熏，護法所主張。識論係以護法爲歸。如水性本有，清濁隨流而異。護法之說合理。功能與能，體性本無差異。惟物理學家所稱之能，不涉及心法。如就腦電波等問題，作進一步之研究，必有更多之發現。

動力

依相對論的說法：場代表能，物質代表能的中心。物質與場的差別，是能量的差別，而非質量的差別。電子有質量，而幅射只是一種能量。高度幅射可以產生新電子，其能量仍然保持在電子中。如果電子轉爲幅射時，尙未能證實質量之存在。依據相對論，質量與能量之間，並無重要之區別。能有質量，而質也代表能。一塊赤熱的鐵片重於冷鐵；一柱直線進行的光，因受引力場的影響而變爲曲線，是熱與光皆有重量。心識爲能量，而能變現有質量之萬有，不爲無據。

物質的質量旣決定於速度，卽爲能量之一種。能量旣爲產生質量之基本條件，是能量亦含有質量。佛家之所謂緣生緣滅，卽能質之互變作用。生時乃能變爲質，滅時乃質變爲能。因動力而有變化。引斥之力，卽生滅之緣也。益以衆生之業力，而生滅中又顯現差別之相。愛因斯坦謂質量是能量的另一形態。但不承認能量是質量的另一形態。因宇宙間有永恒的能量，而無永恒的質點。佛家以有無、色空……等作性相之代稱，亦卽能質之代稱也。所謂有、無、非有非無、亦有亦無，卽所以說明能質之關係爲不一不異。最後歸之於離言說之不二不異，懼人之以常情卜度，落於斷常之偏見也。（上異字指異同言，下異字指變異言。）

物理學上之能力常住說，卽佛家所謂實相。一切機械能、幅射能、化學能、電磁能可互相轉變，而其能量不變。化學反應使物質的性質改變，而其重量不變。此足以說明非空之理。般若一切皆歸於空者，以實相無相故也。

電子之行動爲波浪與微粒子。以往物理學家均認電子之速度與位置，在原子內循一定之軌道運行。至一九二五年海森堡發現宇宙無一質點佔據一絕對準確位置。經試驗結果，不知電子之所在。只發現其游衍跳躍，漫無定向。由此一軌道逕躍入他軌道，並不穿越一中介之空間。海氏因發明不確定原理。打破以前對自然界之必然論。此與無常之說，甚爲脗合。世界一合相，宇宙亦電子之放大。電子之行動無常，則宇宙間一切事物，亦爲無常。

麥克威爾謂全部空間，皆爲電子活動的舞臺，其中無物質的演員。一個電子的全部質量，在於他的場的能量，電子不過場的中心而已。物質的延展性，只到物質的表面爲止。但在表面之外物質不存在之處，有場存在。又麥氏證明光是一種電磁波，是能的移動，而非質的移動。電子在電磁場中的運動中，其行爲似粒子，它爲結晶體繞射時，其行爲卻是光動。

電磁場以電子爲中心，爲動力之根源：萬有引力與空間時間，即電磁力場所構成。大而星球與星球之間，小而質點與質點之間，由電磁場的均衡作用，保持其一定的距離。距離增加時則發生引力；距離縮短時則發生斥力。引斥力乃電磁力均衡變化時所起之抗拒運動。物質的質量，即由運動速度所造成。運動速度變化，其質量亦隨之變化。物體以光速運動，其力量爲無窮大。麥克威爾之方程式，已證明此種理論與實際符合。電磁運動中種種發現，證明一切動力，無不發源於電磁力。一個動的電荷作用，等於一個磁針的力。不但與動的距離有關，與電荷的速度亦有關。法界緣起，即係時、空形式與動能之作用，彼此互爲因果。

得布羅里的新波動說，認爲電子不再是過去所想像的粒子，而是一種波粒。他把繞射與干涉現象，亦應用於物質粒子上，而論定物質亦是以波動爲基礎。因粒子被假定爲不可侵入性，即同一時間與空間，不容許有兩個粒子的存在。波動是可以互相重叠，互相穿透的。波動決定於波長與速度，並不佔據空間。因波長與速度，只是量而非質。電磁場的基本振動爲波動。其高度的波動部份，表示爲粒子狀態。因高度波動的電磁力聚合在極小的一點上，使其成爲質點。故粒子爲波動之特殊表現。其說可以解釋佛學上許多疑難問題。如維摩丈室，容納人天百萬，以及於毫端立寶幢，於微塵裏轉法輪，卽有重叠與穿透作用，亦卽事事無碍之說明也。

文殊師利所說不思議菩薩境界經謂：「有往有復，名修菩薩道」。唐澄觀法師以動爲往，以靜爲復；又謂雖有往復，總爲返本還源，復本心矣。起信論將一心分爲眞如生滅二門，眞如爲靜，生滅爲動，捨生滅而趣眞如，則往而復矣。易曰：「吉凶悔吝生乎動」。此生滅法也。復卦云：「復其見天地之心乎」。此返本還源之說也。泰卦云：「無往不復，天地際也」。此動靜一如之眞如本體也。熊十力謂宇宙之氣，一闢一翕，因此便生起變化作用。亦動靜之說也。如有靜無動，無以起用；有動無靜，無以復本。皆不得其正。必也有往有復，斯爲動靜一如。

來布尼兹謂凡存在必定是動的。物質的靜止，仍然保存內在的動能。一經解放，便爲動力。運動與靜止，在現象上是交替的存在；但在本質上動力是絕對的存在。每一事物的內在動力和宇宙的總和動力不可分割。同時無限多樣性的動力，保持着一定的動力總量。來氏所謂動力，與無常變化，業力轉動之理，可以相通。來氏以宇宙爲精神的發展，人有人的精神，物有物的精神。每一事物的活動，都是精神的活動。此與唯識之說可以相通。赫爾蒙霍曾發表能力常住論：謂在一切情形下自由質點受引斥力之影響而運動時，位能如有損失，其損失的量，等於動能所獲得的量；位能如有獲得的量，等於動能所損失的量。位能與動能總和是不變的。此不啻對來氏之說，予以科學的證明。

斯賓塞以能力常住，爲一切知識的最後根據。又從此一根本原理，導出轉變與均衡論：指出進化是由於集中與分化兩種運動趨向均衡的結果。集中分化原理，可以由歸納法求得；也可由能力常住法則演繹而得。所謂集中與分化，即引力與斥力；亦即如來如去之佛性。能力常住，即不生、不滅、不增、不減之謂。以如來二字，可以詮動能之義。因如爲不變，來去皆爲動力。故如來即能力不滅之義。亦即能力常住之義。

奧斯特華反對唯物論假定能力過程必依物質爲之擔待之說。謂能是自存的，並不需任何擔待。經驗生於感官對外界能力移動的感覺；感覺是外界能力的差別對感官的反應作用；意識是神經的能力所造成。能力不斷由一種形態轉變爲種種形態。能力之外，什麼也不存在。奧氏並將物理能力觀念擴大應用到生命、社會、文化以至倫理的範圍。是能力實爲造成心物之共同基本材料。

黑格爾以宇宙爲絕對精神所構成的邏輯體，以實在爲思想過程所創造。理性是本質，是無限的動力，是潛存於一切自然、精神生命中，使一切質料發生運動變化的無限形式。理性代表能動性；而能動性是一切矛盾概念的最高綜合，將事物看成運動過程。黑氏之理性，即來氏之精神與佛家之識心。所謂運動過程，即因果律與輪廻法則。

根據客觀全體論主張：世界每一事物，無不與全世界有關聯。每一份子的變動，都和其他份子的變動相應。無盡緣起，卽是一種互動作用。千萬事物的個別變動，只能看作一個無際海洋中的大波小瀾，依矛盾的和諧原理，作統一之運動。因此各部份之間，和每部份與全體之間，均有其內在的聯系。部份的變動，不是由於部份本身的動力，而是由於全體的動力所造成。故能動力有不變性與同變性。引力與斥力，動能與位能，可以互爲消長。但其總和不變。緣生現象，雖千差萬別，但其體性不變。故曰：平等一如；故曰一卽一切，一切卽一。

電磁場與引力場，原爲物理上之名詞。現在生物學界、心理學界，亦習用生命力場，意志力場，文化力場等名詞。此係說明物質界、生物界、精神界及社會、文化界的一切，各有其全體性之意義。亦如佛家之稱四大、七大與法界。力場二字有兩種含義：力係活動作用，場指普遍性而言。綜合言之：卽普遍性之動力，亦卽互動之謂也。

米勒行爲系統論：在一個行爲系統各部份之間，和系統與其環境之間，經常進行着一種能力的交換。生活系統，都是能力的輸入與輸出。此種交換系統內之能力，隨時歸於均衡。不均衡時，便形成一種壓力，在系統內部引起緊張，而非予以解除不可。用心理學之術語而言；系統爲有機體，輸入輸出，是刺激與反應。壓力之解除，卽需要的滿足。依電磁場之理論說明，則爲引力斥力與其均衡。佛學上之緣起緣滅，卽引斥二力之交換作用；涅槃爲均衡作用。故稱寂靜、平等、眞常、自在。………皆所以形容均衡之義。中道之緣於空、假，亦猶均衡之緣於引、斥力也。如來爲引，如去爲斥。無所從來，無所從去，則所以說明均衡也。

一切對待，皆緣於引、斥力。如生滅、增減等自然現象，皆由引斥力所顯現。至垢淨、善惡、是非……等，雖緣於個人之愛憎觀念。但仍以引斥力爲其基因。故自然環境與意識對引斥力所引生之差別相，有定與不定之分。定者爲同分妄見，不定者爲別業妄見。前者亦可解作唯識現，後者亦可解作唯識變。皆不離此識心也。虛空之有電磁場，亦如海中之有水。引斥之力，如海中之波浪：引力如浪峰，斥力如浪漕。（亦可作相反之假定）二者互爲消長。前浪之峰，引起後浪之漕；後浪之漕，引起前浪之峰。互爲因果，此起彼伏，莫究其源。衆生之心，隨之而起垢淨，是非……之辨，而煩惱以生。如了知均衡作用，不起愛憎之念，則所見者惟一廣大無際之虛空耳。如高昇太空，俯視海洋，只見其一平如鏡，而不見其波浪。此心亦平等一如，無差別之念。

在動力場中，無一靜止之物，行星乃至銀河系，各有其自轉與公轉。人體內無數計之基本質能，亦在狂飛。如內心不能保持均衡，則對自然界所呈現之各種事物，在感覺上便有苦、樂、忻、厭之別。在各種動力下之定境，只是一種引力慣性，亦即動中之均衡力。在感覺上不受任何動力的干擾，有其適應性，無苦、樂、忻、厭的情緒。適應性愈強，則愈近均衡程度，而以涅槃爲其極則。

因果產生於動能，一切變化，以動能爲主因，以本身所具有之位能爲助緣，即自力與他力相互合作而產生一定之結果。然衆生由心識所產生之動能，又爲各種動能之主因。如由電力所產生之動力，可以推動各種機器；而電力之開關，又操之人手。故機器爲位能，電力爲動能，而心力又爲電力之動能。故心力實爲一切之動力。

宇宙間無固定之座標，所謂動與不動，必須依另一物體，始能覺察。如宇宙間只有一個物體，無論此物體是動的乃至以每秒十萬英里之高速度運行，亦無人能說明其動靜。或空間雖有多數之物體，而其運動速度與方向皆爲相同，亦不能覺知其動靜。前者如在空中飛行，後者如兩車之並行。皆無動的感覺。動相生於對待，一切世法如大小、長短、方圓……等，莫不皆然。而好惡、是非之觀念，亦緣之以生。倘吾人之起心動念，毫無分別。卽係身心之活動與外在事物，保持均衡，而無相待感覺。

一個物體在速度增加時，其質（重）量亦隨之增加。是動之本身卽是能。物體運行所增加之質量，從其增加之動能而來。故產生能質不可分之理論。因緣之作用，亦同此理。同是一因，由於助緣之關係，能產生各種不同之果。故結緣更重於種因也。

近人王孟瀟著動力論，認宇宙萬象，只有運動，並無靜止；只有轉變，並無存在；只有過程，並無實體。動力是運動轉變過程中的唯一存在。是非心非物的原始因素。是萬物共同本質，共同來源與內在聯系。物質與精神現象，均是一種動力形態。王氏所指之動力，純就現象而言。相當於佛家之緣起觀。與能力說亦相通。王氏以動力的自然本質，有六種特性，與佛理均能配合。

一、「自爲因果的自存性」：因存在皆依動力。此卽緣起始於無明妄動，還滅亦始於無明滅盡。存則互存，滅則互滅，因果本同一體。又空論以性空離我法二執而立，亦係指出本體的自因性。

二、「無所不在的普遍性」：依體言，法身遍宇宙；依用言，宇宙間一切事物，如心法、色法乃至生命，皆不斷地流轉，卽動力的普遍性。

三、「不生不滅不增不減的永恒性」：由動力所產生的各種現象，只有形態上的變化，而無總量上的變化。電磁能、幅射能、化學能、機械能可互相轉變；物質力、生命力、精神力、社會力、文化力亦可互相轉變，而其總和不變。是一爲無量，無量爲一之眞理。亦如海浪有峰漕之別，而水平不變。

四、「無限可分與無限可延展的連續性」：王君根據「自然無飛躍」之哲理。謂一切事物，在數量上無最後的單位；在空間亦無最後的界限。一切運動變化，都是連續推移，而非突發與中斷的。佛家之無盡緣起與因果法則，卽具有此種連續性。

五、「不可隔斷的完整性」：動力是完整的存在，世界上無孤立的事物。每一現象，都和其他現象有關。一切運動，都在互動中。一般先個體而存在；個體在全體中纔有意義。部份的變動，不是由於部份自身的動力，而是由於全體的動力所造成。此卽互動與感應作用。佛法上之無盡緣起，一卽一切，事事無碍……種種說法，皆具有完整性。華嚴以本性爲圓融周遍，則兼完整與普遍。

六、「以上種種，統一於無限性」：由於動力是無限的存在。空間沒有邊際，時間亦無始終。此即佛家所謂虛空無盡，時間無盡。豎窮三際，橫遍十方。此無盡之空時，原無自性可得。隨事物之轉變與延展而顯現空時之幻相。

動力之本體為能。當其靜時，平等一如，無差別相。所謂眞如體上，一法不立。當其動時，因緣會不同，而分化為種種差別之相。此種差別之相，依王君之分類，共有五種。

一、「動力在意識內外分化而產生主客觀」：此即佛家能所之說。因知識活動過程有學習、記憶、想像、理解、判斷種種。能知即是能動的過程，所知即是所動的過程。能所合一的原理，為知識論的關鍵所在。王君認為「知識是由感性發展的，感性是經驗的最初形式」。是感官與外界接觸的互動，無主客能所之分。以互動說明能所一如之理，實為至當。佛家所謂見分相分，即說明能所關係之用語。但既為相對立名，如何使之合一，易滋疑惑。互動之說，可釋此疑。

二、「動力在繼起現象上前後分化而產生因果觀」：一切現象在時間的流轉中，產生不同的形態。前者為因，後者為果。在佛法中等無間緣與增上緣，均有時間條件。如無時間因素，則因果觀念，亦不存在。

三、「在對立現象上彼此分化而產生矛眉觀」：此點係就空間而言。一切事物，各有不同之差別相，而差別生於對待。因觀點不同而有矛盾之心理。本質上原係平等一如。如長短、方圓、大小……種種差別之相，均相待而有。其矛盾觀念，隨主觀之分別與好惡而產生；並無客觀之標準。至事物之本身，則因相待而和諧，原無所謂矛盾也。此理與前述均衡之說相同。

四、「在運動形態上的分化，有引力、斥力、壓力、阻力、張力、磨擦力：動力之形態雖殊，皆起於均衡之差異」。此種差異，卽由緣會之順逆主動關係不同所產生。心色兩法，皆有不同之緣會，以產生動力；復由此不同之動力，以產生不同之緣會。展轉變化，互爲因果，無有窮極。但能一心不生，則諸法無咎。

五、「在運動模式性質或系統上的分化，有物質力、生命力、精神力、社會力、文化力、生產力、勞動力、權力」：此點係就動力所顯現之事象而言，屬於相分範圍。包括現象界之一切事物。

依上分析，現象世界之雜多事物，無非運動之過程與形式。皆由同一本質上所起之分化作用。唯物論者所論證的唯物作用，唯心論者所論證的唯心作用。均不免以偏概全。實則在其本質上爲非心非物，亦心亦物之能動力，只是作用不同而已。

王君認爲「宇宙間只有普遍永恒連續的能量，而無其質量。愈深入物質的內部，愈見到動力的重要性，而失去其物質的重要性。原子核內部的複雜問題，純粹是動力系統的問題，而不是物質系統的問題」。是唯物之說，在動力論之範型內，已無存在之餘地。佛家所稱緣生緣滅，諸行無常之義，卽運動之謂也。業力亦卽動力也。自全體言，則稱無常；自個體言，則稱業力。皆動力之代名詞也。環境的無常，等於地球之有公轉；個人的業力，等於地球之有自轉。轉動之幅度與速度容有不同，其爲動則一也。動爲能之用；能爲動之體；一切事物，則動能所生之成果也。二乘人之沉空滯寂，係誤認動的背後，還有不動的能。大乘以煩惱爲菩提，係於動中證靜。認爲動卽是能，能必有動。故當體卽空，入涅槃而不住，以無所住故也。如前舉浪峰浪漕之喩：峰漕迭爲起伏，互爲消長，永無定相，亦永無住時。然有一不變者在，卽水平是也。峰之與漕，皆非水平之眞相，水平亦不在峰漕之外也。

王君動力論所稱之完整性，卽互動與攝入之謂。電磁力與引斥力，不但存在於星球之間與質點之間，也存在於任何事物之間。萬象均有其內在的聯系，每一份子或每一事件之變動，立卽與所有其他份子或事件的變動相感應。此爲一卽一切，一切卽一之相互攝入。與無盡緣起之互爲因果，至一切感應與預兆等，亦皆具有互動作用。（詳心法篇）

笛卡兒建立運動三大法則：一爲運動有慣性；二爲世界上種種運動有一定的總量；三爲物質運動常作直線進行。第一點與佛家熏習之理論相通；第二點與互動及不生不滅之理論相通。第三點爲必然之因果法則。笛氏並創運動不滅說，認物質的延展性，爲存在的基本特性。來布尼玆則反對此種看法，以宇宙爲精神的發展。每一事物的活動，都是精神活動。其說屬於唯心範圍。笛氏則以心物二者彼此獨立，但依神而存在，神是最高的本質。是一種唯神論的心物二元論。但旣是神力，則所謂運動慣性與運動總量及物質之直線進行三大原則，似又在神力支配之外。是所謂神力者，乃一切未知事物之答案也。故科學愈發達，則神力所及之範圍將愈狹。取創世紀與近代之天文學、物理學、生理學……等相對照，即可知矣。

儒家以陰陽爲宇宙之動力，一切事物之形成，皆依其力量與法則以推進。張子所謂：「知天地變化二端而已」。程子以「天地萬物之理，無獨必有對」。又謂：「天地之間皆有對：有陰則有陽，有善則有惡」。一切活動，皆不離對待之陰陽。「離陰陽則無道」。（程子語）朱子云：「陰陽雖是兩個字，然卻只是一氣之消息。一進一退，一消一長。……做出古今天地間無限事來」。陸子云：「易之爲道，一陰一陽而已。先後、始終、動靜、明晦……，何適而非一陰一陽哉」。陽明云：「陰陽一氣也，一氣屈伸而爲陰陽」。凡此一切對待之現象，均有一定之因果法則。儒家稱此法則爲感應。周子云：「二氣交感，化生萬物」。又云：「二性感動而善惡以分，萬事出矣」。又云：「寂然不動者誠也，感而遂通者神也」。張子云：「上天之載，有感必通」。程子云：「凡有動必有感，感則必有應；所應復有感；所感復有應，所以不已也」。又曰：「天地之間，只有一個感與應而已，更有甚事」？朱子云：「凡在天地間，無非感應之理，造化與人事皆是。如雨便感得暘來，暘已是應，又感雨來。寒、暑、晝、夜，無非此理。如父慈則感得子孝，子孝則感得父愈慈。其理亦只一般」。又云：「陰陽之變化，萬物之生成，情僞之相通，事爲之終始，一爲感，一爲應，循環相代，所以不已」。陽明云：「天地原自寂然不動、原自感而遂通」。是儒家之感應，與前述互動之意正同。心物之活動，皆爲能之散發；而能在一處之散發，又可影響各處之能。惟因活動之慣性不同。故其受感之反應，亦有強弱與形式之差別。所謂法不孤起，仗緣而生。能之活動，旣無心物之限制；則其影響亦同。不過心爲活動之中心，能受動，亦能主動。有時因心力之控制而改變能之趨勢。唯識變現，卽係雙重作用。其他無情之物，只能被動而不能主動。卽能現而不能變。故在互動之中，又有能所之分。有人問陽明云：「禽獸草木，何以謂之同體」？答云：「你只在感應之機上看，豈但禽獸草木，雖天地也與我同體的，鬼神也與我同體的」。這只說明動的共相，而未及於差別相也。佛家之業力與因果等說，則於動的共相中，尙有種種之差別相。不似儒家之含混也。

談種子者必談功能。此功能卽物理學上之能，前已言之矣。能有種種變化之功效，故先儒稱之爲功能也。在種子中含藏多生以來一切行動所熏習之能，具有潛在之勢用。此潛在之勢用，卽爲業力。故業力卽動能之代名詞。動能之勢用，有一定之習慣性。如杖擊輪轉之喻：杖向右擊，輪卽右旋；杖向左擊，輪卽左旋。動能之趨勢，亦猶是也。動相雖因阻力而暫似停止，其力仍潛存。遇有適當機緣，其動力不稍減弱。如鋼絲彈簧，在受壓時不能彈動，一旦壓力減除，卽隨之而伸展。受壓雖久，而伸展之力不稍減。必竭盡其蓄積之勢用而後已。大乘成就論云：「業雖經百刼，而終不失壞。遇衆緣合時，要當酬彼果」。卽此意也。科學家證明核子之不斷地跳躍，卽能之動力；尙未能證明何以有此動力。科學家證明一切物質，皆能之組合，尙未能證明心識是否亦能之組合。依佛家業力之說，對此兩種問題，皆可求得解答。業力緣於心識之活動，因心識之活動而有能，（業）亦因能之活動而有心識。其活動之精神部份，稱之爲名；物質部份，稱之爲色。「識緣名色，名色緣識」。二者互爲因果。具體言之：由不斷之心識活動，而有腦電波之發散；復因腦電波之發散，直接指揮根身，作造業之工具。（卽見分，就能所之關係言則稱能。）間接改變各種事物，影響其生活環境。（卽相分，亦稱所。）腦電波之發散，卽心識活動所產生之色法。由此色法，可以滲透心物之各部門。此色法雖爲造成物質之原料，但非有形之物質；雖爲發展心識之工具，但非心識之本體。爲卽心卽物，而又非心非物。故經云：「色卽是空，空卽是色」。非故爲玄虛之語，使人無從捉摸也。心物最後之情況，確係如此。稱之爲能，猶爲卽用而言。若卽體而言，則能亦空無所有，寂焉無眹。更焉有所謂動者存焉。然大乘佛法，不主張沉空滯寂，重在卽用以顯體。亦卽於動之外，別無所謂本體之能也。西方哲學家惟海德格深契此理。謂「現象不離本體，而本體不離現象」。故唯心與唯物，始於動而亦終於動。只在吾人之着與不着耳。生心無住之旨，可深長思也。第一義諦，離言語文字相。凡有言說，皆卽動而言。動因之發生，原於各種關係之集合。其錯綜複雜，無從究詰，故稱之爲無明。各個不同之動力，各有雜多之始因與必然之去向，形成各種或同或異之力量。復滙集各個動力，以成宇宙之動力。聚滴水而成巨流，聚衆蚊而成巨響，聚衆生心識之餘勢而成巨大之動力。乃勢所必至。引力與斥力，宇宙之總動力也；亦卽衆生之共業；核子之跳躍，各種不同之動力也，亦卽衆生之別業。動能遍滿虛空，滲透心物各部門。宇宙間一切生物之生滅變化，呈現爲千差萬別之現象，皆各種動力所形成。但在變化多端之動力中，仍各有一定範疇。亦卽佛家之因果法則也。故由個人以至全宇宙之一切活動，皆以心識爲發動機。其動力之普遍與悠久，非任何動力所能比擬。因一切有形事物之活動，其結果不過振盪其周圍之能量。尙不易產生強有力之電波。故無滲透與延展之較大可能性。而心識之活動，電波卽隨之散發。其動力所及，可以豎窮三際，橫遍十方。影響之大，遠非有形動作所能企及也。此一問題，予談之甚多，終覺意有未盡，故不憚反覆言之也。又本節所談者，多涉及心法範圍，本應列入心法篇內。因動能爲法性之基本問題，而心識又爲動能之主宰。二者有合併研究之必要。故先於本篇內論及。在心法篇內談及心法活動時，當再分別談及。二者有時不易作顯明之劃分，可以互相參考。因心性本爲一體也。

黑格爾的邏輯，其演變的程序，便是正、反、合。外而自然界，內而精神界。由自然界的力學變爲物理學，由物理學變爲生物學，由生物學變成有機體，由有機體而變成人，便進入精神哲學。正的主觀精神，變爲反的政治學、經濟、社會學……等，合而爲最高文化。是一切事物，均爲能力之擴大與演變而成。而千差萬別之現象世界，殆同出於一源。黑氏所稱之力學，卽由能量所生之動力。此點無可非議。惟其所云之演變過程，謂先有物而後有人，人係由物所演變而來。則不免墮入唯物之邊見中。

熊十力用翕闢二字以狀宇宙之動相，原無不可。但謂翕則成物，闢則爲心。則大欠斟酌。依熊氏之言加以引伸，則物滅而爲心，以其闢也、心滅而爲物，以其翕也。心物交替，其義不通。

要之心物皆有生滅，卽係皆有翕闢作用。惟機緣不同，狀相斯異。翕闢只可以擬動靜之勢，心物皆然。若就實際理念而言：則物隨心現，心逐物轉。是無物非心，無心非物，誠如熊氏所云：「生天生地生人物，只是一理，此理之存乎吾人者，便名爲心」。強以翕闢分心物，與其本人之言論，亦有未合。

僧肇之物不遷論：「昔物自在昔，不從今以至昔；今物自在今，不從昔以至今」。又曰：「旋嵐偃嶽而常靜，江河競注而不流，野馬飄鼓而不動，日月歷天而不周」。其立論亦有所本。金剛經云：「如來者無所從來，亦無所去」。摩訶衍論云：諸法不動，無去來處」。放光云：「法無去來，無轉動者」。法華云：「法住法位，世間相常住」。此與無常及無自性之說，恰正相反。使學者不能無疑。然無常之中，有常理存焉；無自性之中，有自性存焉。但有性相之別耳。物不遷論云：「不遷故雖往而常靜，不住故雖靜而常往。雖靜而常往，故往而弗遷；雖往而常靜，故靜而弗留」。是遷卽不遷，不遷而遷也。又曰：「談空有不遷之稱，導俗有流動之說」。是動者俗見也，不遷者眞理也。但不能認作世法無常而眞理有常。須知只是識心之分別不同。同一法也，而有動靜之見不同，法之本體上原無分別也。金剛經云：「不取於相，如如不動」。言不着無常之相，則當體如如，何動之有。憨山大師云：「所謂無法可轉動者，以緣生性空，斯則法法當體本自不遷，非相遷而性不遷也」。又曰：「諸法實相，當體如如，本無去來動靜之相。佛眼觀之，眞空冥寂；凡夫妄見，故有遷流」。故言無常或無自性，或各種之空，乃所以遣凡夫執實之相。言不遷，所以遣學人及二乘人執空之相。故物不遷論云：「尋夫不動之作，豈釋動以求靜，必求靜於諸動」。又曰：「必求靜於諸動，故雖動而常靜；不釋動以求靜，故雖靜而不離動」。是所謂動卽靜，靜卽動，動靜一如，無去來之相，亦非不去不來。此卽世諦而爲眞諦，卽有卽無之最高理念也。華嚴經云：「不離菩提場而徧一切處」。焉有所謂動與不動之相存乎其間耶？故學人第一入手處，當遣世諦諸相，不着於有；第二步當遣遣相之相，不着於空。有無俱遣，空有兩皆不着，斯契般若之旨。執動靜之一面，皆非也。

大　我

現實世界，分爲物質界、生命界、意識界、精神界四種。意識界指神識而言，卽小我之謂；精神界指文化而言，乃人羣之力所造成，亦可稱爲大我。舉凡社會之各種風氣與習俗，皆由個人之生活方式，逐漸影響人羣，而成爲多數人之生活習慣。個人一方面爲風氣習俗之創造者，一方面又爲受風氣習俗之陶鑄者。個人爲小我，人羣爲大我。小我與大我，原係互爲一體。小我固能影響大我；而大我更能控制小我。人類不能離羣索居。人羣之憂樂，皆可直接或間接影響個人之情緒乃至生活。強分人我，實爲多事。此僅就現實生活以言之耳。若推而廣之；則橫徧十方，豎窮三際，何在而非我之範圍？「成其大體爲大人，成其小體爲小人」。是在吾人心量之廣狹以爲分別耳。

心理學家從心理觀點出發，將自我境界自內而外，分爲四層：最內層爲純我，（絕對我）第二層爲身體我，第三層爲物質我，（維持生命所需要之物質）第四層爲社會我。自我活動從核心出發，可推廣至無限大的宇宙全體。其作用猶如萬有引力：愈接近個體中心，密度愈大。故愛力愈近愈密，愈遠愈疏。自我爲活動之中心，密度同於中心之無限大。故我執力較任何其他本能爲強。自我與全法界原爲一體。全體爲超出部份的總和，部份爲全體發展中所形成，一切決定於全體。如前舉浪峰浪漕互爲消長，互爲因果。因峰而有漕，因漕而有峰。執我者欲永爲浪峰，而不知峰之復爲漕也。了解大我之義，則個體之我，卽不復存在，是大我卽無我也，無我卽我也。

涅槃經云：「若法是實、是眞、是常、是主、是依，性不變易，是名爲我」。是所謂我者，爲不變義。不變則爲眞如，爲佛性。故曰：「世間之人，雖說有我，無有佛性。是則名爲於無我中而生我想。是名顚倒。佛法有我，卽是佛性。世間之人，說佛法無我，是名我中生無我想」。是佛法中原本有我，計無我亦是顚倒。惟眞如佛性，恒爲客塵煩惱所障蔽。故衆生雖有如來智慧德性，因妄想執着，不能證得。但我性仍存，並不因之消失。故曰：「我卽如來藏義，一切衆生，悉有佛性，卽是我義。從本以來，常爲無量煩惱所覆，是故衆生不能得見」。文佛說法，有時說無我，有時說有我。因衆生機感不同而說法亦異。故曰：「爲調衆生故，爲知時故，說是無我；有因緣故，亦說有我」。經中乳兒一喩，顯明恰當。說無我時如兒病忌乳，則塗之以藥，止令不食。說有我時，如兒病已癒，洗去乳藥，仍令兒食。是執我爲病，則說無我；我執旣除，令見佛性，兎執頑空，仍說有我。無者四大輪廻之我，有者佛性之我。有無皆不可執，執則成病。

肇師云：「至人空洞無我，而萬物無非我造。會萬物爲自己者。其爲聖人乎。雖有神、有人、有賢、有聖，各別而皆同一性一體。古人道：盡乾坤大地，只是一人自己。寒則普天普地寒；熱則普天普地熱；有則普天普地有；無則普天普地無；是則普天普地是；非則普天普地非」。法眼云：「渠渠我我，南北東西皆可可。不可可，但唯我，無不可」。初聞世尊「天上天下，唯我獨尊。」之語，頗疑世尊主張小我。及閱先賢各種解釋，始悟世尊之「唯我」，乃天地同根，萬物一體之大我。與我、人、衆、壽四相中之我相不同。三藏十二部所說者皆此大我之理；古聖先賢所證者皆此大我之境。此我絕對待、無窒碍，無煩惱，無是非。清淨本源，平等一如。乃宇宙之本體也。

宗鏡錄云：「宗者尊也，以心爲宗」。故云：「天上天下，唯我獨尊」。宇宙原係一心，故云：「墻壁瓦礫，無情之物，無非佛心」。又云：「盡乾坤大地，皆爲如來一隻眼」。是我以外，別無所謂宇宙也。大善權經云：「菩薩行地七步。……舉手而言，吾於世間，設不現斯，各當自尊。外道梵志，必墮惡趣」。是大我之說，正所以破自尊心之小我也。

印度吠檀多人謂我與梵爲一體，大梵之我，如大虛空；小我則爲瓶中之虛空。瓶中之空，來自大空，與大空屬性相同。小我發乎大我，其屬性亦然。瓶中之空，暫爲瓶所限制，以別於大空。瓶破其空與大空融合爲一。身體如瓶，爲小我與大我之隔限。在現象界有我與非我之別，本質上萬物皆同一我也。（見曼陀括耶頌第三章）水蒸汽初入空中，尙可得見，面積逐漸擴大而逐漸稀薄，乃至漸歸消滅，與虛空合而爲一。藏識之流入識海，亦當如是。惟我執之習染未除者，不待其與識海混合，又隨其勢用（業）之牽引而入胎，不復知有大我也。

我的觀察，有兩種方式：一是內省的我，一是外延的我。均以軀殼爲起點。內省的我，逐層向內透視：即物理的我，如軀殼；生理的我，如呼吸；心理的我，如精神。外延的我，逐層向外擴展：即個體的我，如軀殼；血統的我，如家庭；集團的我，如國家；人羣的我，如全人類。是我並無固定之主體與範圍，只是隨其計執以爲區別耳。

中峰禪師示衆云：「佛境界充徧故，衆生境界亦復充徧。離佛境界外，別無衆生境界；舍衆生境界外，別無所謂佛境界。……迷則佛境界俱是衆生境界；悟則衆生境界俱是佛境界」。此生佛同體之說也。衆生每於心外覓佛，而不知心外無法，又何有於佛。楊傑宗鏡錄序文云：「衆生界即諸佛界，因迷而爲衆生；諸佛心是衆生心，因悟而成諸佛。心如明鏡，萬象歷然。佛與衆生，其猶影像。涅槃生死，俱是強名。鏡體寂而常照，鏡光照而常寂。心佛衆生，三無差別」。於簡短文句中，說明生佛之關係。了解斯義，則於大我之義，亦思過半矣。

佛儒哲學，皆在求自身與宇宙之合一。如「心生萬法」，與「法身遍宇宙」；及「合內外之道」，「上下與天地同流」。皆所以說明我與宇宙之關係。佛家之觀心與儒家之格致，即是做的無我與大我功夫。老子之玄同，莊子之道徧宇宙，亦是如此。其他宗教，不承認自我人格的昇華，惟求助於不可知之造物主。縱能得救，亦只是賣身圖靠，寄人籬下耳。

長水沙門子璿釋生佛同體云：「猶如父子共有一鏡，若照子時，子在父鏡中，亦在自鏡中。若照父時，父在子鏡中，亦在自鏡中。鏡是一體，攝屬兩人，各成自鏡，無別有體。以喻眞心生佛，各具雖云各有，而理不可分」。以往釋生佛同體者，盈篇累牘，仍多辭不達意。比喻淺明易解，但欠恰當。因兩人共鏡，只能喻用，不能喻體。以照時合一，不照則不合也。旣云一體，則不可分。似不如電流之喻較妥。燈雖各別，而電源則一。自燈而言，（如小我）各成單位；自電而言，（如大我）則互爲一體。其差別之相，乃暫時幻相；其平等之性，則永恒不變。

伊川云：「物我一理，纔明彼，卽曉此，合內外之道也」。又曰：「一人之心，卽天地之心；一物之理，卽萬物之理」。此皆大我之說也。六祖云：「萬物盡在自心，何不從自心中頓見眞如本性」。心包萬物，旣無心外之物，卽無心外之理。此心明，則衆理俱明。故大學重視明明德也。

邵康節云：「人亦物也，聖人亦人也。……人也者物之至者也，聖也者人之至者也。……何哉？謂其能以一心觀萬心，一身現萬身，一物觀萬物，一世觀萬世者焉」。又曰：「觀物者非以目觀之也。非觀之以目，而觀之以心也。非觀之以心，而觀之以理也。……聖人所以能一萬物之情者，謂聖人之能反觀也。所以謂之反觀者，不以我觀物也；不以我觀物者，以物觀物之謂也。旣能以物觀物，又安有我於其間哉？是知我亦人也，人亦我也。我與人皆物也」。是以無我而任物，即物化之義。亦可以作格物及大我之義解釋。

一般人聞無我之說，恒懷怖畏。不知衆生所謂我者，乃血肉之軀，衆苦所集。一生執着，則出沒生死海中，永受其累。涅槃經所謂：「無我法中有眞我」。乃常、樂、我、淨之我，精神自在之我，非五蘊之我。然所謂無我，指破我執而言。非如蘇格拉底所主張之離去軀殼以求我也。如我執未破，捨此身，得彼身，頭出頭沒，有多我之苦，而無一我之實。如我執已破，則身不爲累。不必於死後求眞我而眞我自得。淨名云：「於我無我而不二」。我相旣無，不必計較身之有無也。

人死以後，皮毛骨肉，皆化爲泥土，其中所含元素，被植物所吸收，則變爲植物之元素。植物被動物所食啖以後，又變爲動物之元素。是動植物之元素，同出一源而互相變換。萬物皆爲一體，有何物我之分。不僅物我如此，「隨拈一法，皆爲法界全體」。一切事物，皆係展轉變化，原無定型。是物我一如，一切法皆一如也。

六度之中皆無我，如施捨必須三輪體空，無施者受者與所施之物，乃人、我法、三者俱空。忍辱必須絕嗔恨之心，無人、我、是、非之觀念。持戒必須內淨其心，知有戒而不知有我，有我則戒不得淨。精進必須不離用心，知有法而不知有我，有我則精進爲苦。禪定必須心不着相，着相即有我執，執我則心不得定。至般若則掃盡諸相。故修六度必自無我始。金剛三昧經云：「空心不動，具六波羅蜜」。故佛家之空，與無爲不同。雖一塵不染，而萬善齊備。又云：「六波羅蜜者，無相無爲」。故六度皆無我相。

大乘義章解釋無我：「人無我者，經中亦名衆生無我；亦名生空；亦名人無我；亦名人空；亦名我空。衆生成生，故曰衆生。生但假有，無其自性。是故名爲衆生無我。衆生性相，一切皆無，說之爲空，寄用人名，無我與空，義同前釋。性實名我，陰中無我，故曰我空。法無我者，亦名法空。自體名法，法無實性，名法無我。諸法性相，一切皆無，名爲法空。此卽二者俱名爲空，齊號無我。若分別言之：空與無我，隱顯互彰。若依毘曇，陰非是我，名爲無我。陰非我所，說之爲空。成實法中，衆生空者，名之爲空；法體空者，名爲無我。……若依維摩，衆生空者，名爲無我，法體空者，名之爲空。……故空與無我，眼目之異，皆得無傷」。此與無自性之說，皆能相通。又大乘義章解釋我性二種：「一實法我：如來藏性，是眞是實，性不變異，稱之爲我。又此眞心，爲妄所依，與妄爲體，故說爲我。故涅槃云我者，卽是如來之藏。藏是佛性。一切衆生，皆有佛性，卽是我義。……從凡夫我以至佛我，我性不改，名爲佛性。良以衆生眞妄所集，亦如繩蛇，攝之從妄，悉是妄爲；攝之從眞，皆是眞作」。是我性有眞妄之分。衆生所執，皆爲妄我。佛我雖眞，執亦成妄。

圓覺經云：「四大各離，今者妄身當在何處」。此直斥以軀殼爲我之謬。老子謂：「大患莫如有身」。亦認定身非眞我。莊子曰：「吹萬不同，而使其自己」。意指風吹萬竅，同一來源。但認風由本竅所生。亦猶認肉身爲己身也。比喻略同於電流同源異器之例。又曰：「百骸九竅六藏，賅而存焉，吾誰與爲親」。意指集衆形而爲一體，若件件皆我，則有多我。若一件爲我，則餘將屬誰。此如小乘之析色明空，以破我執。

物理學上之物質三態及能質互變之義，至少可以說明色法中之無我義。物質遇熱則由固體變爲液體，由液體變爲氣體，乃由質量變爲能量之過程。遇冷則由氣體變爲液體，由液體變爲固體，乃由能量變爲質量之過程。吾人身軀，亦物質也。輕者四五十斤，重者不逾百斤。死後焚燬，殘餘之骨灰，不過二三斤。（火候不夠，始有殘餘。）餘皆氣化，散入空中，化而爲能。此散逸之能，遇有機緣，即可依附於其他生物或無生物。當其氣化時，已與虛空合爲一體。如滴水入海，無分人我。當其依附其他物體時，又化整爲零，如海潮濺岸，體態各殊。物之與能，聚散無常，變化多端，要不能脫離廣大之電磁場。佛家言宇宙則稱法界，即指此廣大之電磁場而言。是所謂我者，不過整體中之細胞羣耳。非有獨立之個體也。

佛家所謂心包萬物，指宇宙全體之覺性而言。此心乃我與萬物所共有之心源。惟有時因說法之便，強分能所。以在我者爲能，對我者爲所。實則能所一如，原無主客之分。故談能所，必先了解無我之義。西哲主觀觀念論者如巴古里底以一切存在，依存於個人與主觀。不僅外物，即他人的存在，均爲意識的內容。此爲極端的唯我論。與佛家之無我，恰正相反。無我則物與同胞，自他一體，故無物我之分。唯我爲一切唯我。費希奈之觀念論，將世界看做自我所產生，是能所有別，所是能，而能不是所。佛家之能所一如，則爲能是所，而所亦是能。謝林認爲物質中可發現主觀的活動。吾人之能認識物質，因世界與自我是同一，故自我的認識，可以適合於客觀。此較費希奈之絕對主觀論稍爲接近佛家之無我精神。其與佛家理論最能相合者，莫過於黑格爾。彼認爲世界和自我，都是同一精神所發露出來的。所以內在的直觀，能獲得眞的認識。其所著法理哲學綱要，謂凡理性的東西，都是現實的；凡現實的東西，都是理性的。此深合佛家性相一如之說。

柏拉圖以觀念存在於超感覺的世界。感覺世界之現象常在生滅，故非構成世界之本質。觀念乃恒常不變的自己同一之永久持續。故只有觀念與認識之對象。物質本身是無，非存在者，等於虛空。由於觀念賦形，始作個別之事物出現於感官世界。故觀念爲質料之形式或範型或原型。由此可知感覺的事物，是由於非存在（物質）與存在（觀念）兩者之合作而成。其說近於黑氏之說。與佛家之萬法唯心，同一構想。

莊子云：「有人之形，故羣於人；無人之情，故是非不得於心」。謂既具人形，卽爲人羣之一份子，不能離羣索居，必須隨緣以適應環境。但使情感不動於中，絕是非之念。大我精神，必當如此，不僅遣相而已。又曰：「眇乎小哉，所以屬於人也，謷乎大哉，獨成其天」。人爲萬物之一，若執形骸之我，不過滄海之一粟，誠眇乎其小也。若能心超物表，外其形骸，則與宇宙同其廣大也。此孟子所謂上下與天地同流，佛家所謂法身遍宇宙之大我也。

阮籍達性論以「死生爲一貫，是非爲一條。別而言之，則鬚眉異名；合而說之，則體之一毛也」。其說卽莊子所謂「天地與我並生，萬物與我爲一」。蓋個體爲全體之部份，如一身之有鬚眉也。惟世人少悟此理。故阮籍又曰：「世之好異者，不顧其本，各言我而已矣，何待於彼。殘生害性，還爲讐敵；斷割肢體，不以爲痛」。此痛斥世之以個體爲我者，對全體之痛癢，漠不關心。其重視大我之精神，與佛家同。

叔本華之形上學，謂人類於萬物，同一意志之發現也。其所以視吾人爲個人而與他物相區別者，實有知力之藪。吾人之知力，係以空時爲其形式，故凡現於知力者，不得不複雜；既複雜矣，不得不分彼我。故空間時間二者，個物化之原理也。若一旦超越此個物化之原理，而認人與己皆此同一之意志。知己所弗欲者，人亦弗欲之。各主張其生活之欲而不相侵害，於是有正義之德。於正義之德中，己之生活之欲，已加以限制；至博愛則其限制又加甚焉。故善惡之別，全視拒絕生活之程度以爲斷。其主張自己之生活之欲，而拒絕他人生活之欲者，是爲過與惡；主張自己亦不拒絕他人者，謂之正義；稍拒絕自己之欲，以主張他人者，謂之博愛。然世界之根本，以存欲故，故以痛苦與罪惡充之。最高之善，存於滅絕自己生活之欲；且使一切物皆滅絕此欲，而同入於涅槃之境。此爲叔氏倫理學之最高理想。其思想與佛家慈悲無我之精神符合。其人物同一意志之說，卽係心物一如之平等觀念。其說明能所之所由分別之緣因，略近於「知見立知」之義。心物既爲一體，本無人我之分。因覺性具有認知能力，而起認知之念。如是以能認知之主體爲我，以被認知之客體爲我所，遂有人我是非之分。至空時二者，在形式上似與心物無關；但無心物，空時亦無由顯現。故空時亦心物之附產品也。叔氏謂「知力以空時爲形式」，是知力亦不在空時以外也。

我爲自性之義，已如前述。大我卽是無我，無我卽是無自性。故列入法性篇。此外關於我相問題，屬於法相範圍，改列第三篇。遣我執則屬於行持問題，則列第五篇。其中均以我爲主體，自不免於雷同之處。但重點各有不同，故有分述之必要。

第三篇　法　相

釋名：法相二字，指一切有爲法之各種體相與相狀而言。梵語雜名謂法相爲事物之相狀，表於外而想像於心者。是凡六根所能觸對之事物，皆法相也。大乘義章謂諸法體狀，謂之爲相。體狀又有兩種詮釋：卽諸法之定型爲體，諸法之動態爲狀。瑜珈、唯識諸論釋相爲森羅萬象之有爲法，各自因緣而生，呈各種之相狀者。俱舍論謂相係諸有爲生、住、異、滅性。如云：「諸法能起名生，能安名住，能衰爲異，能壞爲滅」。簡言之：卽有生有滅者，皆法相也。故有爲法亦稱生滅法。生滅法原包括心法與色法，皆爲法相所含攝者。關於心法問題，已另詳第四篇。本篇僅就與色法有關及介乎色心二者之間諸問題而言，非全部之法相也。

極　微

、極微為勝論派所建立，佛教承其說而作各種不同之分析。大體分為兩種；其一、相當於物理學上之素粒子；其一、則相當於能。前者指物質之邊際而言；後者指產生心物之原料或動力而言。勝論師言極微為圓常，更無生滅。小乘以極微無方分。小乘有部宗謂三世實有，只依衆生業力之有無而有作用之生滅。體法恒有，作用則生滅無常。皆相當於能。俱舍論十二謂極微有方分。俱舍鈔云：「世界成卽聚亦不增，壞卽散為極微亦不滅」。是前者為素粒子，後者又似為能也。有部謂五境、五根、三十七色為最極微分。是實色極少，不可更分。非現量所得。俱舍論十二謂七極微為一微量；積微至七為一金塵，可於金中往來無碍者；七金塵為一水塵，可往來於水中之空隙者；七水塵為一兔毫塵，為等於兔毫之端者；七兔毫塵為一羊毫塵；七羊毫塵為一牛毫塵；七牛毫塵為一隙遊塵量。細至金中可以往來，只有核子有此可能性。而金塵又為極微之四十九倍，則極微非物質也明甚。唯識論二謂粗色相漸析至不可析，假說為極微。此極微猶有方分而不可析，更析則為空。是極微猶是物質邊際，相當於物質最小單位之原子或微粒子。同光記以七極微為一量，（單位）為眼見色之最微細者，但僅天眼、輪王眼、後有菩薩眼可見，非普通人之現量可得。正理論謂極微有二：一實一假。實為現量所得；假由比量分析所知。成實論謂極微現在有，過未無。是極微聚則為物，散則為能，與前說均可相通。又勝論派以地、水、火、風四大及意識，皆以極微為體。意識無形質，何以亦以極微為體？此證諸腦電波活動之說，與腦皮質散發能力之說，誠為有據。佛家有關心物一元之說，皆可循此途徑，得到答案。是印人在二千年以前，已發現能量；且有若干精義超過物理學者，寧非奇蹟。

唯識家對於極微作兩種不同之解釋，實因素粒子與能在當時無適當語文爲之表詮。故以同一名相代表兩種事物。卽唯識大師如無着，亦採兩種不同之說法。如顯揚論與大乘阿毘達磨集論，爲無着一人所造。顯揚論中云：「諸極微但假想立，無實自體」。旣無自體，則尚未形成物質，是相當於能量。大乘阿毘達磨集論云：「極微無體，但由覺慧漸漸分析，細分損減，乃至可析邊際，建立極微」。此雖云無體，但仍係物質之邊際，實係指素粒子而言。與顯揚論所謂假想者不同。俱舍論十二謂：「色等壞時，極微亦壞，極微實攝色等德故」。亦係以極微爲色之邊際，與上所引證之俱舍論不同。先賢對於物質之最小單位與其原素，已有精深之研究。惟表詮之言語文字，在當時尚極含混，不易從名相中了解其實義。此等處當從作用之說明中體會而得。如係與心法相通之極微，卽當以「能」視之；如係與心法相對立者，卽當視同素粒子。善讀者當於此等處細心體認，不可拘於名相也。

世親所建立之種子說，與意識極微之說，亦有關係。但唯識家不免過份執着唯識變現之義，至與物理學不盡契合。如唯識論二謂：「識變時隨量大小，頓現一相；非別變作衆多極微，合成一物」。佛學大辭典云：「大乘謂一切物質，隨其量之大小，念念刻刻自阿賴耶識之種子變現，無自極微至大之法。然則極微者，止爲破我見成析空觀時，以假想分析物質。實體之極微，實無有也」。按識海無際，大而無外，小而無內。故能隨量變現，無大小之限制。此係就體而言。但當識心起變現之用時，可以一次頓現，亦可逐次漸現。一次頓現者，固有定型；逐次漸現者，即可由小而大，或由大而小，原無定型。定者稱之爲現；不定者稱之爲變。如此解釋，與唯識學及物理學則均無違背。

色

色字包括一切有爲法，不僅指物理而言；生理、心理皆屬色法範圍。其含義甚廣，而分類尤多。此一問題，似簡實繁，有全部研討之必要。茲先就各家著作所主張者摘列如次：

色義	變壞	轉變毀壞
	變礙	變壞質礙
	質礙	有形質而互爲障礙
	示現	眼所能見

俱舍論及大乘義章均將色義分爲四種，餘多只取前三種，而略去示現一種，因無表色等不能示現也。

色類：分十四類者，見成實論；分十一類者，A見俱舍論，B見唯識論；分三類者，A見阿毘曇論；B見俱舍論；分二類者，A見宗鏡錄，B見俱舍論

- 十四類
  - 五根　眼耳鼻舌身
  - 五境　色聲香味觸
  - 四大　地水火風
- 十一類
  - A
    - 五根
    - 五境
    - 無表色
  - B
    - 五根
    - 五境
    - 法處所攝色
      - 極略色：析有質實色至極微，如色香等。
      - 極迥色：析無質顯色至極少，如青黃等。
      - 受所引色：無表色因受戒引發身中之色。
      - 遍計所起色：意識浮現影像，如空花水月等。
      - 定所生自在色：禪定顯現之殊勝境界。

色爲能之集合。受戒雖是心理活動，但能引發心理活動之能量，儲藏於意識中，故亦爲色法之一種。

- 三
  - A
    - 可見有對色：有對礙而眼可見者，如青黃方圓等。
    - 不可見有對色：有對礙不可見者，如聲香味觸等。
  - 不可見無對色：無對礙亦不可見者，卽無表色。

類
- B
  - 顯色：青黃赤白等色相可見者。
  - 形色：長短大小等形相可見者。
  - 表色：取捨屈伸去來等表相可見者。

二類
- A
  - 內色：眼耳鼻舌身五根。
  - 外色：色聲香味觸五境。
- B
  - 顯色：青黃赤白四種（似有脫略）
  - 形色：長短方圓高下正不正八種。

色相㈠見瑜伽師地論

一、有光影相。

二、據方處相。

三、積集住相。

色相㈡見瑜伽師地論

一、自相：地等以堅等爲相，眼等以各別清淨爲相。

二、共相：一切色皆變礙相。

三、能依所依相屬相：大種爲所依，造種是能依。

四、受用相：內色處有所受用增上力故，外色境界差別而生，或有色聚惟有堅生；或惟有濕。爲欲隨順內諸色處受用差別故，即指外界一切事物，因感覺不同而顯差別之相。

五、業相：地等諸大種，以依持攝受、成熟、增長爲相。

六、微細相：

1. 損減微細性；
2. 種類微細性；
3. 心自在轉微細性。

色相㈢見瑜伽師地論

一、清淨色。（根）

二、清淨所取色。（根之造種）

三、意所取色。（獨散意識）

四、大種所造。

五、識所依。

俱起九法：見俱舍論

一、本法：色之自體作用。

二、本生相：使色自體作用生之法。

（大）三、本住相：使色自體作用住之法。

四本相
四、本異相：使色自體作用異之法。
五、本滅相：使色自體作用滅之法。

四有相
六、隨生相生本相。
七、隨住相住本相。
八、隨異相異本相。
九、隨滅相滅本相。

無表色

一、律儀無表色：律者法律，儀者儀則。卽制惡之法謂之律，無作之善說爲儀。此戒體在人身中並無表示，故云無表。得此戒體者，卽有防非止惡、自順律儀之功能。是一種不作爲之消極行爲，屬於意業之一種。

二、不律儀無表色。

三、非不律儀無表色。

上列各類，僅係具有代表性者。詳細之分類，殆數百倍於此。因過於繁瑣，無關宏旨，且多無法理解。(如律儀無表色中之無漏律儀之類) 故予從略。玆就各家分類，擇其可採者，分別表詮如次：

色性
- 堅（地）固體
- 濕（水）液體
- 煖（火）熱力
- 動（風）氣體

色性指大種色而言，當於大種色內一併說明。玆姑從略。

色相
- A
  - 對礙：質礙有對
  - 方分：四方上下及中心
  - 變壞：變動損壞（時空均攝入）
  - 示現
- B
  - 生：緣生（成）
  - 住：假有（續）持續之義，見名相篇。
  - 異：無常（壞）
  - 滅：緣滅（空）

舊以A爲色類，欠妥，故改爲色相。舊稱色義爲變壞、變礙、質礙三種，或加示現爲四種。文義重複。且有廣延性之方分，爲物質之基本要件，而未予列入，亦欠妥。現仍採用四分辨法，名相略予修正。色相B之生、住、異滅四相，亦有稱爲成、住、壞、空者。均爲緣生、假有、無常、緣滅之代名詞。此係由時間形式所顯現之斷續相。實則生滅二字，足以盡之矣。

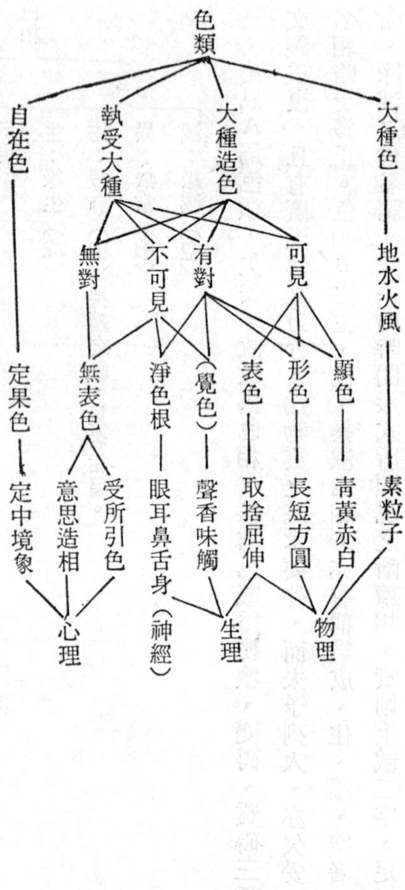

大種色：大之爲義廣也；種之爲義因也。卽遍虛空、滿法界一切色法之所由生。顧名可以思義。地、水、火、風四大，非指實物而言，乃堅、濕、煖、動四種屬性之代名詞。此四種屬性，亦非四種不同物質所各別具有之屬性；而爲每種物質所兼具之四種屬性。惟形成物質以後，卽有偏勝之處；其在未形成物質以前，原係平等一如也。故任何一物，皆具多種性能，隨配合條件以爲轉變。僅具一種性能者，求之任何物質，皆無有也。遍宇宙皆爲電磁場，乃引斥力所由生。有引斥力而聲、光、電、化之生滅與轉變，亦隨之而起。如金屬經熱而化爲液體，卽火中含有水；水見火而發熱，卽水中含有火。餘可類推。佛家之稱大，亦如科學家之稱場也。四大卽具有電磁場與力場之功能，爲產生一切物質之原子羣，亦可稱爲原素。地大爲產生素粒子之原料；火大爲熱能，風大爲動能，水大爲化合成份。聲、光、電、化等物質，皆四大所生，故名大種色。

大種造色：由大種所產生之物質，稱爲造色。器世界爲造色之集合體，其用語來源爲大易「形而下者謂之器」一語，實卽物質世界之代名詞也。造色分爲可見有對色；不可見有對色；不可見無對色三大類。可見指眼根能接觸者而言；有對指眼根以外其他諸根能接觸者而言。（對謂對碍，卽指觸對而言。）可見有對色：包括青、黃、赤、白……等各種有顏色可見之顯色；長、短、方、圓……等各種有形象可見之形色；取、捨、屈、伸……等各種有動象可見之表色。不可見有對色：包括聲、香、味、觸……等各種有對碍而不可見之四塵。雖非眼根所能觸對，但爲餘根所能觸對而起感覺，故姑名之爲覺色。不可見有對色中又包括眼、耳、鼻、舌、身五種淨色根。佛家之所謂五根，實指五種神經而言。因神經暗藏皮膚以內，非眼識所能觸對。當時尚無生理解剖學，五根爲比量所知，故列入不可見有對色內。實則五根不僅有對，而且可見。實宜與顯色形色並列。然在兩千餘年以前，先聖不以外在之扶根塵（五官）爲發識之工具，而能推知於扶根塵之內，尙有神經組織，亦爲不可思議之超越智慧。淨色根旣具有發識之殊勝功能，而又爲先聖之特殊發現，故依尊重與順古之例，仍單列一項。不可見無對色包括無表色等。無表色有專指受所引色者，謂因受戒而引發於身中之色。卽對於因受戒所應遮之各種行爲起不作爲之決心。此決心常浮現於意識中，故稱之爲色。惟浮現於意識中之事象，並不限於受所引色一種。對於過去事物之回憶，（佛家稱為前五塵落謝影子）未來事物之構想，皆有以色為對之意象。故於無表色中增列「意識造相」一種。（受所引色，亦是意識造相之一種，因為佛家所重視，故仍另列。）至意識活動，何以亦稱色法，此一問題，容當另述。

執受大種：謂衆生攬四大而為身，即執為自體而不捨，故以為名。實卽大種造色之一種。其與造色併列者，所以重視生命之故。

自在色：本稱定果色，卽在定中所顯現之一切殊勝境象，而非一般凡夫所能現證者。定中純為精神活動，不受一切物質之拘束。其所顯現之一切事象，皆為超現實之殊勝境象，不同於其他塵境之有質碍也。故稱之為自在色。此外尚有證阿羅漢果以上之行者，其所顯現之各種神通，亦為自在色之一種。惟自他人視之，則仍為可見有對色，故未列入自在色內，從客觀之所，而非從主觀之能。此一創例也。尚有諸聖所證得之意生身，亦當以神通一例視之。俱不列入色法範圍以內。如認為有討究之必要，姑存疑可也。

內色：舊分十一類色中之兩種色法中，均有五根五塵。以五根在內，故稱內色；五塵在外，故稱外色。根塵二字為內典中所用名相；故內色外色，亦為普通習用之分類。但未盡合理。因內外之定義，係以衆生之軀殼作標準。除皮、毛、爪、齒外，皆為內色。不僅五根唯然。稱之為淨色，所以顯殊勝。獨以內色為名，則多遺漏。

法處所攝色：此為十一種分類之最後一類。其中含攝之受所引色及定所生自在色，均已列入

「色類」表中，並已另加說明，毋庸贅述。其中尚有極略色與極迥色，係就分析之極微與極少者而言。色之爲相，極廣大而盡精微，擧小以遺大，無所取義。遍計所起色，既是空花水月，本非實有。神通示現，既未予列入，而此獨列入，亦不合理。故色類表中，槪予從略。

色心關係：在研究色法之後，有一重要問題所當一併研究者，即色心之相互關係問題。如前列色類表所列色之範圍，涉及物理學、生理學、心理學三種。是色之含義，不以物質爲限。根據唯識變現之原理，離識以外，無別塵境。一切色相，皆爲吾人識心所顯現。瑜伽師地論云：「何故說所造色，大種所造？答：若諸色根及心中有諸大種種子隨逐，即有造色種子隨逐」。是大種色及大種造色，皆爲識心所具有。種子識之見稱，以其含有大種色及大種造色，不僅薰習種子也。眞諦所譯之陳那思塵論（即奘師所譯之觀所緣緣論）云：「外塵實無所有，於內識中見眾生亂心分別故起六塵分別。……是識作內塵相。從內塵生，具二法故。（二法指能緣所緣，簡稱能所。即能緣的識及所緣的塵同時俱生。）是故內塵名境界」。又曰：「於內塵相如外顯現，是名識塵」。是一切塵境，雖似顯現於外，實由心識中所顯現。而認爲外在之塵境，究非離識而別有外境也。

名色經及長阿含大緣方便經云：「識緣名色，名色緣識」。緣義爲攀，即攀緣之意，亦作要件解釋。識爲心理，名色爲生理、物理。句釋應爲：心理爲生理、物理之要件；生理、物理爲心理之要件。如此則必須識中含有名色成份，始能爲名色之緣；名色中含有識的成份，始能爲識的緣。換言之：卽精神爲產生物質之要件，物質爲產生精神的要件。惟此處用物質二字，尙嫌粗淺，不足以表達色字之精深意義。以無形之心識，藏有形之物質，理有未合而情有未安。解答此一問題，必析色至極微，始可免於滯碍。先德於法處所攝色中列極略色與極逈色兩種，不爲無因。但極微可以含攝極略、極逈兩種，似無多立名相之必要。極微本爲物質之基本原素，亦意識之所本。意是極微之說，本爲勝論所建立，而爲佛家所採用。（見基師二十述記）勝論稱宇宙有九實：卽空、時、方、我、地、水、火、風、意。前四種無質碍；（卽無極微）餘五皆有碍。此卽心物同源之說。首楞嚴所稱之七大，爲地、水、火、風、空、識、見。空爲識大之所依；而又「空生大覺中」。是一切原素，皆不離心識範圍，遍宇宙皆爲薩婆若海。（覺海）亦卽謝林所稱之絕對的同一也。瑜伽師地論云：「極微無生滅，亦非色聚集」。是極微爲形成物質之基本原素而尙未形成物質。此種原素，爲本來具有，不生不滅之體性。正與能之體性相同。故析色至極微卽是能。心識之來源亦爲能。二者之本體相同。凡心法所能到達之處，色法亦能到達。唯識家以識攝蘊，不爲無據。長阿含大緣方便經云：「知名色由識，緣識有名色」。卽指以識爲緣而有名色；以名色爲緣而有識。與「識緣名色，名色緣識」同一意義。此兩句爲佛家哲學與科學溝通之處，至關重要。今人第知「識緣名色」，而不知名色亦緣識也。因十二緣起爲學人所必當熟記者，而名色經與大緣經多未寓目。研究緣起者，只按生起門之順序解釋，故僅注重識緣名色。如從還滅門之順序解釋：則名色滅而識亦滅之反面解釋：卽爲名色生而識亦生。卽係「名色緣識」

之意義。束蘆之喻：「此生彼亦生，此滅彼亦滅」。乃同滅必同生之意。因生滅本爲一體，有生卽有滅，有滅亦卽有生也。可參閱極微條及心法篇。

意識之活動，在大腦中有電波發散。電波之中，含有多量之能，爲心物之本體。是電波爲物質，乃心識之所依；復以心識爲其所依。識緣名色，名色緣識，及束蘆之喻，與此正合。故佛家對於內心認爲不能作爲之意識活動，如受所引色，並無實際行動表現於外，而亦稱之爲色。此正心理、生理、物理相通之處。先德立言時，實已具有科學智慧。惟今昔所用名相不同，未能爲一般人所了解耳。熊十力認爲無表色係內心之活動，不應名之爲色，此殆不知心識之活動有電波發散，而又未及見思想照像之事例也。（詳心法篇）

般若燈論謂木中有種種界，水亦有煖。卽四大不可分之意。毘婆沙師云：「世位雖別，而體有不異」。是在未形成物質以前，同一元素；形成物質以後，則顯爲各種差別之相。據毘婆沙師云：「是識境界故」。以上兩說，皆般若燈所引用之語。是唯識變現之義，並不限於法相唯識宗；般若宗亦有此主張。又般若燈論以比丘獲得神通及心自在，可隨意轉變物質。如草木可變爲黃金或水火等，皆無有碍。卽此可以說明唯識變現，皆無實體也。

四　大

儒家將一切物質，歸納爲金、木、水、火、土五行。佛家則歸納爲地、水、火、風四大。與西洋哲學所謂水、火、土、氣（風）恰正相同。金木皆生於土，本無獨立之個性。而發生動力之風，反被擯於五行之外，與「行」字之義不合。解者謂木能生風。則無木之處，如西伯利亞沙漠地區，風從何來？牽強附會，無法理解。四大以堅、濕、煖、動爲性，可以含攝一切物性。物理學上之聲、光、電、化與物質三性，皆不離四大也。

四大互相攝持，任何一物，皆具有四大全部性能，僅強弱之分。阿那克沙哥拉謂一切物質，均包含於一切物質中。故一切物中有一切物之部份。如一切物中均含有其他一切水、空氣、骨、植物等等。相反地水也含有肉骨等等。黑格爾謂此說與近代化學所考察之結果相同。佛家所謂四大相攝；與一卽一切，一切卽一，乃至無我、無自性等義，由此種化學所考察之結果，均能符合。

智度論云：「三千大千世界，皆依風輪爲基」。此說明宇宙之形成，因於動力。金光明經云：「風輪堅固，不可俎壞」。此說明動力之永恒存在。菩薩藏經云：「諸佛如來，成就不思議智故，而能行知諸風雨相。知世有大風名烏盧博迦，乃至衆生諸有覺受，皆由此風所搖動故」。此說明衆生感官之能觸對一切事物，皆受動力之影響。一切事物之顯現，亦原於動力。此動力卽爲心識之所依。殆卽無常之力與業力也。

大智度論以地輪爲水輪所托，水輪爲風輪所托。卽地依止於水，水依止於風，風依止於空。驟閱之覺與科學不相符合。佛學中所稱之「輪」，指廣大之結集勢用而言。略同於四大之「大」

義。稱輪者，含有動轉之義。亦如科學之稱電磁場與力場也……。電磁場具有引力與斥力，輪義亦同。地依止水，指水多陸少而言。試取世界地圖一閱，則陸地以外，大部份皆爲水。陸地在地圖之上，形同浮葉。此僅就地球型而言。實際上地球亦爲大氣所籠罩。大氣中卽含有多量之水份，（雲層皆爲水蒸氣）與未經化合之氫氧二氣。是大氣之中，無在而非水也。地球之居於大氣中，恰似氣球之浮飄於海洋中也。所謂風輪，指鼓舞大氣之動力而言，卽今所稱電磁場之引力與斥力也。故稱地依止於水，水依止於風。一切星球之運行；物體之生滅變化；心識之活動，皆不離此風輪。儒家之陰陽二氣，科學家之引斥力，皆此物也。

空間與時間

空間有無限可分性及無限延展性。因其可分，故不礙羣相之發揮；因其延展，故不可盡。萊布尼玆將空間視爲一種不明析之概念，卽因其可分與延展也。牛頓認空間爲外在的實存，是持絕對空間之觀念。與康德之先驗形式說略同。顯宗論以空間是一是常，無損益，無轉變，無差別，非因，無果，故與大種殊異。亦係認定空間爲外在之實存。故視虛空與一切事物無因果之關係也。所不同者：康德之先天形式，爲知識之必具條件。是空間爲一切事物之因，而非孤立於事物之外者。證以唯心之說，則應爲果而非因也。首楞經謂空性無形，因色顯發。如鑿井出土，則見虛空。未出土時，不見虛空。是虛空不在井內。出土之時，未見空入，是虛空亦不在井外。卽此一喻，足見虛空無體而非有也。

中土稱六合：係指前、後、左、右、（亦稱東西南北）上，下六方而言。與西方之稱三度空間，完全相同。印人計算方分：除六方外，另增中心，共爲七方。其計算大小，亦採七進制：以七極微爲一量，由此遞增。宇宙乃微塵之一合相也。微塵七方，宇宙亦然。初閱內典，對此種計算空間方法，頗有懷疑；細思之覺有至理。因六方僅就外延而言，不含攝中心。吾人通常指稱六方，均以自我爲中心。所謂東、南、西、北、上、下，皆在自我之外；則自我亦方分之一也。故七進制計算空間，實有必要。

時間原無久暫之別，只以心隨物轉；而物又受無常之支配，不斷地在成、住、壞、空四相中流轉變遷。時間也就隨着物質的遷流而有久暫之別。如物相永恒不變，則無從辨別其時間之久暫。故吾人心不逐物，則萬年原只一念。如禪師入定數日，自覺不過一刹那，即萬年可爲一念。黃粱一夢，歷時雖久，覺後不過俄頃。即一念可爲萬年。反之如心緒紛亂者，覺時間之彌長。伍子胥過昭關，一夜鬢髮盡白，即其例也，心情愉快者，覺時間之彌短。洞中方七日，世上幾千年。確有此情景。是時間之長短，恒隨一念心轉移。故捨物而外，求心不可得；捨心而外，求時不可得。過去心等於一減一，現在心等於一減一，未來心等於零。其結果即三心之總和爲零。

過去心（1－1）＋現在心（1－1）＋未來心 0＝0

中論偈云：「時住不可得，時去不可得，時若不可得，云何說時相。因物故有時，離物何有時，物尙無所有，何況當有時」。時間爲心物變遷之假相，前已論及。偈中「因物故有時」句，足以說明時間存在之因素。惟時間亦爲諸法之動因。在物不遷論中之「旋嵐偃嶽而常靜，江河競注而不流，野馬漂鼓而不動，日月歷天而不周」。卽係抽出時間因素。故一切動相，皆不存在。四句疏云：「前風非後風，故偃嶽而常靜；前水非後水，故競注而不流；前氣非後氣，故漂鼓而不動；前日非後日，故歷天而不周」。一切動相，由於前後事物之生滅所顯現。時間亦然。以前後二字說明不動之理，最爲簡當。

阿毘達磨大毘婆沙論，爲有部重要文獻。隨順世法，建立空時。以虛空體相實有，不可撥無。「以有往來聚集處故，知有虛空。若無彼因，彼亦不有。……虛空是彼容受因故。……若無虛空，應無容處；若無虛空，應一切處皆有障碍。……無障碍相是虛空故」。是虛空仍爲因色而有。如無往來、聚集、容受、障碍諸相，而虛空亦不可得。非於事物之外，別有所謂虛空之相也。論中關於時間之建立，亦以事物爲依據。謂諸行以有作用，立三時差別。卽依此理，說有行義。「謂有爲法未有作用名未來，正有作用名現在，作用已滅名過去」。以五蘊爲例：「色未變碍名未來；正變碍名現在；變碍已滅名過去」。其餘四蘊，亦同此例。是時間亦無體可得，依有爲法之行義而顯現。行旣無常，則依行而建立之三世，又豈能實有。故毘婆沙論之於空時，立之正所以破之也。

康德認爲空間與時間，爲非由外界經驗所嬗生，以證實其先驗之說。如嬰兒雖乏正確之距離觀念。然喜則近之，惡則遠之。足證其在一切直覺之先，已有在前在旁在外等之空間觀念。對於時間，在其他知覺之先，已有在先在後之感覺。否則其一切知覺，必混雜不連接而無秩序。此卽心理學家之所謂本能也。此種本能，雖非此生經驗所得之知識，乃多生來所積累之經驗。因衆生無始以來，生活環境雖有變更，而相伴之空時系列，永恒如斯。習之已久，自與理性合一。實則空間觀念之形成，係由物質之有無而生。如無物質之延積，則空間之相亦無。時間觀念之形成，係由心物之變動而生。如心物不動，亦無時間可得。六祖仁者心動，卽時空問題。眼識所得印象爲幡之動。經意識表象，根據過去經驗中之範疇，將雜多對象，各賦予符號，加以綜合整理。使範疇與對象連接而成概念。概念之產生，固有賴於範疇與對象之連接及空時之顯現；但能從空時之表象中，使範疇與對象相連接者，則統覺之功也。此統覺卽吾人之識心。故曰：「仁者心動」。

康德認爲空間與時間，絕不能被覺知。因其僅係覺知對象之方式，非覺知之對象。不知空間爲各種形色之總稱；時間爲各種表色（動相）之總稱。佛家分諸相爲總相與別相兩種。總相係集別相而成，只有觀念而無實體。故覺知別相，卽係覺知總相。阿昆達磨大昆婆沙論稱總相爲假有：如軍爲指衆多兵士之集合相而言；林爲指衆多樹木之集合相而言。並無軍與林之實體。空間之相，無被覺知之對象，與軍林同，空間爲森羅萬象之總相；而各個事象，又爲空間之別相。時間爲一切事物生滅、變化之總相，而各個事物之生滅變化，又爲時間之別相。因虛空無盡，時間亦無盡，非吾人所能普遍觸對。在經驗中非無空、時觀念。惟吾人所直接觸對者，僅空間時間之一部份，所謂別相是也。（如左右、上下、前後、遠近、大小、方圓、長短、橫直、正偏……等皆空間別相；久暫、先後、斷續、過、現、未……等皆時間別相。）吾人對事物之認識，一部份爲得之感性；（現量）大部份得之悟性。（比量）悟性自經驗而來。經常只見到事物之一部份即能了知其全部者，卽得自經驗中之比量也。如見烟而知其有火，見雨而知其有雲之類。根所觸者僅事物之一部份，而能同時了知其全部。此皆經驗所得之比量。空間時間之觀念，亦係得之比量，一切事物，皆知識之內容，空、時自不例外。如以之爲先天形式，則一切比量所得及一切總相，皆爲先天形式，不獨空時爲然也。

康德又擧數學爲證明：以算術爲時間之學，相續之瞬間構成數；幾何爲空間之學，廣、袤、方、圓構成形。故算術與幾何之眞理，皆具絕對之必然性。此等眞理，立於經驗之外，不待過去積驗而明者。然此等眞理、與空間時間有深切關係。無此關係，則此等眞理，無由建立。故知空間時間，爲先天的直覺。此說亦似是而非。因數學所涵眞理，雖有絕對之必然性。但能知其眞理，仍本諸計算之經驗而來。如三三相乘得九；三角形內三角之和爲兩直角……等，爲數理之必然結果。能知此等數理之必然結果，必需經由教師之敎授，始能了解。未經敎授之兒童，不能知其得數。此非經驗而何？經驗從學習機會之積累而得，非必然結果。因無學習機會，則不能得此經驗也。故非先天形式。

一切事物之生、滅、變、化，均有一定之因果法則。亦卽邏輯學所稱之「自然齊一律」——

同因必同果。報應緣於業力，業是因而報是果。正如基本力學上的定律之一：「有主動力（業），必有反動力（報），二者大小相等（其報相應），方向相反（自作自受），是故此種因果法則中之相互關係，屬於數學範疇；其因果關係，屬於力學範疇。事物之由簡而繁，亦如數學之積少成多。周易以數表事象：由兩儀而分八卦，由八卦演繹而爲六十四爻。老子之一生二，二生三，三生萬物。及佛家之一爲無量。皆同一意義。是一切事物，皆在數理之中，亦莫不具有普遍性與必然性。亦莫不具有先天形式。不僅空間與時間也。任何事象，皆有誠然、必然、所以然三種形式：誠然就事物已顯現之結果而言；必然就事物之趨勢而言；所以然就事物之因果關係而言。惟人類智慧所限，對於變化無窮之事象，只能了知其過去之誠然或其所以然；而不能一一了知其未來之必然及其所以然。但此種必然與其所以然之眞理，永恒存在，不因人類之不能了知而失其效用也。

佛家將能知與被知，分爲見分相分，又稱能所。體雖是一，而用則爲二。康德將能知與被知混爲一談。而以能知之識心，（卽能知數學得數之知識）與被知之眞理，（卽在數理上應有之得數）均作先天形式。否定後天之知識係來自經驗。誤認空、時爲覺知之本體，而不能被覺知。並以目不見目爲喻。不知目爲覺知之本體，乃是見分，故不自見。空、時非覺知之本體，而爲被知之相分，亦卽知識之內容，何可列入被覺知之外？就其與空、時以外事物之關係而言，亦只能作見分之助緣，而非見分之本體。因空、時不具覺知之本能，且爲覺知之外在事象也。是目不見目之喻，不能用之於空、時也。

康德以空間爲外感官，時間爲內感官，（官字係順譯人之意，用覺字較妥）卽空間爲外在直覺之純粹形式，只作外在現象之先天的條件；時間則爲一切現象之先天條件。以凡諸表象，不拘其有無外界對象，永遠屬於內在的狀態。卽內在現象之直接條件，而爲外在現象之間接條件。康氏係以空間之顯現，屬於色法範圍；時間之顯現，屬於心法範圍。但事實上並非絕對如此。因意識表象，有時並不直接假借外緣。其顯現於意識中之事物，雖爲過去所曾經驗者，然非表象時前五識之現量所得。或構晝未來事物，亦非實有，而意識中已有事物之形象。此類意識活動，皆非直接借助於外感官，而爲純粹之內感覺所生起之形式。時間雖偏於心法範圍，亦不能離外界事物而獨存。如射出之箭，實未嘗動，因其每一瞬間，只在一處，不能同時佔有兩處之空間。而在感覺上則爲箭去如飛。乃爲時間之外在形式，未經第六識之表象所產生之現象；不能認爲內在現象之直接條件也。卽前擧風動幡動公案，如無外在之時間感覺，則風幡固未嘗動也。是空間亦有時爲內感覺，時間亦有時爲外感覺。康氏所指之外感官，似專指眼識而言。實則耳、鼻、舌、身，亦外感官也。其接觸聲、香、味、觸時，（根塵相對）皆有由遠而近之感覺。此卽時間之外在形式。故凡顯色、形色，均屬空間之外在形式，亦卽外在感覺。一切表色（動象）屬於時間之外在形式，亦卽外在感覺。不假五根之觸對，而由意識所直接攀緣者，乃心法範圍。無論其事象之爲空間的或爲時間的，皆屬內在形式，亦卽內在感覺。若依萬法唯心之旨，則一切現象，皆不離乎心識之顯現；其顯現之形式，則皆自經驗而來。凡直覺的心象，乃經驗之重現或其投影。故當感性（前五識）推動理性（第八識）時，卽從理性中映射出來而投射至意識（第六識）中，經意識之過濾而投射至外界。（言行）此理性由過去之經驗所形成，卽康德之所謂先驗。意識之過濾，則多根據此生之經驗。其中有客觀的，（第六識）有主觀的。（第七識）其爲經驗則一也。特有先後之不同耳。而理性又係自多生以來之熏習，習與性成，益不自知其爲經驗也。洛克謂所有知識，皆從感覺而來，亦卽不離經驗之謂。過去生中之經驗：其經歷之次數較多者，卽成吾人之潛在理性。其向外投射時則似爲本能。對空時之經驗，卽其例也。有若干事象爲過去所曾經歷者，雖不及空、時之久。然遇緣再歷時，仍如舊識。往往有初閱未經目覩書籍卽能背誦者。（書到今生讀已遲）亦有初至未經遊履之處恍如舊遊者，卽過去生中之經驗也。夢位意識，雖極凌亂離奇，無有體系。然夢中事物之各個片段，仍爲經驗事物之殘影。如夢人生翼飛行空中，人雖不能生翼，亦不能飛行。但人與翼與飛行三事，皆爲經驗中所具有者，夢中接合而爲一耳。心法篇所擧龜毛、兎角之夢，亦此類也。總之凡事物之必然與所以然之眞理，爲先天形式；知其其所以然之結果，則爲誠然。誠然乃經驗所積累，非先天形式也。惟人類因經驗之積累而有了知事物之所以然之本能，則仍爲先天形式，亦不限於空、時與數理也。因本覺而有不覺；因不覺而有始覺；因始覺而復本覺。體本不異，而用不同。是法平等，無有高下，是無在而非先天形式也。特就習心而言：遂有經驗之說耳。以上所述，本屬心法範圍，因與空、時有相連之關係，故附及之。

康德以空、時爲先驗形式之說，本與佛家心不相應行法之義略同。佛家之百法，分爲有爲法與無爲法兩大類。有爲法分爲心王、心所、色法、心不相應行法四種。統爲心法、色法及介乎心法、色法間之不相應行法。其中包括空、時、因、果、一、多、同、異……等二十四種。雜集述記云：「不相應者，不相似類，不與色、心等體義相似故」。廣論云：「謂依色，心等分位假立，謂此與彼，不可施設異不異性」。色、心等皆有實自體，分位假則非有體。所謂分位，指時分與地位言，卽事物或其生滅、變化之時分與地位，是顯示假立法之詞，如波爲水之鼓動分位，故波爲假立於水之分位者，離水則波無實法。此種分位假法，與所依色心法，不可說定異，卽是色、心上之分位故；又不可說定不異，畢竟是色、心上之分位，而不卽是色、心故。依此解釋：（佛學辭典）空、時爲卽色卽心，非色非心。較康氏之說，更爲圓融。心法篇當再詳述。

空、時二字，在使用時均含有事物在內。單獨使用，只限於以空、時爲研究主題。在邏輯上謂詞有時可以含攝於主詞中。如云：「海水是鹹的」。海水是主詞，鹹是謂詞。假如只說「海水」二字，謂詞中的「鹹」字雖未說出，其意義仍包含在內。他如說火代表熱，說水代表濕……等，均同一形式。空、時二字，無論用作主詞或謂詞，均含有事物。如云：「某處或某日是否有空」？此一空字，卽是代表有無事物，並非對空、時之本身而言。如云：「某處很大」，卽指能容多數人物之意。如云：「某段時間很長」，卽指事物之延續或變化長久而言。在命題中雖無事物，而空時卽係事物之代表。如強將空、時作爲先驗形式，使之離事物而獨立，無有是處。故佛家視空、時爲分位假，以其無獨立之實體也。阿含經中有一段破空文字，大意謂甲處持滿空之瓶往乙處開放，甲處之空不見少，乙處之空不見多。此足說明空之無體也。靜坐時，眼不見色，耳不聞聲，心絕思慮，斷絕一切事物之緣，則空、時二者，均不可得。

依相對論推知運動體在接近光速運動時，將產生縮短現象。例如二十英尺長、二千磅重之太空船，當其飛行速度達光速之半時，（卽每秒九萬三千一百五十英里）此太空船在運動方向將縮爲十七英尺。而質量（惰性）則增至二千四百磅。（指抵抗力之增加而言，並非實際之重量增加）同時鐘表速度，亦隨之減慢。太空人對此一切之變化，一概不知。因無其他不動之物可資比較也。如太空人乘等於光速之太空船往來距離地球四光年之行星旅行，其往返所需時間，約爲八年。在太空人之感覺上不過數十日。因太空人之生理與心理過程，均隨之減緩，故不覺時間之長也。內典中多有諸天一日，等於地球數年及天人壽長之記載，由上述太空常識及相對論，可以證明。因時間觀念之產生，緣於各種動象。各星球間之動象不同，故時間亦有差異。如水星繞太陽一週，須八十八天，但只自轉一次。故一年只是一天。天人壽命較長，卽以此故。

地球之自轉速度，爲每小時七百五十英里；（在赤道處爲一〇四〇英里）其繞行太陽爲每小時六萬七千英里；太陽系繞行銀河系爲每小時六十萬英里；銀河之運行速度爲數百萬英里。吾人靜坐不動時，每秒有三百英里之速度。卽離去一秒以前之空間，已三百英里。因係以地面爲座標，不見地面之移動，故在感官上及心理上均無運動之感覺耳。愛因斯坦提出數學式說明無絕對之空間與時間。因宇宙所有之運動體，均與他物作相對運動，地面上能觀察運動之位置變化，是以地表之固定物體爲座標。如在太空，則無座標可尋，無一靜止之物，自無所謂垂直與水平，亦無法知何物在運動也。愛因斯坦以空間若有物質存在，則起變化。與毫無物質之空間，絕不相同。此空間隨物轉變之說也。時間之轉變，除上述事例外；若人以超光速運行，可使時光發生倒流現象，能見以前事物。惟順序倒置，由最近而上溯遠古，皆可重見。此亦時間隨物轉移之說也。百法論中二十四種心不相應行法中，於方（空間）時之外，加一勢速，卽指空時不離動力而言。參閱第二篇之動力問題，卽可知矣。

宇宙

此一問題，在法性篇內，亦曾談及。但僅就體與用二者之關係而言。本篇所談之宇宙問題，雖間有涉及體用之處，但其重點則偏於現象界。

自發現地球以後，談宇宙者先以地球爲中心；十八世紀則以太陽爲中心；此後又以銀河系爲中心。天文學家認銀河系有千億以上。此僅就中型宇宙而言，亦卽現時天文學家所處理之範圍。太陽在銀河系中，只不過千億分之一。銀河系之恒星，約爲二千億。恒星爲發光體，熱度甚高，故無生物。有生物者爲行星。行星在太陽系中約有千億。各行星上之自然環境，均不相同，故生物亦有差異。在地球以外之行星中，可能有高於人類智慧之生物。凡此諸說，與佛學記載，均能相合。佛家所謂虛空無盡，可以概宇宙之大；衆生無盡，可以概生物之多；三千大千世界，三十三天，及華藏世界等，可以概星球之多與環境之差別。天人智慧與五眼差別及各種依正福報，可以概衆生生活情況之差別。

中型宇宙之直徑爲一百一十億光年，（一九七五年科學家發現在一百九十億光年外有星球。）星球之間，尚有物質。其初由氫氣濃縮而增加熱力，破裂而爲行星爲核子；由核子破裂而產生新的素粒子，以製造第二次之恒星。此種宇宙成壞之循環過程，卽佛家之成、住、壞、空四相也。

起世經與起世因經所說的自然界之位置及其形象，如果以吾人所處地球形式作比較，終不免牽強。因此有人認佛經所說失於正確；亦有人代爲辯護，牽強附會，乃庸人自擾。衆生之業力不同，所招感之依報亦異。卽對於同樣環境，亦有不同之體認與感受。首楞嚴經所謂別業妄見是也。在生死流轉中之衆生，其所認識的一切，離不了非量及以非量爲依據的比量。惟有聖者，才能證得現量。以人類的認識比量佛陀的認識，自有差別。華嚴經云：「業力差別故，衆生刹不同。譬如心王寶，隨心現衆色。……衆生心各異，隨心起分別」。卽足說明此理。

愛因斯坦之相對論，謂宇宙爲四度空、時之疊積，一切事素（包括物）均不離上下（深）左右（廣）前後（袤）與先後（久）四個次元。（深、廣、袤、久各爲一個次元）故空、時、物三者同出一源，非完全分開者。此說始見於日耳曼之明考夫斯基，而發揚於愛因斯坦。較牛頓之三度獨立空間與一度獨立時間之舊說，自屬進步。說者謂宇宙之最後物理的實在，接近於玄學上之實體論。實則所謂四次元，皆因物而有。無物則無延積與生滅之相，只有一大而無外之虛空。故宇宙本體，乃相對的而非絕對的。但此相對之有，乃係產生於絕對之無。是無中含有有之存在；而有之最初與最後，又皆爲無。仍不外色空不二之中道原理。故介乎有無之間者爲衆生之心識。近來已有人主張五次元之說，卽於空、時之外，增加心識一種。此與三界唯心及心生法生之說，正相脗合。

無因論師計一切法無因無緣，自然生，自然滅。其偈曰：「誰開河海堆山嶽，誰削荆棘畫獸禽，一切無有能生者，是故我說爲自然」。是否定因緣之說。不知本體界爲一空無所有之薩婆若海（覺海）。現象界始於衆生之心力。亦稱願力，卽求生之力。如華嚴經世界成就品云：「願海安立種種殊，住於衆生心想中」。或稱之爲業。如曰：「衆生業力故，國土不思議」。又曰：「如是刹種種，莫不皆由業」。或稱之爲無明，如首楞嚴經云：「晦昧（無明）爲空，空晦暗中，結暗爲色，色雜妄想，想相爲身，聚緣內搖，趣外奔逸，昏擾擾相，（無明）以爲心性。一迷爲心，決定惑爲色身之內。不知色身，外洎山河虛空大地，咸是妙明眞心中物」。是一切現象，始於無明，而無明則以妙明爲本性。眞心本靜，因無明妄動，遂從眞起妄。經所說之搖與奔，皆動象也。因動而產生各種不同之關係，爲一切事物生滅變化之因。此卽因緣生法之程序也。太虛大師云：「眞如是無形對的，無識別的，所以不曾自知。（絕對待）復由眞如是虛豁圓活的，所以又得欲知之心。（知見立知）欲知之心乍動，所知之境隨遷。（首楞嚴所謂瞪以發勞）乃現爲名名色色。而眞如終不可見（昏擾擾相）眞如雖不見，而名名色色實皆眞如也」。此可爲前引經句之說明。

分別緣起經云：「如是無明，隱覆眞實，顯現虛妄，以爲行相」。與首楞嚴經同一意旨。莊子云：「人之生也，固若是芒乎？其我獨芒而人有不芒者乎」？芒卽無明之謂也。伏曼容釋易之蠱卦云：「萬事起於惑」。惑亦無明之謂也。（參閱生命節）

宇宙成立之要素，從哲學之觀點而言，不外精神、物質與動力。從科學之觀點而言，不外心理、物理、生理。從佛學之觀點而言，不外名色與業力。名爲心理的；色爲物理的；業爲生理的。是三種觀念，完全相同。惟生理二字，稍嫌狹隘，只限於動植物範圍。動力與業力，則包括一切事物之生滅變化。因此科學領域尚未完全解答宇宙問題。哲學上亦只知有左右事物之動力，但不知動力之所由生。故哲學領域，亦不能完全解答宇宙問題。佛家對於業力之研究，至爲精密。由個人而遍及全宇宙，由過去而推測未來。三藏十二部所談之一切問題，莫不與之有關。

緣

緣有緣起與緣生之別，二者似同實異。緣起就最初之因位言，緣生就最後之果位言。緣起爲理，乃形上之道；緣生爲事，乃形下之器。有其理必有其事，有其事必有其理，理與事本爲相卽。故緣起與緣生，同一定律。「此有故彼有，此生故彼生」。此卽緣起與緣生之共同定律也。

足以否定無因之說。又自無明以迄老死，如環無端，足以否定第一因之說。故因緣生法，爲佛敎與外道不同之點。

以上所引偈句，在「此有故彼有」句下，尙有「此無故彼無」句；在「此生故彼生」句下，尙有「此滅故彼滅」句，共爲四句。前二句說明事物之同時相對存在；後二句說明異時之因果關係。前者是橫的說明，屬於空間形式；後者是縱的說明，屬於時間形式。一三兩句是流轉門，爲生起輪廻之主因；二四兩句是還滅門，爲解脫生死之修持要道。由此一偈，證明宇宙萬象，皆是緣生緣滅，無有自性。但雖無自性，仍爲假有。

萬法之生起，必仗因托緣，二者缺一不可。心能造因，境爲助緣。通常稱造因爲作業，以其具招果之力也。心法分能所兩種：因爲能造，緣爲所造。能所本爲一體，故因亦隨緣而顯，緣亦隨因而生。但因爲既成之種子，不能轉變；而緣無定型，可以轉變。故不患因惡，只愁緣逆。過去雖種惡因，如能痛改前非，則逆緣亦可轉爲順緣。如種瓜必須有種子，此因也。使無水、土、日光、空氣等助緣，雖有種子，亦不能生果。佛與衆生，俱無始以來，具有覺性與無明。悟徹以後，無明並非消滅，特不起現行耳。修行者只能斷未來之惡行，不能斷過去之惡因。但可斷助長惡因之逆緣耳。「心是因，境是緣」。（慧遠大師大乘起信論義疏）乃形相之別耳。實則境隨心轉，苟能自淨其意，則緣亦隨之而轉矣。

佛家以衆生本性爲自然。經云：「衆生有自然智，無師智」。道家謂萬物由道而生。道既能生萬物，是道卽因也。佛家談因緣，從用而言；老子談因緣，從體而言，其實一也。首楞嚴經破自然兼破因緣。初聞其說，疑與因緣生法之義不符。但因緣所生之法，指生滅法而言，乃眞如之用。至眞如之體，旣絕對待，自無生滅。故破自然乃從用而言，破因緣乃從體而言。

萬法皆因緣所生，無有自性。卽一切事物之產生，必有各種關係條件。現象世界及一切事物之成立，由於時間所現的異時因果關係，與空間所現的互存關係，所綜合織成。故一切皆爲時空互相依存之集合體。如房屋之建築，必須累積多數人工與多種材料，始能完成。此多數之人工，卽係異時因果關係；多種材料，卽係空間之互相依存關係。

因果關係，亦可成立於同時。除空間互相依存外；卽主觀與客觀，亦是互相依存。無主觀則無客觀，無客觀則無主觀。離開主觀客觀，亦無世界。二者互相依倚，如束蘆然。識論：「外境隨情而施設，故非有，如識；內識必依因緣生，故非無，如境」。是境隨心生，心隨境有。心之與境，互爲因緣。宗鏡錄云：「境由心現，故不從他生；心藉境起，故不自生。心境各異，故不共生；相因而有，故不無因生」。是境爲心緣，心爲境緣，互相爲因而均無自性。如有自性，則有第一因。非佛家敎義也。

緣起分爲四種：㈠爲業感緣起，係小乘思想：謂起感、造業、招果三道展轉，因果循環相續。由過去之惑而造業，以感今生之果；於今生招果時復起惑、造業以招來世之果。佛家所謂之三世因果，卽指業感緣起而言。㈡爲賴耶緣起，爲唯識家思想：卽追索惑、業、苦之來源，皆由賴耶識所含藏之種子所生起之現行；而在現行時又熏習種子。於是過去本有種子；遇緣生起現行；由現行法還熏種子。本有、現行、新熏三法展轉同時爲因果。故稱賴耶緣起。㈢爲眞如緣起，係起信論思想：法性宗均有此說。謂一切幻相，皆由眞如體上所起之用。分爲眞如、生滅二門。眞如爲一味平等之體。生滅門由染緣而現六道，由淨緣而出四聖。此中亦有三法：一爲眞如之體；二爲生滅之相；三爲因緣之用。以眞如之體爲因，以因緣之用爲緣，遂生生滅之相。因知賴耶識由如來藏所生，故稱眞如緣起。㈣爲法界緣起，爲華嚴思想：謂一切事物，互爲緣起，互爲因果，展轉相生，無有窮盡。一法起一切法，一切法起一法。廣大的宇宙，便是一個互動的力場。所有色法、心法、有爲無爲，過去、現在、未來，盡成一大緣起，更無孤立的事物，故稱無盡緣起。又稱十玄緣起，如十與一之互爲因果：一爲十之因，十爲一之積。無一則無十，無十亦無一。是十必待一，而一必待十。此卽一爲無量，無量爲一之同一哲理。以上四種緣起，並無差別。只是觀察之角度不同。如業感緣起，就因果而言；賴耶緣起，就生起因果之識心而言；眞如緣起，就生起識心之體而言；法界緣起，就生起識心之用而言。眞如體性，本爲平等一如而無變異。覺知之心，妄生知見而有能所。因能所而顯現無窮之萬象。蜜嚴經云：「如海起波濤、如空含萬象，丈夫識亦爾，蘊藏諸習氣」。故四種緣起，皆不離一心。因萬事起於習，習藏於心也。能了知萬法互生互滅，無有自性。則萬境皆空，自無恐怖、顚倒、夢想。華嚴頌云「一中解無量，無量中解一，了彼互生起，當成無所畏」。句中之一字指一心而言。一心不生，萬法無咎。

宗鏡錄云：「一心能生一切萬法，演出無邊義趣，偏滿法界，還攝種種法義，歸於一心」。是自因自果，作者受者，皆此心也。

吉凶禍福，皆緣於業，此爲佛家之基本原理。正與儒家之吉、凶、悔、吝生乎動，同一法則。但果報不在行爲之當時，而見於後世，此爲疑問之一。行動餘勢之說，可以解答。（另記）即異時而熟是也。另一問題，即受者與施者，先後不定爲同一對象，此爲異類而熟。如世尊因擊魚頭而頭痛三日，報之者非魚也；羅睺羅因斷先人食而閉母腹六年，報之者非仙人也。另一問題：即受報者既係先業，則施報者即不應再有後業。此應視施報之用心如何以爲斷。

異時而熟，爲能力轉變之程序問題。如射出之箭，其中的之時，並非發射之時，尙須經過空中飛軼之歷程，此即異時而熟之例也。異類而熟，爲能力轉變之形式問題。如熱能變爲氣能，氣能變爲車船之動能。此即異類而熟之例也。先德解釋異類而熟：謂善得樂報，惡得苦報。善惡均爲有記性，而樂苦則爲無記。以有記爲因，而得無記之果，故稱異類。此一解釋，實太牽強。所謂有記者，指有自性有對待之事物而言；無記者中性之謂也。無善無惡之所謂無記，即不偏於或善或惡之中性。依此例釋，則樂、苦皆爲有記；不樂不苦，始爲無記。解者因「善惡無記通三性」之成句，（八識規矩頌）遂誤以有記只宜就善惡言，不適用於善惡以外之事物。而對於異類二字，又無其他適當解釋。致有此誤解。

佛家之因果律，無論根據科學原理或哲學原理研究，皆不能否認。然在經驗界之福德二者，往往不能合一。善人每受災禍，而惡人反享權利。劉孝標辯命論：「商臣之惡，盛業光於後嗣；仲由之善，不能息其結纓」。是否定因果之說。康德認爲欲明福德合一之說，必須承認靈魂之不滅。因靈魂不滅，爲純粹實踐理性之一種基準。佛家認爲福德之合一，必須異時而熟，與康氏之說同也。

論衡命義篇云：「夫性與命異，或性善而命凶，或性惡而命吉。操行善惡者性也，禍福吉凶者命也。或行善而得禍，是性善而命凶；或行惡而得福，是性惡而命吉也。性自有善惡，命自有吉凶。使吉命之人，雖不行善，未必無福；凶命之人，雖勉操行，未必無禍」。此破世俗善惡報應之說。將一切吉凶禍福，均歸於命。其說本自孟子之「莫之致而至者命也」。均是人也。何以命有不同？如曰「有命自天」。則天又何必厚此而薄彼。儒家對於此點，未說明其所以然之理。實則命卽業力也。吉、凶、悔、吝生乎動之說，頗爲合理。

密嚴經云：「旣以業受身，復以身造業。捨於此身已，更受於餘身」。業爲衆生生死及吉凶禍福之原動力。因緣果報，不差分毫。今生之業，來生之報。欲於死後不墮輪廻，當於生前修道。莊子曰：「善吾生者，乃所以善吾死也。」孔子曰：「朝聞道，夕死可矣」。亦善生以善死之意也。不談善生，而空談善死，無有是處。故曰：「未知生，焉知死」。於聞道可死之義，可推知也。

色法之生起，必有同類因五種：謂生因：卽造色皆大種所生；依因：卽火令乾燥不壞；立因：卽水浸潤不壞；持因：卽地持不墜；養因：卽風能引發。每一色法之生起，皆具五因。心法之生起，則無此同類法之相伴生起於心中也。但在心法生起之前，仍須假借衆緣之力。雜阿含毘曇心論謂：「諸行自性羸劣，不能自生。……一切衆緣力，諸法乃得生。如人船相假，得渡彼岸。彼心心法，展轉力生。攝受境界亦如是。先當說心心法由伴生」。此所謂衆緣力與伴生，均就心法之初因言。與色法之同時伴生不同。然在心法生起時，亦有隨伴之境，顯現於意識中，是心法亦不離色法也。

諸法緣生緣滅，既無自性，亦無作者。首楞嚴經云：「彼太虛空，日照則明，雲屯則暗，風搖則動，霽澄則清，氣凝則濁，土積成霾，水澄成映」。此言虛空無性，隨緣而現不同之相。虛空如此，餘可知矣。華嚴疏云：「一切法有二，一是所迷，謂緣起不實故如幻，緣成故無性。二是能迷，偏計無物故如空，妄計故無相」。是法隨緣生，緣由心顯，心無自性，緣亦無自性。有頌云：「如人掘路土，私人造爲像。愚人謂相生，智者言路土。後官欲行時，還將像塡路。像本無生滅，路亦非新故」。此卽說明緣生無性之喻。一切事物，皆當作如是觀。

對待

對待問題，亦係緣生問題之一。因一切世法，皆不能超越對待也。本體界絕對待，不可言說，亦不可思慮。現象界一切皆有對待。自微以之顯，無一例外。如原子中含有質子（陽電荷）

電子（陰電荷）。細胞之原生質是氫與氧結合而成水。次爲蛋白質。其複合份子謂之胺基酸，半爲酸性，半爲鹼性。是小如原子與細胞，乃至水之成份，皆含有兩性。其他一切事物，亦莫不皆然。儒家所謂萬物皆有陰陽，卽對待之謂也。惟用陰陽以說明對待，有時爲辭義所碍，說理不易圓融耳。

中道生於對待，前已言及。其他哲學家亦有此種類似觀點：如老子之「有無相生，難易相成，長短相形，高下相傾，聲音相和，前後相隨」。與大易之陰陽、消長，均同此理。

柏拉圖謂相反之事，大抵相生、如善與惡、公與私、小與大、弱與強、迅與緩、寐與寤、死與生是也。又曰：如生不自死來而向死去。長此以往，不將盡成死物耶？其對於生滅對待之理，言之甚徹。尙未悟及生卽無生之中道義耳。

老子云：「天下皆知善之爲善，斯不善矣」。因善惡二者，乃相待而有也。法不孤起，必有對待。因長而有短，因大而有小。餘法莫不皆然。故有善必有非善。觀察之角度不同，而善惡之觀念亦異。其他一切事物之相對觀念，皆起於吾人之分別心，非實有也。

現象界一切事物，皆爲相對的存在。此有則彼有，此無則彼無。其著者如㈠動靜相對：牛頓力學概念，以物體動則恒動，靜則恒靜。但宇宙並無絕對的動靜；只有相對比較時方有意義。相對論以前科學家欲尋求坐標以推定動靜。更有以以太爲絕對靜止者。其他物體，均在以太中運動。相對論出，此項假定，卽爲之粉碎。佛學中性相之分：卽在一爲絕對，（性）一爲相對。（

相）如不二法門、一眞絕待、平等一如，及談空、談無，乃至不可說，不可思議，皆指絕對待而言。至因緣果報等一切世法，則皆爲相待而有。談動靜相對者：如圓覺經之「雲駛月運，舟行岸移」。及六祖之風動旛動公案。僧肇之「江河競注而不流」……等，皆所以說明動靜相對之理。㈡時空相對：德國大數學家明柯斯基發明時空連續的假說：以數學方式，表達相對原理。時空連續觀念，卽四度空間（深、廣、袤、久）的宇宙實相觀。宇宙一切，均在時空中存在。二者不可分割。一切時間的度量秒、分、時、日、月、年等，是地球在空間對於太陽、月球、恒星等地位的度量。同樣地計算地球之經緯度，（空間位置）是用分與秒來度量的。由此可知時間與空間是相互依存的。佛家以時空爲分位假，乃因相對而產生之主觀的存在。且與動靜有相聯的關係。如風動旛動，卽兼有時空之相對。故中論謂：「因物故有時，離物何有時」。因物皆佔有空間。「因物故有時」，卽係因空故有時，辭義顯然。㈢能質相對：能質互變，係物理學上之用語。卽物質爲能之濃縮，能爲物質之散發。故能質亦爲相對而有。由此類推，心物亦爲相對而有。唯識論謂物質爲感覺對象：如色、聲、香、味、觸等，須依種種條件，始能現起。主要條件爲第八識中之種子。種子是潛在的能力。種子生現行，卽係能變爲質。反之：感覺現象生起，還熏第八識，使成潛能，卽係質變爲能。同時少量的物質，可散發多量之能。於一毫端立寶王幢，坐微塵裏轉大法輪。及芥子納須彌等，皆由小變大之法。能質卽心物之代名詞。心包萬物，放之則彌六合，卷之則退藏於密。故閉眼造城垣，不覺心量之小；閉眼造毫毛，不覺心量之大。是物之大小，不能影響心識之量。或大或小，皆隨心顯現。然離心無物，離物無心。心物之相對，則係永恒如斯。宇宙中無普遍的時，兩點間亦無一普遍的長度。時、空互爲條件。分之則兩失，合之則成物理的事實。物、空亦係相待而有。「譬如虛空，雖本無相，而萬象森羅；但必萬象森羅，乃成其虛空」。又如「色卽是空，空卽是色」。皆此義也。

諸法緣生緣滅，無自主與獨存的自性，無自性卽是相對的存在。故分之則爲主觀的情見；統一則是客觀的事實。眞理是絕對的，超離主觀的。所謂中道，卽是一切相對的統一；所謂實相，卽是唯一的眞理。絕對非離相對而獨存，只是主觀的意識，不起現行，斷除一切妄念，空假兩忘，不着相對，便是絕對。非於相對之外另有絕對也。

愛因斯坦在一九一〇年卽假定能、質可以互相轉變；且極小物質，可變成極大之能力。此種假設，於一九一三年經波爾實驗而證實。波氏認爲原子可再分爲電子與核子。電子圍繞核子而活動。核子堅實而電子含有磁力線。此一概念，說明了物物之間，可以互相攝拒，相互影響而相對存在，並非孤起。

阿毘達磨大毘婆沙論分析有爲法的種類，有各種差別。謂：「諸有者，有說二種：一、實物有，謂蘊、界等；二、施設有，謂男等。有說三種：一、相待有，謂如是事，待此故有，待彼故無；二、和合有，謂如是事，在此處有，在彼處無；三、時分有，謂如是事，在此時分有，彼時分無。有說五種：一、名有，謂龜毛、兎角、空花鬘等；二、實有，謂一切法各住自性；三、假有，謂瓶、衣、車乘、軍、林、舍等；四、和合有，謂於諸蘊和合施設補特伽羅；五、相待有，謂此、彼岸，長、短事等」。各種之有，歸納之皆爲假有，以其待緣而生也。此僅就色法而言。至心法之生起，則無一非由對待之分別心所顯現。寶雨經云：「法之與名，更互爲客。但由虛妄分別、安立法及名字，俱無自性」。大乘入楞伽經云：「諸法無自性，但爲心所現。不了於自心，是故生分別」。此分別心，卽一切對待生起之主因也。

無常

色法之成、住、壞、空，心法之生、住、異、滅，皆爲動相，動則無常。素樸實在論者以感官所接觸的事物，皆爲眞實的。與佛家所主張的「一切有爲法，如夢幻泡影」。恰正相反。但西方學者，亦有類似無常的說法，如赫拉克里特認爲感官是虛僞的證人，以萬物旣然流動，所以感性的知性中無任何眞理。是不啻將素樸實在論者的主張，根本予以推翻。赫氏所主張之直觀辯證法，把握了諸現象全體姿態的一般特性，卽流動、變化、生長、死滅。此種特性，如將其順序予以調整，卽爲成、住、壞、空四相。赫氏以萬物如河流，新水不斷流到人前，無有常相，此卽無常之說也。又謂有與非有，爲同一物，一切均爲有，一切均爲無，一切均是對立的統一與矛盾。此卽佛家所謂色不異空，空不異色，與三論宗所建立之空、假、中，殆同一精神。

生滅是無常，成壞之理，與生滅同。成時卽是壞時，壞時卽是成時。法藏法師華嚴經義海百門云：「壞不妨始於成法，是故壞時正是成時。以成無所有，是故成時正是壞時。皆同時成立。無先無後。若無壞即成，是自性有；若無成即壞，是斷滅空。成壞一際，相由顯現也」。所謂自性有與斷滅空二句，言簡意賅，不必更費千言萬語以解釋無常之理也。此段亦可作色空關係解釋，因色空之互爲因果，亦即無常之義也。

莊子云：「其分也成也，（截木爲器，木分而器成。）其成也毀也。（器成而木毀）凡物無成無毀，復通爲一」。（分觀有成毀，通觀無成毀。）此即佛家所謂生時即滅時，滅時即生時；與成時即壞時，壞時即成時。生滅、成壞，皆就相言，其本體無殊。

宋丞相魏杞與慧詢法師談世間常住問題。師曰：「得非以四時代謝爲疑乎」？曰：「然」。師曰：「窮過去，極未來，雖有代謝，而此理常住」。意指無常之理，常住不變。是不住者事也，住者理也。

諸行無常，爲佛家三法印之一，行即動義，動即無常，包括一切有爲法而言。自科學家發現質子、電子繞行核子及其不規則之跳躍，已證明此理之正確。故現象界之一切事物，無時不在變動之中。至於本體界則係永恒不變。變者乃其用也。如來法身，爲不變者。故涅槃四德，爲常、樂、我、淨。晉僧嵩謂佛不應常住。臨終之日，舌本先爛。是未了知無常僅係指諸行而言也。然本體界與現象界，只有體用之分。若執常與無常之一面，未足以概佛法之全也。蘇東坡云：「自其變者而觀之，則天地誠不能以一瞬；自其不變者而觀之，則物與我皆無盡也」。斯言深得常與無常之眞諦。

日僧湛叡華嚴演義鈔纂釋云：「性相交徹，二義相成；生滅相盡，無常卽常故。不生不滅是無常義。隨緣變易，常卽無常，則生滅是常義也。性卽相故，不生不滅是無常義；相卽性故，生滅是常義。互奪則雙非，互成則立」。此說不滯空有，不執生滅，實爲善解經義者。亦善解常與無常義者。

郭象註莊子：「夜半有力者負之而走。……」一段云：「夫無力之力，莫大於變化者也。故乃揭天地以趨新，負山岳以捨故。故不暫停，忽已涉新。則天地萬物，無時而不移也。世皆新矣，而自以爲故；舟日易矣，而視之若舊；山日更矣，而視之若前。今交一臂而失之，皆在冥中去矣。故向者之我，非復今我也。我與今俱往，豈常守故哉？而世莫之覺，橫謂今之所遇，可係而在，豈不昧哉」？此一段論無常文字，當與首楞嚴經造化密移一段並讀，可消除我執障。

苦樂亦爲無常現象之一，因苦樂無一定標準，隨心而異。了知其無常，卽不必厭苦着樂也。因一切快樂，都是安立在痛苦上面，以解除痛苦爲快樂，此外別無所謂快樂也。一切痛苦，也都是安立在快樂上面，以失去快樂爲痛苦，此外亦別無所謂痛苦也。阿毘達磨大毘婆沙論云：「諸蘊中全無樂故，但名苦諦。……相對立名，假說有樂。謂受上苦時，於中苦起樂想；受中苦時，於下苦起樂想；受地獄苦時，於旁生苦起樂想；受旁生苦時，於鬼界苦起樂想；受鬼界苦時，於人苦起樂想；受人苦時，於天苦起樂想。若依世間施設，於諸蘊中亦說有樂。謂諸世間飢時得食、渴時得飮，寒時得煖，熱時得冷，行疲倦時得車馬等，皆言得樂」。是苦樂爲相待以生，皆無自性。人生終日逐逐以求樂。未得爲苦，得而復失，亦苦也。得之既久，雖未失亦不覺其樂。是樂至而苦又隨之。苦樂循環，寧有止境。趣捨適足以增加煩惱耳。

成實論謂樂受生時，樂住樂位，樂壞時苦。苦受生時，苦住苦位，苦壞時樂。卽是苦樂循環，無有常相也。故在行苦品中，首句卽爲「諸受皆苦」。其他諸品中，均係發揮此理。

苦樂在身，憂喜在心，此易爲分別。成實論謂：「憂喜以想分別生，苦樂不必由想分別」。是苦與樂乃隨受而直接生起之感覺；憂與喜雖以受爲緣，而非由身軀上所直接生起之感覺也。必須透過想的階段，始能生起。乃心法之活動結果。但在身軀起苦樂之感覺時，心中之憂喜，亦隨之以俱生。故皆不離一心也。

柏拉圖謂苦與樂二者，不能並遇於一時。然而有其一者，其後必不免於其他。其爲物則二，其所從出之根本則一，此出而彼隨之。柏氏自謂其前有受縛之苦，後有免縛之樂。以證實其苦樂相依之說。此卽前所謂苦樂循環之說也。蓋苦樂二者，既是無常，卽係無自性。故可以互爲因果。如執苦樂之一端而苦之樂之，斯大苦矣。

金七十論將苦分三種：卽依內、依外、依天。依內指心識所生起之苦而言：如悲、歡、憂、樂等及七情六欲是。依外指色法所生之苦而言：如生、老、病、死……等是。依天指自然環境所生之苦而言：如風、雷、水、火……等災害是。心苦六塵所滅，身苦醫方所滅。至環境所生之苦，則非人力所能滅。環境之苦，計分兩種：一是人爲的，即社會性的、如政治、風氣、習俗……等，皆可以對個人身心加以束縛，使不得自由。一爲自然的，除風、雷、水、火……等災害外；如飢不得飽；寒不得衣；視聽之受阻；行動之受阻；以及一切感官與體能之拘限於一定限度以內，不能暢所欲爲，神通變化。皆可以稱之爲不自在。不自由尚可設法爭取。不自在則無法爭取；且亦從無有思所以爭取之者。此類苦本，皆因身而有。至使心爲形役，煩惱無盡。故老子以大患莫如有身，佛家以身爲苦本，皆同一觀點。

六相

六相爲賢首第二祖智儼大師之所弘闡。其說明六相之原文，則見於地論中。巖智昭大師在其所著之人天眼目中，論華嚴六相義，曾有如下之解釋：「若究竟欲免斷常、邊常之見，須明華嚴六相義門，則能住法施爲，自忘能所，隨緣動靜，不得有無，具大總持，究竟無過矣。此六相義，是辨世間法，自在無碍。……古德喩：譬如一舍是總相；椽是別相；椽等諸緣，遞相互望，一一不同，名異相；椽等諸緣，各住自法，本不作故，名壞相。則知眞如一門爲總相，能攝世間、出世間故，約攝諸法得總名；能生諸緣成別號；法法皆齊爲同相；隨相不等稱異門；建立境界故稱成；不動自位而爲壞」。又云：「一、總相者，一合多德

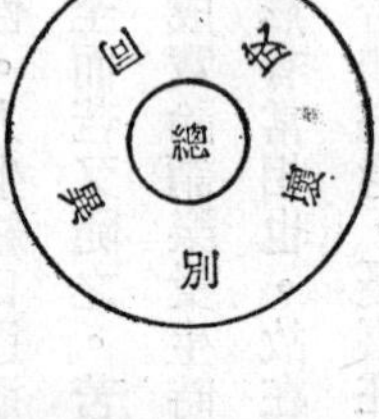

六相圖

故；二、別相者，多德非一故；三、同相者，多義不相違故；四、異相者，多義不相似故；五、成相者，由此諸義，緣起成故；六、壞相者，諸緣各住自性，不移動故」。以上對於六相解釋，均甚詳盡。惟其中有若干尚待硏究之處。如六相義旣是辨世間法，而又以眞如一門爲總相。其前後用語，不免矛盾，且與眞如無相之義不符。又壞相之解釋，與文義有別，亦尚待硏究。六相旣就世法言。所謂壞相，應係成、住、壞、空四相中之壞相。此爲一切世法所必經之階段。若無壞相，不足以表詮無常之義。解作「諸緣各住自性」，實不合理。旣云住，卽非壞；旣云自性，卽非緣生。詞義互相矛盾。六相之中，均係每兩種互爲對待：如總與別對，同與異對，成與壞對。若作自性解釋，則與成相不能相對。六相以無盡緣起爲出發點，成壞屬於時間形式；總別屬於空間形式，同異屬於形質形式。此爲眞如隨緣以後構成一切事物不可缺少之先天形式。事物之由成而壞，乃因果法中之一定過程。成壞之中，包括無常四相。總別係就同一屬性事物之羣相與個相而言。羣體爲總相，個體爲別相。如聚樹以爲林，此總相也；析林以爲樹，此別相也。體相雖殊，而本質則同。先德以眞如爲總相，則超越以世法爲主題之範圍，亦不足採。同異係就形質之異同而言。如木石均有方、圓、黃、白……之形色，此異中之同也；方、圓、黃、白……之形色中而有木石之殊，此同中之異也。總別係就量

六相圖

言，同異係就質言。先德誤以總別與異同之文字相似，故曲爲解釋，而不知其關鍵在量與質也。又有解「總合則成，別具則壞」者，亦欠妥。

又同異亦指變化而言，屬於勢速範圍。空間、時間、勢速，爲一切事物所必具之條件，前已述及。華嚴六相之義，與此相合。勢速本爲能力問題。但物性所具有之一切變化，皆動力所顯現。故物性之中，實含有勢速因素也。

六相問題，法藏大師金師子章之括六相，亦以喻明。其言曰：「師子是總相；五根差別是別相；共從一緣起是同相；眼耳等不相濫是異相；諸根會合有師子是成相；諸根各住自位是壞相」。其總相所指之師子，係就世法言，且符合羣體與個體之義。非以眞如爲總相，實較合理。惟別相、異相、壞相雖爲三種，而意義並無差別。又以緣起解釋同相，屬於時間形式。則其相對之異相，亦應指時間形式而言。與成壞二相之義重複。金師子章云：「見師子之時，卽見一切有爲之法。更不待壞」。足見成壞含有時間因素。而「各住自位」句，又不足表詮時間意義。故此種解釋，仍不免牽強。

我相

我相分兩類：一爲我執；一爲我、人、衆、壽四相。我執有人我執與法我執兩種；亦卽俱生我執與分別我執兩種。前者爲先天性的，由無始以來多生熏習之積果而成之深層意識。（潛意識，即佛家之藏識。）後者爲後天性的，僅係此生之意識活動，爲表層意識。深層意識，屬於感情範圍；表層意識，屬於理智範圍。故分別我執，斷之較易；俱生我執，斷之較難。如植物本具之香氣，不易消散；熏習之香氣，則易消散。智能高者以理智控制情感；智能低者以情感控制理智。人類以外較低級之動物，只有俱生我執。一切行動，均受種子之熏習，而無熏種之功能，故不造業。人類之造業，實由分別心多故也。

衆生在未解脫以前，有兩種覆障：一爲煩惱障，屬於俱生我執，乃先天性的由任運而起。二爲所知障，屬於分別我執，乃後天性的由分別而起。舊釋謂前者以我見爲本，後者以無明爲本。此誤也。因無明包括一切妄見。我見自不例外。二障本不易截然劃分，因煩惱亦由我見，而我見亦是煩惱也。有稱所知爲理障，煩惱爲事障者。事障是偏於生理問題，理障似係偏於心理問題。亦可稱前者爲習障，後者爲智障。

無明
- 俱生我執——先天——人我——煩惱障——習障——生理的
- 分別我執——後天——法我——所知障——智障——心理的

俱生我執，受無始以來生活習慣之熏習，養成隨身以俱來之業力。（行動餘勢）故稱俱生。相當於生理學上所謂本能。乃大腦舊皮質之活動範圍。凡生理上種種欲求：如食欲、色欲、生存欲及有關生理之活動等等皆屬之。本爲阿賴耶識及第七識所主管。以一身爲我之範圍；身以外之一切客觀事物，皆在我之範圍以外。順我則樂，逆我則苦。即煩惱所由生。此種意識活動，是純感情的。分別我執，係受外在環境之影響所產生之意識活動，如風俗、習慣及各種文化活動等，皆足以影響吾人之生活方式；且爲形成觀念與概念之圖式。乃大腦新皮質之活動範圍。爲第六識所主管。以前五識所搜集之資料，經意識根據過去經驗，賦予觀念，（增語）以判斷客觀事物之是非。其標準一部份爲大衆之共同概念，（同分妄見）一部份則基於個人之利害與好惡。（別業妄見）其客觀與主觀成份之多寡，隨個人利害關係之輕重而有差別。此種意識活動，偏於理智方面。仍兼有情感成份。故稱爲法我執。以其不離自我之中心也。

二障俱斷，始能解脫。但二障並非同時俱斷。究竟孰先孰後？其說有二：一是斷我執者證阿羅漢果，斷法執者證菩薩果。是斷煩惱障在先，斷所知障在後。二是習之成於先天者難斷，成於後天者易斷。是分別我執易斷，俱生我執難斷。（如前所述）天臺宗之一心三觀：修空觀以斷見思惑；修假觀以斷塵沙惑；修中道觀以斷無明惑。見思惑相當於所知障，斷之在先；塵沙惑相當於煩惱障，斷之在後，無明惑爲所知與煩惱之本體。二障俱斷，則無明亦斷。各家有謂二障同時俱斷者；亦有謂異時而斷者。其說頗爲紛歧。如禪家之頓悟，則又無所謂先後也。唯識論云：「斷障爲得二勝果故，由斷續生煩惱障故證眞解脫；由斷碍解所知障故，得大菩提」。是斷障僅證果不同，無先後之別。因解脫（指涅槃）與證菩提，一爲斷果，一爲智果，乃同一證境之兩種功效也。此一問題，當與心法一併硏究。

圓覺經云：「理障碍正見，事障續諸生死」。宗密疏云：「事障麤重爲淺，理障微細爲深。

淺故先斷，深故後除」。事障指我執而言，理障指法執而言。阿羅漢已斷人我執，而未斷法我執。足證二者之淺深不同。但兩種我執，皆以八識爲種，以六識爲緣。如無六識，則我執不起現行；如無八識，則我執無由生。

歸納上述佛理與哲理之相互配合；我執偏於情感，以意爲主，相當於哲學中之觀念；法執偏於分別，以識爲主，相當於哲學中之概念。我法兩空，則意識不起現行，眞心顯露，相當於哲學中之理念。觀念屬於別業妄見，係個性所發展之結果；概念屬於同分妄見，係習俗所發展之結果。我執純受內心之支配，法執則隨環境而變遷。故能自我克制者，易斷我執；見理明徹者，易斷法執。是斷執原無一定之先後也。

從另一觀點而言，人我執與法我執範圍有廣狹之別，前者狹而後者廣，是具有空間性，故狹者易斷而廣者難斷也。俱生我執與分別我執時間有先後之別，前者先而後者後，是具有時間性，故先者難斷而後者易斷也。

我執可分執身與執心兩種。執身者身爲道障，執心者心爲道障。應知法身原徧宇宙，奚有於七尺之軀；道心微妙難知，寧止七處可徵。寶藏論云：「若執有身者，卽有身碍，身碍故卽法身隱於形殼之中；若執有心者，卽有心碍。心碍故卽眞智隱於念慮之中。故大道不通，妙理沉隱，六神內亂，六境外緣，晝夜惶惶，未有休息」。我執爲罣碍之由生。身執心執，只是內外之分，其爲碍則一也。

圓覺經之我、人、衆、壽四相，陳義甚高。文字又復艱深難讀。各家註釋，亦不易了解。經反覆研究，參合經文及各家註釋，姑作如下之解釋：所謂我相者：非指形體而言。謂行者已證知第八識之見分，遂執爲內我。人相者：謂行者雖已證知內我；但以執此內我爲非，遂不取證。是其所悟超過所證。故稱人相。衆生相者：以我相執所，人相執能，各計一邊。今不定執，故名衆生。壽者相者：認爲無漏智業，相續不斷，猶如命根，故名壽者。是四相乃就行者所到達之境界而言。雖證悟境界有深淺之分。然仍係各有所執。凡有所執，即是我相。是四相實爲一相，即我相是也。金剛經及其他各經中，亦多列擧四相者。是否與圓覺經所解釋之四相相同。經文旣未附加說明，未敢臆斷。然旣分四相，則各相自有程度上或意義上之差異。否則人法兩執，皆屬我相，何取乎四相之別。此爲尙待研究之問題。

維摩詰經云：「法無衆生，離衆生垢故；（什公註：衆生垢卽二十身垢也。）法無有我，離我垢故；法無壽命，離生死故；法無有人，前後際斷故」。（肇公註：始終不改謂之人。……前後際斷，則新新不同。新新不同，則無不變者；無不變者，則無復人矣。）是所謂離四相者，要不外離垢與了生死；衆生相、我相爲離垢，壽者相、人相爲了生死。有垢故有生死，離垢卽所以了生死，是四相仍只一相也。

六祖金剛經註：「修行人亦有四相：心有能所，輕慢衆生，名我相；自恃持戒，輕破戒者，名人相；厭三途苦，願生諸天，是衆生相；心愛長年，而勤修福業，法執不忘，是壽者相。是有四相卽是衆生，無四相卽是佛」。除此四相外，又云：「初悟微細四相：稍有悟心，是我相；見有智慧，能降伏煩惱，是人相；見降伏煩惱是衆生相；見清淨心可得，是壽者相」。前四相指一般之修行人而言。後四相指修行已有進益者而言。

圓果法師金剛經直解：「識心未了卽我相，迷已認他卽人相；情妄未除卽衆生相；作後有念卽壽者相」。四句似有分別而實無分別。因所謂迷已、情妄、有念，皆識心之活動也。故識心未了一句，已包括其餘三相，四相仍只一相也。

翁春金剛經淺解謂：「四相有定執之我相；對立之人相；厭苦之衆生相；貪愛之壽者相」。此種解釋，實簡明合理。但其對象指一般人而言，並不專指修行人。不知是否有當經義。

僧若訥云：「言我相者：以自已六識心相續不斷，於中執我。此見乃計內也。言人相者：六道外境，通稱爲人。於此諸境，一一計着，分別優劣，有彼有此，此見從外而立，故云人相。言衆生相者：因前識心，最初投托父母，續有受、想、行、識四陰，計其和合，名衆生相。言壽者相者：計我一期命根不斷，故云壽者相」。是以內執爲我相，外執爲人相。衆生相與壽者相，均係內執之一種，似無所取義。

陳雄云：「貪、嗔、癡、愛爲四惡業，貪則爲己私計，是有我相；嗔則分別爾汝，是有人相；癡則頑傲不遜，是衆生相；愛則希覬長年，是壽者相」。是就衆生之貪、嗔、癡、愛四毒以釋四相，亦簡明易曉。雖係泛指衆生之病，修行人亦在所難免。

李文會註金剛經之四相云：「有我相者：倚恃名位、權勢、財寶、藝學、攀高接貴，輕慢貧賤愚迷之流。人相者：有能所心，有知解心，未得謂得，未證謂證，自恃持戒，輕破戒者。衆生相者：謂有苟求希望之心，心正行邪、口善心惡。壽者相者：覺時似悟，見境生情，執着諸相，希求福利」。

長水沙門子璿論疏筆削記云：「一、衆生相是過去衆緣和合之生故；二、壽者相是現在一期住壽不斷緣故；三、人相是未來數於餘趣而受生故；四、我相是三世之總主故。故云我爲總相主宰也」。其主要關鍵在最後之總主宰一句。人相是希望將來之輪廻仍在人趣，衆生相係執着過去衆緣和合所生之我；而此我爲生命之主體。壽者相係希望壽命之延長。是四相皆不離我相。前三乃就三世而言，故三相仍只是一相。分別之三，與總體之一，合之而爲四相。

佛學大辭典謂：「我相係於五蘊法計有實我，有我之所有；人相係於五蘊法中計我爲人，異於餘道；衆生相係於五蘊法中計我依五蘊而生；壽者相係於五蘊法中計我一期之壽命成就而住，有分限也。此外尚有智境四相，係就修證之境界而言」。

以上各種解釋，各不相同。惟認我爲總相，則無差異。江味農居士云：「人、衆、壽皆自我相開出。有我相卽有對待之人相；人不止一，爲衆生相；執我之繼續不斷，卽壽者相」。同一我相，就其所涉及之範圍言，有廣狹之別；就修行之境界言，有深淺之別。因機說教，原不必強求一致。佛法本爲一味平等，絕諸對待與差別之相。我見旣生，卽失去平等。於是由我見而生我相，其餘對待與差別之相，隨之以俱生。八萬四千煩惱與塵沙惑，皆起於我見，寧止我、人、衆、壽四相而已哉？故四相亦不出煩惱障與所知障兩種，推求其來源，皆一心所生，非於心外別有所謂覆障與四相也。「心是一顆明珠，以物欲障蔽之，猶明珠而混以沙泥；以情識襯貼之，猶明珠而飾以銀黃。泥沙洗滌猶易，銀黃除去最難。故學者不患垢病，而患潔病之難治；不畏事障，而畏理障之難除」。（此數語見民族晚報雋言集，不知出自何書。）依此觀點，則是煩惱障易斷，而所知障難斷。但此處所謂事障，指環境之障碍而言，不盡同於俱生我執也。

辯正法中有所謂由矛盾的「卽自」，成爲「對自」之說。意指由自我的向外發展，以影響環境；又由環境的發展，以影響自我。此種主張，恰如佛家相分與見分二者相互依存的關係，亦卽能所不二之變相說明。乃至唯識家所謂：「種子熏現行，現行熏種子」。亦適合此一原則。緣起問題中所談之互動關係，亦符合此理。誠能了知此理，則人我分別之心，不復存在。在矛盾的認識可能觀中，謂事物發展的規律性，可能被認識的主觀和客觀同時存在。有統一的法理。因此有了認識的主觀，就有了客觀的世界。此種主張，卽對待的統一。

個體與羣體，本爲不可分之整體。如吾人與其他生物，同存在於此一空間。其不可缺者，莫如空氣。故空氣之盈虛消長，與吾人之呼吸，不可分離。其他生物，亦各有其呼吸系統，惟不若動物之顯著耳。故空氣之振盪，足以促進生物之生滅變化，而生物之生滅變化，又足以振盪空氣。是生物與空氣之間，乃至生物與生物之間，同受氣化之影響，彼此互爲一體。且不僅生物爲然。其他一切事物與空氣之關係，亦復如是。此與辯證法所謂：「由矛盾的卽自，成爲對自」。以及一與多，能與所……等關係，均同此理。在法性篇所談之大我問題，曾反覆說明宇宙一體之義。在大我之中，卽不見有此小我也。

生命

衆生之生命元素：根據科學之研究結果，有四種至十種。生命體與物質之差異，不在原子而在分子。反對輪廻之說者，謂無機物經過一定之化學程序，可以變爲有機物。但只限於原始生物。佛學中分生相爲胎、卵、濕、化四種。無機物所能製造者，爲濕生與化生兩種。此兩種生物，原不需要父母之交配。軀殼爲生命之寄生場所，彼此可分可合。遇有可以寄生之軀殼，生命卽隨之而寄生。如軀殼損壞，生命卽棄之而去。生命之與軀殼，猶電流之與電器也。有電器設備之處，卽可通電流，非電器本身能產生電流也。生命原無形質。所謂生命元素，只是軀殼原素。將來科學向前邁進，亦可能由人工製造更高級之動物軀殼如人類。太初生人，本係化生，並不限於兩性之配合也。是科學可以生人，可以殺人。但不能使人類或其他動物永恒存在而無死亡耳。因生命之軀殼，雖可藉助於人力以製造。但其所以遭遇生死之緣者，乃生命本身業力之牽引，非人力所能控制。故無機物之變爲有機物，尙不足以否定輪廻之說。只是輪廻之另一方式耳。仍未脫離胎、卵、濕、化四種生相之範圍。

刦初生人，均爲化生。後此各類動物之生相雖有胎、卵、濕、化四種。但化生人已不再有。是刦初化生人之說，未可深信。但細思之則有至理。因衆生神識，散佈空中，遇有宜於生存之環境，卽可憑物化生。迨已有人類之後，則兩性配合，對投胎神識之吸引力較強。故空中游離之神識，均可藉父母之緣以出生，而不必再經化生途徑。如設有避雷針之處，雷電均被其導入地下，不至隨處爆炸。可爲例證。在其他星球之中，可能仍有化生人。欲界衆生，則頭出頭沒於欲海之中，而不能自拔。化生人之不再見，乃業力使然也。

懷疑輪廻之說者，謂生命旣有輪廻，則有一定之數量。何以各種生物，不斷繁殖，此新增之生命，又從何而來？不知虛空無盡，衆生亦無盡。六道輪廻，原無星球之限制。各星球中之生物，雖互有增減，而衆生並無增減。地藏菩薩本願經敍地獄衆生云：「此界壞時，寄生他界。他界次壞，轉寄他方。他方壞時，展轉相寄。此界成後，還復而來」。地獄衆生，未經輪廻時，尙可越星球而展轉相寄。則在輪廻中之衆生，自可隨業往生各處，不受星球之限制。如修淨土者之求生西天與兜率天也。此事要非無據，只在念切與否耳。

現象世界，爲相對之宇宙，有生必有死，有死必有生。完全受業力之牽引，無能自主者。聖言經云：「身體分解時：本體爲主者上昇；勢力爲主者居中；黑暗爲主者下墮」。十二枝之生起門與還滅門卽說明此義。

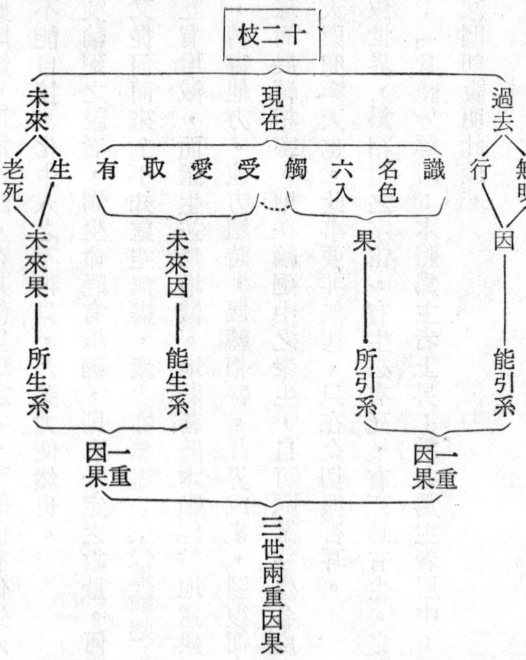

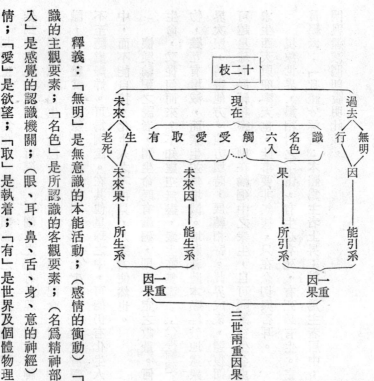

釋義：「無明」是無意識的本能活動；（感情的衝動）「行」是意志的活動；「識」是能認識的主觀要素；「名色」是所認識的客觀要素；（名爲精神部份，色爲物理、生理部份。）「六入」是感覺的認識機關；（眼、耳、鼻、舌、身、意的神經）「觸」是感覺；「受」是愛憎的感情；「愛」是欲望；「取」是執着；「有」是世界及個體物理之存在；（依正兩報）「生」是各

個體之生存；「老死」是個體的老死。

右列十二枝，爲梁起超先生製圖，並分別釋義。其中不無尙待商榷之處。如謂：「受」爲愛憎的情感；並將「受支」列入未來因以內，頗爲欠妥。按「觸」與「受」，均爲被動的，先德一律列入果位是也。「受」之意義，先德均訓爲領納，卽感覺之意。感覺雖有苦樂之分，但愛憎情感是發生於感覺之後。感覺與愛憎雖有因果關係，仍有先後之分。愛憎觀念，雜有分別作用，屬於意志活動範圍。第八支中的「愛」，始爲愛憎情感。在內典中係將心理活動過程之無意識的本能活動，及分別後之意志的活動，分爲兩個階段。卽「無明」與「行」是也。「受」中雖有違、順的感覺，只是無意識的本能活動。尙未進入意志活動的階段。因愛憎之情感與感覺並非同時生起也。如嬰兒對於一切外來的刺激，不起愛憎的情感。然苦樂的感覺，依然有之。其在受刺激以後之一啼一笑，卽係對苦受樂受所起之反應也。

有部對三世兩重因果之解釋，以「無明」配合於過去；以「識」爲托胎之意識；以「名色」「六入」爲胎內身心發育之經過；以「觸」爲遊戲熾盛之童期；以「受」「愛」「取」爲現世之新煩惱，爲業之積聚位；以「有」爲死時未來命運所定之位；以「生」「老」「死」配合未來之一生。梁氏之圖，蓋本乎此。木村泰賢於其所著原始佛教思想論所附之圖，亦與梁氏同。惟其所著之小乘佛教思想論所附各種十二支圖，「受」支均係列入果位。由原始佛教至小乘佛教，時期已向前邁進一步。後者自較前者爲正確。又因緣觀爲緣覺入道之依據，專修自較普修爲更精。故

「受」支仍以列入現在之果位爲宜。

據具舍論等說：「無明」「愛」「取」三者屬惑；「行」與「有」二者屬業；餘七支屬事。俱舍卷九頌云：「從惑生惑業，從業生於事，從事事惑生，有支理唯此」。蓋由煩惱而有業；由業而有事；由事再起惑造業，循環不已。木氏所謂十二支的單純化之作用的相互關係。由此體認十二支，實更顯明。

「無明」與「行」，均爲過去之因。乃心理活動之兩種過程，最難分別。佛音云：「以無知爲相，以蒙昧爲用，取隱蔽之形，以漏爲緣」。以此解釋無明，仍無法了知其所以然之理。又曰：「『無明』與『愛』爲輪廻的根源：『無明』在過去，爲現在『生』的本源；『愛』在現在，爲未來『生』的本源」。是「無明」與「愛」爲同一心理活動，不過在時間上有過去與現在之分耳。婆沙論謂「無明」爲過去煩惱位，「行」爲過去業位。木村泰賢謂與其把「無明」視爲知的原理，毋寧視爲情意的原理。又謂「行」與其說是現實的行爲，毋寧視爲業習。最後的結論云：「要由煩惱而有行爲，由行爲而有業習」。將「無明」改爲盲目的意志，與梁氏所謂：「無意識的本能活動」，同一意義。總之「無明」與「行」，均由受過去印象的刺激所發的反應作用。過去的一切行爲既可留下印象；過去的煩惱，也自然可以留下印象。業習是一個總的名稱，應該是包括消極的煩惱，（無明）與積極的意志。（行）五蘊將「想」與「行」分爲兩種。過去的行爲，因印象糢糊，故稱「無明」。但業習的種子存在於八識田中，由「想」的（取象）現行，而使過去的糢糊印象，重現於腦膜。（卽新舊大腦皮質互相刺激所起作用，詳見心法篇。）過去的苦樂，（煩惱）變爲今生的好惡。業習是情的（無明）種子，情是意的（行）種子。由情感的刺激，而有意念的活動。此爲心理活動所必經的過程。木村泰賢所著小乘佛教思想論所附十二支圖，用兩世對照方式排列。現世的「無明」，等於過去的「愛」「取」；現世的「行」，等於過去的「有」。木氏謂：「『識』入胎是生『名色』『六入』『觸』『受』活動的經過，以之視爲受動的命運。就照那樣流行是『老死』，活動於此間的能動的『愛』『取』，爲煩惱的代表，相當於『無明』。『有』如以之爲業有，是就相對於『行』的意義」。可作爲研究此一問題之重要參考。

數論謂宇宙人生問題，具有三德：曰勇、塵、暗。勇者動力，塵者物質，暗者無明也。熊十力居士改三德爲能、質、惑。以勢力爲能，卽指動力而言；以拘碍爲質，卽指物質而言；以與能、質俱始，其動若機括而自不容已者爲惑，卽指無明而言。熊氏認爲「此自宇宙形成以後言之，未嘗親證實相。若乃於變易見不易，於流行識主宰。……則湛然明覺，絕諸戲論。固無所謂闇也」。據此而言，是明與無明，原爲一體。故流轉生死之阿賴耶識，卽係如來藏識也。

神識

神識卽是靈魂。一切衆生，皆爲物質與精神兩種組合而成。此爲各宗教所共同承認者。如無此物，則衆生死亡以後，一無所存，如燈滅然。因之只須追求生前之快樂，而不必顧慮死後之因果。巧取豪奪，損人利己之風，將日以熾盛。故靈魂之說，實有助於人類向善之心理。亦爲宗教家說法之主要課題。佛家稱神識爲中有。因生死之果報，有而非無，故稱爲有。中有爲四有之一：於諸趣結生之一刹那，（卽投胎時）名生有；生後死前名本有；死時最後之一刹那名死有；介乎死後至生前之間者名中有。因其爲死此生彼中間所受之陰形，故又稱中陰。此爲內典命名之由來。靈魂之說，古今中外，無不有之。宗教家對於人死以後之歸宿問題，各有不同之主張。對靈魂不滅之說，則同一主張。但靈魂無形質可以觸對，科學家尙不能作有效之證明。故反對靈魂不滅之說者亦多。因之靈魂之有無問題，迄今尙無定論。

臺灣聯合週刊五十四年七月十七日載：日本有農家借寺廟祭其祖先，闔家照相留念。已死多年之祖父母，其影像亦顯現於照片之上。惟頭均向下，故倒置照片，始能得見。其照片曾刋登各報。靈魂出現於照片之說，過去本已有之。惟予得見之報章，此爲初次。是靈魂不滅之說，信而有徵矣。

根據靈魂學云：靈魂是由靈媒散發的一種「埃克特布拉色姆」所構成，包括原子、電子、分子、核子等微粒。普通靈魂的壽命，大約爲一千年。超過一千年，便失去具體的形象。此與左傳所謂：「新鬼大，故鬼小」。頗能相合。但靈魂學家認爲有時亦有例外：如二千年前埃及公主尤蘭達，其靈魂至今仍存。在不久以前，美國一位靈媒，卽曾經攝得其照片。（見聯合週刊）此靈魂不滅之又一證明也。

內典中所稱之中有，爲離開軀殼以後之第八識。俱舍論九謂中有不可見，不可觸，身極微細故。又謂其量如五六歲之小兒。是所謂微細者，非指形量而言。因五六歲之小兒，並非不可見者。故所謂微細，指本質之稀薄而言。如電子、核子等，皆微細不可見之物質也。離開軀殼之神識，如離水之蒸氣，漸入於空中而不可見。經云：「名色緣識，識緣名色」。對法雜集論謂羯邏藍身（受胎時精蟲與卵子之混合體）與識俱生。是名、色原不可分。中有離開麤色之軀殼，其微細之色塵，如電子、核子等，仍隨識以俱存。人類視力不強，對空中若干微細之物質，不能得見。但不能因此而否定神識中之含有核子也。

中有具有五根，並極明利，能隨念到達各處。雖堅如金剛，不能遮斷。（俱舍論）惟長久飄浮於大氣之中，受引力、斥力之衝擊，應有逐漸變小之可能。由濃而薄，要之不能消滅耳。俱舍論謂中有住無定限。生緣未合，中有恒存。卽靈魂不滅之說也。中有爲行爲之餘勢，其趣向完全受業力之牽引。如以石投空，手停而石駛不停。非石有此駛力也，乃手擲之餘勢也。以杖擊輪，杖停而輪轉不停，非輪有此轉力也，乃杖擊之餘勢也。在石正飛駛與輪正旋轉時，電磁場之引力與斥力，皆失其效用。中有受業力之牽引，亦猶是也。般若燈論十五謂煩惱（業）所使，強令入諸趣。故惡業重者爲麤濁之氣。易向下墜而入於地獄道與畜生道。善業重者爲發揚之氣，易向上昇。其上焉者爲涅槃境界，法身可徧宇宙。亦卽孟子所謂「浩然之氣，充塞乎天地」。次焉者爲人天乘境界。文天祥所謂：「上則爲日星，下則爲河嶽」。爲近似此種境界。因其仍有形象也。對法雜集論亦謂修淨行者：「命終時下身先起冷觸；不淨行者，上身先起冷觸」。此卽善業上昇，惡業下沈之趨勢。又不淨行者中有生時，其相顯現，如黑羊羔光；或如陰暗夜分。淨行者中有生時，其相顯現，如白練光；或如晴明夜分。是不僅中有形質因善惡不同而有麤細之別，其光影亦不相同。

中有能否爲人禍福，亦爲應當研究之問題。中有旣受業力之牽引，似無自由活動之能力。俱舍論謂中有夏雨時變成蟲聚，極多七日或七七日有和合緣始寄生。此種情形當係就普通人之中有而言。首楞嚴經謂地獄衆生業滿離開地獄，在未趣生以前，多依附草木以爲妖魅。鬼神中亦多具有神通者。如地藏王本願經所稱之鬼王，及各經論所稱之魔鬼，或爲菩薩化身，或爲魔王眷屬。似與一般中有並不相同。中有爲名、色之混合體，故受業力之支配。惟修淨行者，精神之力量較強，可在一定限度以內，自由活動。但不能爲人禍福耳。人之遭受鬼神之庇佑或捉弄者，乃其自身業力之招感。不僅與中有無關，亦非鬼神之威力能使其然也。

順正理論謂中有業力最爲強盛。一切有情，一切加行，無能遮抑，凌虛自在。此所謂自在，係指中有之業力而言。非中有有自由控制其行動之能力也。如中有不假業力，能自由活動，則六道輪廻，可自由選擇，而因果律亦不存在矣。

中有之趣生，對有緣父母，不分遠近，皆能得見。父母於交配時，中有卽起愛欲之倒想：認係已身之性行爲。對父起愛欲者，生後爲女；對母起愛欲者，生後爲男。此事各經論均無異說。惟其有悖倫理觀念，覺有未安。予對此事懷疑已久，思求一正確之答案而不可得。因經論中僅語其必然，而未語其所以然也。經反覆思惟，始悟此中有至理存焉。不可以常情卜度也。㈠淫欲爲生死之根本，斷之最難而趣之最易。中有之趣生，以淫欲爲引力。一念之差，卽墮入輪廻，不能了脫生死。如能悟透此理，當下提起正念，卽能超出三界，直趣淨土。所謂「正性離生」，此之謂也。㈡各類衆生，多生以來，均曾互爲父母夫妻。一生一死之間，往事迷離，未能回憶；加之欲火熾盛，無法控制，遂有此倒想。若念及倫常之不可亂，當先自斷欲始。經論爲之指明者，所以發人深省，俾知所警惕也。

現在科學進步，已有人工受孕之法，並不需兩性之交配。是前說已被科學所否定。但兩性之配合，不限於肉體之接觸。如諸天中有男女兩性執手而成交者；有相視而成交者；有一笑而成交者。經論中所謂父母之交配，應係包括諸天而言，並不限於地球也。中有係一氣體，其趣生亦係氣化之感應作用。胎、卵、濕、化，凡具有兩性化合之環境，中有卽受其感應而趣生。此種人工受孕之法，乃胎生中之化生也。

關於中陰之入胎時間，亦不限於兩性初合之時，或於受孕時入胎，或於生產時入胎，均無不可。如必限於兩性交配時入胎，則在產前入胎之各種記載，皆成妄語。胎如房屋。中有則如房屋中之主人也。房屋建築完成以後，主人隨時均可遷入。故解釋經義，須多方引證，不可以辭害意。

華君祁石在瑞士聯邦大學攻電子學，曾將科學家對靈魂研究之結果，函告臺灣友人。謂在一九〇八年時，德國科學家廉氏曾經發表其有關人體光的研究。謂每人身體，均有一種特殊光線放射。此光名歐拉。(Awra) 是一種有光能的射線。以身體爲中心，向四週放射。又作一種思想傳導的實驗，證明人在不同的兩個房子中有思想的感應。若在兩房鎖孔中，穿以金屬線，其感應力更強。速度亦快。此種感應，除精神原因外，並有物質因素。卽人體光束發射。

一九一二年英國科學家華氏發表人的歐拉射線，可用一種特別化學眼膜看見。經其製成一種歐拉眼鏡，可以淸楚分辨出人體之歐拉分爲三帶，且有顏色之特性，可以如光譜之加以分析研究。人之情感變化時，歐拉之形狀與顏色亦變。在一九二七年時，古氏與范氏證明多數細胞，均爲頻率振盪器，核仁卽是發射中心；並發現核仁電流電感與電容的現象。其振動波長接近於光波。核仁不但能發射，更能接收。在一九三二年時，德國電子工程師閔氏正式宣佈：由電學上證明：人體確有歐拉射線的存在。在一九三七年時，貝氏發表對人腦的實驗：可以用電子鏡分辨出頻率爲每秒八至十二次振盪的亞爾發波及每秒爲二十至一千次振盪的貝他波。人在完全安寧時，腦部在電子鏡中卽出現亞爾發波。給他一個心算的題目，電子鏡中，立卽出現貝他波，以代替亞爾發波；並依思想的集中及用腦的程度，而比例增減貝他波。

另一德國科學家發現思想照片，在注意力集中者前約半公尺處，放一張未感光的軟片，十分鐘後取出沖洗，底片便呈現出其腦海中所想之事物，清清楚楚是一本書或是一種物體之類，並非模糊的抽象畫。

美國精神科學家恩斯柏博士於一九六四年與精神照相術士泰德西里亞斯相見時，泰德當即拍出一張思想照片，爲數年前毀於大火之芝加哥老旅館，其照相機係恩斯柏博士所供給。一切手續，除按快門外，均在恩斯柏博士控制之下進行，且有多人作證。此種照相，普通照相機與底片均可使用。但以波拉羅牌之效果最佳。恩斯柏博士已將其研究經過，寫成專書，名「泰德西里亞斯的世界」。最近已出版。書中附有八十幅泰德攝取的思想。（見民國五十六年四月四日大華晚報）

根據以上所談之人體光線及電波與思想感應、思想照相等問題。可見人的精神活動，可以改變物質。不僅可作靈魂之證明，亦可作唯識變現之左證。此等問題，本應於心法篇內一併研討。因與以下所談之假體問題，亦有關聯，故列入本節一併研討。

由於歐拉射線的研究，並發現在每個人身旁，出現另一個與之相同之人，可同時在相異之處出現。亦可以自由行動、工作、談話。經實驗拍照後，證明與魔法無關。稱之爲假體。賈博士找到一個有特性之假體人，將其詳細分析。開始實驗。爲假體人做過三次心臟跳動、呼吸、頭髮、指紋、簽名及情緒等研究。有時假體人會變成另一人。如死去的人類，百餘死者親屬與之談話、擁抱、接吻、握手。假體與眞體間相連處有白霧狀之繫帶，不僅外形與肉體相像。而且具有內在器官，有重量，有實體，有伸縮性能。只是不受萬有引力之控制。德國科學家史氏認其成份是「以太」的一種。假體出現與活力，只是能的另一種形式而已。其原子構造，與普通物質無異。其原子分子較小，且以更高之速度運動。其重量爲一安士。(二八、三克)出現假體次數，因人而異，最多者爲二千餘次。

瑞士哲學博士佛氏謂假體是一種有思想的光與能及靈魂之結合體。是一種可以自動控制濃度之膠狀液體，稀薄之時，非常人所能見；濃縮時每人可見，且可拍照。因係液體，故可利用一種特別滲透作用通過障碍，穿過墻壁；且可浮飄在空氣中，來去自如。其速度卽思想的速度。有時更可接近光速。又假體的出現，通常均有衣服。在睡眠時假體稍微浮出體外。當人死去時，假體離開肉身。唐博士精確計算，人在死前死後一刻，其重量差是二至二安士半。有一老婦人臨終的照片，清楚地出現一個向上升的人體，在死者頭上慢慢出現。此時並無衣服，且較年輕，兩手相合，頭髮輕垂。

唐博士云：瑞士蘇黎世市有一化學工程師，係假體人，每當其假體離開身體時，卽突然震驚一下，而且本身卽入昏迷狀態。他人可見其假體在另一地方出現工作。有一次本人臥在床上，忽覺自已站立起來，往街上散步，然後回家，穿墻而入；且見已身仰臥床上。奧國有一將軍，在開刀被痲醉時，忽覺已身上升，飄浮天花板上，向下俯視，所有醫生開刀時情形，一一明了。

一九一八年美國物理雜誌發表一位夫人出現假體之經過：當我飄飄欲仙時，感覺有無法形容之愉快，發現到處充滿無窮的神靈與智慧，預感到完全自由，罪惡亦不存在，一切滿足。佛氏謂假體與肉體完密結合，可以互相影響。所謂催眠術，大都係受此種假體的作用。假體人可利用自己假體使他人假體進入催眠狀態，以影響其肉體。病人之治療，亦可從假體入手。

以上所記之假體，實係吾人之神識，亦卽佛家之所謂第八識，習俗之所謂靈魂也。其所見之假體衣服，則係唯識所現。唐博士所述之婦人，其假體由頭上升，兩手相合。此與淨土宗所謂上生之相相似。第八識原係有染有淨，染的部份，卽含有物質，故比較易見。另有淨的部份，與虛空混爲一體，有能無質。卽徧宇宙之法身，爲眞實之精神生命，無形象可得，非有道者不得證，非有道者亦不得見也。

易曰：「仰以觀於天文，俯以察於地理。是故知幽明之故，原始反終，故知生死之說。精氣爲物，游魂爲變，是故知鬼神之情狀」。天地有明暗，因此而知有幽明，此卽天堂地獄之說也。凡事皆有始終，生死亦然，此卽輪廻之說也。物有聚散，精神亦然，此卽神通之說也。而感應之理，亦復如是。孔穎達解釋易之「神無方而易無體」云：「無方無體有二義：一者神則不見其處所，云爲無方也；二者周遊運動不常在一處，亦無方也」。此爲解釋神識問題見於中國典籍中之最早者。至民間扶乩過陰等習俗，亦多有奇異之靈感，非全屬虛妄也。故鬼神之說，已由迷信而進入科學之研究階段。

再生事例，在典籍中不少記載，不可一概視爲子虛。宋代以詩書畫三絕見稱的黃山谷，爲江西修水縣人。曾經署理太平知州，卽今之蕪湖。(根據現存中央警校之蕪湖縣誌載：山谷除曾任太平知州外，並曾流寓蕪湖四年。)在蕪湖縣署旁有軒名滴翠。其中有石刻山谷畫像；並有山谷自題像讚云：「似僧有髮，似俗無塵。作夢中夢，悟身外身」。凡是曾經在滴翠軒瞻仰先生遺像者，莫不欽賞先生讚詞的超脫；但對其寓意何在，則甚少有人知道。一定要曾經閱讀修水縣誌的人，始能知其原因。前兩句是指山谷爲信奉佛教的居士；後兩句是指山谷前後兩世的一段因緣而言。據修水縣誌記載、山谷爲太平知州時，年僅二十六歲。也就是這年的生日，山谷在衙內午睡，夢出衙步行至一村舍，遇一老嫗，食以魚肉。忽聞呼喚聲，山谷驚醒，知是一夢。惟口中尚有餘腥，心甚異之。遂起身出衙，摒去隨從，獨自一人，照夢中所行經之道路，尋至夢中所至村舍。所見景象，與夢符合。山谷立卽悟明前生，知老嫗爲其生母，遂向老嫗詢問前生情形。老嫗泣告山谷：「亡女死已二十六年，今日爲其忌辰，故爲其設祭。亡女生前好學，工詩文。因篤信佛教，不肯出嫁。死前將遺稿鎖入箱內，預祝來生當親開此箱」。山谷聞老嫗言，當卽追憶藏鑰之處，告知老嫗取出。老嫗因此確認山谷爲其亡女再生。山谷開箱後，發現前生遺著中，有山谷鄉試及會試文稿。山谷遂將老嫗迎歸修水，孝養終生。從此皈依佛教。從這一段故事中，可以替再生之說，找得答案，也可以替袁子才「書到今生讀已遲」一語作註脚。

人由物質的軀殼與精神的眞我結合而成，二者並非永恒結合。前者爲暫有之我，後者爲永恒存在之我。故應以前者爲假體，後者爲眞體。假體須賴物質以維持生命，然其壽命亦不過數十年。吾人遂誤以假體（軀殼）爲眞我。爲之爭名焉，爭利焉。作孽多端，使捨身受身，永墮輪廻之刦。眞體須賴智慧以作食糧。而最高之智慧，在了解我空法空之理。衆生往往爲求軀殼需要之滿足，妄生執着，以影響慧命。佛陀在二千餘年以前，向衆生說明此理。而衆生不悟。如假體之研究工作，能有進一步之發展。使人類重視慧命，不爲物欲所累，則社會之秩序以寧，穢土卽成淨土，企予望之。

第四篇 心法

性與習

性爲先天所本具，習爲後天之生活經驗。雖同屬心法範圍，而有體用之別。又性爲法性，習爲法相。心則介乎二者之間，有時代表法性，有時代表法相。此一問題，相當複雜而又極關重要。故另闢心法一篇。

儒家論性，有時說善，有時說惡，有時說善惡混。均無正確之答案。以舜爲例：有瞑頑之瞽叟以爲父，而舜爲大聖，是性惡之說不可靠。有大聖之舜以爲父，而商均爲不肖，是性善之說不可靠。而遺傳之說，更不足徵。以佛理而言：性爲眞如之體，一法不立，原無善惡之分。自無明妄動而呈現不同之差別相。從其流轉生死而言，因煩惱而成有情報身。此爲惡的一面。從其流轉之還滅而言，因斷煩惱而證菩提。此爲善的一面。然一闡提皆有佛性，似善惡混之說爲有據。但所謂性者，指先天本具而言，非後天之習染也。孔子之性近習遠，卽與佛理契合。主張性善者，係偏就善習而言；主張性惡者，係偏就惡習而言；主張善惡混者，係就具有善惡之雙重習性者而言。皆非性也。朱子謂人性之中具備太極之理，卽誠。故爲善的。但因氣禀之差而有智愚之別，不能發揮本性之善。將性分爲本性與氣禀之性二種，以牽合孟子性善之說。此與孔子不談善惡，只談近遠之觀點似同而實異，亦善惡混之變象說法耳。衆生皆從平等一如之性海中流出，（性近）因隨多生生活環境之熏習，而有種種的差別相。（習遠）父母與子女雖有若干相似之處，係由具有同分妄見之業感，物以類聚之故。如同一水源，流出之後，便有清濁之分。然水之本性，並未改變，只是受了流處的影響，而呈現各種不同之水相。人性亦復如是。吾人一期壽命，只有短暫的幾十年，不過長流中之一小段耳。其所表現之性格，乃受多生生活長流之影響。如僅以此生作分析人性之標準，自無法求得正確之結論。

如上所述，人性本同，所不同者情耳。情由六根逐塵而生，係經驗界的與料，亦卽孔子之所謂習，佛家之所謂業也。後世儒家，自孟子以下，認情作性。如惻隱、羞惡、是非、慈讓等皆生於情，孟子則指爲性。性體本無善惡之分。中庸之所謂中，卽指此而言。性之與情，有體用、動靜之分。如曰：「喜、怒、哀、樂之未發謂之中」。喜、怒、哀、樂爲情。在未發時的感情是平衡的，乃靜中之性也。無善惡之分。故爲中。「發而皆中節謂之和」。已有喜、怒、哀、樂，是由靜而動，很容易失去平衡的作用。必須調節適中，保持平衡，才不失本性。「中者天下之大本也」。此言其體也；「和者天下之大道也」。此言其用也。

儒家對於性之體認與驗證，是誠字的工夫；對情之調節與運用，是明字的工夫。故有自誠、自明，爲性，爲敎的說法。契嵩大師云：「誠也者，生而知之；明也者，學而知之也」。以佛理言：則本覺、誠也；始覺，明也。自誠明，卽由本覺而起始覺；自明誠，卽由始覺而復本覺。由定（誠）所發之慧，（明）是本來具有，故謂之性。由慧所生之定，是修持之功，故謂之敎。誠與明，蓋不可分。所謂中與和，性與情，理與事，亦無不同。均只有體用與動靜之別。但旣做研究工夫，卻又混淆不得。從性近習遠，及中和、誠明之義，以體認儒家之基本觀念，與佛家完全相同。其視人性、物性之相通，及自誠、自明之修行次第，亦相同也。

孟子以人性皆善，亦係就衆生本具之性德言。故不承認告子性猶杞柳與湍水之說。是否認識心之分別作用與熏習作用。旣係本具之性，佛與衆生，原無差別。孟子一面否定由熏習而成之差別性；而又不承認犬性、牛性與人性相同。是其所謂性者，仍爲人類所獨具之習心。旣爲習心則彼此各不相同。盜跖自不能與聖賢相提並論。其可以爲善者，仍爲性德之流露。稱之爲「其情則可以爲善」，實屬大誤。情生於識，識緣於習，均係後天產物，不能以之作本具之性德也。告子所言之人性，專指習心而言。與公都子「性可以爲善，可以爲不善」，及「有性善，有性不善」。同一看法。是不知習心之外，尙有本心也。孟子不知有習心，告子不知有本心。二子各有所偏，故談性不能澈底。

李翺爲韓愈弟子，因受湛然大師之影響，精於佛理。其所著復性書三篇，爲唐代儒家僅有之哲學著作。復性書全以佛理作依據。開宋代儒表佛裏之先河。其主張謂：「人之所以爲聖者性也。人之所以惑其性者情也。喜、怒、哀、樂、愛、惡、欲七者，皆情之所爲。情既昏而性斯匿」。其言雖不否定性善之說。但對於性與情之分別，實較優於孟子。李氏以誠爲修養之最高境界，以無思爲齋戒。等於六祖解釋無念爲「無者無諸塵勞，念者念眞如」之義。故李氏之說，既不失儒理，亦深合佛理。

人性本有動靜兩面，靜則寂滅無相，動則善惡以生。「天命之謂性」，卽指性之靜態而言；「率性之謂道」，指動而不變而言。亦卽「發而皆中節」，與「隨緣不變」之義。「誠者天之道也，誠之者人之道也」。性體本爲寂靜的。平衡的。但一經應事，卽不易保持寂靜與平衡。所謂率性與修道，使其須臾不離，實踐相當困難。佛家一方面主張爲善去惡，一方面主張隨緣不變，自淨其意。卽李氏之所謂無思。因弗慮弗思，情則不生。情既不生。此心仍寂然不動，只以性來光照一切。卽是率性之道也。

樂記云：「人生而靜，天之性也。感於物而動，性之欲也。夫物之感人無窮，而人之好惡無節，則是物至而人化物也。人化物也者，滅天理而窮人欲者也。如是有悖逆詐僞之心，有淫佚作亂之事。……」李翺之復性書，亦同此義。宗鏡錄云：「有境無心，境如何顯；有心無境，心將焉寄」。是心之與境，原不可分。故心靜則物欲不生，動則爲物欲所蔽，而眞性不顯。儒家以禮樂節制人心，亦猶佛家之以念佛與參禪除妄念也。惟過於耽着禮樂，亦爲物欲，念佛與參禪，則無斯弊。

儒家論性，孔子以後，惟漢儒董仲舒之言，頗契佛理。其言曰：「善如米，性如禾，禾雖出米，而禾未可謂米也。性雖出善，而性未可謂善也。米與善，人之繼天而成於外也。非在天所爲之內也」。禾米喻性與善，至爲恰當。董氏以善雖出自性而非性，如「繭有絲而繭非絲也，卵有雛而卵非雛也」。係以性本自然，並無善惡之分，善惡本乎情，係後天產物，非先天產物也。董氏又曰：「質樸之謂性，性非敎化不成；人欲之謂情，情非制度不節」。此與天命、率性、修道三句之義相同。董氏之言，俱見春秋繁露。惟考據家均認此書爲北宋時僞書。是其說仍係本諸佛理。

王充謂「性有卑謙、辭讓，情有好惡、喜怒、哀樂」；又曰：「操行善惡者性也。凡人操行，有賢有愚」。其說與揚子之善惡混相近。其對於性與情之分別。謂性爲行爲之表現，情爲意志之活動。此種說法，亦極含混。其所著論衡本性篇云：「孟軻言人性善者，中人以上者也；荀卿言人性惡者，中人以下者也；楊雄言人性善惡混者中人也。若反經合道，則可以爲敎。盡性之理則未也」。此亦僅就習心言，非性理也。觀人性者當觀嬰兒，以其無僞也。彼嬰兒之有啼笑，亦如成人之有喜怒。但不能稱其爲善爲惡或善惡混。人性亦猶是也。所謂中人及其以上以下者，只是多生以來之習染不同耳，非本性有所殊異也。

　三國時之何晏王弼，俱研究道家學說，崇無賤有，開魏晉以後重視三玄之風。二人對於聖人有無情感問題，頗持歧見。何晏以聖人無喜、怒、哀、樂，其說本諸莊子之「安時而處順，哀樂不能入也」。即係以情從理之謂。王弼則以「聖人茂於人者神明也；同於人者五情也。茂神明、故能體沖和以通無；五情同、故不能無哀樂以應物。然則聖人之情，應物而無累於物者也」。又舉孔子哭顏子以爲證。是又本諸莊子之「應物而不藏，故能勝物而不傷」。即係以理化情之謂。宋儒之應付感情，即本乎此說。所謂應物，即隨緣之謂也。所謂無累於物，即不變之謂也。

　楊雄法言云：「人之性也善惡混。修其善則爲善人，修其惡則爲惡人」。所謂混，即有善有惡之謂。如善惡爲性所本具。雖假修持，善者不能變惡，惡者不能變善，因性不可移也。智者大師的性具主張：認爲闡提不斷性善，所以人人皆可成佛；如來不斷性惡，所以現惡相以度生。此與善惡混之說，似同而實異。因爲現惡相是爲了度生，動機是善的，此種大權示現，與性具無關，自不得作爲如來不斷性惡之論據。又此說首見於智者大師所著之觀音玄義。其次則爲慧思大師所著之大乘止觀法門。亦謂衆生與佛，悉具染淨二性。以染業熏染性，則生死之相顯，以淨業熏淨性，則涅槃之用顯。經言：「清淨法中，不見一法增」。即是本具性淨，非始有也。「煩惱法中，不見一法滅」。即是本具性染，不可滅也。此係誤解經義。性習混爲一談。所謂不見一法增之法字，係指染法而言，即在清淨法中，不見有染法的存在。所謂不見一法滅之法字，係指清淨法而言，卽在煩惱法中，並未失去淨法種子。其實自性中諸法皆空，所謂清淨與煩惱，皆識心中所起之分別。由分別觀念而產生不同之名相。視爲性具則誤矣。子璿普寂等均以如來不斷性惡之說，爲非倫理的謬見。疑觀音玄義一書，爲湛然及知禮之創作，非智者大師之手筆。但慧思大師「衆生與佛，悉具染淨二性。」的主張，亦係承襲觀音玄義的思想。此書如係湛然知禮之作，則大乘止觀法門亦有問題。論理不論事，著作之眞僞，存疑可也。

習非性所本具，亦非離性而獨存。如水中之泥，非水所本具。但水與泥合，卽現濁相，濁因泥而不因水也。性爲習所依，習爲情所依。故介乎淨染之間者習也非性也。由覺性中所感發之情，卽爲悲心；由無明中所感發之情，卽爲我執。故能應物而不累於物者，則煩惱卽是菩提；物滯於情，情以逐物，則菩提皆爲煩惱。無上正等正覺之佛陀，爲悲智俱足。其平等一如，能所兩忘，是爲正智；其胞與爲懷，普利羣生，是爲大悲。悲智雙運，情卽性之用，性爲情之體。如攝情歸性，是卽明心見性，亦卽格物致知之謂也。縱情逐物，乃人欲之情也。故爲善爲惡，胥視所追求之目的如何。近朱則赤，近墨則黑。積習旣深，改之斯難。老子曰：「五欲令人目盲；五音令人耳聾；五味令人口爽；馳騁田獵，令人心發狂；難得之貨，令人行妨」。荀子曰：「積耨耕而爲農夫；積斲削而爲工匠；積販貨而爲商賈，積禮義而爲君子」。墨子曰：「染於蒼則蒼，染於黃則黃，所入者變，其色亦變」。均言習之難改也。邵康節云：「以物觀物、性也；以我觀物、情也。性公而明，情偏而暗」。又曰：「任我則情，情則蔽，蔽則昏矣。因物則性，性則神，神則明矣」。是性情之分，只在有我無我。又曰：「心一而不可分，則可以應萬變，此君子之所以虛心而不動也」。其說與佛家隨緣不變之義相合。六祖云：「見一切法，心不染着，是爲無念」。神會云：「本性雖具見、聞、覺、知，而常寂靜」。心無分別，則本性湛然明覺，不爲物累。莊子曰：「聖人之靜也，非曰靜也善，故靜也。萬物無足以撓其心，故靜也」。故不爲物累，即是斷除一切習染，復其本性矣。

佛家所謂每一現象，爲眞心全體所現，與汎神論者所謂神我遍一切處之說不同。前者以宇宙不在我心之外，心生法生，心滅法滅。心爲一切事物之總主宰，卽唯識家所謂唯識變是也。後者以心外有法。心雖遍一切處，但一切處並非因心而存在。心與物仍爲兩事。二者雖同爲唯心論；但一爲主觀之唯心論，一爲客觀之唯心論。大乘止觀法門云：「外道所計：心外有法，大小遠近，三世六道，歷然是實。但以神我微妙廣大，故遍一切處，猶如虛空。此卽見有實事之相異神我，神我之相異實事也。設使卽事計我，我與事一。但彼執事爲實，彼此不融。佛法之內，卽不如是。知一切法，悉是心作。但以心性緣起，不無別相。雖復別相，其唯一心爲體，以體爲用，故言實際無處不至。非謂心外有其實事，心徧在中，名爲至也」。心物旣爲兩事，則不相融。心物合一，始能平等一如，遠離分別之習染也。

六祖云：「明與無明，其性無二，無二之性，卽係實性。實性者、處凡愚而不減，在賢聖而不增，住煩惱而不亂，居禪定而不寂。不斷、不常、不來、不去，不在中間及其內外，不生、不滅，性相如如，常住不遷，名之曰道。……外道之說不生、不滅者，蓋將滅止生，以生顯滅。滅猶不滅，生說無生。我說不生、不滅者；本自無生，今亦無滅。欲明心要，但一切善惡都莫思量，自然得入心體。湛然常寂，妙用恒沙」。此一段語錄，充份說明是法平等，淨垢一如之義。因佛而有衆生，因衆生而有佛。因迷有悟，因悟有迷，亦斯義也。若心體寂靜，則本無迷悟，何有聖凡。六祖曾引用維摩詰經之「法無有比，無相待故」。以說明明與無明之平等性。（見傳法正宗記）首楞嚴經之「縛脫無二」。亦平等之義。故性之與習，均因分別而有。在理念上原不應有此分別也。

知識

人類知識：大別之可分四種。與佛家之五眼，可以互相配合。因在哲學上所稱之四種知識，就層級言，恰當佛家之五眼也

五眼	知識的種類	知識內容		知識效用
肉眼	感官的知識	錯覺	非量	別業妄見
		直覺		同分妄見
天眼	經驗的知識	超感官	比量	衆生
			現量	天人

慧眼—學問的知識（科學）—超經驗—了知空諦
法眼＼智慧的知識（理思）—超學識＜了知假諦
佛眼／　　　　　　　　　　　　　　了知中諦

一為感官的知識：有錯覺與直覺兩種。錯覺如病眼見空花與誤繩為蛇之類，此屬於別業妄見，因各有所見不同之故。直覺則感官所接觸之事物，為現象事物之假相。如同一事物，近處見聞則大，遠處見聞則小。其正確性既不高，且有障則不得見。此屬於同分妄見，因為衆生所共有之妄見。感官的知識，相當於佛家之肉眼。如云：「肉眼碍非通」。謂其能見障內，不能得見障外也。

二為經驗的知識：經驗屬於比量，較現量的範圍廣泛，可以補充感性認識的不足。使不完整的事物，成為完整的認識。如現見一方桌：眼所見者僅是一塊方板，而知其在木板之下，尚有四脚；因而推知其為一完整之桌子。此外如見煙而知有火，見光而知有燈……之類，皆為比量所得。此種知識，相當於佛家之天眼。如云：「天眼通非碍」。卽障內障外，均能得見。是經驗的知識，具有天眼的效用。所不同者，天眼不分遠、近、內、外、晝、夜，皆能得見，乃現量所得。經驗的知識，係以比量為條件，必經意識的補充，始能完成認識的程序。

三為學問的知識：經驗所了知的事物，只限於表層。而對於深層之實際情況，為感官所不能接觸者，則無法了知。學問的知識，則爲超感官與經驗之科學知識。能了知一切事物之實際情況。如現見此桌，在感官上與經驗上均認爲係一固體而無變動之物件。但經科學家用精密之儀器予以探測。則知此桌係衆多核子電子之集合體。核子電子且不斷地在活動中。核子電子之最後實體則爲能量，能量爲無形無質之存在者，已超越物質之範圍。此種知識，相當於佛家之慧眼。如云：「慧眼了眞空」，卽指二乘人能照見眞空無相之理。此在三諦中屬於空諦。佛家因緣生法與諸行無常之理論，皆從此處建立。今之科學，已邁向此一階段。

四爲智慧的知識：科學雖能探測物質之最後結果，爲無形無象之能量。但廣大之虛空，一切事物之生滅變化，無有窮極。科學所能探測者，不過一鱗半爪，距離究極之程途，尙屬遼遠。而對於心法之生滅變化，僅在初步探測階段，並無所得。心理學所注視者，僅及於物理與心理之反應問題。而未能了知其精神活動之原因何在，及其與物理、生理之配合。且學說紛紜，皆出自臆斷，尙無法予以證驗。此爲宇宙眞相之所在，非有超感官、超經驗、超學識之高度智慧，無法了解。佛學中將智慧的知識，（智慧是超知識的。此處所謂知識，指與智慧相應之理性而言。）分爲兩種：㈠爲法眼：所謂「法眼能觀俗」。謂菩薩能照見心法之生、住、異、滅，色法之成、住、壞、空，竪窮三際，横遍十方，不受時空之限制，皆能了知其因緣。乃屬於假諦之道種智。㈡爲佛眼：所謂「佛眼如千日，照異體還同」。謂佛不僅能照見諸法斷常、一異、生滅、垢淨之差別相；且能照見諸法不斷不常、不一不異、不生不滅、不垢不淨之眞如本體。是空假不二，皆爲中道之一切種智。

又五眼均爲如來所有，似不應有非量與比量。此點宜有說明。佛爲一切種智，凡五乘所具有之智慧，皆爲佛所具有。在衆生爲情見而不知，故有非量與比量。佛能了知衆生之一切情見，非佛有非量與比量也。

窺基大師云：「人等有肉眼；天等有天眼；二乘有慧眼；菩薩有法眼；佛有佛眼」。湛然大師維摩詰經略疏云：「眼是總名，從用分別，則有五種：一、肉眼見麤事色；二、天眼見因果細色；三、慧眼見麤事色偏眞之理；四、法眼見麤心細因緣假名俗諦諸法；五、佛眼見中道圓眞佛性之理，又能照麤細因緣之理」。前者所以說五眼之各別具有者；後者解釋五眼之作用。與前表解釋相同。五眼之效用雖異，其同爲見性所發露，則無二無別。

知識分兩大領域，卽學問與思想是也。學問中包括哲學與科學兩種。思想中包括前科學的哲學與超科學的哲學兩種。學問中的哲學，稱後科學的哲學，因其係以科學爲根據之哲學。前科學的哲學，係以思想爲主，而不求證於科學之哲學，如經院哲學一類之宗教思想是也。所謂超科學的哲學，可名叡智，乃合乎科學而尚未能證驗之哲學，科學雖未能到此境界，而能領導科學向前邁進。如佛學中之若干問題，業經科學證明。其未經證明者，亦不違反科學。故叡智之說，惟佛學足以當之。

- 知識
  - 學問
    - 哲學（後科學的哲學）
    - 科學
  - 思想
    - 前科學的哲學
    - 超科學的哲學（叡智）

所謂知識問題，可分四種：一爲知識的來源，卽何以可能。二爲思索之行歷，卽何以取得。三爲知識之標準，卽與錯誤之分別。四爲知識在實在之地位，卽知識與本體之關係。任何哲學家，對於此等問題，均無法作圓滿之解答。一部大藏經，則皆爲此等問題之註釋。簡言之：一、遍虛空皆爲覺海。首楞嚴經所謂：「空生大覺中」，又曰：「元是一精明」。是虛空亦此覺海所有，而虛空亦覺也。換言之：卽遍虛空皆爲知識之來源。二、由賴耶識之見相二分，互爲熏習，前五識接受外界之刺激，觸起第六七兩識之意志活動而又重熏第八識，造成循環不已之習慣動力，（業）使先驗（過去生活經驗）與經驗合爲一體。換言之：卽行動與思索互相刺激以爲行歷。三、知識之正確與否，通常用儀器或邏輯兩種方式以求得之。佛家則認爲最高智慧，非言語思慮所能緣。科學之證驗，亦不過就吾人所居星球之客觀環境以爲標準，用之於其他星球，未必皆然。（地球之活動爲直線，其餘空間，多爲曲線活動。）因明學亦僅就語言文字之形式以定三量；對於不可言說之第一義諦，則超乎三量之外，非言說所能詮也。經云：「無智亦無得」，此眞智也。不可求助於儀器與邏輯。惟證得菩提智果者，始能了悟一切而無虛妄之分別。四、依佛家經論而言：知識卽是本體。首楞嚴經云：「不知色身外洎山河虛空大地，咸是妙明眞心中物」。又曰：「汝身汝心，皆是妙明眞精，妙淨明心中所現物」。有關心物一元之說，佛學中言之最多。首楞嚴經卽其一例也。法身遍宇宙，無在而非本體，亦無在而非識海也。

康德知識論

西方哲學家之接近法相唯識學者，莫如康德，尤其認現象非物自體，亦非虛妄之說，與唯識三性之說，完全相合。其所著之理性批判，亦類似法相宗對於現象之分析；且有其獨到之處。故有併入本節討究之必要。康氏先驗之說，與唯識學說，稍異其趣。如改以先驗爲過去生中經驗，則近乎唯識矣。且以先驗二字，詮釋過去生中經驗，亦甚恰當。至康氏之先驗定義：係指先於經驗之知識要素而言。凡知識不直接涉及對象本身，而在求所以先天的認知此等對象之方法者曰：「先驗的知識」。又謂：先天知識，爲不待感官印象而生之知識；卽不待任何經驗而生之有條件的先天的知識也。乃含有必然性與普遍性之純粹知識。是其所謂先驗，相當於心理學家之所謂本能。譯爲先驗，稍嫌勉強。佛學認爲識心之活動範圍，皆多生以來之熏習結果。故一切知識，不離乎經驗世界。康氏之先驗與心理學之本能，則推出經驗世界以外，而又不究其來源。非究極之說也。（此處之所謂經驗世界，指多生而言。）

康氏認現象界一切事物，皆極雜亂，因有統覺而將雜亂之事物納於範疇以內，始成爲概念。

有了概念，始有認識。此統覺卽爲自我。康氏以統覺爲認識之主體。其意義相當於唯識家所稱之「所知依」。（卽一切知識之所依托之意）惟所知依係指第八識而言。康氏以自我爲統覺，係偏指第七識而言。二者似有差異。但第七識係緣第八識之見分爲自我；而第八識中所藏之染汚部份，爲一切現象之種子。第七識卽此染汚之所依。是以就現象而言，原係不可分之一體。所知依本係以現象世界之一切雜多事物爲對象，故卽謂其依於第七識亦無不可。康氏雖不知有受熏持種爲見分所依之第八識。然統覺之義，則與見分之作用相同。故康氏之知識學說，實已接近形上學之邊緣。

康氏將思惟之判斷形式，分爲十二類，稱爲範疇：一、分量範疇：有單一、殊多、總合三目；二、性質範疇：有實有、非有、限制三目；三、關係範疇：有實體、因果、交互作用三目；四、樣態範疇：有可能與不可能、存在與非存在、必然與偶然三目。範疇爲知識成立之要件，係建立在物體及統覺之上。換言之：卽範疇爲物我之聯絡樞紐。但範疇僅適用於對事物之客觀判斷，屬第六識範圍。至雜有情感成份者，則爲超越範疇之主觀判斷。屬第七識範圍。是範疇爲法執，不含攝我執。以之統攝心識活動之一切形式，尚嫌不足，只能以之作處理知識之客觀標

先驗形式

準。玆圖解如上頁所示。

康德之知識學說，上圖可以說明：統覺與空間、時間，爲先驗形式，係一切知識所必具之先天條件，爲含攝萬有之框架。對象、感性（含悟性）及範疇，則爲構成知識之三角形。此爲康氏對於知識成立之體係。其說與佛家之相宗頗爲接近。故康氏實不啻西方之法相家。玆再就康氏知識學說與唯識學說列表對照如次：

對象	五塵	器世界	色法	相分
感性	現量	前五識	直覺	
	非量	第七識	觀念	心法
悟性	比量	第六識	概念	見分
範疇	量果	心物相交	卽色卽心	
空間、時間	心不相應行	分位假	非色非心	相分
統覺	所知依（雜染）	第八識	心法	自證分
理性	本覺（清淨）	第九識	智	證自證分

康氏所稱之對象，指色法而言，卽器世界所具有之色、聲、香、味、觸五塵。屬於相分範圍。感性所生的爲直覺，卽外感官與對象接觸時所起之感覺作用。有視、聽、嗅、嘗、觸五種，

屬於前五識之現量。但雜有錯誤認識時，卽通非量。悟性所生者爲概念，卽內感官與法塵接觸時所起之感覺作用。概念非直接觸對事物而爲想像的理型。是本諸經驗而來，屬於第六識的比量。在想像時雜有情見成份，卽屬於第七識的非量。此爲康德哲學所未提到者。範疇相當於量果，以能緣之心，緣所緣之境，而了知其結果，稱爲量果。此卽康德所謂：「以悟性概念之主觀形式（範疇）應用於感官所供給之客觀對象而成知識」。與量果同一意義。乃心物相交之形式。所謂卽心卽色是也。凡有助於對一切事物之了解者都屬見分：感性、悟性、範疇皆是。空間、時間，本屬相分；依康德之先驗形式，則屬見分；依佛家分位假義，（詳法相篇）則見分相分均可列入。自證分是知識的本體，故以統覺歸之。證自證分是感覺的秉賦，卽知性所由生，惟理性足以當之。

康德認爲一切知識，始於感官，進入悟性，而終成於理性。理性是最高的認知能力。但理性並不涉及對象。因之不能直接構成知識。康氏又以理性能涉及理解，並能推動理解，爲形成三段式推論之能力。可以看作一種有補助作用之認知能力。康德對於悟性與理性之區分：謂悟性所討究者爲求知之規則；理性所探求者，爲知識所含之最高觀念。前者的概念在了解；後者的概念在通觀。理性概念，卽是最高觀念。亦卽先驗的理念。理性對理解有條件的知識，尋求一無條件者，其觀念爲統攝性的觀念。而且是超驗的觀念。康氏對於理性下了許多的定義，並且用了許多的形容詞說明理性的功能。但是根據唯識學理加以討究：發現康德所稱的理性，仍是識心的最高階段。而非如康德所說的「理性卽智性」。唯識家的第八識，本含有雜染與淸淨兩種種子、一是識的範圍，一是智的範圍。性宗將後者列入第九識內。前表爲便於說明理性起見，故採用性宗的分類。因理性產自本覺，不屬雜染。依唯識五法分析：最高理性，應屬如如部份。而康德之理性，旣具有推動理解的能力，卽是分別心之所由生，仍屬識心用事。其理性雖只用於概念與判斷，不涉及對象與經驗。但不能超越比量範圍。佛家的最高智慧，惟證方知。故理性只是證悟的，不是理（解）悟的。康德認理性僅是思考的，不及實踐義。是將理性拘限於理解範圍以內，自不同於智性。唯識家的轉識成智：由前五識轉爲成所作智，能自在無碍；由第六識轉爲妙觀察智，能知諸法緣起性空之相。有了這兩種智性，就可以破除法執。由第七識轉爲平等性智，了知心佛衆生，三無差別。可以破除我執。由第八識轉爲大圓鏡智，成萬德之總體，才是歸於智海。康德之理性，只限於妙觀察智的一部份，而又不及物如。等於了知緣起之理，而不悟性空之理。因康氏始終是以經驗界爲知識的園地，故理性的純粹概念的箭頭，也是指向以經驗爲對象的理解，而不能直接指向物自體。

康德認定理性的本身，是無條件的，是絕對的。本體歸於理性，但不爲理性所認知，而是源自理性。因本體亦爲非對象的實有。康氏此種體認，確能了知一眞法界，爲絕對待的實相無相；而且也體會到能所一如的境地。因此他否定了以自我爲主體的心靈理念；以現象爲主體的宇宙理念；以上帝爲主體的神學理念。這些都是由先驗理念中所產生的幻相。此不啻對西方傳統的形上學投下了一顆毀滅性的巨彈。可惜在其實踐理性批評中依然承認了靈魂的不滅和上帝的永存。這是由於不能了知無分別的眞如境界；和不能了知雜多的現象，皆爲眞如所顯現。在唯識學中前者爲如理之根本智，後者爲如量之後得智。自非康德所能體會得到。所以一旦接近眞理的邊緣，而又退了下來，始終突不破識心的圍限。

宇宙間一切現象，無時不在變化中，過於執實，則有碍而不得通。故有我執者，則爲我執所碍；有法執者，則爲法執所碍。儒家之無意、無必、無固、無我，卽是排除一切執碍。唯識家於談五法三自性以後，繼之以三無性；於談八識以後，繼之以二無我。無自性與無我，皆同一義，卽自在無礙之謂。西方學人認現象界永遠不同於本體界；自我永遠不同於上帝；乃至心物的關係，亦復如是。康德自亦受此影響，不能掃除人我執與法我執的障礙，一切以自我爲出發點，以經驗界爲範圍，以上帝爲依歸。有此種種因素，使康德的知識學說，不能於百尺竿頭，再進一步，良爲可惜。但在西方哲學中，最爲接近唯識學說者，莫如康德的知識論。其中有不少獨到之處，足爲研究唯識學說之參考。誠不失爲西方哲學鉅子。

識與智

小乘佛法，只有六識，並無七八兩識。但七八兩識的功用，均含攝在第六識中。如斷我執的阿羅漢，便是由降伏第七識而證果的。又如十二枝爲小乘所建立，其中「行支」所緣的識，便是生死流轉的主體，與賴耶同其功用。故小乘的第六識，具有大乘六七八的三種識的功能。大乘七八兩識，是由小乘第六識所開出，並非於原有的第六識以外，另生出兩個不同作用的識。

阿賴耶爲染污體，可以熏習現行，此爲人所共知。但清淨出世心是否亦爲阿賴耶識所熏習，攝大乘論本（卽攝大乘論。此論共有三譯：陳眞諦譯本計有三卷；元魏佛陀扇多譯本計有二卷；奘師譯本計有三卷，稱爲論本。論名中多一本字，不知爲奘師所置？抑係後人因重奘譯所增？第二種之可能性較大，因三譯爲同一梵本也。）言之甚詳。如云：「云何一切種子異熟果識爲雜染因，復爲出世對治」？因淨心所以對治染心。阿賴耶識旣爲雜染因，卽不能再治雜染，使成淨因。淨心之生起，旣非阿賴耶識所熏習，卽應另有熏習淨心之種子。而「彼淨心種子及出世心，昔未曾習，故彼熏習，決定應無」。淨心之生起，「旣無熏習，從何種生」？關於此一問題之答案爲：「從最清淨法等流正聞熏習種子所生」。所謂正聞，卽指佛法而言。等流謂平等流出，卽正聞熏習功能，始終不變異地流出之謂。（佛家稱始終不變異爲等，繼續不斷爲流。）此正聞熏習之與阿賴耶識究竟是一是二？論中曾就此點提出問題二項：「此聞熏習爲是阿賴耶自性？爲非阿賴耶自性？若是阿賴耶自性，云何是彼（賴耶）對治種子？若非阿賴耶自性，此聞熏習種子所依，云何可見？乃至證得諸佛菩提」？經此反覆辨明以後，始說明主體所在：「此聞熏隨在一種所依轉處寄在異熟識中，與彼和合俱轉。猶如水乳。然非阿賴耶識，是彼對治種子性故」。又云：「云何猶如水乳，非阿賴耶識與阿賴耶識同處俱轉，而阿賴耶識種盡，非阿賴耶一切種增」。

是染淨種子，同處俱轉，染識有盡時，淨識則無盡時。淨識是本來具有，染盡則淨現。亦非新增。卽佛性不滅之義。論中曾以鵝在水中飲乳爲喻：水乳同飲，乳盡而水不盡。所謂正聞熏習，分爲上中下三品：下品爲聞，中品爲思，上品爲修。聞、思、修雖是世間法，而是出世心種子性。非是阿賴耶識所攝，是法解脫攝。下中上品次第漸增；異熟果識次第漸減。此說明雜染盡時，卽顯清淨之情形，指示對治方法。

第九識爲性宗所立，輔行三之一曰：「菴摩羅九識名清淨識」。宗鏡錄云：「阿摩羅翻無垢識，體非一異，名眞如識」。梁眞諦譯攝論，亦立第九識。金剛三昧經云：「諸佛如來，常以一覺而轉諸識入菴摩羅」。又眞諦所譯之決定藏論中云：「阿羅耶識是無常、是有漏法；阿摩羅識是常、是無漏法」。均係肯定第九識之存在。唯識諸論，則不同意於第八識之外，另立第九識。成唯識論云：「第八識隨義立名……或名所知依，能與染淨所知諸法爲依止故；或名種子識，能遍任持世出世間諸子故……或名無垢識，最極清淨諸無漏法所依止故」。述記云：「唯無漏依，體性無垢。先名阿末羅識，或名阿摩羅識。古師立爲第九識者非也」。大乘阿毘達磨經云：「無始時來界，(界者因義）一切法等依，由此有諸趣，及涅槃證得」。亦係淨垢同體之謂。成唯識與此同一主張。故曰：「染淨法以心爲本，因心而生。依心住故。心受彼熏，持彼種故」。此與起信論之一心分二門，及性宗分染淨爲八九兩識之思想，並無差別。因體惟是一，而用則分爲九種。乃至小乘之六識，大乘之八識，皆隨用開合。名數雖殊，實則一體無異，故不必計較第九識之有無也。如依新、舊、古三種腦皮層（後詳）以爲分類，則第九識仍當保留。惟阿賴耶識既係種子，則染淨皆有，專作染識之名稱，亦有未妥。故攝大乘論本展轉說明染淨之關係，而未能透澈。即受名相詮義之影響。唯識家以識係現實生活中之產物，故爲染汚體。必須轉識成智以後，始爲清淨體，故不承認有淨識之存在。惟在世親所造佛性論中談如來性與染識之關係云：「如來性者，自性清淨故；能染客塵者，自性空故」。頗爲接近性宗思想。以自性爲主體，而不拘限於以識的範圍，立言較易。其論依他起性云：「依他有二種：一、染濁依他；二、清淨依他。染濁依他，緣分別得成；清淨依他，緣如如得成」。所緣不同，故分染淨。亦係不談體而談用，遂無扞隔之處。又依天臺宗善惡兩性同具之說，則賴耶中即含染淨種子。說見前。

首楞嚴經「知見立知」句中之兩個知字，含義各別，不能相混。蓋上一知字，指本覺而言，有時稱爲菩提，或稱大圓鏡智，皆此物也。乃性體本具之明覺，亦即「空生大覺中」之覺。下一知字，指知識而言，乃向外逐物之分別心，包括感覺、觀念、表象、思惟……等受、想、行、識一切識心活動。熊十力稱前者爲性智，後者爲量智。又稱前者爲本心，後者爲習心，命名甚爲恰當。惟熊氏反對物始於惑之說。此一問題，已另有探討。十二因緣始於無明，爲物始於惑之所本。但依「知見立知」之立字分析，則係先有覺而後有惑。無明以覺爲本體，無知見則不能立知也。孔子之性近習遠，亦係先有性而後有習，與經說相同。予謂時閒既是無始，覺與不覺，又皆隨無始以俱來，無先後之分。如璞玉然，玉石混然同體，不知誰之先後生也。迨玉工去石存玉，卽由始覺以復本覺。如必謂先有覺，後有不覺。是覺已淨化，不覺又如何安立？猶去石之玉，不復再與石合。亦猶行者於證悟之後，永斷無明。故聖智不復再爲凡夫。否則又何貴乎修證也。如來藏識與賴耶同體，卽覺與不覺之共相也。

儒道兩家，均分心爲人心，道心兩種，佛家分心爲法性心、依他心二種，均與熊氏之說相同。所謂法性心，卽眞如也；所謂依他心，卽識心是也。稱爲依他者，因其追逐外物之故。旣追逐外物，自不免爲物所縛，隨物而轉。其活動皆依他而起，非性之本也。所謂性近習遠，所謂熏習，皆同一理。本心之義，始於本覺。卽陽明所謂良知，首楞嚴所謂妙明眞心，皆異名同義也。習心始於不覺，卽無明是也。稱生滅心者，以其流轉生死也。心本爲一，分之爲二者，就用言之耳。本心寂而常照，照而常寂。一染物欲，則寂照之功不顯。當其寂照時，非不知有物也，特不隨之以俱轉耳。當其逐物時，非無覺照之性也，特其用不顯耳。旣由本覺而有不覺，應由始覺而復本覺。易曰：「復其見天地之心乎」。與老子之「復命曰常」，王陽明之致良知，佛家之明心見性，轉識成智，都是做一個復字功夫。孟子所謂「返身而誠，樂莫大焉」。便是內省有得的景象，去得一分人欲，便見得一分天理。一闡提皆有佛性，只是熏習不同耳。

大寶積經云：「從境界生，是名爲識；從作意生，是名爲識；從分別生，是名爲識。無取無執；無有所緣；無所了別，無有分別，是名爲智」。是有所緣慮者爲識，無所緣慮者爲智。叔本華謂直觀爲眞理；概念爲虛妄。智爲直觀，識爲概念，二者有世出世法之別。

觀空之智爲般若，不同於俗智。俗智必假根塵相對而生，雜有情僞，故稱情見。換言之：卽我法二執之產品。淨名云：「大道無形，眞理無對，所以不屬見、聞、覺、知」。心經云：「無眼、耳、鼻、舌、身、意，無色、聲、香、味、觸、法」。根塵尙不可得，何有於見、聞、覺、知？孔子曰：「吾有知乎哉？吾無知也」。此眞知也。張橫渠云：「見聞之知，乃物交物而知，非德性所知。德性所知，不萌於見聞」。伊川云：「物交物，則知之非內也。今之所謂博學多能是也。德性之知，不假見聞」。二子之言，皆本乎佛。李通玄云：「普照十方，都無所得，名之爲覺」。卽心經所謂：「無智亦無得」，華嚴經所謂：「無見卽是見，能見一切法」。又曰：「若住於分別，則壞淸淨眼」，此皆指推覺性而言。

各經論中均只言地、水、火、風、空、識六大，惟首楞嚴經多一見大。見大周遍法界，一切見、聞、覺、知，皆由見性所展開，迷則爲識，悟則爲見，同爲覺體上所起之用。

西洋各派的知識論

西洋知識哲學分爲兩大派：一爲理性派，一爲經驗派。理性派爲斯賓諾莎、來勃尼玆、吳爾夫、康德、黑格爾，及古代之柏拉圖、亞里士多德等。認爲知識是從思想本身運化的，是由理性來的。理性的智識，是有普遍性的，是先驗的，是貫通的。知識是我對外界所得的觀念，是理知活動之所得，是固有的。笛卡兒主張天賦觀念之說，以幾何學爲證：謂感官經驗，只是中立的經驗材料，不能得到普遍的意義。感官經驗，是雜亂無章的，無知識之可言。因此理性派主張：知識是理性的活動。而理性的活動，是先天的。所謂感官，卽前五識，只能接受外界事物之刺激，以傳達意識；並不直接消化資料。所謂：「五識了青，不了是青」。意謂五識只知有青的色相呈現眼前，而不知青的名稱與其意義。必經第六識之表象作用；再根據過去經驗，加以分析，始將資料變爲知識。經驗派如培根、霍布士、洛克、休謨、彌爾、傑母士等，認爲一切知識，均從經驗得來。（感官知覺）人心是受經驗的，如白紙一張，毫無所有。所謂心只是不斷的印像與觀念，以聯想而聯合。反對天賦觀念之說。洛克謂知識來源爲知覺與反省。因經驗而有觀念。知識不離經驗，此爲當然事實。如見兩足而直立者，知其爲人。兩足而立，此經驗也。人則由經驗所產生之觀念。以後在意識中浮現人的觀念或聞人的名稱，意識中卽浮現人的形像。是人心的推想與思想的所對，祇是觀念。知識只是觀念符合的知覺。洛克既以心爲白紙，又謂心能反省，頗爲矛盾，經驗派的論據，是「一切知識，皆從經驗來」。不知經驗對於受者是感覺。感覺是中立的，感覺未經心能之意義化，便非知識。在佛學中，認爲前五識及六七各識，係各有專司，不能相混。感官所得之資料，必須經由第六識加以客觀的（法執）分析，再由第七識加以主觀的（我執）分析。始能完成知識的程序。主觀分析，可有可無，而客觀分析，則必不可少。

吾人對於外界事物，如何能夠認識的問題，哲學家分三派主張：一、爲獨斷論主張：客觀存在之一切事物，與感官觸對者完全相同。古希臘之宇宙論有採此說者。現已無之。二、懷疑論：對認識之可能性予以否定。如希臘普羅達哥拉斯認爲感覺所呈現之事物，無永恒不變者，亦無同一，無固定，無普遍。彼認人爲萬物的尺度。次爲哥基阿斯所云：「無一物是存在的；卽使存在，亦不能思想；卽使能思想，亦不能向人表達」。次爲笛卡兒之默想錄：「凡所見到之一切，都是虛僞的，記憶中的都是不存在的。我不知實有一外界有形像、體積、運動與位置的物體。不過是我心中所虛擬。此外還有何者可稱爲實在」。但此懷疑，並不澈底。因懷疑者是我，我必定是存在者。三、調和論者之一：爲實證論的哲學家。認吾人耳聞、目見之事物，卽經驗中事物之間的關係；及由關係抽繹出之條理與法則，認識是可能的。但事物的本體，超越於經驗之上，卽無法認識。如天熱則水銀上昇，乃熱空氣與水銀間之關係。此爲可以認識者。至水銀何以遇熱上昇？物體何以遇熱而澎漲，則不可知。二、爲批判論之康德，將萬物分爲現象與物自體兩種。人類能認識者，只是現象；但物自體則不可知。由以上兩種認識論，發展至現在的邏輯實證論。從現象論進一步變成符號論，完全去研究語句的邏輯結構。只看事物間之關係，而不問其有關係之事物。論量不論質；研究現象，而遺忘了發生現象之物自體。體既不明，如何能知其關係。佛家認爲自我與宇宙，本係混然一體。無能所，絕對待。只以欲知之心乍動，而無明以生。「知見立知，卽無明本」。病在一立字。是吾人所認識之外界，皆爲虛妄不實。此點與懷疑論相同。所不同者，佛家除法空外，自我亦不存在。故自我與宇宙，並非對立的存在。能所既不存在，則認識之主體，與被認識之客體，從何而生。故外界之一切認識，皆爲識心中所起之虛妄分別，非究極之物自體也。

堅、煖、濕、動，爲物質本身所具有之四種特性。色、聲、香、味、觸，爲衆生與物質接觸時所起之感覺作用。故五塵非客觀事物所能單獨顯現。而每一物件，皆具備色、聲、香、味、觸五塵。必須根塵一一觸對，始能了知一物之全貌。然猶不能遽知其爲何物。須再透過意識之表象，根據過去經驗而產生之概念，與所接觸之五塵，互相對照而符合，始知其爲何物。但事實上只須根據一種感覺，卽係僅得一塵，意識卽能了知其爲何物。如見形而知其爲瓶，聞聲亦能知其爲瓶之類。故意識之了塵境，多數得之於比量。而現量所能觸對者僅爲一根。五根中以眼根所接觸之事物爲最多；較能深入物質之本性者，（非絕對的如此）則爲觸覺。依廣百釋論云：「堅、煖、濕、動、依觸而起」。此僅就人類感官而言。餘類衆生，各有不同之殊勝感官：如蠅蟻之於嗅覺，飛鳥之於視覺，犬馬之於聽覺，卽其例也。

感官對外界事物之認識，如參加意識之分別，往往與眞實之事象不符。因其中含有感情成份，卽偏計所執性也。然在未經意識之表象而由外感官所直接了知者，亦非絕對正確。以視覺爲例：刺激視覺者爲光波，光波有各種長度，眼睛能感受之光波長度約在 4000—7000 Å（Å 爲糎一億分之一）之間。各種不同長度之光波刺激網膜時，卽現出各種顏色：

波長以Å爲單位	4000-4240	4240-4912	4912-5750	5750-5850	5850-6470	6470-7000
顏色名稱	紫光	藍光	綠光	黃光	橙光	紅光

各種不同光波所表現之顏色，通常稱之爲色調。眼睛對於光波，不獨能發生色覺；有時且有一種純然光之感覺，如白黑與灰等，乃因光波刺激網膜不止一種，或是一種極強弱之光波，失去顏色成份之故。是眼之於色，非有一定之形式，因光波之強弱不同，而顯現爲各種之色。是色非眞色，只隨光波之條件以形成耳。色塵如此，其餘各塵，亦無定型。涅槃經謂刀中照面像，豎則見長，橫則見廣。此卽說明外在環境，可以改變視覺之形式。至餓鬼之視淸水爲濃血，菩薩之視穢土爲淨土，則爲說明心理可以改變感官之形式，亦卽說明色卽是空之眞理也。

人類對於空間所能見到之部份，非常狹小。對於紅內線波長及較波長更長的一切，均不能見到。對於紫外線波長及較波長更短的一切，亦不能見到。故對於可見光帶以外之宇宙領域、須借助於儀器，始能測知。而在各種不同之儀器中所測量之結果，又有極大不同之距離。如在紅內線所見到之人體爲紅、黃、綠三色組成之形象；在X光儀所見到者只是骨骼；在顯微鏡中所見到者是一複雜分子之結合體。如再進一步探討，則分子由原子所組成；原子由質子所組成；而一切質量，均可轉變爲能。能乃無形無色而不可捉摸者。是其最後結果，卽佛家之所謂：「諸法空相」也。

人類以五根接觸外境，卽根據五根所搜獲之情報以判斷一切事象，並以之作處理一切事務之標準。但五根旣不夠用，亦不正確。故其所得到之情報，亦不可靠。而根據此類情報所爲之判斷，與其所處理之事務，又焉得不隨之以俱錯。除上述根據儀器所爲之科學分析，尙有絕大之差異外。則感官上之差異，自不待言。再加之以感情上之差異，更失去事物之眞象矣。以一般常識而言：如吾人目力所及，不過數十里；有障不見；老花與近視，亦有差別。耳力所及，亦有限度，不能超出一定之距離與障蔽。其餘諸根之感覺，更不如眼耳兩根之敏捷。足見五根均不夠用。又如同一景物，近見則大，遠見則小。同一音聲，近聞則大，遠聞則小。眼耳旣有錯覺；其餘諸根，亦莫不然。足見五根均不正確。至於因心理之變遷所生之差異感覺，更不一而足。有時同一對象而彼此之觀感不同；有時雖同屬一人，而對同一對象之先後觀感各異。總之由五根所得資料在認識上所發生之各種矛盾現象：或受五根缺陷之影響；或受客觀環境變更之影響；或受個人情緒變更之影響。其實皆不離一心。惟有定力者，則不隨境轉變耳。方便心論云：「五根所知，有時虛僞。惟有智慧，正觀諸法，名爲最上」。是可恃者，仍爲吾人之方寸心也。

一事物觀念之成，一部份是給予在感官上的，一部份是心識的補充。因感官經驗上的片斷材料與物理的客觀現象差別甚大：如前例吾人從某一角度看到桌子時，其進入視覺範圍者，只是兩脚與桌面，或桌面之一部份。或桌面以下之側面部份，而在習慣上則以爲看到整體之桌子。此整體之桌子，一部份由感覺得到的，一部份則是由意識的構造。卽由意識超出實際給予在意識上的與料，而以過去經驗補充其不足的部份。（未見到的）成爲一完整的桌子觀念。即前述之所謂比量也。是吾人之五根，對外界之認識，非一次之現量所得。須積累多次之經驗，始成一完整之概念。

此外在科學上尚有殘感現象之說，似不承認意識可以補充感覺之不足的說法。此輩學者，認爲電影畫面之變動，其原理爲人類眼球內網膜之神經細胞上，對於外界景物，均留下印象。於看見第一個景象以後，再看第二個景象時，在眼球網膜神經細胞上之第一個印象，並未消失，大約可留存十分之一秒，名爲視覺暫留作用；此種現象，稱之爲「視覺殘感現象」。當第一個景象成殘餘感覺而尚未消失以前，如果有第二個景象，緊接着出現。在視神經中樞，並不感覺其中斷。而將前後不同時間所見到的景象連接起來，成爲連續的動象。電影畫面的變動，即是由於此種視覺上之弱點，於每隔二十四分之一秒時，即更換一幅。（即每秒更換二十四幅）此一論點，曾一度爲大衆所公認。但在理論上大有問題。因在同一空間同一時間以內，不能有兩種事物併存。有之必爲重疊，呈現蒙糊不清之景象。英國醫學博士彼得馬克勒特於一八二四年曾著視覺殘感論文，謂「網膜景象未消失的瞬間，再有新景象映入，則相重疊，與之混合」。前後既相重疊混合，自必改變其原有景象。故前項論點，未能解答此一問題。仍當求之於六識。因第六識有補殘（如比量）與接續之功用。前者如見方桌面而知其爲四脚，即係以過去五塵落謝影子，補充其未見之殘缺部份，在感覺上以爲見到景象之全部。故曰補殘。後者如於火輪、如電影、如幡動，均係點的移動。本非連續，而由意識將其連續。使成移動景象。此乃時間在意識上所顯現之幻覺，亦與細胞無關。意識分爲五俱意識與獨頭意識兩種：孤起者，卽不仗五根之刺激，而直接由意識所生起者，爲獨頭意識。與前五識同時生起者，爲五俱意識。五俱意識對前五識所得之景象，賦予增語。此增語卽由比量所生之概念也。意識不僅有了別作用，同時亦有比量作用。前五識所得之印象，僅是零碎資料，並無判斷與綜合作用。惟意識始有此功能。故視神經細胞暫留印象之說，尙待研究。

在哲學領域中，知識是獨立於本體論之外的一種思辯哲學。理性主義與經驗主義，均認知識爲內在的而非實驗的。康德以知識爲感性與悟性的先天形式。其所謂先天形式，相當於唯識家之所謂種子識。感性具有搜集情報、供給資料之功能，爲前五識。悟性有整理資料與處理資料之功能，爲第六識。前者有感覺能力，後者有判斷能力，此爲感性與悟性之區別。作用雖有不同，要皆由種子識所賦予之功能。康德之所謂理性，亦指此而言。

佛家稱有形之眼、耳、鼻、舌、身爲扶根塵，以其有扶助五根之功用也。至五根是否爲有形質之色法，據俱舍論所述之眼根極微，在眼星（珠）之上旁佈而住，如香凌花。其餘耳、鼻、舌、身諸根之極微，各如其形狀。首楞嚴經亦有此種比擬之說，恰是各種神經網之分佈形狀。在千餘年前，尙無生理學與解剖學之研究。神經網爲皮膚之所隱蔽，非五官所能觸對，故稱爲淨色。所以別於一般色法，不敢遽許根爲物質也。經論中能肯定神經網之形狀，實具慧眼。

關於第六識根之有無，不一其說。上座部以胸中色物爲意識根，是認定意識仍有神經。但誤以腦神經之位置在胸部耳。除上座部外，餘部則以無間滅識爲意根。滅者指過去而言，無間則指相續而言。謂現在意識依過去意識而生。大乘立八識以後，以第七末那爲意識之根。前念無間滅識，望後念等無間緣爲所依。（攝論）此與以無間滅識爲意根之說略同。惟多一末那識作依據，亦如難陀之以五識種爲五根也。均犯以根爲識及根識不分之錯誤。識爲精神活動，根爲精神活動之工具。其關係如電流之與電器也。過去意識活動與現在之意識活動，亦如電流之前後相續，可以互爲緣依。根爲神經，可以接受無間滅識之刺激。以刺激現在意識之生起。或接受外境之刺激，傳遞於大腦，以刺起新生之意識。只作意識之緣，而非意識之所依。意識有善、惡、無記三性，染淨皆通。末那之作用爲執我，乃染分之所依，非其全部意識之所依也。亦只能作意識之所緣，更不能視同傳達意識之工具，此不可不辨。意識之工具，仍當求之於大腦也。

智論以六識取境有四因：一、欲力，由有愛着故；二、念力，以心念過去故；三、境界力，由境廣大或可意現前故；四、數習力，由境諳習故。欲力屬於個人之欲望，爲與生俱來之業力所支配，稟受環境之誘惑。故與第四之數習　略有不同。念力應不限於念過去；對未來之希冀，亦可列入。凡心有所繫，念於一境者，皆可稱爲念力。如念佛念法念僧、無非念也。欲求只是一種虛妄之希望，不能期其必得，與念力有相應之對象者不同。（念過去者，此心與過去之境相應，因過去有此境也。念未來者，其希冀之境，雖在未來，但念時已實有相應之影象浮現於意識中，爲其相應之境。可參閱思想照相。）境界力指能影響吾人生活之各種環境而言。凡能接觸吾人生活之環境：如各種社會活動，文化活動，……皆可以影響吾人之身心，思所以適應之，或改變之，或抗拒之。其對於吾人之影響力量，初不限於可意境也。數習力為生活習慣，包括過去生中之熏習，與此生之一切生活之習染。在四種因力之中，惟有數習力之影響力為最大。其餘如欲力、念力、境界力三種，亦由此所產生。惟有念力強大者能改變之。故專心念佛者，可以克服一切煩惱。

希臘哲學家柏洛達哥拉士謂感官所遇，遷流無定。是非可否，存於主觀。彼一是非，此一是非。其終止有主觀的眞理，而無客觀的眞理。莊子齊物論謂：「是亦彼也，彼亦是也」。此均就我執而言。西方學者稱柏氏為主觀懷疑論者，並稱比羅為客觀懷疑論者。其言曰：「吾人所見客觀物象，止於外相，其本體眞實如何，為不可知」。即既不能知其為是，亦不能知其為非。欲求此心寧靜，莫如停止判斷，以達到不動心之境界。是外界之是非，仍本諸觀念，故客觀亦主觀也。六七兩識，其顯現之作用不同。經常以第六識為客觀，第七識為主觀，實則皆由過去生中之熏習使然。有熏習即為識心，無我執者，即不受熏。因法執亦為我執也。

心識活動

心識之活動有五：即率爾心、尋求心、決定心、染淨心，等流心。乃心識之五種作用，非析心為五也。此與受、想、行、識四蘊及知識體制（另詳）可以配合。

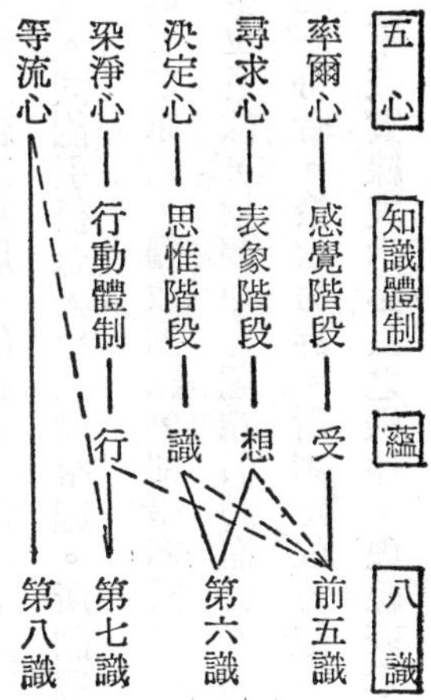

率爾心謂初墮於境，卽六根對境所起之感覺與知覺而言。外境刺激前五識而起感覺，外境刺激第六識而起知覺。在此接觸刺激之一刹那，其來也驟，故稱爲率爾心。尋求心謂前六識受外來之刺激，未知何境，因之作進一步之探索，就過去經驗所得之相同概念，與外境作一比量，以了解其統一後之眞象。故尋求可通多念：如因火而思及水，及與水火有關之無窮事物。表象二字，稍嫌狹隘，尙不如尋求二字之明確與賅括也。決定心指判斷外境而言，非指行動之決定也。卽了別之意。染淨心爲伴隨我執所起之觀念。當吾人受外境之刺激時，先作客觀之分析；繼就個人之好惡，作主觀之分析。兩種分析結果不同時，卽有所取捨。染淨由此而分，行動由此而起，業力由此而生。故賴耶之染心通第七識；淨心通第九識；其通前六識者，則爲無記性。（有覆）前六識之有善惡兩性，透過染淨兩識所起之作用。非其本性也。等流心者，不變、不斷之謂。等者言其不變，流者言其不斷。卽次念不變地順前念而起，如水之順流而下也。此係由六七識熏習第八識，又由第八識轉熏前七各識之繼續活動也。

前五識之功用，只限於與外境相對，故直接與率爾心相應。尋求、決定、染淨等心，雖與前五識相應，係受第六識之支配，非能有所主動也。等流心爲第八識所獨有之功能，除第七識恒內執爲我外，餘六均審而不恒，無此等流之功能。雖在某一時期內偶然發生等流功用，亦係受七八兩識之支配爲其助力，亦如前五識之聽命於第六識也。故各有五心之說，應有主客之分。

又表象階段中，有列擧觀念、記憶、聯想、構想四個子目者，卽尋求通多念之謂。其中尤以聯想之擴及範圍甚大。惟構想屬於計劃範圍，似宜列入思惟階段。

唯識家將意識活動分爲四種：卽五俱、獨散、夢位、定位是也。如與生理配合，除五俱、獨散外、餘者不屬六識範圍。就各識功用加以分析，不難明了。所謂五俱意識，指與前五識同時生起之意識而言。因前五與外境接觸時，只能因受外境之刺激而起感覺作用，不能分別其所受之刺激爲何物。必有隨伴而起之意識分別，並賦予名稱，(增語)始形成具體之觀念，完成了別程序。故五俱意識之含義有三：㈠助五了境：如前所述，五識對境只起感覺，而不能了知爲何物。有生起之俱意爲助，始起了知作用。㈡極明了：指不錯亂而言。卽俱意與前五識在對境時同爲現量。㈢能引後念獨散意識令起。所謂獨散意識，以其不同於五俱也。獨異於五，散異於俱，此其命名之原因。獨散意識，卽第六意識不借前五識同起之緣，而直接緣法塵時所生起之意識。所謂夢位意識，指夢中之意識活動而言。先德均認夢位意識，亦屬六識範圍，此與佛理及生理、心理均不符合。後當另詳。所謂定位意識，爲超生活經驗之意識活動，與夢不同。因至人無夢也。

下表實線表示必具之條件，虛線表示或具或不具之條件。五俱意識之實線有三：卽前五識、第六識、第八識。唯識家僅云前六識同時俱起，而未語及第八識。因只知前五識聽命於六識，而不知前五識係仗第八識之器相而起。換言之：卽由第八識所含之器相種子不斷熏習之原動力也。獨散意識，亦同樣以六八兩識爲必具之條件。夢中前六識不起現行，惟受第八識之控制。夢中影象，雖一部份爲醒時事物。但係由第八識在受現行熏習以後所反映於夢中者，並非由前六識所直接顯映於夢中之影象。定位意識超現實生活，非受熏之第八識所能攝，故以淨識爲其必要條件。但第八識具有染淨之兩面，世法亦爲出世

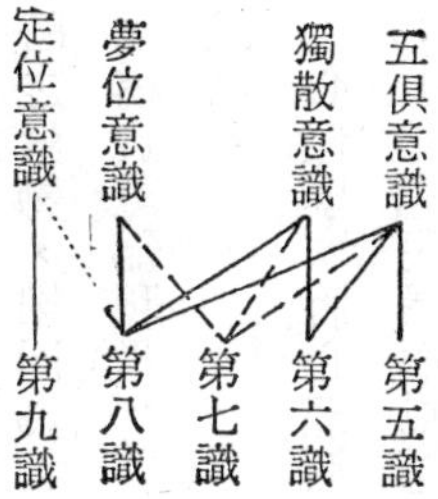

法之方便。故定位意識，仍由第八識所引入，宜有虛線，以表明其關係。第七識之功能爲執我，卽染識之本體。故與定位意識，不發生關係。至五俱、獨散、夢位三種意識，染淨各半、故皆以虛線接第七識，以表明非全屬染汚也。其非染汚的一面，仍爲世法，乃第八識之產品，與淨識無直接之關係。

意識得就所緣對象，稱爲共相觀識及緣無識。共相觀識，係指五俱意識而言。因五識各了一相，第六識能了共相。如同一事物：眼識所了者爲色，耳識所了者爲聲，鼻識所了者爲香，舌識所了者爲味，身識所了者爲觸。一識不能兼了二種以上之相。惟意識可以同時兼了雜多對象之共同相，故稱共相觀識。共相原無實體，嚴格言之：並非第六識之現量所證。只是根據前五識之零亂情報，而得一綜合之抽象概念耳 。緣無識係指緣無實體法之境而言 。前五識所緣者只限於色塵，而意識則能緣無法之境。換言之：卽意識所緣者爲抽象之事物。如人之軀殼爲皮、毛、骨、

肉、筋、血等之集合體，此外並無人之實體。前五識中之人，不過雜多之色塵，意識中則合併之而爲一總體之人。是意識所緣者，爲無法之對象。此係用佛家名相解釋，不易了解。實則所謂共相，指總體而言。緣無係指抽象而言。換言之：意識所緣者，爲抽象之總體，而非實際之雜多事物也。至夢中與定中所緣之一切境象，在醒時或出定時雖無實體，而在夢中定中，仍係現量所得。但不通於第六識耳。不能視爲無法。

在法相篇中將意識造相，列入色類表中爲不可見無對色。一切色塵，皆以五根爲觸對之主體。而意識造相，只有意象，而無色塵。故既不可見，亦不可對。但其在意識中與其他之可見有對色同其重要。試閉目而思故鄉，則故鄉一切景物，宛在目前。而環繞吾身之一切眞實景物，若不存在。迨開目而視，又得相反之印象，只見環繞吾身之一切眞實景象，不見故鄉景物。在閉目與開目之間，吾人心識皆同樣有所觸對，並無虛實之分。迨事過境遷之後，再回憶過去閉目與開目時之景物，則同爲幻境，皆無法把握矣。識心本爲生滅體，根性本爲眞常，以其爲現量也。（佛家稱實證爲現量）首楞嚴宗要主張用根不用識，此就修因而言。若從認識觀點而言，根亦聽命於識也。

心理學家將心理活動分爲知、情、意三種，以代表全部精神生活。由情感發展而爲詩歌與美術；由意志發展而爲道德與宗教；由理智發展而爲哲學與科學。與佛家之心、意、識三分法似同而實異。佛家之識，以了別爲義，前六識屬之，相當於心理學之知。但了別或知（理智）的範圍，包括甚廣。凡感覺、知覺以及透過情感與意志所發生的反省、推理、認識、判斷等複合觀念或單純觀念，皆知的範圍，並不限於某種學科。佛家之意，以執我爲義，第七識屬之。凡情感之活動，意志之活動，七情六欲之動乎中而形於外者，均屬意的範圍，包括心理學中之情與意兩大部門。心理學家所謂之詩歌、美術、道德、宗教、皆從吾人種種欲望所產生。形於外者雖殊，而動乎中者則同。強分兩類，實欠恰當。吾人一切意志的活動，皆本乎情感。詩歌美術，固然是本乎情感的意志活動；道德宗教，又何嘗不是本乎情感的意志活動呢？如岳武穆之滿江紅，是詩歌，能說不是意志麼？見孺子入井而往救，以及烈士殉國、節女殉夫，是道德，能說不是情感麼？理智所以辨是非，情感所以緣好惡。此特意與識之較粗分別。實際上吾人之認識，皆雜有虛妄成份，非正確之觀念。是所謂理智，亦受情感之支配。非絕對之客觀認識也。佛家對於此點，言之較詳。心理學家則重視客觀事物之刺激，而忽視主觀之反應。故無法詳言。又集起之心，屬於第八識功能。其作用在留存過去之經驗，以刺激現行之意志；復留存現行之意志與行動印象，以作將來活動之刺激。循環熏習，以產生潛在之意識，作吾人一切行動之發動機。此種基本動力，心理學家及機械論者均忽視之，而稱之爲本能。至何以有此本能，則非所問。因之對於許多心理活動現象所發生之若干問題，不能有圓滿之解答。

柏拉圖之行爲三分說：爲知識、感情、欲望。知識爲理性，愛慕智慧；感情爲氣概，追求名譽；欲望爲情欲，貪愛財寶。愛智者爲哲學家；愛名者爲政治家與事業家；愛財者爲貪官汚吏及娼妓等。柏氏又將三種活動併為兩部份：知識是不朽的；感情與欲望為死滅的，且受知識之控制。人之善惡，卽視此控制力之強弱以為斷。理性之靈魂如御馬者駕御二馬：一為良駒，卽氣概或勇氣的靈魂；一為悍馬，卽情欲的靈魂。良馬善聽指使，悍馬兇惡難馴。此為知、情、意三分法之所本，而內容則不盡同。其將意識活動，分屬兩個部門，以作善惡之標準，略似佛家之一心分二門，為辭義則欠恰當耳。

佛家將意識活動，稱之為意；表象作用，稱之為識。心則為意識活動及其持續之主體，不同於知、情、意之三分法。感情本為意志之動機，應含攝於意志之中，而不可分。如主意論者鮑爾忍，卽不贊成三分法。主張將心之作用分為表象和意志二分法。心理學家溫德亦認為情意不可分離。情感雖不一定變成意志；但意志的活動，必基於情感。情感之發生：或為盲目的衝動，或為欲望的衝動，動機雖不相同，其為意志之活動則一也。

情與習本為一物，因先後不同而異其名稱。習以生情，乃種子熏習現行；情以養習，乃現行熏習種子。過去之情感，卽現在之習氣也；現在之情感，卽將來之習氣也。故謂習以生情可也；謂情以生習亦可也。習之與情，乃一事之異名耳。又習之與情，皆後天產物，其本之者性也。是三者實為一體，習與情雖足以惑性，要不能離性而獨存，亦不能沒其本性也。

內典中之性，指本體而言。心則指卽體起用而言。識則指分別心而言。故性為無善無惡之體，心為有善有惡之用。識則專指雜染之習心而言。雖賴耶中兼有染淨二者。但除如來藏識以外；凡用意識、心識、識心一類名詞，多係指分別心而言。

心之動態，無在而無不在。如眼見書桌，此書桌卽心之所在。是凡六根所到之處皆有心在。卽謂此書桌爲吾心亦可也。但吾心與此書桌旣爲一體？桌被敲時，何以吾人毫無痛覺。因無我執觀念之故。吾人之軀壳，亦爲四大所組成，非心識所具有。其痛癢相關者，以執爲自我故也。神識離開軀壳以後，雖碎此身爲萬段，亦無任何感覺，以不再執爲自我故也。我執範圍，原不受軀壳之限制。如曾母嚙指而曾參心痛，蓋孝子之心，與父母爲一體也。昔有某官杖僧而自身覺痛，係僧人以神通擴大我執範圍，故能分其痛苦於某官之身也。此與曾參心痛，事異而理同。故見義勇爲者，恒奮不顧身；從容就義者，恒面不改色。此無他，我執之見不深，而痛苦之感覺亦微故也。佛家之同體大悲與無緣大慈，卽係擴充小我爲大我？視衆生爲一體，故不以捨身爲苦也。

臺灣大學哲學系敎授曾天從於講授知識論時，曾筆授心理活動過程表一種，原表自行動體制開始，係由下而上之直列式，以超越感性知識的直觀爲最高層。行動體制爲最低層。其實由行動以至知識，只有先後之分，而無高下之分。至於直覺雖超越感性、知性，乃就常識而言，實則乃感性、知性之另一形式而已。故改用平列式。

心理活動過程表

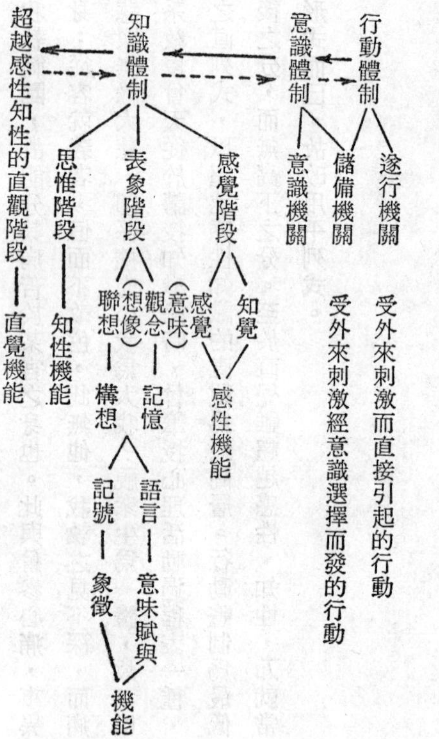

根據曾教授解釋：由行動而有意識，由意識而有知識，此符合佛家現熏種之說。如依種熏現而言：則應自直覺機能開始，向右逆行。故另增虛線箭頭以表示之。

窺基大師瑜伽師地論略纂，謂六相宣說八種有情事差別：卽六根、六境、六識、六觸、六受、六想、六思、六愛，名爲八事。亦爲心理活動過程。玆分解如次：

根：屬於生理的神經系統，爲意識所依以接觸外境。

境：即六塵，屬於物理的現象世界。
識：屬於心理的。其向外任務，是對境起了別作用；向內任務，爲受熏持種。
觸：屬於生理與心理之間的，即六根發用。
受：屬於心理的六識發用。
想：屬於心理的，綜合過去經驗與現在了別所形成的觀念，又稱表象。
思：屬於心理的意志活動，即五蘊中之行蘊。
愛：屬於心理的。從消極方面言，以欲爲出發點，故云以欲爲自性。從積極方面言，包括十二有支中之取。

右列八種，除根境外，餘均爲心理活動過程。此外尙有關於盲目的意志活動之「無明」，與最高意識活動之「靜慮」，（或稱直觀或稱禪觀）尙未列入。加以前記之五眼、五心、四意識；及尙待研究之五法、三自性、種現相熏……等等，均涉及心理活動過程，較哲學家與心理學家所述者，尤爲了澈。

相宗對於心理之活動：有相、名、分別、正智、如如五法。相、指事物而言，即被認識之客觀對象。名、指所賦予事物之名號而言。分別、指反省而言，即內感官對於被認知事物之表象、推理、判斷。純爲意識活動。意識活動，有五俱意識與獨散意識之分：意識在初次觸對客觀事物時，不論其爲受外感官之刺激，或爲過去印象之重現，及未來事物之想象。在此一瞬之間，必先就事物之種類，給予各個不同之符號名稱，始完成表象程序。佛家稱此符號名稱爲增語。根據增語，加以推理、判斷，擴大其印象時，是爲分別。其中客觀之推理與判斷，爲第六識範圍，亦卽哲學上之所謂概念。主觀之推理與判斷，爲第七識範圍，亦卽哲學上之所謂觀念。至此階段，始完成認識程序。但此種心識之活動範圍，只限於經驗界，亦卽心理學與生理學所能到達之處。距離心法活動之全程尚遠。因在經驗之外，尚有理性也。

心法活動程序

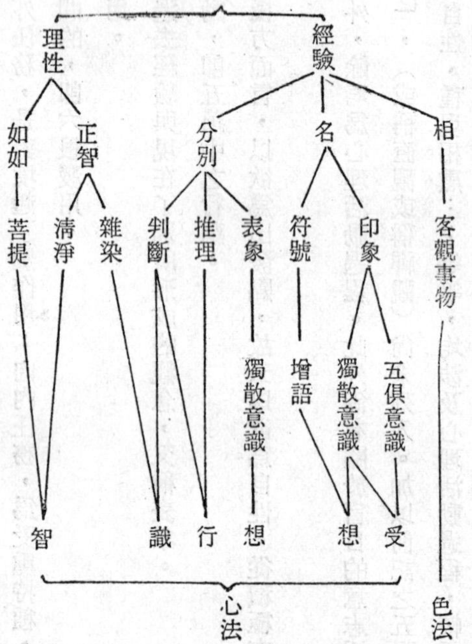

在心識活動之過程中，對客觀事物之認識，並不完全符合眞象。方便心論云：「五根所知，

有時虛僞。惟有智慧正觀諸法，名爲至上」。此種觀點，西方哲人，亦多相同者。如赫拉克里特認感性中的知識無眞理；柏洛遠哥拉士認感性中之事物，只有主觀中之眞理。均係否定感覺之正確性。巴美尼底斯認感官世界並不存在。只有理性始能認知世界之本源。與佛家不承認識心爲正確之觀點相同。惟佛家更就不正確之原因，作進一步之分析。唯識之三性，即所以說明此理。

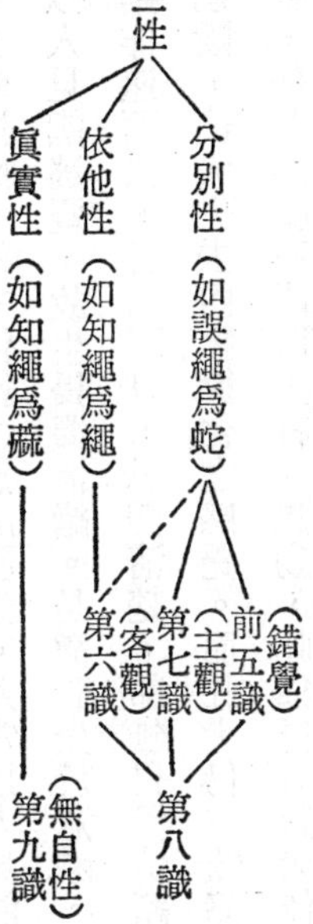

分別性包括感官的錯覺及主觀的虛妄分別，屬於前五識及第七識所起之作用。依他性則純就事物之構成原因，加以客觀之分析，（仍帶分別性，故以虛線表示。）不雜錯覺與感情作用。乃第六識之功能。至眞實性則爲物如，（物自體）當歸之於最後之平等一如，了無差別。是外感官雖同爲不正確，但其根源則不相同。一爲本能的差異；一爲情執的差異。如誤繩爲蛇，有時由病眼之視力受阻；有時由觀察之角度不同而起變異；或由情感之變化而起幻覺。如杯弓蛇影，因素不同，而幻妄則一也。故此處之分別，指個人之情見而言，乃偏計所執之主觀妄見。至知繩之爲繩，其所認識者雖非偏計而爲衆人所共許；但其所觸對之客觀事物，並非物自體；乃由各種不同之關係條件所結合而成者，故稱依他性。所謂眞實性，指物自體而言。物自體旣非感官所能觸對，亦非心識所能緣慮，卽實相無相是也。喻之爲蔴，所以說明繩無自性之義。旣無自性，則無物可得，何有於蔴？不過借蔴與繩之關係，以喻繩無自性之義耳。此種最高級之理性認識，超越現象之範圍，自非有形事物之所能表詮也。

心理學家認行爲係顯露之活動，意識爲隱藏之活動，二者同屬於個體之活動。此與佛家五蘊及十二支之「行」的意義相合。「行」字包括身心之一切活動。因身口之活動，只是意識活動之表徵，其發動仍不離乎意識也。惟心理學家往往認爲情緒之意識，係受身體激動之影響。如詹姆士與朗格均主張先有身體激動，後有情緒之意識發生。通常以人見熊則畏懼，所以逃避。乃意識先於激動。詹氏則以人見熊逃避，故生畏懼情緒。是激動先於意識。朗格謂假如心跳平靜，面貌安定，顏色正常，動作速而決，言語聯貫，思想淸楚，卽無畏懼情緒。但據薛臨頓試驗：將犬通至內臟之感覺神經割斷，使犬失去內臟變化之感覺。而此犬仍有憤怒、恐懼、歡樂之表示。康能將猫之交感神經割斷，使其內臟不能發生特殊激動，此猫仍有對犬作猙獰發怒之狀態。足見情緒之表示，並不需內臟之激動。交感神經完全失去功用之病人，仍有情緒；全身痳木不能表情之病人，對外界刺激之意識狀態如前。更足證明意識活動，非由身體之激動。康能以腦中之間腦，爲情緒之中心機關。旣可發出神經衝動至身體各部，使生理上變化及外部起活動。亦可發出神經衝動至大腦，使發生情緒的意識。但從病理上考察：有情緒擾亂者，其間腦並未損害。而間腦損害者，在情緒上亦無特殊變動。故此說亦不足據。生理變化能影響意識，但不能作意識之決定機構；意識之表現，固須透過生理，但意識之活動，不始於生理。卽大腦雖爲傳達意識之機構；但意識之原動力，並不在大腦。更不在身體之其他部份，仍當求之於八識心王也。

百法論中之心王心所，乃一體之兩面。心王爲體，心所爲用，靜時爲體，動時爲用。故二者實不可分。一般解釋：均認爲八識心王，無善無惡，不能造業。其作善作惡者，乃心所也。故五十一心所，又名心使，如世人家之奴僕，主人固善，而奴僕作惡，亦累及主人。憨山大師百法論，亦曾作此說。但第七識執我，第八識亦有染分。故一切不善行爲，皆不離七八兩識；一切善行爲，亦第八識清淨分（卽第九識）之熏習。是心王亦有善惡，心所不過聽命於主人耳。此與前說大異其趣，實則皆是也。易曰：「吉凶悔吝生乎動」，與佛家所稱之無名妄動，皆卽用而言。八識心王，就體而言。識心恒在流轉中，仍有不動之本體。如輪雖常轉，而輪之本體恒靜。八識心王，亦猶是也。在前六識未起現行時，七八兩識，亦成無記性而無善惡之分。如睡眠與悶絕時，非無七八兩識，但不起善惡之作用耳。王陽明所謂：「無善無惡心之體，有善有惡心之用」。卽可以說明心王心所之形態。王所總名心識；就用而言：則分心、意、識三種。心爲種子，諸識之所依；識爲了別，乃感覺作用，本爲無記性。意爲情感，卽執我之第七識。當其活動時，外緣前六識所接觸之根身器界，以爲分別。內緣第八識所含藏之染習以爲我。善惡之觀念，由此而生。生死之輪轉，由此而起。「顯識起分別，分別起熏習，熏習起顯識，故生死流轉」。此解節經語也。其所謂顯識，指本識而言。第三句之熏習，指種子而言。故七八兩識雖爲染體，如不起現行，則善惡之作用亦無。偈中之起字，卽指動而言。是用而非體。王所之分，當於體用上求之。而體用亦非離識而別有也。故就能所之關係言：心王爲能動之主體；所之善惡，卽王之善惡也。就動靜之作用言；心王爲不動之本體，心所爲動中之作用。用有善惡，而體無善惡也。

王所二字，驟閱之頗爲費解。心王係指心體而言。心所指心之用而言。不稱心體而稱心王者，因體惟是一，心之體性，大而無外，小而無內，稱之爲一，尙墮言說之過。旣已析之爲八，不便再稱爲體，故以王稱之。心所與能所之所，亦略有不同。能爲我，所爲我以外之環境。換言之：卽我與非我。王所皆爲我心，非外在之事物也。稱之爲所者，對王而言，卽所以別於體也。

熊十力分心爲本心與習心二種：本心爲性，亦卽心體；習心是心所，乃累積無始來之經驗而成。心分二種，予極同意。惟僅以心所爲習心，而不及心王。是猶責刄之殺人，而不罪持刄之人也。頗爲欠妥。根據三十論及百法明門論旨：所謂心王，指八識而言，皆由阿賴耶所展開，卽係染汚體，正熊氏所謂習心也。故八識心王，指習心之本體而言，非妙淨明心之眞如本體也。因眞如體上，一法不立，何有乎八。故心所爲習心，心王亦習心也。

熏習

杜威以人類生活，大部份爲習慣所支配。所謂意志，乃習慣系統；思想亦是習慣。此與熏習之說相合。惟杜氏僅就此生言，不能解答先天習染問題。佛家之所謂熏習，係指多生多刦以來之積習，非僅謂一生之習慣也。如同爲人類，同一血統，同一生活環境，同一教養方式，而往往有上智與下愚之別。其所表現之性格，與其所造就之學識，亦迥然不同。如認作此生之習慣使然，卽無法解答此一問題。佛家有正報、依報、共業、別業，及同分妄見與別業妄見種種區別，以說明此一問題。因認識之動機有差異，而生不同之妄見；因行爲之意念有差異，而生不同之業力；因感應之機緣有差異，而有不同之果報。由心造業，由業遭果。種子（過去）熏現行，現行復熏種子。

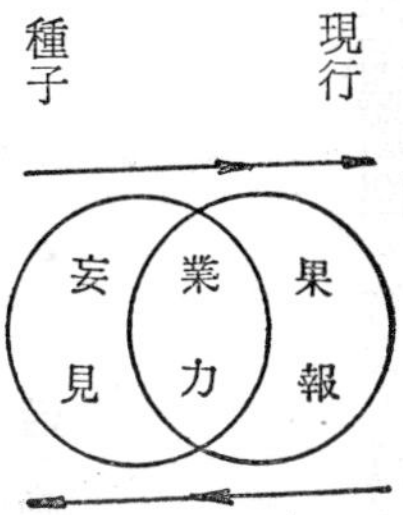

如上圖所示：第八識中所含藏之種子，爲過去生中受熏之妄見，由此妄見而產生業力，以招感此生之果報。此生遭果時之行爲，復產生業力，以引起未來之妄見與熏習未來之行爲。似此往復循環，無有終極。佛家主張從現行處截斷衆流，使一切雜染，不復熏習第八識，以淨化妄見。人類思想習慣之養成問題，一切生理、心理、物理種種說法，均欠圓滿。唯識家對此事有精密之研究。非任何學說所能否定。玆再擬種現相熏圖以爲說明。

行動緣於妄見，妄見始於分別；分別緣於業習，此爲種熏現之過程。業習緣於分別，分別緣於妄見，妄見緣於行動，此爲現熏種之過程。以分別心作溝通種現之橋樑，此分別心卽我執與法執也。同分妄見，係第六識所起之分別，卽係法執，乃由知識所生之見解，哲學上稱爲概念。屬

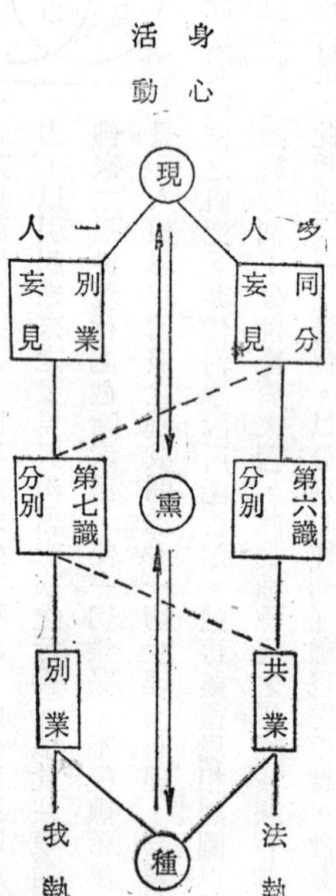

於客觀範圍。廣大人羣所造成之風氣習俗，均屬此類。別業妄見，係第七識所起之分別，卽爲我執，乃由情見所生之見解，哲學上稱爲觀念。屬於主觀範圍。有稱法執爲理障，我執爲事障者。現行包括身心之一切活動。種子亦稱業力、或業習、或藏識、或潛意識與第八識，皆其別名也。又表內虛線，表示少數人之同分妄見與共業，仍不離第七識之我執範圍。

解深密經云：「阿陀羅心識，深細不可量，無量諸種子，其數如雨滴」。其所謂種子，實含藏心物各種原素。佛家見分相分兩種。卽思塵論所指之能緣與所緣。又顯揚論云：「阿賴耶識能執受了別色根根所依處」。此指內色而言，卽執受大種是也。又曰：「又能執持了別外器世界」。此指外色而言。卽各種造色。故賴耶中所含藏之種子，實包括身心及身心以外之一切塵境，卽色、聲、香、味、觸是也。能所之分，起於虛妄之分別心。實際語其究極，則能所一如，原無分別。是心之與物，爲渾然之一體。德國哲學家謝林所創導之同一哲學，與此議論，頗爲相合。謝氏謂自然與精神，初無差別，通於二者之上者爲絕對。此與不二法門、中道義等義相合。謝氏認爲自然與精神之同一，卽主觀與客觀或現實與理想之同一。此卽佛家能所一如，空假不二之說。謝氏認爲凡心與物，同其過程，異其方面者，皆屬同一哲學。佛家之談性相、談有空、談色心……等，最後皆歸之於平等一如，卽同一之說也。唯識家建立種子識，亦不外求主客之同一，欲從生理上統一心理、物理之分歧，使佛學與科學，能相配合，此乃於受熏持種之外之另一功能也。

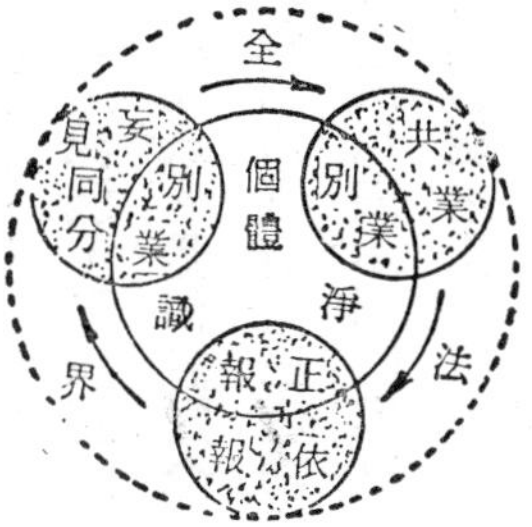

阿賴耶識既爲習心，與衆生同具之本心，自不相同。因本心爲遍虛空滿法界之明覺，（無點處）習心爲衆生所各具之習氣。彼此習染不同，故心識亦異。惟轉識成智以後，始由各別之習氣，因淨化而滙歸性海，故性宗有第九識（淨識）之建立。然習心亦有個體與羣體之別。如社會風氣，卽羣體之習心也。賴耶以如來藏識爲體，只有染淨之別。雖爲識心，仍爲衆生所同具。惟據去後來先之作用研究，則賴耶應爲個體所獨具之心識，與其他衆生，不相關聯。凡研究賴耶問題者，無不有此共同之觀點。但賴耶雖爲輪廻之主體，仍不過全宇宙識海之一部份。特勢用之強弱不同，故形相亦顯其差異。此一問題，當從賴耶中所含藏之成份加以分析，始能說明此理。如前所述：賴耶中所含藏者，計有多生以來受熏之妄見，因之造業感果。妄見有同分與別業兩種，業有共業、別業兩種，果報有依報、正報兩種。前者均爲衆生所同具，後者爲個體所獨具。前者爲所，後者爲能。能與所只有程度上之深淺，仍係互爲一體。如上圖所示：中心圓圈，爲生命之個體；外圍虛線爲全法界，皆賴耶之領域。是個體爲全體之一份子，但依勢用之強弱以分能所耳。圖中環繞中心之三個圓圈，代表賴耶所具有之三種功能，通稱種子。此三種功能，一部份爲個體所獨具，一部份則在個體以外。所以表示個體與羣體之不可分。前擧電器各別，電流同源之喩，此亦相同。圖中箭頭，表示各種功能之流轉趨勢。種熏現，現熏種，過去影響現在，現在復影響未來。功能之循環，卽生死之循環。只以衆生情見，將賴耶拘限於個體以內而執以爲我。迨個體毀滅以後，賴耶已流入識海，而執我之勢用仍存。故雖入識海而不能解脫。復被執我之勢用裹脅而入於生死海中，頭出頭沒，無有已時。大智度論云：「若衆生自知諸法性空，卽時不生着心。心不生故，不起業。乃至不生色無色界」。所謂着心，卽我執妄見，由此起業而成流轉之勢用，以招受苦報。如了此識心，無人我內外之分，則勢用不起，不復流轉生死。賴耶雖爲染識，但淨識仍存，特受染識之蒙蔽耳故個體中仍含有淨識。

業力

業指身心之活動而言，分為身業、口業、意業三種。由行動所刻劃的性格，稱為業習，以其具有慣性也。由此慣性有指導身心活動傾向之勢用，故稱業力。衆生有許多動作是與生俱有的，並非由於此生之學習。如身觸冷熱，立卽離開；順情則喜，違情則怒……等。一切動物，皆有此習性。亦卽由多生以來之生活經驗熏習而成。科學家只見到此一生，稱之為本能。此本能從何而來，則非所問。王船山謂：「習氣所成，卽成造化」。業力實為支配吾人命運之主力。儒家所言之數，相當於共業；所言之命，相當於別業。又儒家之陰陽與氣，亦就影響人類命運之動力而言。是氣、數、命、運、陰陽，皆業力也。惟名詞過於抽象，只語其當然，而未究其所以然。說理亦不澈底。

無明是習染的動力，行是感情，識是理智。所以識的發達愈高，便愈能支配感情；識的發達愈低，則為感情所支配。前例如頭腦冷靜者能控制感情；後例如感情衝動者缺乏理智。低級動物，完全受感情的支配。故理智愈高者，其作業愈多；理智愈低者，其作業愈少。人類以外之較低動物，則僅受業力之支配，而不能造業也。

過去生中之行為，卽為今生之習性種子，潛藏於意識中，遇緣觸發，卽成行動之力，此卽吾人之心力也。佛洛伊德精神分析學認人類精神的潛在部，是本能衝動積貯的地方及本能活動力的源泉。此正指業力而言。惜未言及精神之潛力，何自而來。

習與性成，言習性之難改也。大智度論云：「聖賢雖能斷煩惱，不能斷習」。如難陀過去生中好淫；證阿羅漢果以後，欲念已斷。然入座必先觀女衆，足證斷習之難。孔子四十而不惑，是斷煩惱也。然七十始從心所欲不逾矩。是必須於煩惱斷除以後三十年，始能斷習，足見習之難改也。

無明、行、識三支，均爲心理活動過程；亦即業力之活動過程。無明是過去行爲所養成的習性，具有無比的潛力。行是感情的活動。此種活動，純基於自我的好惡心理而生，其中有先天性的，也有後天性的，是具有選擇性的意志活動。對於行爲，具有決定性的指導力量。作一切行動的統帥。識是屬於理智的，對於一切事理的辨別，行動的選擇，都是根據他的判斷。他等於行動的參謀長，雖聽命於行，但也具有左右行的力量。識是後天性的，但也隱藏着先天的性格。它的靜的功用，（八藏）等於檔案室或資料室，收藏過去的經驗資料。這些資料，便成吾人行動的參考。同時吾人現在一切行動的資料，又被它收入作將來行動的參考。因此過去的行爲影響現在；現在的行爲，又影響將來。此卽業力的活動作用。業力是衆生活動的中心，而活動又爲業力的種子。因果與輪廻，卽循此法則而流轉不息。亞里士多德謂由行動而生性格；叔本華謂由性格而生行動。現行熏種子，卽亞氏之說；種子熏現行，卽叔氏之說。佛家則兼取兩說而圓融無碍。

木村泰賢所著原始佛敎思想論謂：「基督敎認神爲全知全能，何不卽時行罰？而必待將來的末日裁判，顯不合理。業說雖難於爲科學的證明，但在各種說明中，最爲合理」。輪廻以業力爲主體，業力乃行爲之餘勢，亦卽吾人之生活習氣。近代物理學證明能力不滅。吾人心識之活動，有電波之發散，卽能之力也。軀殼雖毀，僅係物質之毀滅，而能則不滅。心識卽一羣具有覺性而又雜有活動習性之能。離此軀殼，又依附於另一軀殼。隨其活動之習慣，以爲趣生之指標。習近人天者則趣人天；習近畜生者則趣畜生；習近地獄者則趣地獄。非任何他力所能改變也。惟有斷盡一切習染，始能與大自然混然一氣，不受業力之牽引。是爲解脫。故所謂輪廻者，實卽能之習慣活動也。

業力屬於心法範圍，亦爲現象界之所由生。華嚴經云：「諸蘊業爲本，諸業心爲本」。是蘊由業生，業由心生。心空則業空，業空則蘊空。惑、業、苦之循環，與十二有支之緣起與還滅，皆同一理。

宇宙間之最大動力，莫如無常，其次則爲衆生之業力。無常爲諸法所共有之動相，卽宇宙間之引斥二力也。業力爲衆生各具之動相，卽吾人之心力也。唯識家言：識心可以變現宇宙及一切事物，亦爲全體與個體之不同。是識心之動相，含攝無常與業力兩種。故無常與業力，皆爲無明之妄動，只有共業與別業之分。亦猶地球之有自轉與公轉，其爲動則一也。

愛丁頓著空間時間萬有引力論，謂意識之本性，構成宇宙本質之內容。所謂精密之物理知識，祇是一種空殼——符號之形式。此乃結構形成之知識，而非內容之知識。蓋通貫於物質界，尚有一未知之內容，卽爲構成吾人意識之資料。未知界若一大海。吾人在此海之四岸，已發現奇異之足跡。向嘗有各種理論，以求此足跡之來源。最後必能尋獲產生足跡之動物。此物非他，卽吾人自己是也。其意殆指吾人識心為構成宇宙之基本材料。此卽佛家唯識變現之說。三界唯心，萬法唯識。森羅萬象，皆吾人心識所本具。科學家雖認為已發現萬有引力，而其來源奚自，便不深求。佛家認吾人此心，皆緣於如來藏心。山河大地，亦從此顯現。唯識家認為主觀的我與客觀的宇宙，皆同為第八識中所具有。本是自家物，何須他求。依此推論，則所謂萬有引力者，卽吾人之業力也。

攝論本以意識不能於母胎中與羯羅藍（父精母血）更相和合。若能和合，卽有二識於母胎中同時而轉。……是故成就此和合識，非是意識，但是異熟識，是一切種子識。此一問題，當與去後來先之說，合併究論。因入胎者僅是阿賴耶識，其餘各識，離開軀殼，卽不起現行。惟其所經歷之一切事象，留有印象於阿賴耶識中，變為異熟種子。在種子中所留存之印象，並非如經歷時之具體顯明。只有抽象之忻厭情緒，與異時有關之人、地、事、物相值遇，卽發生趣捨作用。遂成果報。論云：「在中有位染汚意識已滅，故不能於母胎復相和合」。第六識為分別心，轉入第八識後，印象糢糊，本無分別。但舊種再熟時，仍有忻厭之舊觀念。故槀積過去生中之各種印象，卽成俱生我執，所謂習心是也。如樹有幹、枝、花、葉等，而種子中則一切皆不可見。遇緣再生，仍具備與種樹相類似之幹、枝、花、葉。識亦如是。故稱異熟。

四分

在第八識中具有見分與相分。見分爲能見之見性。吾人所具有之心識，即由見性所顯露。相分係指一切所見（觸對）之客觀事物。是主體客體，同一心識。外界事物，亦爲吾人心識中所具有。初頗懷疑此說。明如玘法師楞伽經註云：「冥初生覺，從覺生我心，從我心生色、聲、香、味、觸等」。第八識原爲眞妄二心之和合，爲冥初所生之覺，即虛空中本具之能。萬有由此而生。心之與物，皆同一生元。在西洋哲學中亦不少此種說法：如來勃尼茲謂宇宙是許多精神的集合；叔本華之意志說；柏格森之生的衝動說。均以人心之活動，是宇宙之一分；萬有均此宇宙活動之表現。多數個體之存在，根本上是宇宙中能量之活動。上述諸哲人均係以個體爲整體一份子。經云：「空生大覺中」。吾人此心，即充滿宇宙之覺性，亦即能之基本元素。阿賴耶識，亦係就此覺性而言，非專指個體所獨具之第八識也。特在人則爲見分；在與人相對之事物，則爲相分。實則異名同體耳。如電燈與其他電具；燈爲能見之見分，其他被照之電具，則爲此燈之相分。實則互爲一體。個人與所對之事物，亦猶是也。在未談四分以前，當先知見相二分之關係，故重申前說。

唯識家之四分，解之者多。究以何者爲契合眞理，不易抉擇。識論就四分分爲能量、所量、量果三種。如以尺量物：物爲所量，尺爲能量，解數之智爲量果。此只能說明相、見、自證三分，未能說明證自證分。亦有以貨店爲喩者：貨物爲相分，店友爲見分，店東爲自證分，店東夫人爲證自證分。但與一體之旨趣不符。或有以手量身爲喩者：身爲相分，手爲見分，眼爲自證分，腦為證自證分。較前兩喻為恰當。量論謂三四互為量果，則前喻仍不足以說明。

相	所量	見	所量
見	能量	自證	能量
自證	量果	證自證	量果
自證	所量	證自識	所量
證自證	能量	自證	能量
自證	量果	證自證	量果

見分緣外，亦名為外；自證是體，故名內。證自證從體攝，亦名內。見分外緣，故通現、比、非三量。三四內緣，皆現量攝。（見佛地經論）似此展轉就量論以為說明，仍不能使人了知第四分之作用何在。欲研究此一問題，當自見性始。通常所稱之藏識，即首楞嚴經所稱之見性。由見性展開而為識與智，由識以分別相分、見分與自證分；智為證自證分。即由此而成三量。

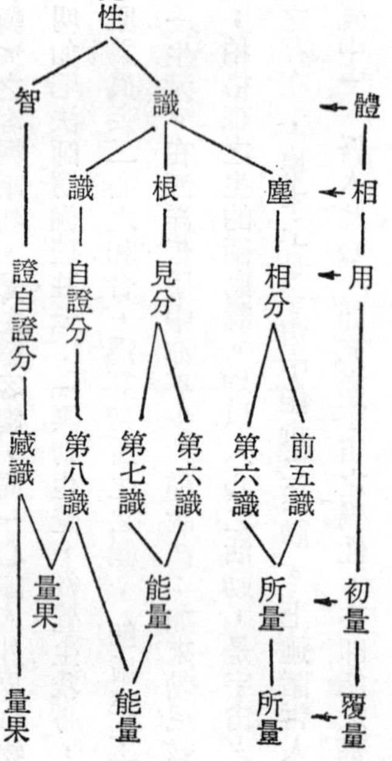

識與智均為見性所攝，乃一體之兩面。有染污者為識，乃熏習之心；無染污則為智，乃本具

之覺心。根、塵、識三者，乃由識心所顯現之相。智不列入相位者，以其無相也。四分之前三分，爲塵、根、識所顯現之用。證自證分則爲智所獨具之用。初量係就初步之分析而言：以第八識爲量果；以六七兩識爲能量；而藏識則爲第八識所含攝。覆量係就深層之探索而言：故只藏識始具量果之功能；第八識與六七兩識，則同爲能量所攝。

相分：爲感覺中的事象，屬於被知的範圍（所）。前五識之內容，全屬相分所攝；第六識不假前五識爲助緣而直接由獨散意識所緣之法塵，亦爲相分攝。

見分：爲感覺作用，屬於能知的範圍（能）。本爲第六識所攝。然六識外緣而含有我執成分時，則兼屬第七識所攝。

自證分：爲能超感覺的作用，屬於見相的本體，故以種子識爲合理。但潛意識活動不影響第六識時，以其所藏部份之現起爲見分；以其執藏與能藏部份之作用爲其自證分。第八識在受熏時則轉爲相分，以前七識爲其見分與自證分。此係根據大腦皮質之功用以爲推定。非唯識家言，故表中未予列入。

證自證分：爲感覺中的秉賦。卽覺性所由生。故惟如來藏識有此功能。賴耶識只是持種，使其能起感覺作用而已，並非最後之種子。

古師立三分，證自證分合併於自證分內。四分係護法所立。起信論所稱之業、轉、現三識，如其次第，恰當於自證分、見分、相分三種。業爲種子，第八識所攝；轉識爲分別心，第六七兩識所攝；現識爲塵境，前五識所攝。正與予之分類相合。

從生理研究：第六識屬於大腦新皮質部份，第八識屬於舊古皮質部份，皆具有刺激根身及接受根身刺激之作用。潛意識活動時，並不一定透過新皮質。如夢中之意識活動及精神病患者之意識活動，即其例也。六八兩識活動時，皆有我執爲件，故第七識無單獨之活動。第八識本有變與現兩種功能：種熏現爲變，係潛意識刺激大腦新皮質所起之作用；種自顯露爲現，係潛意識直接顯現之作用。前者爲能量，後者爲所量，均無法列入證自證分。若依原表之所量、能量、量果架式以展轉解釋相見四分，與生理、心理不盡相符。僅就量論以爲解釋，覺有未安。故上表以相分爲塵；見分爲接觸塵境之根；自證分爲了別塵境之識；證自證分爲感覺所秉賦之智。似此逐層向內探索，與佛理甚爲契合。亦與生理之秉賦，心理之活動，可以配合。但與唯識家之主張，不無出入耳。

唯識家認爲一切現象皆爲賴耶識中所具有之相分，依據常識判斷，實爲不可能之事。前曾略及。此一問題，可以康德之圖型爲之說明。康德將對象括入概念，使對象之表象與概念之表象相類似。如盤之經驗的概念，必與圜之純幾何的概念相類似。否則盤所表象之圓形，無由依圜之直覺而知之也。此純幾何之概念爲範疇，盤之經驗的概念爲現象。範疇之能適用於現象，必有一中介詞作二者之聯系，表示範疇與現象爲相似。此中介表象，爲理知與感覺之合一，即範疇內在地影響感性能力所通過之時間條件。康德稱之爲先驗的圖型。或譯爲圖式。

康德分想像之活動爲兩種：一爲創生的想像，一爲重造的想像。創生爲想像能力之純粹使用，是爲圖型；重造爲想像能力之經驗使用。佛家以第六識所緣之法塵，爲前五塵之落謝影子，卽指想像之重造而言，亦卽經驗之使用。至於相分，爲內心所現之境，與前六識之活動不同。唯識家以心者慮知之法，必有所知之法，在心生時，心之自體自轉變而現所慮所托之境，此名所慮所托之境分。相者相狀，卽心起時浮於心前之相貌。其不同於第六識者，因相分屬於第八識心體之一部份，由此心體所含藏之種子、五根，器界體性而變爲所緣之境相。第六識乃由第八識心體所起之用，只向外緣塵境，而非如相分之由內變現也。所謂理知與感覺之合一，只能適用於相分。第六識所緣者既爲前五塵之感覺經驗，不含理知成份，故不能擬之爲圖型。然所謂理知，仍係識心用事，乃知見立知以後之知，非覺性也。康氏認圖型爲經驗之產物，係拘限於此生而言。實則由賴耶識所起之一切功用，皆來自後天之習心。「無明不覺生三細，境界爲緣長六粗」。是無一而非後天之產物，相分自不例外。特在此生視之，則爲先驗耳。

阿毘達磨大毘婆沙論一四三卷謂色，行、受、識四蘊皆立根，惟想不立根，以想無根相故。根者自力轉，想由他轉。如傭作人他敎卽作，不敎不作。想於境轉，亦復如是。根者自覆，不爲他覆；想爲慧覆，故不說根。康德分想像爲創生與重造兩種，是想能他轉，亦能自轉。因創生爲自轉，重造爲他轉也。依沙論所說，則相分應爲他轉，第六識應爲自轉。是圖型（自轉）與相分（他轉）仍不一致。此一問題，當求之於種現相熏之過程。所謂根之自力，以其具有受熏之自力，而熏之者，仍爲賴耶心體及塵。根爲識與塵之媒介物，亦即塵之受容器。三合生觸，現熏種時，係由外而內，必透過根。因業力（過去塵）而有根，又因根而有業。根不離塵，故現熏種爲其自力也。相分則爲內在之發動機，透過想的階段而顯現爲萬有，此爲種熏現之歷程，係由內而外。且其內涵有染淨之分，純受智慧之驅使，故視種熏現爲他轉也。但此就形式以爲區別耳。如上溯前生及賴耶識之淨分，則又無在而非他轉。

腦皮層

根據醫學上之生理剖解與心理研究：人類心靈和意識的活動，實由腦部網狀體大腦皮質所發生之衝擊而生。故意識狀態，係由網狀體所操縱。網狀體之任務，即在使大腦皮質能實現其活動。近年以來，科學家用種種試驗及腦波的試用，有了成功。由於大腦皮質的雙重構造之發現，在兩種皮質內各別寄宿着異質意識及心靈機能。在大腦之內部地區爲舊皮質；又由舊皮質而產生新皮質。舊皮質爲各類動物所共有，並不限於高級動物。新皮質則惟高等動物始有之。理性的活動爲新皮質；基本的活動如食、性、情感等爲舊皮質。人有兩層性格，是原於兩種皮質。舊皮質又分爲古皮質與舊皮質兩種。此種多層腦皮質之發現，與佛家藏識之說，正相脗合。腦皮質不啻儲藏過去生活經驗之膠片：其受熏最早者爲古皮質；次爲舊皮質，最近者爲新皮質。印象新者，其皮質亦新。嬰兒腦皮質之細胞，尙未完全發育，其大腦皮質之活動極弱，故不能作有體系之意識表示。足證腦皮質爲意識活動能量之集結體。其中有應懷疑者：卽此生軀殼，並非過去生中之軀殼。則其受熏，應以此生爲限。過去之經驗，存於過去之腦皮質以內，應隨過去之軀殼以俱毀。如過去經驗，還熏此生腦皮質，是新舊軀殼，合而爲一。殊不合理。然藏識中之能量，雖依存於軀殼，並不隨軀殼以俱毀。中有卽藏識能量之集合體。故此身壞時，又轉寄他身。此身之軀殼雖新，而結成藏識之能量仍舊。惟新皮質因未受熏習而不健全。故意識能量之活動亦受阻，兒童軀殼，逐漸發育；生活經驗，亦逐漸增加；能之活動，亦逐漸加強，以刺激腦皮質起生理之變化；並刺激各部門器官，以影響其心理與行動。人類以外之動物，腦部組織簡單，只具有舊古皮質，由過去生中之經驗，（業）以支配其行動。故其活動，均爲無意識之本能活動。是腦部組織，係空無所有之框架，等於白紙一張，因受生活經驗之熏習，產生意識色素，以熏習各種皮層，遂有新舊古之別。受熏之久暫不同故也。

大腦皮質的表層部份爲新皮質，深層部份爲舊古皮質。兩種皮質的波形活動不同。在禪定或入夢或被催眠時，表層新皮質的波形活動降下，而深層部之舊古皮質的活動反旺盛，將新皮質之活動埋沒於深層意識中，此時可得到人類所希求之心境。是新皮質充滿現實生活之印象。舊古皮質則爲儲藏過去生中生活印象與覺性之寶藏。於此可以證明。佛家於修持時都攝六根。卽係使新舊皮質停止活動，洗去一切生活經驗所留存之印象。使古皮質所藏之覺性顯露，認識本來面目。故佛家之修持，實與科學相合。

舊古皮質，兩者是否同一作用，尚未得到科學上研究結果。現時僅知其為控制生理活動之機能，兼有發動與抑制新皮質活動之作用。皮質既分舊古兩種，用途自當有別。依唯識學理：則舊皮質為儲藏過去生活印象；古皮質則為儲藏原始覺性部份。卽如來藏識。綜合言之：卽新皮質為主管現在行為之意識機能，屬於前六識範圍；舊皮質為積藏過去生活經驗之意識機能，屬於七八兩識的範圍；古皮質為保藏原始覺性之機能，屬於第九識範圍。

最近有人將三種腦皮質譯為新腦系，舊腦系、原始腦系三種。謂三個系統的協調，因種種原因而紊亂。新腦系管精神世界，舊腦系管身體領域。日間生活環境和活動形態，能使各系統之間，產生甚大的不平衡。而此種不平衡狀態，可延長到睡眠時間內。如是吾人心身活動之混亂，能使三個腦系之間狀態紊亂，以致睡眠不安。是腦間既確有互相影響之力，則舊腦系不僅專管身體領域，亦兼管潛意識活動。原始腦系之管理任務，亦為精神部份，始為合理。此點原報告未予提及。（見五十四年微信新聞）

大腦新皮質活動之原動力，存於舊皮質，舊皮質之原動力，存於古皮質。故新皮質為舊皮質所控制，舊皮質為古皮質所控制。此卽說明過去業習悉存於舊古皮質。因業習為活動勢用之能羣，力量較強，故對吾人行動，有決定性之影響。否則無以招果。新、舊，古皮質相互間有制衡作用：在醒覺時各種皮質，均在活動，惟新皮質之活動特強。熟睡時則一律停止活動。在淺睡或作夢時，新皮質雖停止活動；而舊古皮質並未停止活動，故稱之為腦髓睡眠。足證夢中景象，為過去印象之重現。故多模糊不成片斷。（另詳）深睡時稱爲身體睡眠，此時卽無夢。如次表：

A代表新皮質　B代表舊古皮質

㈩代表興奮　㈠代表抑制

A㈩　B㈩——拘束性的覺醒（必然醒覺）

A㈠　B㈠——解放性的覺醒（選擇醒覺）

A㈠　B㈩——淺睡（腦髓睡眠）夢時

A㈠　B㈠——深睡（身體睡眠）

大腦皮質之舊古兩種，與新皮質之作用，既各有不同，故不易同時顯現。顯現時亦有強弱之分。彼此間且有抑制之力量發生。受容器之機能與外界接觸部份，均受制於新皮質而起現行；但其行動印象仍被舊皮質所吸收。故人死以後，前六識雖失其效用，而業力尚存。迨招果時，業力中之能量，卽隨其招果之事物而散發。否則永存於八識田中。故因果無法逃避。但古皮質活動加強時，可以抑制舊皮質中之能量，不作亢進之活動。修行人卽係增強古皮質之活動，以抑制新舊皮質。能量具有轉化之功能，心識之勢用較強者，可以轉化事物之能量。故煩惱可爲菩提，胥視吾人對能量之轉化力如何耳。

五十五年徵信週刊報導：腦部有兩個主要部份：一爲內腦，其作用是控制人類的呼吸脈搏率及其他基本作用。一爲包括在內腦外表的新腦，其主要作用是使一個人「像個人樣」，此語似係指人類所獨具之理智活動而言。內腦只有一個緊握的拳頭同樣大，新腦僅大如葡萄。此點似與受熏之久暫有關。彭飛博士認爲既有精神的存在，應佔有一個特定的空間，但尙未發現精神所藏之地區。彭飛博士是以精神與物質作同樣觀察。物質既佔有空間，精神亦應佔有空間。果其如此，則精神亦爲物質矣。腦神經爲受容器而非發動機，已另有記述。根據報導謂人類腦子相同。天才並無與衆不同之處。但腦部組織雖同，而效用各殊，計算機能於數分鐘內分析一人須費數年之時間始能得出答案之問題。是腦部並不靈於機器。惟腦部之唯一特點非機器所能比擬者，即腦部有學習功能。人類所學到的知識，可以改變腦部的化學體及腦部之結構，此精神對物質之影響力也。又據報導意識可以殺人之事例：將判死刑之囚犯雙眼矇上，然後假裝用刀在其頸動脈上一劃，並將旁邊之自來水龍頭稍爲打開，使水滴地有聲時，即告知囚犯：你的動脈切開了，現在血流出來，不久你將死去。半小時後，此囚犯在毫髮未傷之情形下死去。此一事例，即足說明精神左右物質之功能。

根據前記腦皮質問題，則全部大腦皮質，皆爲精神寄托之處。惟生命之寄托處，似在髓腦而不在大腦皮質。因大腦皮質割去以後，僅失去知覺，尙未失去生命。髓腦割去以後，則立即死亡。足資證明。至髓腦是否亦爲精神之寄托地區，尙無所聞。

宇宙有兩大問題：一爲究極的存在與無常的現象世界如何轉變問題；一爲靈知之心識與頑鈍之物質如何連結問題。前者從動能中可以略窺底蘊。後者爲心物之關係，當從生理上求得答案。

因生理介乎心理、物理之間，可作二者之橋梁。「識緣名色，名色緣識」。二者互爲依倚。故大腦皮質爲心物之綜合體。佛家稱之爲淨色。俱舍論與普光記均以根爲最勝自在，有大勢用。足見根不同於其他物質。矧大腦爲諸根之總管，神經之中樞，自更勝於諸根。生理學家知腦皮質有三種，而所談功能，只有新舊兩種。實不澈底。故生理學實有與佛學配合研究之必要。

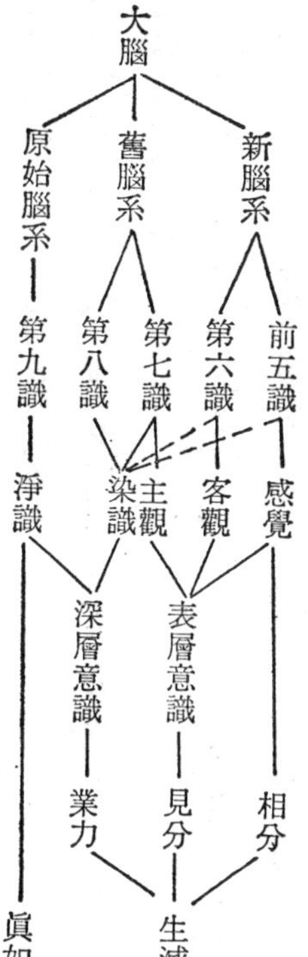

大腦皮質之儲藏過去經驗，屬於能之功用，前已述及。能由精神的可變爲物質的。大腦皮質之分三種，卽係由不同時間之精神活動所影響而產生之生理與物理現象。時間愈久，印象愈模糊，則大腦皮質所呈現之形狀，亦較平滑而少紋路。心理學家吳偉士認爲學習過程中所保存的動作，是由於大腦皮質的變化。每一次外來刺激傳達至腦部時，大腦皮質卽產生一次新的紋路。並指出每種心理活動在大腦皮質上各佔有一個區域。關於心理活動之最正確見解，莫如承認大腦皮質上的模式活動。學習的經驗，在大腦皮質上構成無數的皺紋。此種皺紋，卽是無數行爲模式所在。每種模式牽動皮質上不同部份的許多組神經元。但許多模式，有其統一行動，構成意識的統一性。

生理學家認爲各種精神現象的變動，均依存於腦皮質各種機能的變動。而各種皮質機能的構造，依存於各種神經元連繫路徑的變動。神經連繫的複雜化或精確化，（另詳）便控制了精神。精神機能的發達，精神現象，也隨之發達。準此以觀，是動物之心靈，完全是以大腦皮質爲其發動機。而各種神經元，又爲造成大腦皮質之原料，此外殆別無所謂心靈也。實則大腦皮質與神經元，不過傳達意識之工具，非發動意識之工具也。其作用等於電器只能傳達電流，而不能產生電流。如意識由大腦皮質所產生，應有左列各種現象：

一、人類對於同一事物之刺激，應有同一之反應。但事實上並不如此。足證大腦皮質與神經元並非主動者，而爲接受意識之被動者。

二、人死以後，如非因腦病而死，則大腦機能，旣未損壞，應能控制其他健康部份，繼續活動。但在呼吸停止以後，大腦立卽失其效用。在睡眠時呼吸未停，而大腦之反應亦弱。

三、現在科學發達，無論腦部組織如何細密，當不難仿造。但迄今尙未聞有作此嘗試者。電腦仍須假借人工之操縱，非能自動也。

心理學家認爲吾人神經能的基本作用，是由動作電流在細胞中存有電流與外界電流之份量不同，因此外界事物刺激細胞，細胞末梢反應，發生流動電流而刺激神經中樞。神經中樞，又以過去事物所留印象，遂發生反應作用。此種說法，除上述三種問題不能解答外；尚有左列問題，亦無法解答。

一、此所謂過去經驗之印象，究竟儲藏於何處？大腦不過徑寸之地，竟將廣袤數萬里，重疊數萬次，歷時數十年之事物，一一儲備待用，實無法從生理上獲得圓滿之答案。而在一刹那之間，調閱舊案，毫無錯誤，非有靈知作用，僅憑機械程序之反應，實爲不可理解之事。

二、對於同一刺激而又有同一過去印象之事物，甲乙二人，應發生同一反應作用。但事實上恒千差萬別。是同經而不同驗。足證意識之活動，絕非機械之因果法則。且與一般物理及生理，迥異其趣。

腦波

由神經細胞活動時所發生之電波，稱爲活動電流。（所有細胞活動時，均可生起活動電流，名爲生物電氣。）隨着細胞的活動所發生的電氣振動的集合現象，便是腦波。腦髓振動的波型，由神經狀態的變化而生變動。（了知此句意義，卽可知心理影響生理物理。）腦波的基本型態，正常狀態的成人，約爲下列五種：

一、熟眠時的徐波：一——三（五）

二、將入眠時的波型：四——七

三、醒覺而無念慮時的安靜波型八——十三

四、注意集中及思考時的波型：十四——十九

五、興奮時、旺盛時、緊張時的波型：二〇——三〇

此外尚有一種在淺睡時波型，呈現紡錘形，爲每秒一三——一四的振動。腦波爲直接表示腦髓活動狀態，間接表示意識水準及精神狀態的客觀徵標。（信號）依照腦波形態的運動客觀的表示，可能得到意識現象之生理機序之表明及大腦新、舊、古皮質間的相互關係。

腦波有顯著的個性，彼此絕不相同。此種個性，由於腦紋的差異。故腦紋可作人類個性的客觀標幟。腦波的電氣活動，亦可作人性考察之參考與精神內容之判斷。腦髓之活動，屬於生理現象；其所發生之腦波，屬於物理現象；其所欲表示之意識內容，則屬於心理現象或精神現象。因此有人認爲意識活動，必須隨着生理活動所生的物理活動而產生。此倒因爲果之說也。由生理刺激物理，固可刺激心理而起反應作用。但生理之活動與物理之變化，則受制於心理。故生理與物理，可以刺激意識，而不能生起意識。如內心慚愧，則面紅耳赤；內心恐懼，則面色蒼白。皆心理影響生理之顯例。內心悲慟，則眼眶流淚；內心思梅，則口中生涎。皆心理影響物理之顯例。如從能所一如之觀點而言，則心理、生理、物理爲三無差別之一體、用、相，彼此間皆具有影響作用。如就相分、見分之觀點而言，仍有主從之別。是儲藏於腦皮質者與存在於其他各部門者，雖同樣爲能，在其活動之初，不無強弱之分。至其影響之結束，則視意識活動之因素而定。無距

離遠近之分，無時間久暫之別。在意識者爲主因，其餘則爲助緣耳。如曾母嚙指而曾參心痛，此不同空間之能可作同樣活動所發散之電波也。如事態尚未發生而有預感，或事過而餘悸猶存，此不同時間之能可作同樣活動所散發之電波也。

心識之活動既廣，自不限於腦部。惟因腦有特種之殊勝功能，故其感應較爲敏捷。亦如電機之敏於收電也。遍虛空皆爲電波所能到達之處。心識之活動，隨電波之發散，無所不在。惟腦部之感應特強耳。凡心識之活動，其電波必先透過腦神經，然後及於全身，且可遍及全宇宙。惟在身軀以外，行相甚細，不易求證耳。

第八識中藏有器世界種子，此唯識學者所共許。腦部爲第八識之發動機，徑寸之地，何以能變現廣漠無際之宇宙？誠如上節所記，不能使人無疑。李渤問智常禪師云：「芥子納須彌，莫妄語否」？師答曰：「人傳使君讀萬卷書，還是否」？李曰：「然」。師曰：「磨頂至踵，如椰子大，萬卷書向何處着」？要言不繁，足破迷悶。然僅就事上作答，非論理也。須知大腦所存者爲執受大種，乃無始以來執我之勢用與持種功能所結合而成之心電受容器，實不足以盡心識之範圍。心量可大可小，舒捲自如。心念虛空，則此心遍滿於虛空而無遺漏；心念毫端，則此心全繫於毫端而無賸餘。所謂放之則彌六合，卷之則退藏於密。即心識之活動情形。意識活動，電波與能量，亦同時活動，且不受空間之限制。心識爲能羣，受腦電波之刺激時，即發生反應活動。而其活動無微不入及無遠弗屆。惟一能控制心識者，只有過去之業力，(能)非大腦所限制也。大腦僅具受容器之作用，其任務爲接受外來刺激，以傳達心識。大腦既非心識之本體，亦非心識之所依。只受心識之控制而活動，非能控制心識之活動。

腦神經之反應

腦神經對於意識活動所生起之反應，根據意識論可分爲無條件反應與條件反應兩種。無條件反應，係先天的生得性；乃自發性的反應。條件反應，係後天的獲得性，乃誘發性的反應。動物之行動，亦分爲本能的行動，與習得的行動兩種：本能係指先天性的行動；習得係在生長中由學習所獲得之行動。前者以無條件反應爲基礎，後者以條件反應爲基礎。反應之形成，皆保存於大腦皮質以內。動物由外在環境之刺激而起意識上之反應而有行動。其收受儲藏及發動反應之神經細胞，約一百四十億。大腦皮質內之神經元約爲百億。故能儲藏複雜之生活經驗。其每種經驗，皆能發生反應作用。以犬爲例：如每次擊鐘時飼犬以肉，則此犬以後一聞鐘聲，卽便垂涎。是鐘聲爲垂涎之條件，垂涎爲鐘聲之反應。其說甚當。惟不受外境之刺激，由意識之自動而產生之行動，視爲無條件反應，如性欲與食欲之衝動是。此說則頗爲牽強。因一切反應，皆由刺激而來。決無所謂無條件而自生之反應。所謂生得性與先天性，並非此生所獲得，乃係多生以來所獲得之經驗。換言之：卽過去生中所獲得之經驗。惟歷時過久，印象模糊，不自知其經驗之所自來耳。生理學家與心理學家每談到本能，卽不推究其本能從何而來。宇宙間無一本有之事物，各有其關係的存在。物質之生滅變化，旣由能之活動使然；則意識之生滅變化，應亦不離能之活動因素。動物受外界之刺激，卽係由能之活動以刺激神經細胞；此種神經細胞，亦爲能之結合體，在過去生中曾經參加動物之生活活動，遂構成動物之意識經驗。生理學家與心理學家將在前生者視爲本能；在此生者，則視爲習得。其實皆經驗的再現。亦卽皆爲條件之反應。不過能之活動，因時間之久暫不同，而刺激性之大小有別。故反應之強弱亦有不同。佛家所稱之業力，由熏習而來，卽曾參加過去意識活動之能羣也。

條件反應之心理作用，多於物理生理之作用。以水溫之感覺反應爲例：在燒水時以手置水中，當水溫達四十三度時，血管收縮，卽起痛覺。此爲無條件反應。屬於生理作用。如每次於水溫達四十三度時，卽聞鐘聲。則以後一聞鐘聲，卽起溫覺。如每次於水溫達六十三度時卽見光芒，則以後一見此光芒，卽起痛覺。此爲正常之條件反應，屬於物理作用而又兼有心理作用者，此種條件反應，一經養成習慣以後，卽可發生異常狀態之條件反應。如前例：見光時雖所觸之水溫爲四十三度，而其所起者爲痛覺；聞聲時雖所觸之水溫爲六十三度，而所起者爲溫覺。是生理物理，完全受心理之影響。此就現世而言。若循此公式以逆推前世，則一切感覺，皆有由心理形成之可能。孔子所稱之習遠，與佛家之熏習，皆同一理。

條件反應，可以分爲若干次元。如眼瞳受光之刺激而收縮，乃無條件之反應。如在每次發光以前先聞鈴聲。則以後一聞鈴聲，眼瞳卽便收縮。此爲第一次元之條件反應。如再易實際之鈴聲爲口述之鈴聲，眼瞳亦卽收縮。此爲第二次元之條件反應。漸至見鈴字或思及鈴字，眼瞳亦隨之收縮。形成第三次元以上之條件反應。已遠離實際事物而呈現反常現象。熏習之力，不可思議也如此。

吾人之內臟，本爲自律神經所控制。但外部之刺激，亦可控制自律神經。由於條件反應之形成，可以控制內臟及身體各部。五官爲外部刺激之受容器，內臟爲內部刺激之受容器。兩種受容器之反應，有相同之法則。惟外部刺激反應之形成，只須數十次之實驗；而內部刺激反應之形成，則須數百次之實驗。足證自律神經，曾受多生之熏習而成爲本能，故其改變亦難。因內臟機能，爲各類衆生所共有，不因輪廻之影響而改變，故積習較深。外部器官，各類衆生，各不相同。經一次不同之輪廻，卽有一次之改變，故積習較淺。深者難改而淺者易改，此定理也。但衆生生活方式不同，亦易影響外部器官。受容器種類如左：

一、外部受容器：爲五根，接受外面能之變化，如視覺、聽覺、觸覺、壓覺、溫覺、嗅覺、味覺等。

二、內部受容器：爲各種內臟，接受本身能之變化，如有機感覺等。

三、固有受容器：爲腱肉、耳內半規管、前庭部，接受運動能，如平衡感覺與張力等。

四、侵害受容器：爲皮膚及內臟各感覺器，接受痛覺能之變化。如痛覺是。

內臟機能，係由大腦中之舊皮質所控制。新皮質之活動，可以刺激舊古皮質。亦猶機關中處理公文，因新案而調閱舊案也。吾人意志之活動，雖由新皮質所控制，而舊古皮質往往有決定性之影響力。此卽異時而熟之業力也。瑜伽行者，能用意志控制其內臟，此卽新皮質刺激舊古皮質所發生之作用。新舊皮質，可互相刺激，互爲因果。亦卽種子與現行互熏之作用也。至各種腦皮層何以具有影響吾人生理、心理及物理之能力，則爲能之招感作用。因舊古皮質中含藏曾參加過去心識之能量，而新皮質則含藏曾參加此生心識活動之能量。一種能量之活動，可以影響其他各種能量，使同時發生活動；且不受空間之限制。可參閱感應問題。

感覺受容器均有能以接受刺激；而生起刺激之事物，亦由能之散發而刺激受容器。故感覺與事物之間，均由能之活動所生之電波兩相接觸而起興奮。而興奮的本身亦是能。因刺激能之型式不同，感覺能反應的型式，亦有差異。如光刺激由於波長的差異，可能引起色彩的差異。由光波組合型式的差異，可能引起事物型態的差異。故感覺受容器是事物的分析器。另有一種特殊器官能的學說：謂感受內容，不由刺激規定。而由感覺器官性質的規定。兩說並無牴觸之處。且與佛理相合。由刺激所生之差異，爲現行熏種子；由感覺器所規定之刺激，乃種子熏現行。

精神活動

弗洛依德氏曾以海水中之冰山，比喻精神活動：意識如冰山之峰，浮於海面。冰山之峰，不過是一大塊冰山的一小部份，而冰山的大部份卻隱藏在不可見的海底。精神活動的大部份，是他所發現的潛意識。潛意識是意識的底層，與無意識活動連結而具有原始以來的活動基礎。人類欲求活動受到社會倫理意識的壓迫或其他強烈因素的抑制時，即轉入底層，作潛在的活動。精神分裂症便是表面意識與潛在意識嚴重衝突的結果。此亦可以證明精神之互動與感應。精神分析所發現的潛意識是發源於本能的活動，即種子自身所顯現的作用。精神病態，是理知力（意識）與本能（潛意識）發生矛盾的結果。亦卽高層次與低層次精神力失其均衡的互動。

精神是生命力的高層，亦是生物適應環境的高級機能。精神運動各有層次，各層次間是互動的。高層次的理知力，屬於大腦新皮層部份；低層次爲本能欲求與感情動力，屬於大腦舊古皮層部份。高層次具有檢查低層次的作用，同時亦受制於低層次。此亦各種皮層之互動作用。

精神活動，可分爲四個階段：第一階段，由深層意識發動轉入表層意識，卽由大腦舊古皮質刺激新皮質。第二階段經表層意識表象以後，將事物化成內在的標徵（觀念等）及語言，隨卽發動電腦電波，使心理與生理結合。第三階段由腦波刺激根身顯露意識表徵，變爲語言與行動，遂由生理變爲物理。第四階段由物理上所顯露之意識表徵復回到深層意識，由物理變爲心理。與種現相熏之理，完全相同。

下表所以顯示心物之關係與其變現之過程。在意識未表露以前，純爲心理活動；由意識轉爲語言行動以後，則由心理變爲生理；因語言行動而影響生活環境，則由生理變爲物理。乃種子熏習現行之過程。現行之熏習種子，則與此相反。另一不同之點：種子熏習現行，必須透過表層意

精神活動表

經驗界	物理	心物關係				活動主體	
	物理	生活環境	器世界	塵	↓	相分	能所
	生理	語言行動	根身	根	↑		
	生理	視聽嗅嘗觸	根身	根	↓		
	心理	表層意識	新皮質	六識	↑ ↓	見分	
	心理	深層意識	舊皮質	七八識	↑		
本體界		本覺	古皮質	九識	↑	一如	

識與語言行動，始能影響生活環境。依照表列層次，不能躐等。而現行熏習種子，則不必依此層次。凡生活環境中之一切事物，一經接觸吾人之感官，可不必經由表層意識，亦可直接進入深層意識中留下印象。此印象即爲未來之種子。屬於心理部份。其活動時以生理部份（根身）爲發動機：向外投射之活動，爲語言行動；向內反射之活動，爲視、聽、嗅、嘗、觸。器官雖不相同，仍屬同一根身。故就根、塵、識三者之關係言：並無變更。表中（↑）爲顯示種熏現之順序；（↓）爲顯示現熏種之順序。第八識爲雜染種子，爲根、塵之所依；根、塵亦爲第八識之所依。成唯識論云：「諸法於識藏，識於法亦爾。更互爲果性，亦常爲因性」。攝大乘論亦謂阿賴耶識與雜染法互爲因緣，如炷與焰，展轉生燒；又如束蘆，互相依住。第九識爲清淨種子，乃淨法之所依。（已另記）但不屬於意識範圍，亦超越精神活動之四個階段。精神活動雖分四個階段，而體系應分爲五層。否則無以推知精神所自來也。

通常認定精神活動，均以我爲主體，佛家則主張無我。此爲佛家哲學與其他哲學所不同之點。表尾附列相分見分，卽係說明精神活動之主體。佛家將我與環境，稱爲我及我所；亦稱能所。唯識家就識之活動範圍，稱能爲見分，所爲相分。依現代流行之語文解釋：則能爲主體，所爲客體。表列見分相分範圍之廣狹，並無定型。意識活動之指標愈向內深入，則見分之範圍愈狹；意識活動之指標愈向外擴大，則見分之範圍愈廣。外至根身，內至深層意識，凡見分所及之範圍，皆我也。亦卽第七識之活動範圍，爲我之活動範圍。佛家破我執，亦係逐層破斥。第一層爲根身，乃物理之我，死後歸於消滅。第二層爲意識，乃心理之我，死後僅留模糊之印象於阿賴耶識，分別之心理，卽停止活動。第三層爲深層意識，卽阿賴耶識，乃習氣之我，死後卽爲無形無質（就常識言）之神識，實際上爲一團由生活經驗所熏習之業力，卽由此業力與父精母血相結合而產生新生命。通常以此輪轉之主體爲我。古皮質之活動，則超越我之範圍，而爲個體與宇宙相連結之樞紐。其所含藏者爲淨識種子，卽如來藏識，屬第九識範圍。在染識業力停止活動時，始能顯現。至此境地，則爲能所一如、物與同胞之大我。熏習之我，卽不復存在。大乘莊嚴經論云：「清淨空無我，佛說第一我，諸佛我淨故，故佛名大我」。偈中所指空無我及我淨句中之我，均爲拘限於根身之小我，屬於意識活動之見分範圍。過此範圍，則爲智境而非識境。表列見分相分，卽表示精神活動之範圍。

感應

凡屬感應，卽是全體的活動，極微弱的刺激，能使身體全部加入反應系統。其他事物與精神之感應，亦復如是。但有程度上之差異，及覺與不覺之分耳。斯墨次整體論說明一切事物，在其本身以外，都有其力場。事物與其力場是連續的存在。事物的性質，隨力場的變動而變動。如鐵在磁場中變爲磁鐵，卽其一例。

感應是一種互動，任何力場，均由反應而顯現其全體性。月暈而風，礎潤而雨，此古人對感應之常識也。至經科學證明之物理感應，更不一而足。如照相底片對光線之感應，水銀柱對溫度之感應……等，無法列擧。精神上之感應，亦無殊物理。雖無法從現象界求得共同之證明，但其爲能力活動之反射作用則一也。

宇宙萬有，均受氣化的支配，而氣化又隨時、隨地、隨物均進入感化系統；又隨感化之形式而有不同之性能。存心正大光明者，與神明之氣化相通；慈祥愷悌者，與生發之氣化相通；陰險狠毒者，與肅殺之氣化相通；欺枉狡詐者，與乖厲之氣化相通。有感斯通，通必以類。感應之機，只在一念間耳。

一九一二年，英國心理學家馬耶士創用精神感應術，（亦作傳心術）將甲心中所有之印象，傳至乙心中，如電之互相感應。此事似未聞其繼續發展。然按之互動原理，似非不可能。心中印象，能量之慣習耳。動則爲電波。甲乙互傳，不過空間之滲透作用，有何不可。證羅漢果者，卽有羅漢之印象；證佛果者，卽有佛之印象。塵障掃除，則一切皆通而無碍，寧止他心之印象而已。

近來兒童遊戲中，有一種心電感應遊戲法，可供生理、物理、心理及佛學研究之參考。參加遊戲者共爲五人，以一人立於四人之中央，須閉目排除雜念。餘四人環立於中立者之前後左右，分別以手指輕觸中立者之項背及兩肩；並於四人中指定一人作鬼。（童戲凡保密者均稱之爲鬼，無其他含義。）不令中立者得知，作鬼者默數數字，由一至十，周而復始。餘三人則默念作鬼者之姓名。約經一分鐘後，則見中立者身向作鬼者傾倒。據中立者云：因感覺一種外來壓力，使心臟及腦部不舒適，身體失去平衡，自動傾倒。予自試亦是如此。惟有時心多雜念則無效。以兒童爲之，則屢試屢驗。此事與科學原理，頗能相合。因吾人醒覺時，大腦新皮層活動甚強，能以意志支持身軀之直立。睡眠之時，新皮層力弱，意識停止活動，故身軀不能直立。心電感應遊戲法，卽是根據此一原理而來。中立者之排除雜念，係使大腦新皮層停止活動，減低其支持身軀之力量。作鬼者默數數字，係集中腦力使不分散。其餘三人默念作鬼者之姓名，係使其腦電波趣向於作鬼者一人之身。而加強作鬼者腦波之活動力。中立者腦波電流之力旣弱，一遇外來之強力電流，卽被其吸引。故身軀亦隨之傾倒。通常稱腦力爲心力，亦卽所謂精神作用也。佛家之重視願力，亦與此一原理相合。由佛菩薩度生願力所發散之能量，形成強大之電波，遍佈虛空，遇緣卽合。故虔誠念佛者，皆得見佛，卽心電之感應作用也。

感應有在事前者，有在事後者。事前稱爲預感，有醒時預感與夢中預感，爲同一形式。皆由因中種子成熟，在未來之外在事象中所含藏之能量（電波），已開始活動，投射至吾人之大腦舊皮層時，使潛在意識中具有與外在事象同樣經驗之能量，因受外來能量之刺激而起活動，遂成夢中預兆。其經由舊皮層映射至新皮層者，則成醒時之預感。其由腦皮層傳達至身體各部，則有眼跳、心跳、肉跳種種感覺。卽係由部份能量活動之增強，使心電活動失其平衡，故發生特異之感覺。此爲業力影響心理、生理之形式。如爲衆生之別業，所感者只係一人。如有較強之共業，可以影響各種事物，使其發生異乎尋常之現象。成爲心理以外之預兆。因身心活動與一切事物之活動，均有互動作用。在心識上則爲感應作用。惟人類因雜念太多，故感應遲鈍。其他動物之心識，只有本能之活動，缺乏理智的分別。故對於一切事物之預感，特別敏捷。如房屋將火，鼠必先遷；水災將至，蟻必先遷。凡此種種，不一而足。

夢中境象，爲多生所經歷之印象。其參加過去生活，具有經驗之能量，因有部份散逸，故印象不能完全無缺。或非同一經驗之能量，因有部份混合，而產生奇異之夢。如於某處曾見牛，於某處曾見龜，於某處曾見兔。此三種經歷之能量一部份散逸，而不能得見全牛全龜全兔；一部份混合而見龜生牛毛，兔生牛角。醒後以龜毛兔角爲幻妄，而不知其爲牛龜兔三種殘影之混合相也。賴耶識爲不斷活動之種子識，醒時則刺激前六識，一切活動，皆透過第六識，夢中則直接顯現。故精神集中者，必見於夢中。如孔子之夢周公，莊子之夢蝴蝶，修行人之夢佛。皆醒時意識之重現於夢中者。故夢亦爲生活經驗之縮影。至超生活經驗之定位意識，則與夢不同。故至人無夢，卽係已入定位，不受世法之干擾。是夢在吾人生活中，佔有大量之時間，且可影響吾人之情緒。醒時有苦、樂、憂、喜，夢時亦然。

以往以夢爲偶然發生，對腦部無刺激，經實驗而否定。克里特曼與艾塞藍斯基兩博士發現人在睡眠時，眼睛有時發生迅速的動作。實驗人員將睡眠者之眼睛動作，腦波類型、呼吸與皮膚等對電震之反應，一一爲之記錄。根據眼睛動作，確定夢時兩種不同之睡眠狀態：卽熟睡時眼睛之動作迅速；小睡時無此動作，僅有輕微有規律之呼吸，與一種穩定而緩慢之心跳。此兩種睡眠，產生兩種不同之夢。眼睛之迅速動作，被認爲與夢相符。夢中幻相，代替醒時影響吾人之外在刺激；夢中幻相亦成爲吾人醒時看到事物所引起之同樣反應。史丹福大學戴曼特博士因此否定夢是偶然的之傳統觀念。氏謂：「如果吾人將在睡眠中所發生之任何精神活動看作夢，則吾人在整個睡眠中，均在夢中」。此種關於睡眠之新論，一反佛洛依德之主張。認睡眠不獨不是對腦部全無刺激，而且是最大精神活動之時。在熟睡時夢中所發生之腦部活動，常常大於醒時之腦部活動。(見五十三年七月十八日香港工商日報)此與腦波問題、睡眠時之電流問題，不知能否配合，尙待研究。但眼睛動作與前述理論，頗能相合。因種子識旣爲吾人生命之主體，在一期之壽命中，並未離開吾人之軀殼。則其熏習功能，亦無間斷。在熟睡時只是大腦新皮質（前六識）不起現行。舊皮質(七八兩識)爲支持生命之活動力，無片刻之停止。心法中之等無間緣，應係指第八識之功用而言。因業力餘勢，使其不斷熏習也。第六識在睡眠時不起現行。過去事物之回憶與工作之繼續進行，係由第八識刺激第六識所生起之意識。故無間爲第八而非第六也。戴氏新論，實有至理。

夢中與鬼神相通，應爲可能之事。但鬼神旣有靈感，何以不於人在醒時與之相通，而必待夢中？因六識了境，必以前五識爲緣；前五識必以五根爲緣。而五根只能接觸有形事物。所謂肉眼碍非通，擧一可以概餘。鬼神爲超現實之事物，自非五根所能接觸。第六識雖能直接緣法塵，然只限於憶念過去曾經事物，或構想未來事物。思想活動雖能超現實範圍；但不能接觸超現實之事物。因大腦新皮質係隨知識之進步而逐漸發達。是新皮質不啻爲現象事物之受容器。一切超現實之事物，皆爲其所隱覆而無法顯現。故鬼神之交接，只能借助於夢中也。因夢中係以具有受熏磁力之賴耶識爲活動之主體，此時潛意識之活動力強，鬼神可以與之相通。人在童年時往往能見鬼神，而成年人則不易見，卽係新舊皮質活動之強弱不同，而效用亦有差異。以佛家術語言之，則爲第六識受六塵之蒙蔽，不得現行。催眠術亦係使第六識不起現行，然後精神可以相通。凡此皆由腦電波之活動線路不同，故反應有差別。夢位意識之作用，卽是如此。佛家認爲第六識有五位不現行：㈠無想天；㈡無想定；㈢滅盡定；㈣極重睡眠；㈤極重悶絕。是第六識之活動範圍，在佛學上係以現象事物爲限。證諸生理亦然。

夢中能得未來事物之預兆，亦爲習見之事。因一切事物之發生，皆有電波，一經與腦電波接觸，卽發生感應作用。「說曹操，曹操便到」。是因曹操來此之行動意志所起之電波，流向主人處，刺激主人之腦電波，因此遂想到曹操而說曹操。說曹操是果而非因。此類預感甚多，並非巧合。但醒時預感，不及夢中之顯明，亦因舊皮質較新皮質更爲敏感之故。在醒時新皮質之活動特強，使舊皮質受其抑制，不易發生預感之效用。夢中新皮質停止活動，故能有預感。

第五篇　行持

教相

如來說法，適應衆生之機。敎義不同，當機則效。不論對任何經義，如能澈底了悟，皆能證道；只視衆生之根基如何耳。如藥性有溫、涼、燥、濕之殊，對症即愈，在效用上原無高下之分。阿含四經，爲修行之基本要義，實係五乘共法，並不限於羅漢道也。臺家列爲小敎，賢首列爲藏敎，皆貶之也。法華之判爲圓敎，以其「無二亦無三，惟有一乘佛」也。是法華亦承認各種敎義，皆係一乘佛法。而判敎者既推重法華，又違反法華之經義，於一乘之外，強分二乘，皆偏見也。

小乘自度，大乘度人，此其不同之點。增一阿含經云：「阿羅漢以專精爲力；諸佛世尊，以

悲為力」。是阿含亦言大乘也。又曰：「自己沒溺，復欲渡人者，終無此理。……自不沒溺，便

能渡人，可有此理」。是阿含亦主張度人；但須先能自度。此就修行之次第而言。至學人之發

心，則必以大乘為標的耳。故教相之大小，應視發心之大小而定。志在自利者，則為小乘；志在

利他者，則為大乘。八萬四千法門，只須一門深入。任何經論，皆為入道之方便，阿含自不例

外。

四諦與十二因緣，皆見於阿含經，故被認為小乘。但文佛於出城時見病者與死者，覺人生之無常苦空，遂生厭離之感，因而出家。是由四諦而入道。其在菩提樹下靜坐時，因觀十二緣起而悟道。是文佛所修者，均阿含法門也。故小之與大，只是發心不同，不在行門之差異也。

四諦為對初機人所說之淺近法門，但其理則通於大乘。天臺宗安立四種四諦，以配藏、通、別、圓四教。一為生滅四諦：苦、集、道三諦，係依因緣而有實之生滅，滅諦可視為實之滅法。此乃立於實生實滅之四諦。故謂之生滅四諦。是小乘卽三藏教所說。二為無生四諦：苦、集、道之三諦，如幻如空，無實之生與滅。滅諦本來自空，不生不滅，了此苦、集、道之因果，當體卽空，而不見生滅。故謂之無生四諦。卽通教之所說。三為無量四諦：於苦諦涉於界之內外，而有無量之相；乃至就道諦而有無盡之差別。此乃大乘菩薩之所修學。故謂之無量四諦。卽別教之所說。四為無作四諦：煩惱卽菩提，故無斷集修道之造作；生死卽涅槃，故不須滅苦證滅之造作。如此離斷證造作之四諦。故謂之無作四諦。是圓教之所說也。依此解釋，則四諦原無定相，實可

貫通各乘也。

涅槃經解四諦之苦為逼迫相；集者能生長相，滅者寂滅相；道者大乘相。道為四諦之主體。既稱道為大乘，則不得視四諦為小乘所修也。苦、集為修道之因，滅為證道之果。前三諦原無大小之別，而道又為大乘。則所謂小乘者，非指四諦而言，要視其發心如何耳。如其所發之心為度生，則為大乘；所發之心為自度，則為小乘。是心有大小，而道無大小也。又道指入正道而言，以能通於涅槃，故以道名。涅槃原無大小之分，逮視其住與不住耳。

有集而後有苦，有道而後有滅，此為因果之自然順序。而四諦順序，則與之相反。據大毘婆沙論：觀苦集二諦，如伐樹然。先伐枝，（苦）後伐根，（集）必先知苦而後知集。觀滅道二諦，如問道然。必先知道名，（滅）後始問道。（道）先說證滅，後說修道。知此道為趣滅道。瑜伽師云：「先以緣三諦道，斷迷三諦愚；後以緣道諦道，斷迷道諦愚。故先現觀滅，後乃現觀道。譬如有人先觀他面，知其好醜；後欲自知面好醜，故取鏡照之。由此因緣，先現觀滅，後現觀道」。信、解、行、證，為學佛之四個階段。苦、集、滅、道，即係依解、行順序排列，解在先而行在後。知苦而後能斷集，知滅而後能修道。此四諦之順序也。

十二因緣之生起門即苦集二諦，還滅門即滅道二諦。是四諦與十二因緣，只有詳略之分，並無實質上的區別。又道諦中原包括六度萬行，並無大小之別。緣起性空，為各宗共同之哲理，亦無大小之別。從其修行之次第言，皆有別教與始教；從其最終之目的言，皆為通教與終教；從其究極之果位言，皆爲圓敎與頓敎。此就俗諦以言敎相耳。就眞諦言，則一切皆泯，無可安立。

學佛之目的，不外斷除我法兩執。修緣起觀者了知法無自性；修四諦者了知集滅之因，皆所以破我法二執也。其不能破者，非法門之過，乃發心之不廣耳。大般若經云：「如來昔在菩薩位時，常勤安住苦、集、滅、道聖諦，故證無上正等菩提」。又云：「要由廻向一切智智而住苦、集、滅、道聖諦，乃可名眞住苦、集、滅、道聖諦」。是說明四聖諦爲大乘也。

宗密大師判敎爲三種，以配合禪家之三宗：一爲依性說相敎，即唯識派。以漸除妄念爲主；配合禪家之息妄修心宗。二爲破相顯性敎，即般若與三論派。以專念本體爲主；配合禪家之泯絕無寄宗。三爲顯示眞心即佛性敎，即華嚴、法華、湼槃等。以自己眞心，即本體佛性；配合禪家之直顯心性宗。此種判敎分宗辨法，將各種敎義，置諸平等地位。只就修行方法，予以分別。自較前此之判敎法爲殊勝。其實淨土宗兼有三宗之功用，且係見之於修持與實證者。如曰：「都攝六根，淨念相繼」，即所以排除雜念。如曰：「專念彌陀，一心不亂」，即係專念本體。如曰：「念而無念」，如曰：「自性彌陀」，即是以自己眞心，爲本體佛性也。故淨土一門，兼有各敎之長。雖措辭簡易，而說理圓融；雖修持簡易，而證果圓滿。故先德判爲易行道。

性、相、空、有，爲佛學中之最大區別。因相宗即係有宗，故往往誤以性宗即係空宗。實則略有差別。禪源諸詮集都序列有性宗空宗十異，辨之甚詳。其中最著者：㈠性宗有我，空宗無我；㈡性宗表詮，空宗遮詮；㈢性宗以諸佛自體有實功德，空宗以無有少法名菩提。是性宗空宗確有不同。但性相空有，僅就名相之對待而言。哲學分宇宙爲本體界與現象界兩種，性宗空宗，均指本體界而言，其在法理上原無差異。能證空者即能證性。判爲始敎者，僅就學理之次第而言。在修證上原無始終之別也。江味農居士以般若爲至圓至頓，不應判爲大乘始敎。係誤以學理上之次第爲修證次第也。所謂學理上之次第，如著作中之章節，係就說理之順序編排，前後同一重要。空宗與性宗，亦猶是也。

大般若經云：「甚深般若波羅蜜多，能生如是諸佛功德，由此故能生諸佛。亦說諸佛從甚深般若波羅蜜多生」。又云：「甚深般若波羅蜜多，能示諸佛世間實相，名諸佛母。能爲諸佛顯世間空，故名佛母」。此與「一切諸佛皆從此經出」。同一意義。細玩前後經義，因般若之遣相，而使實相顯露，故生諸佛。如劇中人登場，必先揭幕而後始能顯現。遣相卽係揭幕工作。故般若爲學佛之必經階段，非學佛之最後境界也。特能證般若者，卽能證得最後境界耳。江味農居士以一切諸佛皆從此經出，則此經應爲至圓至頓之大乘終敎。是誤以敎相爲證相也。除上喻外，亦可以暗室爲喻，以說明遣相與顯性之關係。在門牕未開以前，人在室中，一無所見；門牕既開以後，則室外景物，歷歷在目。室外之睹室內亦然。此時內外交澈，物我無間。門牕之開也，爲遣相工夫。一切景物，因此現前。未開以前，本自具足，不欠分毫，亦不假任何施設。故遣相卽所以顯性。性以遣而現，不以遣而生。此般若之所以稱始敎也。性宗只是說明一切景象，非施設一切景象。但欲見景象，須開門牕。是遣相在先，而顯性在後。此性宗之所以爲終敎也。故終始之別，僅就學理次第言，非有輕重之別也。然眞如體上，一法不立。般若一面遣虛妄之相，一面顯空寂之性。判爲始教，係偏就遣相之功能以言，而遺其顯性之功能。非至當也。

長水沙門子濬於其所著起信論疏筆削記區別各教。謂一經容多教者：如華嚴中具說十善十惡，卽人天教也。說四諦十二因緣，卽小乘教也。具列地位，卽分教也。三天偈云：「法性本空寂，無取亦無捨，性空卽是佛，不可得思量」。卽始教。「如心佛亦爾，如佛衆生然」。心佛衆生，三無差別，卽終教。初發心時，便成正覺，卽頓教。一切無碍，卽圓教也。文佛初期說法，原欲擧全部教義，以示學人。惟衆生根器不同，領悟者少。始因機施教，有種種不同之說法。故在華嚴以後，有各種經義，所以順化宜也。

宗鏡錄云：「有眞有妄是法相宗；無眞無妄是破相宗；立眞立妄、非眞非妄是性宗」。眞爲本體世界，妄爲現象世界。法相宗承認兩種世界的存在；破相宗否定兩種世界的存在。性宗認爲從眞起妄，現象界卽是本體界所產生。離本體無現象之可言，離現象無本體之可言。故雖二者俱存，而又均無自性。

萬善同歸集云：「諸佛如來，一代時教，自古及今，分宗甚衆。撮其大要，不外三宗：一、相宗；二、空宗；三、性宗。相宗多說是；空宗多說非；性宗惟論直指。……教中或說是者，卽依性說相；或言非者，是破相顯性。惟性宗一門，顯了直說，不說是非」。佛家分宗判教之種類甚多，有使人無所適從之感。只有三分辦法，簡明賅括，可以斬斷許多葛藤。

基師旣成識論，更爲述記。然文字艱深難讀。其門人疏通述記之作，復有八種；唐人章疏之可考者又百餘種。卷帙甚多，自不免失之繁瑣。禪宗起於唯識宗盛行之後，主張不立文字，直指人心，見性成佛。與唯識宗有格格不入之勢。唯識處處談相，禪家則爲之遣相；唯識家處處分別，禪家則斷其分別之心。熊十力居士謂其矯枉過正，慮非梵土佛家之本旨。實則遣相係本諸空宗，見性係本諸性宗。詳參般若、淨名、法華、涅槃諸經，卽可知矣。至由繁入簡，自係進一步之修持方法。禪宗盛行於唯識之後，皆勢使然也。

唯識雖收萬有爲三性，而其言曰：「生無自性性；相無自性性，勝義無自性性」。無性之性，卽般若之空義。識論云：「若執唯識是眞實有者，亦是法執」。如來說法，適應衆生之機。有時說有以遣空，有時說空以遣有。有爲事，空爲理。談事時則有立無破，談理時則有破無立。此應機說法之方便耳。若語其究極，則事卽理也，三性皆爲三無性所否定。故有非定有。理卽事也，一切空皆爲空空所否定。故空非定空。遮詮表詮，語雖有別，要皆歸之於不可言說之實相無相。惟在說理時有正反之不同，而宗其說者，又往往執一偏之見。談有則事事皆有，談空則處處皆空。此學人之病，非佛理之病也。賢首宗判唯識爲分敎，以其未臻完善之故，亦純就崇有之敎相而言。非唯識之究極學理也。

唯識三性與大乘之三宗及三法印，可互相配合。如唯識偏計執的遣除，相當於大乘之空宗與三法印之諸行無常；唯識依他起的明辨，相當於大乘之有宗與三法印之諸法無我；唯識圓成實的強調，相當於大乘之性宗與三法印之涅槃寂靜。故唯識亦可兼攝各宗，不應專隸有宗。惟因名相過多，文字艱深。非有師承，不易研究。至使此一具有高深哲理之佛學，不能爲多數人所瞭解，良爲可惜。

工夫

內典中所言之頓漸與定慧及一般之修行方法，不專指某一行門而言。各種行門，重點雖有不同，而共修之方法則甚多。略而言之：則不外治心與觀心兩種。四諦十二因緣，有治亦有觀。六度以般若爲觀，餘多爲治。治卽止也定也。觀卽慧也。語異而義同。西洋哲學，向外探索，故無治心觀心之說。不求自助，惟求他助，遂寄其希望於上帝。在形式上略近於淨土法門。但與念自性佛之說，大異其趣。儒家亦主張反省；但係偏重治心。不免心中有物，終不離有爲法之範圍也。道家（專指老莊哲學）則偏於觀心而忽於治心，因其否定一切有爲法也。故不免墮於斷滅。西洋哲學，等於空中樓閣，不切實用。東方哲學，爲理行一致之實用哲學，能與生活打成一片。惟儒道各有所偏。佛家哲學，治心而兼以觀心，則更爲具體耳。

治心爲識心用事，卽正心誠意工夫；觀心爲眞智顯露，乃格致工夫。至此境界，工夫二字，亦係勉強安立。以言語道斷，心行處滅故也。辯宗論云：「伏累滅累，貌同實異，不可不密。滅累之體，物我同忘，有無一觀；伏累之狀，他已異情，空實殊見。殊實空、異已他者，入於滯矣。一無有，同我物者，出於照也」。伏累卽治心之謂，滅累卽觀心之謂。惟此處滅字，當作淨字解。伏累係勉強學問，須假漸修之功；滅累則根塵迥脫，頓悟本性。故曰：「假知者伏累故，理暫為用，用暫在理，不恒其知。眞知者照寂故。理常為用，用常在理。故永為眞知」。孔門弟子中之日月至焉者，皆不恒其知之故也。顏子之屢空，乃眞知寂然之故。此治心與觀心之不同也。

人心惟危，道心惟微。危者當治，微者宜觀。心雖是一，而體用不同。故所治所觀之心，不能說是一，不能說是二。所治者依他所起之習心；所觀者法性顯露之眞心。習心由六根對境而生，幻妄不實，為道之障，故宜治。眞心係本具之覺性，在聖不增，在凡不減。只須回光返照，當下卽是。故宜觀。此一問題，係修行之重點所在，亦佛家之特色。一切行門，均不離斯二者。

明儒史玉池謂本體與工夫是分不開的，有本體自有工夫，無工夫而無本體。試看樊池問仁，夫子卻敎他做工夫。曰：「居處恭，執事敬，與人忠」。凡人於日用間總不外居處、執事、與人這些生活情況。學者求仁，居處而恭，仁就在居處；執事而敬，仁就在執事；與人而忠，仁就在與人。此工夫卽本體。與佛家之「但盡凡情，別無聖解」，殆同一說法。黃黎洲云：「心無本體也，工夫所至，卽是本體」。佛家所謂「起居坐臥皆佛事，語默動靜皆為禪」，卽以工夫為本體之意。張無盡居士護法論云：「金剛般若云：『是故如來說一切法皆是佛法』。摩維詰經偈曰：『經書咒禁術，工巧諸伎藝，盡現行此事，饒益諸羣生』。法華經云：『資生業等，皆順正法』。

傅大士、龎道元豈無妻子哉。若也身處塵勞，心常淸淨，則便能轉識爲智。猶如握土成金，一切煩惱，皆是菩提。一切世法，無非佛法」。大乘佛法之精神，不辭入世以度衆生。世間之法，皆佛法也。

摩訶僧祇律云：「絃緩不成音，絃急不成音。……精進太急，心生結使；精進太緩，心生結使。不急不緩，心渟鑒徹一切」。此數語爲修持指針之最正確者。因太緩則舊有結使不能斷除，太急則易起新的結使。念佛貴在不雜用心，太緩便有空隙，雜念乘虛而入；太急則多了一個急的雜念。緩的本身不是病，病在雜念不能去；急則雜念易去，而急的本身，又成了雜念。二者須調和適中。但與其緩也寧急。此專指修淨土者而言耳。至禪人之用功，當行所無事，則又寧緩勿急。緩雖難求速效，但無他病。急則致病，爲修禪之大忌，不可不愼。

佛家之修行法門雖多，要在一心不亂。荀子云：「好書者衆矣，而倉頡獨傳者壹也；好稼者衆矣，而后稷獨傳者壹也。……自古及今，未有兩而能精者也」。儒家之愼獨，亦兼有內外一致之意。程子謂：「主一之謂敬，無適之謂一」。佛家之一心不亂，亦此義也。

頓漸問題：大戴禮記勸學云：「不積跬步，無以致千里；不積小流，無以成江海」。又曰：「楔而不舍，金石可鏤」。此日新又新之意。人心之習染，亦積漸使然。故去習亦當以漸。能遠得一分習，便近得一分性。爲學在求益，爲道在求損。損益不同而漸則同。但其中亦有差異之處：卽習之積也，爲漸非頓；而習之損也，則漸中亦有頓焉。如建屋然，須積年累月而竣工。而折毀僅須數日；遇有烈焰，則旦夕而爲灰燼矣。故先德主漸修亦主頓悟。胥視行者有無壯士斷腕之決心耳。

宗鏡錄云：「若先修而後悟，斯則有功之功，功歸生滅；若先悟而後修，乃無功之功，功不虛棄」。有功是欲望上的肯定善，就世法而言；無功是欲望上的否定善，就出世法而言。佛家之有無，卽指欲望之有無而言。在說理時過於簡略，易生誤解耳。因悟而修者，如行舊路，一往直前，需時自少。因修而悟者，如行新路，探索前進、需時自多。故遲速不同，而悟則一也。是悟而後修，只是了悟修行之方向耳，非悟道也。禪宗多有悟後起修之說。如六祖所謂悟時自度，卽其例也。

頓漸之說，爲先德所爭論不決之問題。予以學佛須積多生以來之功德，厥非一蹴之功，爲漸無疑。此生之修持雖同，而過去之宿根則異。故相有頓漸，而用力則同。慧遠大師無量壽經義疏云：「言漸入者，是人過去曾學大法，中間習小，證得小果，後還入大。大從小來，稱之爲漸。故經說言：『除先修學小乘者，我今亦令入是法中』。此是漸入。言頓悟者，有諸衆生，久習大乘，相應善根，今始見佛，則能入大。大不由小，因之爲頓。故經說言：『或有衆生，世世以來，常受我化，始見我身。聞我所說，卽皆信受，入如來慧』。此是頓悟。漸入菩薩，藉淺階遠；頓悟菩薩，一越解大」。大師之言，亦是重視過去之修持。並非過去生中，毫無善根，此生遂能一越解大。是此生之頓悟，由過去之漸修而來；此生之漸修，亦有來生之頓悟。若信心堅定，一念可徹萬年，則萬年亦同一念也。是漸即頓也。禪源諸詮集都序云：「因悟而修，即是解悟；若修而悟，即是證悟。然皆只約今生而論。若遠推宿世，則惟漸無頓。今頓見者，只是多生漸熏而發現也」。又云：「先頓悟，後漸修，如日光頓出，霜露漸消；孩子頓生，志氣漸立；猛風頓息，波浪漸停」。依此解釋，是悟後境界有淺深之別。故因修而悟爲一階段，由悟起修，乃另一階段。禪宗所談者，多爲悟後修持工夫。

圭峯禪師四句料簡：「一、漸修頓悟，如伐樹片片漸斫，一時頓倒。二、頓修漸悟，如人學射，頓者箭箭直注意在的，漸漸久久方中。三、漸修漸悟，如登九層之臺，足履漸高，所見漸遠。四、頓悟頓修，如染一綟絲，萬條頓色」。永明延壽禪師謂上四句多約證悟，惟頓悟漸修，此約解悟。如日頓出，霜露漸消。華嚴經說：「初發心時，便成正覺，然後登地，次第修證」。據此兩種說法，則第四句之頓悟頓修，應作頓悟漸修。然萬條頓色，又分明係指頓修而言。故說明頓、漸、修、悟之各種境界，應增頓悟漸修一種，方能賅括。但此就文字組織作說明耳。實際境界如何，惟有修證經驗者能知。非門外漢所能代擬也。

入楞伽經於頓漸問題有兩種主張。如云：「淨自心現流，次第漸淨，非爲一時。譬如陶師造作諸器，漸次成就，非爲一時。又如大地生樹，及人學音樂歌舞，皆係漸次成就，非爲一時」。此指漸修而言。又云：「如來淨諸衆生自心現流，一時清淨，非漸次淨。譬如明鏡，無分別心，一時俱現一切色像；……譬如日月，輪相光明，一時遍照一切色相，非爲前後；譬如阿黎耶識，分別現境自身資生器世間等一時而知，非是前後」。此就頓悟而言。有漸次之修行，始有一時之頓悟。二者並無矛盾之處。

禪

梵語禪那，譯爲靜慮或思惟修。實則禪爲證悟本體之學，卽中國之所謂道也。大學首章之三綱領及止、定、靜、安、慮、得數句，用作禪那之解釋，無缺義亦無賸義。故禪卽道也。三綱領之明德，卽覺也。止、定、靜、安，卽止與寂之義。慮與得，卽觀照之義。惟儒家對大學之解釋，純就世法言，不涉及形上學理。而有關形上學理之格致問題之釋義傳文，又付闕如。至引起後儒之爭論。使先聖之微言大義，隱沒不彰，良爲可惜。

初期傳入中國之禪爲安般禪，其修持方法，爲靜坐觀心，卽止觀法門。自達摩祖師來華以後，始有不立文字，直指人心，頓悟成佛之宗門禪。前者須調身、調息、調心三者並重。後者只論見性，不拘任何形式。惟宗門禪現已幾成絕響，今所存者僅歷代禪德之公案而已。

安般禪以數息爲主，各種禪書，均主張數入息不數出息，而未語其原因，存疑至今。釋禪波羅蜜次第法門有較詳之說明：「何故數入息？一者易入定，隨息內歛故；二者斷外境故；三者易見三十六物故；四者身力輕盛故；五者內實息貪恚故。……不許出入一時俱數。何以故？以有息遮病生在喉中，猶如草葉，吐則不生，咽則不入，此患生故」。未經親證者，對所述仍多不解。

惟隨息內歛四字，卽足以說明數入息之殊勝。

靜坐時手足之左右上下，如何安置？各書所載不同。有謂左足右手在上者；有謂右手右足在上者。令人無所適從。智者大師修習止觀坐禪法要所載調身法。謂半跏以左脚置右脚上，牽來近身，令左脚指與右髀齊，右脚指與左髀齊。全跏卽以右脚置左脚上。其義安在，不能無疑。近閱慧遠大師涅槃經義記謂：「偏袒右肩，示有所作。右膝着地，釋有三義：一、右膝有力，跪能安人；二、右膝有力，起止便易；三、右多躁動，著地令安。故坐禪人右手右足，皆令在下」。據此解釋，則右手右足在下，有生理上之調劑作用。又智者大師亦主張以左手置右手上。但謂「令左手小指頭拄右手大指本」。似係覆掌相合之相。其他各書，則係主張以一手掌仰置另一手掌之上。若就生理姿勢言，仰置較爲省力，未知孰是。

蔣維喬居士於其所著靜坐法內，述其靜坐經歷：在身體發熱以後，手足舞動，過若干時間以後，卽便停止，不再舞動。初疑此事與止與定之義不符，似係外道禪相。後閱智者大師所著禪波羅蜜次第法門卷五云：「行者於未到地中，證十六觸成就，卽是初禪發相。云何是證？若行者於未到地中，入定漸深，身心虛寂，不見內外，或經一日乃至七日，或一月乃至一年。若定心不壞，守護增長。於此定中，忽覺身心凝然，運運而動。當動之時，還覺漸漸有身如雲如影發動。或從上發，或從下發，或從腰發。漸漸遍身。上發多退，下發多進。動觸發時，功德無量。略說十種善法屬，與動俱起。其十者何？一定，二空，三明靜，四喜悅，五樂，六善心生，七知見明了，八無累解脫，九境界現前，十心調柔軟。如是十法，與動俱生」。智者大師所修者爲安般禪。當時宗門禪尙未來華，禪人皆遵安般。自有宗門禪以後，安般禪卽成過時之物，習之者少，知之者亦少。智者大師所著禪書，計有兩種：一爲止觀坐禪法要，一爲禪波羅蜜次第法門，均爲禪人必讀之書。了凡先生所著之靜坐法輯要，亦曾談及十六觸。太虛大師講禪學云：「慧思初依慧文修學，發八觸而得初禪」。此後對此一問題，卽寂無所聞。又元曉法師起信論疏謂坐禪動相，除十六觸外，尙有餘觸八種：一動，二痒，三涼，四暖，五輕，六重，七澀，八滑。此八觸並非俱起。或有但發二三觸者，發時亦無定次，然多初發動觸。

安般禪以止觀爲其修持方法。談止觀之著作，汗牛充棟，無暇遍閱。湛然大師止觀輔行傳弘訣最爲簡明、如云：「或正用觀而宜息觀，或正用止而宜照止。照止故止卽成觀，息觀故觀卽成止」。觀中有止，是照而常寂也。止中有觀，是寂而常照也。止觀之義，盡於是矣。

秦檜問圓智法師云：「止觀一法耶？二法耶」？師曰：「一法也。譬之如水，湛然而清者止也，可鑒鬚眉者觀也。水則一耳。以衆生心性，有重昏巨散之病，用止觀爲藥，救而治之，歸一法界之全體。法界寂然爲止，寂而常照爲觀。止觀明靜之體，豈有二耶」。檜悅，施錢五萬緡，以建法堂。業重如秦檜，苟說理圓融，亦能感悟。闡提皆有佛性，不患衆生之不能度，特患度之不當機耳。

儒家之談動靜，亦猶禪家之談止觀，其實皆調心也。周濂溪云：「聖人定之以中正仁義而主靜」。朱子解之云：「苟非此心寂然無欲而靜，則又何以酬酢事物之變，而一天下之動哉」？程子云：「一陽復於下，乃天地生物之心。先儒皆以靜爲見天地之心。蓋不知動之端，乃天地生物之心」。又曰：「前日思慮紛擾，又非禮義，又非事故。如是止是狂妄人耳。懲此以爲病，故要得虛靜。其欲得如槁木死灰，又卻不是。蓋人活物也，又安得如槁木死灰。除是死也。忠信所以進德者也。何也？閑邪則誠自存，誠存則爲忠信也。如何是閑耶？非禮而勿視、聽、言、動，邪斯閑矣。以此言之：又幾時要身如槁木，心如死灰」？是主靜在心，不以形骸分動靜也。朱子云：「動時靜便在這裏，動時也有靜。順理而應，則雖動亦靜也。事物之來，若不順理而應，則雖塊然不交於物以求靜。心亦必不能得靜。惟動時能順理、則無事時能靜。靜時能存，則動時得力。須是動時也做工夫，靜時也做工夫。……雖然動靜無端，亦無截然爲動爲靜之理」。此自非禮勿動而來。只談到止的一面。陽明始兼談止觀。曰：「心無動靜者也。其靜也者，以言其體也。其動也者，以言其用也。故君子之學，無閒於動靜。其靜也常覺，(觀)而未嘗無也。故常應。其動也常定，(止)而未嘗有也。故常寂。常應常寂，動靜皆有事焉。是之謂集義。集義故能無祇悔。所謂動亦定，靜亦定者也。心一而已，靜其體也，而復求靜根焉，是撓其體也。動其用也，而懼其易動焉，是廢其用也。故求靜之心卽動也，惡動之心非靜也。是謂動亦靜，靜亦動，將迎起伏，相尋於無窮矣。故循理之謂靜，從欲之謂動。欲也者，非必聲、色、貨、利外誘也。有心之私皆欲也。故循理也，雖酬酢萬變，皆靜也。濂溪所謂主靜，無欲之謂也。是集義者也。從欲焉，雖心齋坐忘，亦動也。告子之強制，正助長之謂也。是外義者也」。佛家所謂寂而常照，照而常寂。卽王氏所謂常應常寂也。乃至隨緣不變，不變隨緣，皆動靜一如之理。王氏之言，曾得禪宗三昧者。

英譯中陰救度法附述大手印修持法，頗近參禪。如云：「所謂心不動者，若何是其不動之相？此所謂不動者，若何而能得其保持？云何從彼不動，有其動生？卽於所謂保持不動之時，其間究竟有無所謂動者生？動與不動，究如何而分別？所謂動者，其動相又何若？如是以至於究竟若何由彼所謂動者轉令成爲所謂不動耶？於上諸問，如一一自行嚴密推究，結果應至於了達於彼所謂動者，實不一不異於其所謂不動者；所謂不動者，亦實不一不異於其所謂動者」。以上所云，實具有動靜一如之甚深哲理。如能反覆推究，於佛學亦思過半矣。

宗門禪：禪宗來華以後，分爲敎門禪與宗門禪兩種：敎門禪依敎義而修，宗門禪則不立文字，直指人心。惟求悟證，不求知解。以言語不能了第一義諦也。趙孟頫臨濟正宗碑記云：「佛以大智慧破一切有，以大圓覺攝一切空，以慈悲度一切衆生。始於不言，而至於無所不言；無所不言，而至於無言。夫道非言不傳，傳而不以言，則道在言語之外矣。是惟佛法最上乘。如以薪傳火，薪盡火傳不窮」。寥寥數語，道盡禪宗要旨，可謂知言矣。

高麗僧人義天於宋代來華，學天臺敎觀之道。嘗謂「古禪之與今禪，名實相遼也。古之所謂禪者，藉敎入禪者也。今之所謂禪者，離敎說禪者也。離敎者執其名而遺其實；藉敎者因其詮而得其旨。救今人矯詐之敝，復古聖精純之道」。義天奉詔，再定經錄。六祖壇經、寶林傳等皆與焚棄。宗門禪與教門禪門戶之見極深，義天特其代表人物耳。然詆宗門爲矯詐，未免過當。若必謂藉教始能入禪，則文佛當日，又有何教可藉？明哲法師云：「叢林所謂直指人心，見性成佛。卽吾宗介爾有心，三千具足也」。執如來禪祖師禪之辯者，觀此可以息矣。

禪師接人，或喝或咄，或棒或摑，或杖或踢，意在使學人於急遽間不假思索擬議，排除一切識心，直接道出，始是由性天中所流露者，稍一思索擬議，便係識心用事。與道不相契，非故作狂態也。

禪宗之謹守戒律，類似律宗；參話頭，一心不亂，類似淨土宗；重視因果，類似相宗；直指人心，見性成佛，則爲性宗；呵佛罵祖，則似空宗之遣相；以平常心辨道，則似華嚴宗之無碍觀；不離空有，不執空有，則似中道義；一切皆如，則似不二法門。故雖稱教外別傳，實係兼攝各宗。因人施教，方式不同。但其目的，則在實證本體。

禪宗語言，多超越常識。惟有此悟境者始能言之；亦惟有此悟境者聞之始能了解。如海客談瀛洲，只能爲海客言之，不足爲外人道也。禪人相見，各有悟解不同，機鋒自別。與甲言者，不必宜於乙。故問答因人而異。尤貴在速道，方是從至性中流出。所謂如擊火石，似閃電光。急着眼看見。若或擬議躊躇，便雜有識心，不能契機。爲禪家所忌。因第一義諦，不落言詮。機鋒上的語言，只是接引學人之方便，原不足以見諦。如來說法四十九年，自謂不曾道着一字。拈花一笑，迦葉已證涅槃妙心。維摩不語，已示現不二法門。慧可默立，已得祖師法髓。彼等何曾道了一字。趙州云：「至道無難，唯嫌揀擇」。纔有言語，卽是揀擇。故禪語本爲多事，語錄更是節外生枝；而頌古拈古，實類畫蛇添足，已落下乘。乃後人更就千七百則公案，從事研究之，註釋之，強作解人，則不啻癡人說夢。但隨俗浮沉，不免心爲物累。禪家語言，有脫黏去縛之功，閱之足清塵累。故研究工作，爲之猶賢乎已。

禪家語言，直指心性，故遣相第一。所謂佛是乾矢橛，佛是蔴三斤，及古佛與露柱相交……等等，無非平等一如之意。謂之爲呵佛亦可，謂之爲贊佛亦可，正不必強作分別。圜悟禪師云：「宗師家說話，絕意識，絕情量，絕生死，絕法塵，入正位，更不存一些法子。纔作道理計較，便纏脚纏手。且道他古人意作么生。但只使心境一如，好惡是非，撼動他不得。便說有也得；說無也得；有執也得，無執也得」。學禪目的，在求親證實相。故必須脫粘去縛，使現象界的森羅萬象，不爲我累。如心中有一物不曾去掉，卽爲一物所累。一切分別心皆物也。必須超情離見，掃除一切分別心，始能達到心境一如境地，不爲物累。所謂擔水搬柴，無非妙道；拉矢散屁，無非佛事。法身旣遍宇宙，更無一法孤立於宇宙之外。則佛之與水與柴與矢與屁與蔴與露柱，無非大自然之一體。更有何不同，而強爲分別。分別多而去道日遠。故禪家之言，卽所以掃分別之相，不得視爲綺語。

六祖菩提本非樹……四句偈語，五祖認爲亦未見性。當時僧衆，頗不爲然。壇經謂五祖恐人損害能師，故作此語。實則六祖之偈，只道得空的一面。有體而無用，非性德之全。必也不滯有，不滯空，非有非空，卽有卽空，空有兩俱不着，始爲無相，着空亦相也。故云：「亦未見性」。迨聞五祖開示以後，始澈底了悟眞性。觀其在聞法以後所述自性五句，卽較前偈說理圓融。如本自具足，能生萬法二句，卽爲偈語所未道及者。有此二句，則事理俱足，才是活潑潑的自性，不是滯空的自性，故五祖爲之印可。至神秀之偈，只語修持工夫。以言三學，不過一戒字耳。尙未到達定字階段，實不足以語慧也。更遑論見性。六祖之偈，已由定而入於慧，惟尙欠圓融耳。後人多以六祖之偈，卽已見諦。乃二乘之見。若果已見諦，則五祖喚其入堂以後，卽可傳授衣鉢。不必於羣情猜忌之氣氛中，匆遽間爲之說法；六祖聞法後，亦不必狂喜。觀其連用五個何期二字，卽係頓悟之驚喜情況。其頓悟之機，在應無所住而生其心一句。前此之偈語，只是無住的一面，而缺少生心的一面。是偏空也。悟後空有雙擧雙遮，卽是無住而又生心的境界。至此始是見性。故不覺狂喜也。禪宗重在直指心性。性有靜的一面，亦有動的一面。無住生心，非靜亦非動，始能見性。如偏於靜的一面，則住於空，是無住而未生心也；偏於動的一面，則住於有。是生心而非無住也。

禪人參話頭，由疑而悟，此人所共知也。惟未悟、將悟、已悟各種境界如何？禪宗書籍，罕有詳言之者。善淸禪師謁黃龍禪師，龍曰：「子見貓兒捕鼠乎？目睛不轉，四足踞地，諸根順向，首尾一直。擬無不中。子誠能如是，心無異緣，六根自淨，默然而究，萬無一失也」。此參禪之法，不外意志集中四字。才禪師云：「此事我見得甚分明。祇是臨機吐不出，若爲奈何」？靈源禪師告以須是大澈，方得自在。此將悟時景象也。靑原惟信禪師云：「老僧三十年前未參禪時，見山是山，見水是水。及至後來，親見知識，有個入處，見山不是山，見水不是水。而今得個休歇處，依然見山祇是山，見水祇是水」。續傳錄載劉經臺居士，參見性是佛一語，睡醒後追念間，見種種異相，表裏通徹，六根震動，天地回旋。如雲開月現，喜不自勝。忽憶韶山杲禪師有言曰：「爾後或有非常境界，無量歡喜，宜急收拾。若收拾得去，便成法器；若收拾不得，則有不寧之疾或失血之患矣」。姑抑之俟天明趣告智海禪師。師爲證據。且曰：「更須用得始得」。公曰：「莫要踐履否」？師厲聲曰「這個是什麼事？卻說踐履」。公默契。常曰：「余一夕開悟，目之所見，耳之所聞，心之所思，口之所談，手足之所運動，無非妙者。得之既久，日益現前，每以與人，人不能受。然後知其妙道果不可以文字傳也」。凡此經驗，足供參禪者之參考。尤以難遇明師之今日，學人暗中探索。多閱此類記載，亦明師益友也。

禪宗最高境界，須我法兩空，方爲澈悟。也就是心空境空，任運隨緣，摒除一切是非善惡觀念。牛頭融禪師在見四祖前後，卽係兩種不同境界。未見四祖時虎狼繞庵，百鳥獻花。既見以後，鳥獸皆無。先德解答此一公案，各不相同。在未見時則有下列解釋：「異境靈根，覩者皆獻」。或曰：「有錢千里通」。或曰：「金菊乍開蜂競採」。或曰：「富與貴是人之所欲也」。或曰：「天下無貧人」。在已見以後，則有下列解釋：「葉落已枝摧，風來不得韻」。或曰：「無錢隔壁聾」。或曰：「苗枯花謝了無依」。或曰：「貧與賤，是人之所惡也」。或曰：「四海無富漢」。前者皆爲積極的，後者皆爲消極的。諸師所答雖殊，而理則無別。積極的是表示有的一面，消極的是表示空的一面。牛頭未見四祖時，但證人空，無自他之分，故感得虎狼繞庵，百鳥獻花，是尙有境在也。旣見四祖以後，則人境俱空，故鳥獸皆無。心生法生，心滅法滅。有諸內必形諸外。心外之物，皆心中之物也。心無則境亦無矣。爾後師說法時謂：「恰恰用心時，恰恰無心用。無心恰恰用；常用恰恰無」。是以無心爲用心也。此乃大澈大悟以後之言。我法兩空之境也。

臨濟禪師云：「一念心歇得處，喚作菩提樹；一念心不能歇得處，喚作無明樹」。是歇與不歇，爲菩提與無明之分。不歇指動而言，卽不覺心動之謂也。又曰：「菩提無住處，是故無得者」。前云歇者，乃一念不生之景象；後云無住者，乃不執着之謂。故一念不生與無住，乃同一意義。

唐相杜鴻漸與無住禪師論法。無住謂一心不生，則具戒、定、慧，悟無念體，寂滅現前，無念亦不立也。時庭樹鵶鳴，漸曰：「師還聞否」？曰：「聞」。鵶去，又問曰：「師今聞否」？曰：「聞」。漸曰：「鵶去無聲，云何言聞」？師曰：「聞與不聞，非關聞性。聞性本來不生，今亦不滅。有聲之時，是聲塵自生；無聲之時，是聲塵自滅。而此聞性，不隨聲生，不隨聲滅。悟此聞性，則免聲塵流轉。乃與色、香、味、觸，亦復如之。當知聞無生滅，聞無去來」。又曰：「見境心不起名不生，不生卽不滅。旣無生滅，卽不被前塵所縛，當處解脫」。論者謂無住說法，簡當明妙，雅合首楞嚴經所謂聞無生滅之旨。

一切宗教，均建立在信仰上，不容有絲毫懷疑。但其結果，仍不免因信而疑。因其所追求之樂園，無法取證；且爲科學所否定也。佛教信、解、行、證，四者並重。所謂信，信有此眞理；因眞理非盲從所得，必須求解；復因求解而起疑，而精修。合信、解、行爲一，始能得證。在修行階段中，必須有打破疑團之決心。不僅禪宗之參疑情爲然；卽淨土宗之求見佛，亦疑情也。疑情愈重者，修行愈力，而了悟亦愈澈。所謂博學、審問、愼思、明辨、篤行五種，其中審問、愼思，皆係在疑團中求出路。故求知解者，無一不從懷疑中得之。非盲目之信仰也。笛卡兒認一切都可懷疑。對宗教之信奉，尤宜從懷疑中以求解與求證也。

禪淨雙修，爲現時所普遍採用辦法。一般步驟，係先坐後念，或先念後坐，各成片斷。中峰禪師獨主張於念佛時兼參話頭，不免分心爲二，工夫不易打成一片。但吾人平時無論念佛或參禪，均不免雜有他念。念時兼參，雜念反不易入。因話頭代替佛號中之雜念，而佛號亦代替話頭中之雜念也。如在念時忘了話頭，則係佛號打成一片；參時忘了佛號，則係話頭打成一片。兩俱有利。惟不宜以雜念代替話頭或佛號耳。此事就理論上言，應係如此。但實行之結果如何，則不可知，敬以就正於有道。

中峰禪師每以萬法歸一，一歸何處話頭，教人默默提起，密密咨參。但不使間斷，亦不爲物境之所遷流；亦不爲順逆愛憎情妄之所障蔽。惟以所參話頭，蘊之於懷，行也如是參，坐也如是參，參到用力不及處，留意不得時，驀忽打脫，方知成佛，其來舊矣。參禪貴在功夫打成一片，使識心無處落脚。情感不生，即是眞心顯露時。六祖所謂善惡不思，即是本來面目。念佛念到一心不亂，亦無善惡觀念。故念佛與參禪，其目的皆在排除雜念。方法不同，而效果則一。禪師不敎人念佛者，蓋恐人之着相也。其實念佛念到念而無念時，自亦無相可着。參禪而不能打成一片。則話頭亦是葛籐。

美國瑪赫西國際大學神經生理學敎授亞伯拉瓦諾博士於六十三年來華，向臺北醫學及敎育界介紹他深具研究心得的超覺靜坐法：端坐時全神貫注默念一個字，漸漸使身心獲得休閒，比睡眠的休息程度深一倍，能淸心爽神，忘卻一切紛爭。二十分鐘後，思考迅速而富活力，可使心跳平緩，減少心臟的工作量，也可使血壓降低，可以提高做事的能力，思考的能力，學習的能力，對敎學有用。每天兩次，每次二十分鐘。並云類似佛家之靜坐，但不含宗敎意義。實卽制心一處之法也。禪淨雙修時忘了佛號或忘了話頭，卽類似此種超覺靜坐法。

淨

淨土爲易行道，三根普被。有自力與他力之說。印度早期之梵神敎，卽有他力之主張。惟南北兩派，對於他力之中，是否需要自力問題，則主張稍異。南方派謂神之救人，如母貓對未能步行之仔貓，獨力護持，不需仔貓之努力，母貓自能將仔貓運移保育。是爲貓說。北方派謂神之救人，如仔猿必需抱持母猿之胸懷，須臾不離。人之蒙神救助，亦須自己努力，是爲猿說。後來又有啐啄同時之喻，亦自猿說而來。故淨土宗所謂他力，是主張猿說的。此說與三界唯心之教義，似略有出入。但自力與他力，如指臂之相依。動相不同，而力源則一。卽自中有他，他中有自。自他本爲一體，故有感斯應。就緣生之義而言：自力爲因，他力爲緣，因只是一而緣則多。自力如種子。水、土、日光、空氣，隨處皆是他力之助緣。如缺少自力之種子一因，則衆緣之力不顯。自他之互爲依倚，亦猶是也。阿毘曇心論云：「多法生一法，一亦能生多」。又云：「一法由多法生，多法由一法生」。華嚴宗所謂無盡緣起，亦係自他不分。分自分他者，乃就世諦以爲言也。教中對念佛往生，稱之爲他力者，乃度生之方便說法耳。佛力雖能加被，然念與不念，及念之切與不切，均操之自我。是以念爲主，以佛爲助，不得視同他力。

前聞道友謂修淨土者不宜誦般若經，因淨土從有門而入，般若從空門而入，是反其道而行也。驟聞之似覺有理。但證以經義，則不盡然。大般若經三二七卷云：「菩薩摩訶薩爲聽法故，常樂見佛。……常不遠離念佛作意，常不遠離聞法作意。……菩薩摩訶薩常爲利樂諸有情故，雖能現起靜慮無色諸甚深定，而巧方便起欲界心，教諸有情，十善業道。亦隨願力，現生欲界有佛國土」。是般若亦主張念佛往生，並無排斥之意。三九八及三九九卷所述具妙香城各種殊勝莊嚴，與西天極樂國不相上下。是般若亦主張修淨土也。又四六二卷云：「以一花供養恭敬或一稱南無佛陀，均獲大功德，其福無盡」。此贊淨土文也。是般若何礙於淨土。

華嚴爲性宗經典，談修持則不離念佛。如云：「應發無厭足心，求見諸佛，無有休息」。又云：「若能念佛心不動，則常覩見無量佛」。又云：「諸所作業，皆不離念佛」。又云：「一切衆生淨心器中，佛無不現；心器常淨，常見佛身；若心濁器破，則不得見」。是念佛必當見佛，只在能否淨心耳。經云：「寶山如來，不見頂相，觀身左右，莫知邊際」。是遍虛空皆爲佛身，吾身既不在虛空之外，則此心卽佛之一體，只在念與不念，與念之切與不切耳。何處不可見佛。

淨土行者所修，多爲稱名念佛。念佛又有六字與四字之分。亦有念觀音菩薩或地藏菩薩聖號者。均無不可。要在持之以恒。誦經誦咒，亦淨土法門之一。有專誦一經一咒者，或泛閱多經及誦多咒者。專誦一經一咒者，等於念佛。惟泛閱多經者，只在求知解，念既不專，效亦不著。誦多咒或兼念佛者，雖無求知解之分別心，然亦嫌雜而不易專。但久誦成習，雖多亦一也。故專與不專，只在是否持之以恒耳。

圭峰宗密大師禪源諸詮集都序云：「但得情無所念，意無所爲，心無所生，慧無所住，卽眞信眞解眞修眞證也。若不了自心，但執名教，欲求佛道者，豈不現見識字看經，元不證悟；銷文釋義，唯熾貪嗔耶？況阿難多聞總持，積歲不登聖果；息緣反照，暫時卽證無生。卽知乘教之益，度人之方，各有其由。不應於文字而責也」。此爲上根利智人說法耳。吾輩凡夫，不能頓超無學。與其終日迷逐六塵，不能脫粘去縛。尚不如識字看經，藉以排除妄緣妄念。古人所謂以楔出楔，看經識字，亦具此功效。

忙人每苦於無暇念佛，此托辭也。吾人起、居、坐、臥，並非處處事事皆須用腦。念佛原不限於一定形式，亦不限於有聲，則起臥時穿衣脫衣，皆可念也。乘車乘船與散步時皆可念也，寢食時乃至不用腦力之工作時間，皆可念也。

禮佛與念佛有同等功德，且多一身軀活動之作用，有益健康。但須適可而止，不可過於疲勞。在禮佛時必須虔誠，心無雜念，不可流於形式。

慧昭法師嘗勸人以二戒：三十以前，未可念阿彌陀佛；六十以後，不可持消災咒，謂少不知進，老不知止也。時人然之。此右禪左淨之說也。念佛不僅是仗他力求往生，亦修禪方便法門之一。其用力處與如來禪祖師禪並無差別。不得謂爲不知進也。念與不念，仍操之自我，他力即係自力，何損於進？惟念而不專不切，以求助他力，斯則爲不知進耳。持消災咒者多一消災雜念，自不及專心持咒與念佛之殊勝。然較之因災病而廢棄念佛與持咒者，則又當有別。

念佛具有止觀兩種功能：如一心不亂，專念彌陀，可以遣除雜念，此繫緣止也。如回向淨土，觀佛相好，可以發菩提心，此觀照也。曇鸞法師解釋止爲止惡之止，念如來名號及彼國土名號，能止一切惡。因念佛時雜念不生，乃修止時之最爲有效辦法。故當妄念起時，一經發覺，即念佛名號，則妄念不止而自止。繼續念佛，一心專在佛號，則又由止而觀矣。六祖之「不思善，不思惡」，即是修止。「那個是明上座本來面目」，即是修觀。吾人心識之活動，無片刻之停止。如專修止，勉強按捺，則止亦成病。故以觀作代替，即係觀中有止。是以動制動，而非以靜制動也。因以靜制動，則靜亦成動；以動制動，則動即成靜。動能與位能，雖互有消長，而總和不變，物理如此，心理亦然。止之與觀，亦復如是。

西方風俗，稱名爲尊。如子名兼有父母名字者甚多。舍利弗多之母，卽名舍利，可爲一例。中國習俗，避名爲敬，故以所居而顯其名。如曹溪潙仰……等，皆山名也，而以名禪師。故止觀傳弘訣謂稱名念佛，本有敬意。如再加南無二字，則敬之至也。

念佛念經，皆有感應，只在誠心與否？不在經之分別也。有法師謂持般若經最多功德，信否？大珠慧海答云：「不信。……生人持孝，自有感應，非是白骨能有感應。經是文字，紙墨性空，何處有靈驗？靈驗者在持經人用心，所以神通感物。試將一卷經文安着案上，無人受持，自能有靈驗否」？萬法唯心，心誠則靈，爲不易之理。但汲若有遣相之功，亦有殊勝之處。太虛大師因誦大般若經而開悟，可爲例證。此經句句不離空義。持誦旣久，自不覺與空契合，俗念隨消，而發明心性也。

念佛而有感應，人以爲迷信。其實不然。因吾人此心，本爲透明體。吾心佛心，可互爲照見，只以塵垢蒙蔽，不能透明。專心念佛者，塵垢已去，恢復透明作用，自有感應。又兼以心識活動，有電波散發，無遠弗屆。如無絕緣事物（雜念）爲之阻礙，則無處不可通此電流也。何況吾心佛心，俱爲電機，敏於收電，安有不能感應之理。

助道

三十七道品，爲各宗所共修之涅槃道。惟所證不同，各隨其願力與機緣而得不同之果。如天降大雨，普雨天下，根大者受雨多，根小者受兩少。大智度論於此事論之甚詳。如云：「菩薩應學一切善法，一切道。……佛以大慈故說三十七道品涅槃道。……欲求聲聞得聲聞道、種辟支佛善根人得辟支佛道；求佛道者得佛道。隨其本願諸根利鈍，有大悲，無大悲」。是所證雖殊，所修則同。只是發心不同而證果遂異。不僅自修唯然，度生亦如是。論云：「譬如藥師，不得以一藥治衆病。衆病不同。藥亦不一。佛亦如是。隨衆生心病種種，以衆藥治之。或說一法度衆生；或說二法度衆生；或以三法度衆生；或以四法度衆生。……三十七品衆藥和合，足療一切衆生病」。是大乘與小乘，自度與度他，皆同一教義。惟語及究極道之涅槃，則有差別。「於聲聞及辟支佛中不說世間卽涅槃，以智慧不能深入諸法故。菩薩法中說世間卽是涅槃，智慧深入故」。因二乘人沉空滯寂，欲於現象界之外，追求宇宙之本源，誤以出世爲涅槃。大乘知諸法緣生緣滅，當體卽空。所謂實相無相無不相，故視生死爲涅槃。解深密經云：「一切法之性，本來寂靜，自性涅槃也。涅槃故，不可認自性，故說無自性」。是從究極言，無一法而非涅槃；從修行次第言，仍當以三十七道品爲階梯也。

瑜伽師地論以正語、正業、正命爲修戒；正念、正定爲修定；正見、正思惟、正精進爲修慧。此僅就八正道而言。其實各種道品，皆不離戒、定、慧三學之範圍，擧一可概其餘也。

經、律、論所以載道，閱藏以修道爲目的，非僅在求知解也。修道以除障爲手段。障猶鎖也。經、律、論藏之言，皆開鎖之鑰也。其中衆鑰俱備，得通一竅之鑰，斯爲已足，餘皆廢物也。故閱藏宜求契機。自覺與機相契，雖一句半偈，亦不妨反覆持誦，以至終身不捨。自覺與機不契，則一閱之後，不必再閱。如反覆探究，勉強求解。分別多而妄見益多，不可以入道，但志在弘法利生者，則當精通三藏也。如醫病之藥，一味已足。而藥店之中，則當衆藥俱備也。

黃檗斷際禪師宛陵錄載師答裴休問云：「悟在於心，非關六度萬行。盡是化門接物度生邊事。……心卽是佛，所以諸度門中，佛心第一。但無生死煩惱等心，卽不用菩提等法。所以道：佛說一切法，度我一切心；我無一切心，何用一切法」。又曰：「心本是佛，佛本是心。心如虛空。所以云：佛眞法身，猶若虛空，不用別求，有求皆苦。設使恒沙刼行、六度萬行，得佛菩提，亦非究竟。何以故？爲屬因緣造作故。因緣若盡，還歸無常。所以云：報化非眞佛，亦非說法者。但識自心，無我無人，本來是佛」。結語三句，確爲不易之論。但衆生多刼以來，爲六塵所蔽，妄執人我之相。有心而不能識。六度萬行，皆所以破我法二執。二執既破，始能顯露眞常，了識自心。如垢去而鏡自明。若捨六度萬行而不修，坐待自心之顯現。是猶未去垢而望鏡之明，無有是處。禪師之言，係爲上智說法。怠於修持者，不可引爲掩飾之口實也。

魏書佛老志謂：「三歸若君子之三畏，五戒如五常」。其實儒家之倫理哲學，佛家均可盡攝。如儒家之三戒，卽佛家之貪、嗔、癡爲三毒。佛家之六度，含有儒家之智、仁、勇三達德。而慈悲二字，則含攝儒家之一切德目。慈悲而至於無緣與同體，已淨化我見，實卽忠恕與大同思想。故一切德目，只慈悲二字，足以盡之矣。

佛家之所謂隨緣，卽隨順世法，配合時代需要，而不違於俗。儒家喜談禮義，一切拘守成規。禮義多爲過時制度，不善用者，足以阻礙社會之進步。非禮義之弊，守舊之過也。隨緣則可以適應當時需要，只求心念之持平，而不過份重視行爲之形式。是集義所生者，非義襲而取之也。荀子曰：「約定俗成謂之宜，異於俗則不宜」。古今異俗，何必強同。曲禮曰：「禮從儀，制從俗」。原非必需順古也。郭象註莊子云：「夫禮義當其時而用之，則西施也；時過而不棄，則醜人也」。又曰：「夫先王典禮，所以適時用也；時過而不棄，則爲民妖」。又曰：「法聖人者，法其迹耳。夫迹者已去之物，非應變之具也。奚足尙而執之哉？執成迹以御乎無方，無方至而迹滯矣」。又曰：「俗之所貴，有時而賤；物之所大，世或小之。故順物之迹，不得不殊。斯五帝三王之所以不同也」。其言深契隨緣不變之理。故動輒以先王爲法，過份強調禮義，往往與時代脫節。只求形似，無當於理，此後儒之通病也。

衆生之未能成佛者，以習染未除之故。各種行門，均爲除習之方便。惡爲習，善亦習也。故雖日行萬善，只能獲得人天果報，而不能獲得無漏之果，以未能除習故也。心體本無善惡，善惡皆生於習。有習卽不能趣眞如。「有心爲善，雖善不賞」。卽指未能斷習而言。「放下屠刀，立地成佛」。卽指斷習而言。有漏善卽是有欲，無漏善卽是無欲，故其功德無法較量。

佛與衆生，同此一心。心之爲用，剎那生滅。念念之間，有凡有聖。所謂四聖六道，只是生滅不已之心念耳。一念涉及慈悲，即是佛心；一念涉及貪、嗔、癡，即是衆生。行者只是如何延續慈悲之念，使不中斷；如何對治貪、嗔、癡念，使不再起。非於此心之外，另覓佛心也。毘婆沙論記釋種犁迦持刀欲殺佛，其父叱止之。因生悔愧，棄刀稽首，恭敬合掌。聞佛說法，均得預流果。是放下屠刀，立地成佛之說，信而有徵矣。

施捨以心爲主，所施之對象與所施之物，則非所論。大智度論謂舍利弗以一鉢飯上佛，佛以施狗。問誰得福多？舍利弗謂佛之施狗得福多。佛之福田爲最殊勝。而施佛不如施狗。是知福從心生，不在田也。菩薩本緣經偈：「若行慧施時，福田雖不淨，能生廣大心，果報無有量」。

大易之言休咎，亦如佛家之言因果也。惟佛家言因果，重在勸修；大易之言休咎，重在趨避。一則畏因，一則畏果。大易本具勸懲之義，只是學易者，僅究其象數，而遺其義理耳。

「諸惡莫作，衆善奉行，自淨其意，是諸佛教。」一偈。可以含攝全部佛法。就五乘言：諸惡莫作，爲五乘共法；亦爲羅漢道之究極。衆善奉行爲菩薩道，可攝六度萬行。自淨其意，即無念、無住之最上佛乘也。就止觀言：首句爲止、次句爲觀，三句則止觀不二。就教相言：首句爲空，次句爲假，三句爲中道。又首二句有爲法，言事言相；三句攝無爲法，言理言性。首二句言用，三句言體。就六度言：首句攝戒、攝忍，次句攝精進，三句攝禪定與般若。凡學佛之各種行門，皆入此一偈之中，不僅助道已也。

智儼大師華嚴五十要問答：「邪貪者於一切順情之處，純見其善；無善見善；小善見多善。

以善攝惡，俱作善解。故名顛倒。邪嗔者於違情之處，純見其惡；無惡見惡；小惡見多惡。以惡攝善，皆作惡解。故名顛倒。邪癡者善內得惡不覺；惡內失善不知。故名顛倒」。邪貪、邪嗔，是以情見分善惡，乃由我執之故。如孟子所謂：「莫知其子之惡，莫知其苗之碩」。卽係以情見爲好惡。非頭腦冷靜者，不易克服此種情見也。邪癡爲俱生我執，最難斷除。因惡爲善掩，見善而不見惡；善爲惡掩，見惡而不見善。先天智慧，旣無此識別能力，亦不必強求斷除。只須於應事時以利他爲出發點，雖有小疵，原無損於大純。

出家：僧衆包括出家與在家四衆而言，非專指僧尼而言。故學佛並不以出家爲必具條件。大慧杲云：「昔李文利都尉在富貴叢中參得禪，大澈大悟；楊文公參得禪，身居翰苑；張無盡參得禪，作江西轉運使。只遮三大老，便是個不壞世間相而證實相的樣子也。又何嘗要去妻子，罷官職，咬菜根，苦形劣志，避囂以求寂。然後入枯禪鬼窟裏作妄想，方得悟道」。此說明學佛不必捨衆入山。龐居士云：「擔水搬柴皆妙道」。是學佛亦不離治生也。善生經所禮之六方，已將儒家之五倫，包括無遺。佛家所修之十善，較儒家之五常，更爲完備。是學佛並非捨棄倫常也。大乘佛法，重在入世，故出家與否，皆無不可。淨名經云：「汝得阿耨菩提心，卽是出家」。什師云：「雖爲白衣，能發無上心者，以心超三界，形雖有繫，乃眞出家，具足戒行矣」。叔迦經云：「若出家者，或有不修善根，則不如在家。若在家者能修善根，則勝出家」。莊嚴法門經云：「菩薩出家，非以自剃髮爲出家。若能發大精進，爲除一切衆生煩惱，是名出家。非以阿蘭若處獨坐思惟名出家，能於女色生死流轉，以慧方便化令解脫，是名出家。非以自身守護戒律名出家。若能廣四無量心，安置衆生，增益善根，是名出家。非以自身得入涅槃名爲出家。爲欲安置一切衆生入大涅槃，是名出家」。是大乘佛法之精神，要在能修福德善根。如在家能修，則不必出家；如出家不能修，則不如在家。卽以寂靜而言：應以心爲主體。能制心一處，則物不爲累也。否則無在而非物：大地山河，草木土石，風雲星月，無處蔑有。如心不能靜，隨在皆足以障道。

無住禪師偈：「婦是沒耳枷，男女蘭單杻，爾是沒價奴，至老不得走」。家室之累，足以障道。但責任所在，亦不容逃避。文佛入地獄以度生。家室亦地獄也，妻子亦衆生也。但存化度之心，不爲私情所滯，亦大乘佛法之精神也。然而難矣。

學佛而捨衆入山，以求禪定，往往爲世詬病。此儒家之偏見也。袁了凡先生云：「度一切衆生，須德高行備，覺妙智神。一切德行，非禪不深；一切覺智，非禪不發。故暫捨衆生，覺坐求道。如人有病，將身服藥，暫息事業。疾愈則修業如常。菩薩亦然。身雖暫捨衆生，而心常憐憫。於閒靜處服禪定藥，得實智慧，除煩惱病，起六神通，廣度餘生」。是入山學道，不異入校求學。與遁世之士，獨善其身者不同。

施戒：智者大師註法華經，謂「在家施易戒難，出家施難戒易」。因在家終日爲七情六欲所困擾，故持戒甚難。出家人環境淸靜，故持戒較易。在家從事生產事業，獲利較易，故施捨亦易。出家恃信衆之供養以維生活、無意外收入，故施捨亦難。修行人爲其易者功德小，爲其難者功德者大。但心念能平，則難者亦易矣。

諸經論中僅有財施、法施、無畏施三種。基師般若經般若理趣分述讚另增位施、義施兩種。位施係捨榮貴而修行佛法；義施係指爲人演說義理。因法施乃專指演說佛法而言，義施則係於佛法之外，演說各種正理。

財施法施之功德不同，合部金光明經曾作比較之說明：一者法施彼我兼利，財施不爾；二者法施能令衆生出於三界，財施不出三界；三者法施利益法身，財施增長色身；四者法施增長無窮，財施必當有竭；五者法施能斷無明，財施只伏貪心。是財施法施，有世出世法之別，故因同而果異。

人與天地爲一體，草木瓦石無情之物，猶當愛惜。衆生同爲血肉之軀，貪生惡死，與我相同。斷彼之命，快我口腹。彼苦甚劇而我樂有限，於心何忍。反之，彼受一時之痛苦，得消過去之愆尤；我獲一時之快樂，多造未來之罪業，計亦拙矣。楞伽經云：「若食諸血肉，衆生悉恐怖。是故修行者，慈心不食肉。食肉無慈悲，永背空解脫，及違聖表相，是故不應食」。故素食實爲修行之必具條件，亦爲修行之基本條件。

灌頂法師觀心論疏：「殺生屬性罪。不問受戒不受戒，犯時則得罪。餘戒受戒則得罪，不受則無罪」。此專指殺生一項而言。如就因果法則言：殆有擴充解釋之必要。因一切行爲，凡足以留印象於八識田中者，皆當生果。殺生者不獨自己八識田中留有種子，被殺者亦留有印象。故其招感最強。不受戒而得罪之說，當係指此而言。然一切有損於人之行爲：如淫、盗、妄等，雖不如殺業之重。如問心不安，八識田中，已留不安之印象，以招感來世之果。與受戒與否無關。惟受戒者，更多一犯戒之印象耳。此印象爲何？卽曾經參加吾人身心活動之潛能也。受戒爲功德之潛能，故犯戒之罪業更重。至飮酒一項，旣無損於衆生，則非戒不犯。然因飮酒過量而其行爲有損於人，或影響自身之修持者，則亦有罪。如此分別，似亦合理。

求那跋摩因母喜食肉。啓曰：「有命之類，莫不貪生。夭彼之命，非仁人矣」。母曰：「設令得罪，吾當代汝」。跋摩他日煮油，誤澆其指。因謂母曰：「代兒忍痛」。母曰：「痛在汝身，吾何能代」？跋摩曰：「眼前之苦，尚不能代，况三途耶」？母乃悔悟，終生斷殺。身苦人不能代，心苦身亦不能代，惟懺悔足以除之。

支遁幼時嘗與師共論物類，謂鷄蛋生用，未足爲殺。師不能屈。尋師亡，忽現形投卵於地，殼破雛行，頃之俱滅。遁乃感悟。由是蔬食終生。鷄蛋與雄鷄配合者可以孵鷄，無雄鷄配合者不能孵鷄。前者有生命，故稱種蛋；後者無生命，稱非種蛋。臺灣種蛋價高，尋常供食用者多非種蛋，惟土鷄則無分別，故選購時卽當愼重。

中國在原始時代，尙未發展農耕，茹毛飮血，以維生命，勢使然也。后稷敎民稼穡，漸知肉食之非。故曲禮「國君春田不圍澤，大夫不掩羣，士不取麛卵」。王制篇「諸侯無故不殺牛，大夫無故不殺羊，士無故不殺犬豕」。成湯網開三面；齊桓公束牲載書，而不歃血；孔子釣而不網，弋不射宿；孟子之遠庖厨，皆有護生之意。惟先民肉食之習未除，因之採取節約辦法。心有未安，而又勉從習俗。儒家之重視世法，大抵皆然。

衆生皆有佛性，且無量刼來，曾互爲眷屬。故當護惜。佛敎徒之長期素食，不僅身戒，尤當心戒。如心念肉食，是戒未淨也。有將素菜仿效肉食形狀者，維妙維肖；並襲用肉食名稱。是使素食有肉食之感，而心念未淨。孟子曰：「始作俑者其無後乎，謂其像人而用之也」。用尚不可，而況食乎？此事實有改善之必要。

素食之益處甚多：一爲不造殺業，可以利他，亦可利己。被殺衆生死時怨恨之氣所散發之能量，藏於其身，食其肉者，卽將其能量引入自身，發生招感作用，使衆生見而生畏懼與仇視心理。涅槃經云：「食肉者若行、若住、若坐、若臥，一切衆生聞其肉氣，悉生恐怖，生畏死想。水陸空行有命之類，悉捨之走。咸言此人是我等怨仇」。故長期戒殺，動物爲之馴伏、不再走避。是戒殺不僅衆生免被殺之痛苦與延長其生命；本身亦可減少仇敵。是利他而兼以利己。二、使腸胃清潔：植物不易腐爛；且腐爛以後，仍可食用。若干植物，經適當之腐爛，可增加其酵母素，提高營養價值。肉類腐爛以後，卽不堪食。三、爲惜福：祿報受業力之安排，食用各有定量。紀曉嵐閱微草堂筆記言其姪與奴子同時出生，姪夭而奴子永年。紀氏認係祿量相同而奢儉不同，奢者促而儉者久也。四、爲食慾增強：肉食者味覺長受羶羶之刺激，神經爲之痲痺。非經刺激，則食欲不振。長期素食者，味覺敏感，食慾因之亢進。且易吸收。非長期素食者不能領略也。

斷羶以戒殺，斷酒以防亂性。葷辛均爲植物，既無生命，亦非亂性，何以亦在戒食之列？首楞嚴經謂五辛熟食發淫，生啖增恚。是戒食葷辛之原因，以其具有刺激性也。凡食之具有刺激性者，易使生理上失去平衡，使心理失去恬靜，且易成習慣。足爲修道之障。故宜戒食。

天竺三藏求那跋摩對劉宋文帝曰：「帝王所修，與匹夫異。……帝王以四海爲家，萬民爲子，出一嘉言，則士庶咸悅；布一善政，則人臣以和。刑不夭命，役不勞力，則風雨時若。……以此持齋，不殺亦大矣。安在撤半日之餐，全一禽之命，然後爲弘濟耶」。此係對文帝不能持齋之問，乃應機之方便說法。如文帝能簡政輕刑，且願持齋，其答必不如此。故又曰：「道在心，不在事；法由己，不由人」。

「百行孝爲先，論心不論事，論事則貧家無孝子；萬惡淫爲首，論事不論心，論心則終古少完人」。此語不知何人所述，曲當人情，無可非議。惟佛陀制戒，以心爲主。故被淫者以不受樂爲不犯戒，雖夢中亦不例外。佛說轉女身經云：「諸法起於幻，但從分別生，於第一義中，無有男女相」。淫欲起於男女之相。遣去男女之分別相，則欲念不生。但此只能爲上智說法，非中人以下所能幾及，因習心難改故也。但須先制其身，不爲放僻邪侈之行。然後從事心理改造，掃除男女之相。禪人之不淨觀與白骨觀等，皆掃相工作也。此心一淨，則視一切衆生，非我父母，即我兄妹，或我子女，將敬之、友之、護之之不暇，焉有欲念存乎其中。

佛陀制戒，均係適應當時環境，要以自淨其意及不損衆生爲原則。如被人強姦或與人夢交，均以不受樂爲護戒，不責其形迹也。僧尼不許同船或同道夜行；然急難不禁。三衣之制，係因佛陀與弟子嚴寒時在途露宿所制。長阿含第四遊行經記佛入滅時遺戒阿難：「於我滅後，僧伽可捨小學處」。是持戒不必拘守條文。日人木村泰賢曾作此說。予亦有此同感。後人不解佛陀制戒本意，堅執條文，而古意浸失。然較之不守戒律者，又遠勝焉。

文佛行菩薩道時，六度萬行，不可畢述。即以施捨一項而言：多生以來，施捨生命，積骨如山，流血成海。學佛之難，使人望而生畏。然行雖多刼，心止一念。予初次素食，常恐不能持久。迨一經嘗試，先作一番心理建設。假定素食一日，並非難事。今日如此，明日亦然；日日如此，亦如一日；年年如此，亦如一日，則多日即成一日。萬年一念，並不覺其時間之長與次數之多也。凡事之成，成於初念之勇；凡事之敗，敗於轉念之怯。見善事須用初念，見惡事須用轉念。一念差則萬緣俱錯。學道人如能堅持初念，雖萬死萬生之施捨與持戒，原不過一念耳。精神集中者能克服物質之障礙。肉體之痛苦，即物質之障礙也。視此身非我有，則障礙亦無。關羽刮骨療毒，而神色不變。凡人尚爾。菩薩諸相皆空，離我法二執，更無所謂苦與樂也。吾人但發菩提心，是亦菩薩也。有何窒礙之可言？有何痛苦之足畏？

學佛之種種法門，不外熏習意識，使其掃除雜念，淨化人格，以復其本性。但菩薩救度衆生，亦有不矜細行者。如鳩摩羅什大師，以僧人而有妻室，乃迫於情勢，以利宏法耳。今人不守戒律，無救度衆生之宏願，無被人強迫之遭遇。而以大行不矜細行爲藉口。犯戒之事，時有所聞。涅槃經云：「莫輕小罪，以爲無殃。水滴雖微，漸盈大器」。小罪尙不可有。況殺、盜、淫乃罪行之大者，豈容輕犯。

傳燈錄載向居士請二祖懺罪公案，謂「覓罪不可得」。二祖許其懺罪竟。此則公案，亦易爲犯戒者所藉口。不知此就遣相之觀點而言。非否定因果也。因向居士已深切懺悔，心已淨化，故二祖爲之印可。泥洹經云：「壞法犯戒之人，等視如子，慈愍教誡，欲令成就。壞法犯戒，應當苦治，無有過也」。是壞法犯戒之人，非不可度；但當苦治。惟宗門禪惟論見性。以能眞實懺悔爲足，而不究其既往。至一般佛教徒，如無放下屠刀之決心，不得引爲口實也。

天竺主持若納對宋孝宗問懺曰：「經中有理懺與事懺。理懺者端坐究心，是以業障如霜露，皆從妄想生。端坐念實相，慧日能消除。事懺者有五：僅自正心誠意，思惟大乘甚深空義，從善如流，改過不吝。是修第一懺悔。孝事父母，以先四海，是修第二懺悔。正法治世，不枉人民，是修第三懺悔。於六齋日境內不殺，是修第四懺悔。深信因果，心存因果，不忘靈山付囑，是修第五懺悔。不必剋期禮拜，但能行此五者，以事契理，是名第一義懺悔」。所謂以事契理，此不定形式之懺悔也。學佛一切行門，皆以契理爲主。不獨禮懺爲然。但盡凡情，別無聖解，乃大乘佛法之精神也。此答與求那跋摩對文帝之問相同。

胎、卵、濕、化四生，皆有命之類。其貪生惡死，與人同也。殘彼之命，以悅我口，非天地生物之本意也。此事屢與人辯論，無人信受。因一般人均惑於優勝劣敗，弱肉強食之定理，且從人本位立場以立論也。列子說符篇云：「天地萬物，與我並生，類也。類無貴賤，徒以大小智力而相制，迭相食；非相爲而生之。人取可食者而食之。豈天本爲人生之？且蚊蚋噆膚？虎狼食肉，豈天本爲蚊蚋生人，虎狼生肉者哉」？至哉斯言也。

調心

心與境：心力是衆生本具的力量，有不可思議之效用。天地萬物，莫非由心顯現。惟衆生之業感不同，故處境亦異。人畏水而魚樂之，犬逐臭而人惡之。此就衆生而言，好惡各有不同。若以人而論：對事物之認識，各有不同。同一月也，詩人歌頌；盜賊呪咀。任何人不能肯定其客觀上之價值。卽同屬一人，對於同一事物，亦有先後不同之感覺。是主觀之判斷，亦無一定之標準。業習不同，所感斯異。

學佛之各種行門，不外做一個定字工夫。定者定於一境之謂，並非空無所有之謂也。只須放下衆緣，淨念相繼，斯卽定也。淨土宗的念佛觀想，密宗的持咒，禪宗的止觀與參話頭，同一作用。遺敎經所謂：「制心一處」，與唐譯華嚴經所謂：「禪波羅蜜，念一境故」。均指專一而言。所謂一處一境，還是有所繫緣，並非空蕩蕩一無所有，但須繫於一緣，不雜用心耳。

斯托亞學派以不被任何物欲所擾，以保持心的平靜爲幸福。達此理想，須排除反自然而隨從自然之本性生活。(卽理性生活)通常以爲善的如健康、名譽、財產以及生命本身，均無任何價值。反之疾病、屈辱、貧困亦非惡。總之德之自身以外，何物均無價值。其所謂德，係以義務與克己爲原則。並認世界一切是絕對理性之作品，故主一元論。

宏智禪師云：「習習春風，絲絲春雨，一等沾濡，十方周普。甘草得之甜，黃連得之苦」。此所以說明同因異果及同境異心之理。是法平等，無有高下。苟此心不爲六塵所染，則無在而非樂土。此心爲甘草，則所受風雨，皆甜之增上緣；此心爲黃連，則所受風雨，皆苦之增上緣。心分甜苦，非境有甜苦也。

儒家之正心誠意，與佛家之淨念，同一意義。惟佛徒之耽於靜境者，恒放下世緣，專修佛事。儒家則主張不捨世緣。但隨緣易而不變難。爲上智人說法則可，非所以語於一般學人也。釋迦牟尼佛以戒爲師之遺教，其用意在爲大衆說法。因衆生之心，終日逐物，遂爲物轉。莊子所謂：「與接爲搆，日以心鬪」。謂心與境相接觸而發生好惡是非之觀念。使心與境相鬪，無有寧時。故曰：「道不欲雜，雜則多，多則擾，擾則憂，憂而不救」。出汚泥而不染，於動中以求靜，乃大聖賢之修持功夫；以之責望於衆人，實不可能。故衞道之士，敎人以正心誠意，而不能躬行實踐。非不明此理，乃無此方法耳。

華嚴宗以一切事物，皆是眞心全體所現；天臺宗以恒常不變之眞心，爲一切現象之本體。均相當於唯識變現之說。故佛敎各宗學說，均係以心力爲萬物之主宰。與外道所謂心遍一切處之說，大異其趣。因心與物爲對立，雖遍而非一體。主觀的心，與客觀的世界，截然分開。故在運用上只求其配合，不能爲之主宰。配合的工夫，係向外追求；主宰係向內的工夫，當求之自我。返身而誠、樂莫大焉。不能自求多福，而求助於不可知之造物主，可悲也。

宗鏡錄云：「心無自性，因境而生；境無自性，因心而有。張心無心外之境，張境無境外之心。若互奪兩忘，心境俱泯；若相資並立，心境兩忘」。大乘本生心地觀經云：「心清淨故，世界清淨；心雜染故，世界雜染」。皆境隨心轉之說也。莊子曰：「虛靜恬淡，寂寞無爲者，天地之平而道德之至」。亦係以心爲主宰。禪宗多主張奪人不奪境，卽係空心不空境之意，因心無則境無也。拾得頌云：「無瞋是持戒，心淨是出家，我性與汝合，一切法無差」。亦求之自我也。

起信鈔：「境本非善，但以順己之情，便名爲善；境本非惡，但以違己之情，便名爲惡。故知妍醜隨情，境無定體」。宗鏡錄云：「境隨情起，識逐緣生，情爲徧計之心，緣是依他之性」。均係唯心的因緣觀。柏克森之心靈論，承認有「心靈的實體」之存在。因吾人之運用思想，價值判斷，有時可左右其趣向。是以在現象存在中，心靈程序，最爲重要。斐希德之唯我哲學，以理論的與實踐的諸要素，皆出於絕對的自我。王陽明以岩中花樹，不在心外。皆爲主觀觀念論者。故心念不起，萬慮俱消。心力之不可思議也如此。

「心生則種種法生，心滅則種種法滅」。是以心爲能生之主體，法爲所生之客體。「心本無生因境有」。是以境（卽法）爲能生之主體，心爲所生之客體。兩說恰正相反。其實則同。蓋能所一如，心法本爲一體。離心無境，離境亦無心。法不孤起，必有能生之心；心不自生，必有可托之境。見性常存，非緣不起現行；諸法相待，唯識乃能變現。故持心物一如之說，卽不能強分能所。但在修持上似亦不無次第。前者似爲我空而言。後者似爲法空而言。機緣不同，故說敎亦異。

古人云：「青山原不老，遇雪白頭；綠水本無波，因風皺面」。山水指自性而言，雪風指外境而言。青山白頭，綠水皺面，乃自性受外境的影響而改變其本來面目。此就外境影響心理而言。但境無染淨之分。受染受淨，因人而異。如自性不動，則一塵不染。如海不白頭而山白頭，山不揚波而海揚波。是雪只能變山，而風只能變海也。

過現未三世之時間相，本無實在性，皆由識心之分別所生。故曰：「不可得」。宗鏡錄：「緣三世之境，是相續識。若初心未能一念不生，則前念忽起，但後念莫續，亦漸相應。若欲頓消，直觀一念生時，不得起處，自然前後際斷。當處虛寂。此卽解釋三心不可得之方法。善夜經云：「過去之法，不應追念；未來之法，不應希求；現在之法，不應住着。若能如是，當處解脫」。故能斷時間觀念則心念清靜，不爲物累。因事物之無常，皆由時間所顯現，分別心亦由此而起。時間之心旣不可得，則一切皆空，卽解脫也。

道一禪師云：「三界唯心，森羅萬象，一法之所印。凡所見色，皆是見心。心不自心，因色故有。但隨時言說，卽事卽理，都無所碍。菩提道果，亦復如是。於心所生，卽名爲色。知色空故，生卽不生。若了此心，乃可隨時着衣喫飯，長養聖胎。任運過時」。慧海禪師云：「心逐物爲邪，物從心爲正」。是心因色有，色隨心生。故無心則無物，見物卽見心。能空其心，則色亦空；能空其色，則心亦空。故道一之說，乃色心不二之意。見一切事物，不起是非愛憎之念，是物來從心。故慧海之說，乃修持之意也。懷海禪師云：「對五欲八風，不被見聞覺知所縛，不被諸境所惑，自然具足神通妙用，是解脫人。對一切境心無靜亂，不攝不散，透一切聲色，無有滯碍，名爲道人。但不被一切善惡垢淨有爲世間福慧拘繫，即名爲福慧」。吾人終日六根與六塵接觸。但能不執着，無分別，即是都攝六根，淨念相繼。南嶽齊添法師云：「性靜情逸，心動神疲，守眞志滿，逐物意移」。心不逐物，則物不爲累。慧日禪師云：「不用心求，惟須息見」。佛非有求而得，但淨此心，即佛性也。

能所一如，境智一如，皆就根、塵、識三者之合一而言。六根與六塵接觸時，不知根與識之所在。所知者惟一境耳。如食時只知有味塵，而不知有嘗味之舌與辨味之識也。見時只知有色塵，而不知有見色之眼與辨色之識也。餘根亦然。故觀籃球賽者，不覺手有動意；觀足球賽者，不覺足有動意。眼所視者惟球，心所思者惟球。此時之身心與球，已合而爲一，球以外不復知有我也。觀喜劇者隨之而笑，觀悲劇者隨之而泣。此時之我，已化爲劇中人，不復爲未觀劇時之我也。衆生終日心隨物轉，無片刻之寧靜，物以外無獨立之自我。故心念闡提，則爲闡提；心念如來，則爲如來。能與所，境與智，皆一也，皆如也。智與非智，只在一念之間耳。

周續之云：「心馳魏闕者以江湖爲桎梏；情致兩忘者，市朝亦岩穴耳」。釋道恒雅有才力，擅名於時，秦主姚興以其有經國之量，勅令奪其法服，翼贊時世。羅什等上書營救。與頻復下書，閫境救之始得免。恒乃嘆曰：「人有言：『益我貨者損我神，生我名者殺我身』。」（漢嚴遵語）於是竄影岩壑，緬跡人外。是市朝畢竟不易視同岩穴也。學佛人不願爭名於朝，爭利於市。然非謂果能忘於名利也。如信衆之供養，社會之稱譽，仍不能無動於中。在家信衆，雖不求供養。然居必求安，食必求精，亦貪也。至好訐惡直，則在家出家，皆不能免。體古人損神殺身之訓，宜避之若浼。爰書之以自儆。

柏拉圖分世界爲四層：即價值世界，數理世界，現象世界，假想世界。其所謂假想世界，實卽妄心也。衆生終日碌碌，除追求現象界之事物外，卽是追求假想世界。如觀影劇，看小說，知其爲假，而好之樂之，且復迷之。凡在閒暇之時，卽設法追求此假想之事物。此其一例耳，其他一切構想：如過去之回憶，未來之探索，皆假想世界也。吾人生存於虛妄不實之現象世界中，不過數十年。在此短暫之時間以內，不作上求佛道，下化衆生之修持工夫，而亟亟於假想世界之追求，誠至愚也。

無念：六祖以無念爲見性之主要修持方法。分無念爲三義：一、於諸法上不染曰無念；二、無者無諸塵勞之心，念者念眞如本體；（一作性）三、心念不起名爲坐，內見自性不動名爲禪。其第二項將無與念析爲二義。宗密大師解之云：「一切諸法，惟依妄念而有差別。若離心念，則無一切之境界相。乃至惟是一心，，故名眞如」。是六祖所謂念眞如，乃念而無念之念也。馬祖敎人「不斷不造，任運自在，任心卽爲修」。德山、臨濟均敎人無爲無事休歇去，莫向外求。莊子云：「安時而處順，哀樂不能入也」。禮記：「人生而靜，天之性也」。皆可以用作無念之解釋。

六祖又云：「若見一切法，心不染着，是爲無念，用卽徧一切處，亦不着一切處」。又曰：「於自念上常離諸境，不於境上生心。若只百物不思，念盡除卻。一念絕卽死，別處受生，是爲大錯」。心不染着，是止字功夫；用徧一切處，是觀字功夫。用而不着，卽是生心無住。乃止觀雙運功夫。

壇經中「前念不生，後念不滅」二句，頗爲費解。景德傳燈錄記神會問云：「本無今有何物？本有今無何物」？六祖答云：「前念惡業本無，後念善生今有。念念常行善行，後代人天不久。汝今正聽吾言，吾亦本無今有」。是前念指業習而言、後念指淨念而言。又壇經般若品云：「前念迷卽凡夫，後念悟卽佛；前念着境卽煩惱，後念離境卽菩提」。是前念指不覺而言，後念指始覺而言。對佛法未起信之凡夫，其前後念自無不同之處。既已起信修行，自係後念勝於前念也。

荀子謂：「聖人之靜也，非曰靜也善，故靜也；萬物無足以撓其心者，故靜也」。有心求靜，則靜亦動也。故定而後能靜。有謂：「下棋無必勝之法，但有必不輸之法。其法爲何？卽不下棋三字」。易曰：「吉凶悔吝生乎動」。下棋動也，吉者一而不吉者居其三焉。此理可語好奕者，亦有佛理存焉。

無住：清涼國師答皇子心要：「至道本乎心，法本乎無住。無住心體，靈知不昧」。安國師云：「金剛經之應無所住而生其心，無所住者，不住色，不住聲，不住迷，不住悟，不住體，不住用。而生其心者，則是一切處而顯露一心。若住善而生心則善現；若住惡而生心則惡現，本心則隱沒。若無所住，十方世界，惟一心也」。能住者心，主體也。所住者物，客體也。客塵任運去來，無所謂善與惡也。此心無善惡之分，卽無住也。荷澤大師顯宗記云：「自世尊滅後，西天二十八祖，共傳無住之心。此無住本，卽此本分事名無住也」。所謂本分事，卽主體之心，自住本位，不外馳以逐物。所謂不住於相，卽不着相之謂。相本非相，因住而有；住本無住，因相而有。是住於無住，亦住也。亦相也。先德之「無心用」及「覓心不可得」，皆不住功夫。是無住相當於止，生心相當於觀。無住生心，卽止觀不二法門，故禪宗以之印心也。

涅槃經云：「凡言住者，名爲色法，從因緣生，故名爲住；因緣無處，故名無住」。又曰：「菩薩實無所得，……不住諸法故；有所得者，名爲聲聞辟支佛道」。是所謂住於有爲法也。故無住而生之心，乃無爲法之本心，非有爲法之習心也。

願曉法師解釋無住之義，謂其「具智慧不見生死，具慈悲不見涅槃」。是以不見爲無住。換言之：卽不着之謂也。大般若經云：「一切法畢竟淨故，說是淸淨，無得無觀」。其義相當於心經之「無智亦無得」。蓋觀卽智也。又無智無得，卽是淨字說明，文意自顯。無得二字，相當於不住。在大般若經中有多處作此解釋。如「菩薩行般若波羅蜜多時，不應住……一切法，以有得爲方便故」。又「如來之心，不住諸法，以諸法不可得故」。又「菩薩雖住般若波羅蜜多而同如來，於一切都無所住」。

紫柏大師集中記大師與丁慈音語金剛經「應無所住而生其心」。師擊几問丁生聞否？答曰：「聞」。師曰：「此非而生其心」？又問丁生：「汝聞時有心否」？答曰：「無心聞」。師曰：「此非應無所住」？復說偈曰：「木魚打得頻，怕痛忽生瞋，汝若知痛處，禹門度金鱗」。依此解釋，則無住者無心之謂。卽五根接觸五塵，非出於有心。但此僅指事前之無住而言，非事後之無住也。痛不生瞋，卽在根塵接觸時不動感情，斯爲事後之無住。所謂不將不迎，任運隨緣，事前與事後，皆同一心境。此三心不可得之謂也。無住之旨，亦復如是。

王陽明云：「無所住而生其心，佛氏曾有是言，未爲非也。明鏡之應物，妍者妍，媸者媸，一照而皆眞，卽是生其心處；妍者妍，媸者媸，一過而不留，卽是無所住處」。（傳習錄）此解頗合經意。又以去草爲喩：「草有妨碍，理亦宜去，去之而已；偶未及去，亦不累心。若著了一分意思，卽心體便有貽累，便有許多動氣處」。故無住與無着無念同一意義。凡有所住，卽不得解脫。巧取豪奪，損人利己，此心之住於餓鬼道也；勾心鬬角，陰險狠毒，此心之住於地獄道也。縱欲無度，廉恥道喪，此心之住於畜生道也；好勇鬬狠，恃強凌弱，此心之住於修羅道也。慈悲爲懷，樂善好施，此心之住於天道也；循規蹈矩，潔身自愛，此心之住於人道也。故六道輪廻，皆由心有所住，隨其所住之分齊而趣果。若心無所住，則爲佛道矣。

破我執：中峯禪師云：「病後始知身是苦，健時多爲別人忙」。上句爲人人皆有之經驗，說破便知。下句則領悟者少。我父我母我妻我子，皆我之一體，不能視同別人。至父母妻子以外之人，實少爲之忙碌。有之則爲慈悲心腸，正大乘所必修之菩薩道也。故下句之別人，非指身外之人，正指自身而言。因一息不存，此身已非我有，遑論身外之人。執身爲已者，身外皆別人也，奚有於父母妻子？悟身爲非我者，則萬物皆與我同體，有何人我之分。

邵康節云：「以物觀物性也；以我觀物、情也。性公而明，情偏而暗」。又曰：「任我則情，情則蔽，蔽則昏矣。因物則性，性則神，神則明矣」。是性情之分，只在有我無我。又曰：「心一而不分，則可以應萬變，此君子之所以虛心而不動也」。是證我空者則心虛而能隨緣不變，其說與佛理相合。

智暉禪師偈云：「我有一間舍，父母爲修蓋，住來八十年，近來覺損壞，早擬移住處，事涉有憎愛。待他摧毀時，彼此無相碍」。我執因身而有，故老子以身爲大患。但修人天果報者，只不過轉移住處，脫此身，受彼身，生老病死之苦，無由得脫；如再歷貧賤憂患之境，益覺身爲衆苦所積。故修行者當以涅槃爲最終目的，始爲解脫。

列子楊朱篇云：「百年壽之大齊，得百年者千無一焉。設有一者，孩抱以逮昏老，幾居半矣，夜眠之所弭，晝覺之所遺，又居其半矣。痛疾哀苦，亡失憂懼，又幾居其半矣。量數十年之中，逌然而自得，亡介焉之慮者，亦無一時之中庸」。人生本暫，而老少夜眠憂患又居太半。在此短暫之時間以內，如何作有效之利用。爲人生一大問題。列子之見，與衆人同。其言曰：「萬物所異者生也，所同者死也。生則有賢、愚、貴、賤，死則有臭、腐、消、滅。是所同也。……十年亦死，百年亦死，仁聖亦死，凶愚亦死。生則堯舜，死則腐骨；生則桀紂，死則腐骨。腐骨一矣。孰知其異。且趣當生，奚遑死後」。是以快樂享受爲原則，而不計及因果問題也。人生貴賤之別，固可解作機會使然。但賢愚之別，決非機會。是來也有自，亦非偶得。智慧如此，禍福亦然。列子乃唯物論之人生觀。故對於養生，主張恣耳、目、口、鼻、體、意之所欲，一切「肆之而已，勿壅勿閼」。今人正坐斯弊。

西哲伊璧鳩魯亦係快樂主義者，彼以「死與吾人絕無關係，因一切好與不好，皆在感覺之中，而死乃感覺絕滅。……當吾人存在時，死尚未至；及至死時，已不存在」。因之認爲死乃可樂之事。能知人生有限，則可免於希求長生；死既不足畏，應求目前之快樂。此亦死後斷滅之說也。使人人皆具此種觀念，但求利己，不計其他，世間將永無寧日矣。實則伊氏係主張安樂隨順，與縱欲之觀念不同。惟其說所生之影響，非利己縱欲，即消極無爲，不足以勸善規過。救斯弊者，惟因果說也。

西哲以叔本華之學說，最接近佛家之修持思想。叔氏認爲性格存於意志，而不存於理性。意志的世界，乃痛苦的世界。意志的本身即是欲求。因慾壑難塡而產生痛苦。人生如戰場，人爲自保其生存，常殘殺其他生物。人類的知識愈增加而所受之痛苦愈大。叔氏認爲求暫時的解脫，乃經由藝術與哲學之路，必須擺脫當前的利害關係。因爲藝術之創作，忘卻物我，暫時停止一切意欲的盲動。至於哲學，常因追求永恒之眞體，而遂至於忘我的狀態。眞正之解脫，則必須滅絕意欲。其法：第一曰：習作空觀與穢觀，將世界諸事，皆認作是空虛的與汚穢的。第二曰：苦行。乃在抑制自身的意欲，使歸於寂滅。叔氏以意欲的積極化，乃使自我快樂，其動機爲我執。意欲的消極化，在使他人快樂，其動機爲慈悲。吾人應消滅意欲，復歸於寂滅。能領悟此種出世之理，卽可進入超道德界。叔氏認爲道德界乃爲一般常人而設者，其順乎自然衝動而爲之推波助瀾者爲惡；其純粹反抗自然衝動者，名之曰善。常人與天才配合，始可由道德界進入超道德界。其所指之意欲。卽由識心之分別所起。本爲後天產物，亦有來自多生之熏習者；而非先天之理性。所謂善與道德，亦係由識心所定之標準，乃「約定俗成」，屬於衆生之同分妄見。亦卽木村泰賢所謂欲望上的肯定善。皆不離我執與法執範疇。在眞實之理性中，原無此分別。叔氏主張滅絕一切意欲，始能免於我執之苦，一切歸於寂滅，慈悲爲懷，實現大我精神，其說本諸佛典。

叔氏以共苦（卽同情）爲倫理之基本條件。共苦感之形成，爲兩種認識：(1)認清世界之惡，欲望皆爲空幻，生命卽是苦惱。(2)個體形上學之本質，係同一生存意欲。有此兩因，故能破除我執，建立共苦之感，而以愛爲正義。然此一倫理行爲，仍是一種姑息手段，生存意欲與人生苦惱纏結不解。欲徹底爲靈性之救濟，須斷滅一切意欲衝動，實踐遁世之禁欲苦行，寂靜無爲。意欲之否定，卽是人生之諦觀，亦卽解脫境地。叔氏並藉用佛教涅槃名詞爲意欲之否定，亦卽人類之完全解脫。叔氏此說，引起德國學者開始注意並研究印度宗教與哲學，是大有助於佛法之流傳歐洲也。惟叔氏之思想，偏於小乘之自度，故以愛爲姑息。而不知同體大悲與無緣大慈，皆所以破我執也。

印度外道所修之禪定，多以非想非非想處爲其最終目的。佛語之云：「非想非非想處爲有我也？爲無我也？若言無我，不應言非想非非想。若言有我。我爲有知？我爲無知？我若無知，則同木石；我若有知，則有攀緣。既有攀緣，則有染着。以染着故，則非解脫。……若能除我及以我想，則名爲眞解脫也」。凡法皆有對待，我與我所，相待而有。有我則有我所，有我所則有攀緣，有攀緣則有取捨，有取捨則有是非，有是非則有煩惱。是着一我相而諸相俱備，衆苦俱集。實則我與非我，乃一體之兩面，原無對待，妄心自爲分別耳。法無自性，我與我所，皆法也。何自性之有。既無自性，何有對待。維摩之不二法門，泯人我是非之念，絕一切對待。學人至此境地，聖諦且不願爲，更何有於非想非非想處也。故行者當先去此我字。

二乘人破我執未破法執，是法未空也。則二乘人沈空滯寂之空，是否專指我空而言。如兼指法空，則法執已破，其所謂未破者，究作如何解釋？不無疑問。按法執有兩種：一爲執有，一爲執空。執空之空，既未離執，則空亦爲病。二乘人之沈空，卽執空之空，非法空也。所謂法空，應係指有無（空）皆不着而言，有着則非法空。

法無我三字，先賢有兩種不同之解釋：一爲窺基大師大乘百法名門論註謂：「言法無我，應云法無法，從能依說，故云法無我」。一爲光大師大乘百法名門論疏謂：「法無我者，謂蘊、界、處等名之爲法，此無人，故名無我」。其餘解釋法無我者甚多，要不出以上兩說範圍。按我者自性之謂。所謂人無我者，卽人無自性之謂；法無我者，卽法無自性之謂。法亦自性也。故基師謂應云法無法。然則何以不謂人無法？因人亦法也。故對人而言則稱我；對法而言，則不作人我解釋。此有廣狹之別。前之無我，指狹義之人我而言；後之無我，指廣義之法我（法自性）而言。如謂法無我係指蘊、處、界中無我而言，則人無我句中，已包括法無我之意，不必重述。法藏大師云：「言人我見，計有總主宰。……法我見者，計一切法各有體性」。（大乘起信論義記）所謂體性者，卽自性之謂也。此說解釋法無我爲最恰當。

大乘義章解釋眞妄熏習謂：「我無我，皆從熏生。執我之心，於大乘中名煩惱障；無我之執，於大乘中名爲智障」。是凡有所執，皆爲道障。又大乘義章卷五釋八倒中之我云：「一、衆生着我，於彼諸陰集用之中，謬計人我。二、法着我，於陰法中妄取定。故龍樹言：若計神常，是衆生我；若計法常，是法着我。」又釋十使義中之身見云：「於五陰中建立我人，名衆生着我；於陰、界、入取性執相，名法着我」。是我法二執，包括一切常見妄執，但不包括斷見之妄執耳。斷見之弊，是否定因果，不易起修；常見之弊，在永執我法，未能取證。均爲修行之一大障礙。故經論中重視此一問題。

人但見己之所長而遺其短，但見人之短而遺其長。此我執蔽之也。藕益大師云：「內不見有我，則我無能；外不見有人，則人無過」。此語當取作座右銘也。頃於某處見一聯云：「念自己的不是，則我心平。說自己的不是，則人心平」。此與藕益大師所云，語異而義同。皆以遣除我相爲出發點。自心之平，卽是無我；由無我之念，而能知自己的不是。說自己的不是，使人我之心，皆得其平，此能所一如之景象也。

遣相：以上所談之心境問題，無念問題，無住問題，我執問題，皆具遣相之義。茲再談遣相問題，以廣其義。卽老子所謂：「損之又損，以至於無」之義也。王陽明傳習錄謂：「吾輩用功，只求日減，不求日增，減得一分人欲，便是復得一分天理」。此卽老子「爲道日損」之義。佛家四無量心，最後歸之於捨，皆同一義。不退轉法輪經云：「能知煩惱害，體性本無相，無相卽菩提，是名爲不動」。王陽明之所謂減者，減此煩惱也。老子之所損者，損此煩惱也。所謂無相與不動者，卽無此煩惱之相，與不動煩惱之念也。佛家遣相，不限於四諦。卽勝義諦亦不例外。必須遣無可遣，始能見道。經云：「一切法無得，是名爲如來」。此卽王氏所謂復天理也。熊十力佛家名相通釋撰述大意謂：「心無所得，而眞理昭然現前」。自註云：「此心纔有所得，便是取着境相，卽與眞理相違」。故重遣相，使心無所住，做一個定字功夫。均從消極方面着手。所謂戒、定、止、寂、淨、捨、遣、無、空……等，無非消極之說明。三學中之慧，得之於戒與定，非於戒與定之外，別有求慧之法也。涅槃經云：「具足二法，能大利益。一定二智、如割菅草，執急則斷。如拔堅木，先以手動，後則易出。定慧亦復如是。先以定動，後以智拔」。定卽遣相功夫。天臺之止觀法門，亦不外定動與智拔。動與拔之對象卽爲煩惱。止則使其不再生。是遣之也。故稱定動。觀則使其澈底消滅，是空之也。故曰智拔。說無垢稱經云：「本性寂滅，卽涅槃相」。實相無相，不可以有心求。寶積經云：「以無心意而現行」。放光般若經云：「不動等覺而建立諸法」。修行功夫，只在遣相，豈別有所求哉。

人類習染，係隨物欲爲轉移。爲善爲惡，胥視所追求之目的如何。近朱則赤，近墨則黑，積習旣深，改之斯難。習之養成，由心爲形役，形被境遷。耳、目、口、鼻，身皆形也。形之好惡，心亦隨之。順之則喜，逆之則憂。墨子云：「必去六辟。……必去喜、去怒、去樂、去悲、去愛、去惡。手足口鼻耳，從事於義，必爲聖人」。此卽斷除妄念之遣相功夫也。

空宗遣相，純是遮詮方法。如醫師只談去病方法而不談營養問題。因病愈以後，自能吸收營養也。佛性人人本具，遣相卽可以見性。興平禪師語錄：「良醫叮囑病人，服藥不如忌口」。是遣相尤當自淨其意也。

張拙見道偈：「斷除妄想重增病，趨向眞如亦是邪」。紫柏大師曰：「錯也。當云：方無病，不是邪」。某僧應曰：「你錯他不錯」。柏師大疑，至頭面俱腫。一日忽悟，頭面立消。因斷除與趨向，皆爲着相。張拙偈語，乃遣其所遣。如因病服藥，藥亦成病，故服藥不如忌口。偈語之本意在此。維摩詰經云：「一切衆生，心相無垢……諸法不相待，乃至一念不住，諸法妄見」。斷除與趨向，皆法也。皆有住也，皆妄見也。柏師之悟，其在此矣。

宏智禪師云：「一切法中，如空合空，如水入水相似，何用作分析？何用作安堵？所以道：

似地擎山，不知山之孤峻；如石含玉，不知玉之無瑕。箇時平等平等，無起滅，無往來，無好惡，無取捨，恰恰好好，是平等相。若有少分相觸，便成碍塞。爾若淨盡去，自然具足；放下去，自然現成。若於一切處有雜碎，大大小小，方方圓圓。見處立色不得，全色是見；聞處立聲不得，全聲是聞。乃至香、味、觸、法，亦復如是。還曾恁么來么？若也恁么來。方知道性自平等，無平等者」。從此段語錄中，可以了知是法平等，無有高下。只須心無分別，當下卽是。一切法本來如是，無有作者。所謂放下去自然現成。心念能平，則隨境皆安，毫無窒碍。卽淨盡去自然具足，亦卽忌口之意也。

天臺德韶國師云：「若欠一法，不成法身；若剩一法，不成法身；若有一法，不成法身；若無一法，不成法身」。此種遣相之法，已遣到遣無可遣之處。而且破中有立，立中有破。眞不失爲善談般若者。卽此亦可了知般若顯體之功用。

義端禪師云：「情不挂物，無善可取，無惡可棄」。善惡生於情見，情見起於我執。我執破而情見無；情見無而善惡之念亦泯。普岸禪師云：「大道虛曠，常一眞心，善惡勿思，神清物表。隨緣飮啄，更復何爲」。弘辯禪師云：「六根涉境，心不隨緣爲定」。鑒宗禪師云：「但能莫存知見，泯絕外緣，離一切心，卽汝眞性」。大安禪師云：「但無如許多顚倒攀緣妄想惡覺垢欲不淨衆生之心，便是初心正覺佛」。神贊禪師云：「但離妄緣，卽如如佛」。遣相以後，卽可見性，故諸師皆重視遣相。龐居士云：「但願空諸所有，愼無實諸所無」。卽爲道日損之意。南泉云：「不是心，不是佛，不是物」。乃空有齊遣，一法不立也。

哲學之目的，在研究眞、善、美之意義；佛學之目的，在實現眞、善、美之價值。前者只在求知識，後者則在求實證。故所用名相，亦有不同。如內典中之戒，在求淨化人心，以趣向於道德世界，此善也。內典中之定，在去染污性之煩惱，以趣向於價值世界，此美也。內典中之慧，在了知緣起性空之理，以趣向於眞理世界，此眞也。現象世界，一切事物，皆爲虛妄，無一眞實者。因我法二執，未能遣除。以有漏之識心，求無漏之眞理。如羣盲摸象，各是其是，眞、善、美之實相，終不可得。因實相無相，不可以常情卜度也。

宏智禪師語錄：「法身無相，應物而形；般若無知，對緣而照。青青翠竹，鬱鬱黃花，信手拈來，隨處顯現。了無自他，誰作根塵。獨露本身，自然轉物。心無異心，而法無異法；法無異法，而心無異心」。又曰：「法無去來，無轉動者。有時孤峰頂上，坐斷十方；有時鬧市門頭，分身百億。所以道：去來不以象，故無器而不形；動靜不以心，故無感而不應。無心體得無心道，體得無心道也休」。上兩段言明心法二者之關係。若就宇宙全體而言：爲法與心；若就衆生而言：爲根與塵。心法本爲一體，根塵原是一物。心佛衆生，只有迷悟之分。自性具足，不欠分毫。所謂修證，只是認識眞心所在，非於此心之外，另有所得也。大般若經云：「應以無所得而爲方便」。又曰：「法尙應捨，何況非法」。但心本虛空，易爲境遷。心生則法生，故有心卽是有境。欲淨此心，必也「無心用」，乃至「覓心了不可得」。心空境空，此佛家遣相之一貫精神也。

何晏論語集解：「回也其庶乎屢空」云：「空猶虛中也。以聖人之善道，敎數子之庶幾，猶不至於知道者，各內有此害也。其於庶幾每能虛中者，惟回懷道深遠。不虛心，不能知道。子貢無數子病，然亦不知道者。雖不窮理而幸中，雖非天命而偶富，亦所以不虛心者也」。其對顏子屢空之解釋，與予意相同。（見第一篇）對子貢貨殖解釋，則大有出入。姑兩存之可也。莊子謂：「惟道集虛，虛者心齋也」。又曰：「墮肢體，黜聰明，離形去智，同於大道，此謂坐忘」。爲何晏集解之所本。顧歡云：「夫無欲於無欲者，聖人之常也。有欲於無欲者，賢人之分也。二欲同無，故全空以目聖；一有一無，故虛以稱賢。賢人自有觀之，則無欲於有欲；自無觀之，則有欲於無欲。虛而未盡，非屢而何」？太史叔明云：「顏子上賢，體具而微則精也。故無進退之事。就義上以立屢名。按其遺仁義，忘禮樂，隳肢體，黜聰明。坐忘大通，此忘有之義也。忘有頓盡，非空如何？若以聖人驗之：聖人忘忘，大賢不能忘忘。不能忘忘，心復爲未盡，一未一空，故屢名生也焉」。（俱見皇侃論語義疏）以上談顏子之空，均作心空解釋。所謂心齊坐忘，卽空之義。屢則空猶未盡之意，三月不違仁，較其餘弟子之日月至焉自屬長期任持。然較聖人之忘忘，則嫌未能持續。故屢字有一則有餘，一則未盡之意，此釋甚爲恰當。爲予意所未盡。所謂忘忘，卽佛家之空空，亦卽空其所有而空亦不立之謂。

衆生爲六塵所縛，不能自見本性。六塵生於妄心，妄心無則縛亦無。放下屠刀，立地成佛，原非難事。惟衆生無始以來，習心用事，不知其妄。遂認賊作父，忘其本來面目。一經起念修行，或靜坐，或念佛，卽覺有無窮妄念，生滅不停；在未修前無此景象也。故行者每爲所困。一旦應事，又覺習氣難改，不能無私。所謂欲寡過而未能，確實有此情景。古人每謂善惡不思，蓋言之易而行之難也。宗密大師云：「無礙是道，覺妄是修，道雖本圓，妄起爲累，妄念都盡，卽是修成」。如日光照室，塵飛滿空。故知其爲妄，卽是修持之功，久之則妄念自消。德山云、「但無事於心，則虛而靈，空而妙」。此卽去妄之法也。

某僧有銘云：「無多慮，無多知，多知多事，不如息意；多慮多失，不如守一。慮多志散，知多心亂。心亂生惱，志散妨道」。確爲見道之語。

儒家重人道，孔子爲人乘之聖；道家言天道，老子爲天乘之聖。但在人天乘外，旣有出世三乘。以人天乘爲修行之階梯則可，以之爲修行之究極則不可。科學已邁向太空時代，深信地球之外，尙有人類。人天交接，爲期當在不遠。吾人確信其他星球之社會組織型態，必不相同。以地球上之人倫法則，施之於其他星球，必多扞格。現實主義者，採人本原則。在數十年之短暫過程中，爭取生活之美滿，而不求永久之價值生活。一旦生命結束，向所取得之一切，皆非我所有矣。

度生

說法貴能契機，機有不同，適者趣入。如教育然，有年級程度之差別，有科系趣向之差別。當因才敎育，不能強求劃一。三藏十二部經論，皆不外開示佛法，使人悟入。內容有種種之義理，如性、相、空宗等，各不相同。方法則不外表詮遮詮兩種式形，最後仍滙歸佛性。學人不能融會貫通，往往執有以遣無，或執無以遣有。盲人摸象，不免各執己見。其實皆象也。宗密大師云：「聞泯絕無寄之說，知是破我執情；聞息妄修心之說，知是斷我習氣。執情破而眞性顯，卽泯絕是顯性之宗；習氣盡而佛道成，卽修心是成佛之行」。各種敎相，皆應作如是觀。但以契機爲原則。

或問紫柏大師云：「衆生無始以來，從未曾悟，則最先一佛，仗誰指示」？柏師答云：「最先一佛，以苦諦爲師」。藕益大師，亦引證其說。（起信論裂網疏）此說有兩種看法：一、時間無始，衆生與佛，均爲無始以來所自有，旣無最先之衆生，亦無最先之佛。二、心佛衆生，三無差別，自性卽是佛性。自淨其意，卽爲佛敎。中庸所謂修道之謂敎，是修卽敎也。自淨其意，與此同義。所謂佛之指示，乃方便說法。此佛乃自性之佛，非於自性之外，別有所謂佛也。衆生能自淨其意，卽係自性佛之指示，不用別求。文佛成道，並無師承。過去七佛，乃文佛所證知者，非成道時親承指導之佛也。所謂苦諦，卽爲自淨其意之含義。柏師所云，未知是否指此而言。

世尊於宏法之初，用種種方便，爭取迦葉兄弟。蓋迦葉爲當時舉國聞名之敎團領袖。佛敎得迦葉之信仰而後能宏揚於全國。巨室之所慕，一國慕之。傳敎者當於此三致意焉。

諸佛爲菩薩時，皆有度盡衆生，方證佛果之誓願。但成佛者多，而衆生迄未度盡。不能使人無疑。羅什大師答慧遠大師書中，曾論及此事。謂「無有一佛能度一切衆生，以故諸佛得一切智，度可度已而取滅度」。成佛要件，必須悲智俱足。故誓願度盡衆生，乃諸佛菩薩所同具之大悲心也。至誰當受度及何時可度，則機緣各有不同。爲佛智所照見。故於一期應度衆生已度之後，卽示涅槃相；俟另有當機應度之衆生，復乘願再來。雖入涅槃而不住涅槃。雖未度盡衆生，而不捨度生之願。所謂度可度已而取滅度，只就一期度生入滅而言，非其最後願力圓滿之時也。法華經云：「方便現涅槃，而實不滅度」。服藥之喻，諸子於父存時不肯服藥，父死以後，因重其遺囑而服藥。以喻因涅槃而得度生之效。是涅槃亦度生之方便也。文殊師利所說摩訶般若波羅蜜經云：「十方諸佛說法敎化，各度無量恒河沙衆生，皆入涅槃。於衆生界亦不增不減。何以故？衆生定相不可得故」。佛與衆生，本無差別。衆生定相既不可得，則度生之相亦無。更何有於涅槃？法華經謂文佛於無數刼以前，卽已成佛。故八相成道，皆爲大權示現，不僅涅槃爲然也。

紫柏大師云：「今之學者，未見知識法師，先自疑曰：此善知識，果能開悟我否？此法師果能敎我否？此戒師果自持戒清淨否？嗚呼！君子吹毛求善，小人吹毛求疵。而求善之心，不若求疵之工。此等器量，做世間好人尙做不得，況爲如來子乎」。端師子偈曰：「登壇受具戒，第一莫疑師，摘取菓子吃，莫管樹横枝」。兩師之言，所以勉勵學人；但爲師者亦當自勉也。

予以前對世尊因度女衆而使正法住世減少五百年之說，頗有懷疑。六道衆生，皆爲釋尊化度對象，何至獨遺女衆？近閱阿毘達磨大毘婆沙論，謂「若度女人出家，不令行八尊重法者，則佛正法，應減五百歲住；由佛令行八尊重法故，正法住世，還滿千歲」。女人障重，佛意在勉勵出家女衆，努力修持，原非有所歧視也。此論所說，極爲合理。使前此懷疑，渙然冰釋。

又僧佑所撰釋迦譜，記大愛道出家始末。案曰：「三世諸佛，四部咸備。而憍曇彌（卽大愛道）祈法亟於拒塞者，豈非女人障重，方爲道蠹。故切磋掊擊，以利將來耶」。佛母泥洹經云：「世尊嘆曰：慈母於吾，實有乳哺重恩，此惠難報，吾已報之。我亦有難算之恩在母所也。由我開示，歸命三寶」。又大愛道之請爲沙門者，因聞佛言三世諸佛，四部咸備。又云：女人精進，可得沙門四道之故。是文佛於事先卽有誘勸女衆出家之意。否則事前必不談及女衆出家問題，事後必不自認對大愛道之開道。是僧佑之言，信有徵矣。

女子不得成佛，應係指不得以女身成佛而言。必須先轉男身，方得成佛。非謂女子永不得成佛也。如龍女成佛時，頃刻之間，變成男子，卽其例也。一闡提不得作佛，係就未發大心以前而言。發大心以後，則闡提之名，卽不存在。故云：一闡提皆有佛性。唐澄觀大師華嚴隨疏演義鈔，曾就此點，有所說明。

又女身垢穢不得成佛，乃權假方便之說。如法華會上，女身速得成佛；波闍波提比丘尼亦受記成佛。超日明三昧經稱慧施女及五百女人同轉男身，並受記莂。是則非謂女人不得作佛，乃成佛以後，不現女身耳。佛說轉女身經云：「諸法悉如幻，但從分別生，於第一義中，無有男女相」。斯語最爲究極。維摩丈室，天女與舍利弗相轉變，是男女原無定相，起於識心之分別。且因軀殼而有男女相，了生死者既無軀殼，則諸相皆無。「凡所有相，皆是虛妄，若見諸相非相，即見如來」。準是以觀，豈但女相非實，男相亦不可得，以身相不可見如來也。

第六篇 附 編

譯著

譯著包括各種經論及華人著作。凡由華人或梵僧於來華後所譯之經論，皆有獨到之處，均應研讀。本篇所引譯著，係閱讀時偶然筆記者。既非有所選擇；亦非有所偏好；而記述亦無一定之順序。皆一時興之所至，隨意之作。

法華經：法華一經，不談性相有無問題。初閱此經，有平淡無奇之感。迨遍閱大小乘及空宗有宗諸經論後，覺各經論矛盾牴牾之處甚多，使學人無所適從。然後再閱法華，始知我佛隨機說法，各有妙用。在各經中所未說明之問題，可於法華中求得之。在他經論中用若干文字始能說明者，在法華中只須一喻即可說明。法華雖未談佛理，而佛理自明。如三車喻、貧子喻、化城喻，皆說明由小入大之理。髻珠喻、藏珠喻皆說明佛性平等之理。光明喻、瓦器喻、藥草喻則所以說明衆生之機感不同。常不輕菩薩見人便拜，及調達受記，則所以說明衆生皆有佛性。龍女成佛及波闍波提與耶輸陀羅比丘尼等受記，則所以說明佛性不分男女。多寶佛之出現，所以說明涅槃之並非入滅。服藥則喻涅槃之爲方便示現。釋迦牟尼之千萬億身，所以說明法身遍宇宙之理。諸菩薩之從地湧出，所以說明悉處皆爲淨土之理。以上種種，可以平等一如四字盡之。此外如藥王菩薩之焚臂布施，所以說明上求佛道之翹勤；觀世音菩薩之聞聲救苦，所以說明下化衆生之悲願。其安樂行品所條舉之各種行持工夫，皆平易近人，無甚高論。但能持之以恒，卽能悟入。讀法華不獨於喻中可以探明高深佛理；且可從無文字處體會得之。對其他經論之不同說法，在法華經中皆認係大權示現。平等視之，不予批評。故先德判法華爲圓敎，允爲至當。予謂曾讀大小乘諸經論者，必須再讀法華。始能滌除心中疑滯。未讀大小乘諸經論者。如專讀法華，可免誤入歧途。但此經雖文字淺明，而佛理深邃，非具有大乘根器者，不易契入。故五千退席、非無因也。

法華之十如是；天臺大師開演其深旨者：有玄義、文句、止觀、別行玄之四種。玄義分爲五類；而五類又分爲權、實。止觀分通解與別解。別解又分四類。十如是之讀法：亦有空、假、中三轉之別。其他解釋甚多，紛歧繁複，愈研究則愈不可解。法華本以淺顯取勝。解釋深邃，轉失經旨。所謂性、相、體、力、作、因、緣、果、報、本末究竟十種皆法也。故十如是者，卽法如是也。「如是」乃平等之義。法如是卽法平等之謂。「惟有一乘佛，無二亦無三」，卽平等一如之義。全經旨意，在開權顯實。權者差別之相，實爲平等之相。性、相、體、力、作、因、緣、果、報，本末究竟者，差別相也。如是者平等相也。齊差別爲平等，乃法華之精義所在。故十如卽一如，一是則無不是也。

法華之十如是，其通解與楞伽經之七種自性，頗能相合。一、相如是：謂相顯於外。相當於楞伽第三之相性自性，謂顯現萬有的性能。二、性如是：謂性隱於內；三、體如是：主質名體，卽總體之謂。二者相當於楞伽第二之性自性：謂本具性能，卽眞空。四、力如是：指功能而言。相當於楞伽第四之大種自性，謂具備堅、濕、煖、動能造作色種子性能。五、作如是：指構造而言；六、因如是：指習性而言。相當於楞伽第五之因性自性：謂能作因的自性。七、緣如是：指助因而言。相當於楞伽第六之緣性自性，謂能作緣的自性。八、果如是：指習因而言，九、報如是：指報果而言。二者相當於楞伽第七之成性自性：謂能作果的自性。十、本末究竟如是：謂初後及其所歸趣處。前九爲事，此爲理。相當於楞伽第一之集性自性：謂能集染淨諸業，卽受熏性能。

法華謂文佛在無數塵刼以前，卽已成佛。「方便現涅槃，而實不滅度」。其所舉之服藥喩，謂子於父死後，因珍重遺言而服藥，在生則不聽受。以喩因涅槃而化度衆生。寶雨經謂：菩薩由隱沒受生……成佛以至涅槃十種示現，皆爲遊戲神通。故有情捨離常想，起無常想，而得調服。金光明經云：「佛不般涅槃，正法亦不滅。爲利衆生故，示現有滅盡」。根據以上各經記載，可以推知過去諸佛，均無入滅者，今佛亦爲古佛之再現。因已證菩提，卽自在無碍。若法於證菩提以後，尙須入滅，則爲法碍而不得自在，於義欠允。故文佛不僅未曾入滅。八相成道，皆爲大權示現。

維摩詰經：維摩詰所說經，爲絕對之心物一元論者。所謂不二法門，卽絕待之謂。有對待則爲二也。二則爲心爲物，有有焉，亦有無焉。必須有無俱泯，心物不分，始爲絕待。故曰：「求法者應無所求」；又曰：「菩提無住處，是故無得者」。卽物不累心，是以無住；物我一體，是以無得。金剛經之無住生心，心經之無智亦無得，與此同一意義。了知此理，則煩惱卽是菩提，穢土皆爲淨土。故曰：「十方國土，皆爲虛空。……諸佛爲欲化諸樂小法者，不盡現其淸淨土耳」。此段在說無垢稱經中，意義更較完備。如云：「一切衆生煩惱種性，是如來種性；一切國土，皆爲虛空。諸佛世尊爲欲成熟有情故，隨諸有情所樂，示現種種佛土，或染或淨，無決定相。而諸佛土，實皆淸淨，無盡差別」。兩經意旨，皆是認定現象世界，卽是本體世界。所現之相，淨穢皆非實在，但隨心轉變耳。故曰：「欲得淨土，但淨其心，隨其心淨，則佛土淨」。淨穢旣無，有無亦皆不立。故一則曰：「不捨有爲法而取無相」。一則曰：「不盡有爲，不住無爲」。但爲度生方便，以入世精神，隨宜施設。故曰：「經書禁呪術，工巧諸技藝，盡現行此事，饒益諸羣生」。凡有利於度生之法，皆當利用，使衆生隨機契入。故曰：「先以欲勾牽，後令入佛智」。此卽四攝法之精神也。只須隨緣不變，卽不爲世法所染。故曰：「行少欲知足，而不捨世法自異；不壞威儀而能隨俗」。此卽不盡有爲，不住無爲之另一說明也。維摩詰現有妻子相，而其造詣較深於諸大菩薩，此卽顯示世出世法等無差別之大乘精神也。全經隨宜說法，而問疾與說不二法門兩品，則爲其精義所在。先後列舉種種不可思議之遊戲神通，而歸結到隨順法相。後段說明對諸因緣不復起見，爲最上之法供養。全部經義，不外平等一如，超越一切對待觀念。宗門禪的一切言行，卽是發揮本經思想。經文佈局如奇峰突起，變化多端，而結構則天衣無縫，前後貫注；文筆之生動，尤爲諸經之冠。說者謂其仿自莊子。而不知此經尙有吳之支謙，晉之竺法護、竺叔蘭，唐之玄奘諸譯。除吳晉譯本，肇師謂其理滯於文外；現時流通者：爲什師之維摩詰所說經，及奘師之說無垢稱經。兩譯均佳，而文字相不同。且不類莊文。其佈局與結構之優點，則爲梵本所具有，更非仿自莊子。若語其神妙變化處，則更非莊子所能跂及。故謂經文類似莊子則可，謂其仿自莊子則謬矣。

性宗經典，在說明平等一如之法性。維摩詰經，則以不二不異說明斯義。不二卽一如之謂；不異卽平等之謂。如云：「若彌勒得受記者，衆生亦應受記。所以者何？夫如者不二不異」。又云：「不二是菩提，離意法故」。僧肇註云：「凡聖一如，豈有得失之殊哉」。辭典謂不二係「一實之理，如如平等，而無彼此之別，謂之不二」。輔行五之四謂：「不二從性，不異從相」。壇經云：「無二之性，卽是佛性」。蓋不二爲一如而非一，不二爲一眞絕待而非一。因如有不變之義，故一而必是如；絕待有唯一之義，故一眞而必是絕待。因現象界之一切事物，皆有對待：

如因長而有短，因大而有小，因是而有非……等。對待卽二也。語言文字，皆現象界生活經驗中之產物，其所能表詮者，不出現象界事物之範圍。至本體界則平等一如，無差別相，非生活經驗中之語言文字所能表詮。所謂離四句，絕百非，言語道斷，心行處滅。如來之不可說，孔子之不言性與天道，二祖之默立，維摩之不語，皆以此故。老子謂：「道可道，非常道」。莊子謂：「一與言爲二，二與一爲三」。蓋一不自一，言一則必有二與之對待。是言一卽爲二矣。不二本爲一，而無對待之弊。故不曰一，而曰不二，所以免墮世諦之差別相中也。

不二與不異，略有差別。經文自有解釋。如云：「不二是菩提，離意法故。……不異是菩提，諸法等故」。是不二爲絕待，卽一眞之謂，不異爲平等，卽不變與相同之謂。故不二與不異實有差別。華嚴經云：「觀察諸佛體無二故，得一切法平等」。亦此意也。華嚴列擧一百種眞如。其中如：「眞如無有對比；眞如不可言說；眞如無有分；眞如無有一物；眞如體性無邊；眞如遍一切法，眞如遍一切處；眞如無所不在；眞如眞實爲性；眞如遍住三世」等。……皆不二之義。「眞如恒守本性，無有改變；眞如若有得者，終無退轉，眞如體性堅固；眞如不可破壞；眞如體性寂靜；眞如體性安住；眞如一切法中性常平等；眞如不可動搖；眞如無有變易；眞如不可失壞；眞如體性不動；眞如無有少法而可壞亂」等。……皆不異之義。又云：「雖知佛法卽世間法，世間法卽佛法。而不於佛法中分別世間法；不於世間法中分別佛法。一切諸法，悉入法界，無所入故，知一切法皆無二無變易故」。大般若經云：「一切如來應正等覺眞如，卽一切有情眞如。若一切法眞如，無二無別，是一眞如，無別異故。無壞無盡，不可分別」。以上所引經文，皆與維摩詰經不二不異之義相同。故不二是一眞絕待，不異是無變易分別。此兩者之重要差別。因眞如二字，卽有不二不異之義。眞爲不二，如爲不異，故簡稱眞如。

解釋不二之意義，以大般若經爲最多。如云：「若色眞如，若一切智智眞如，若一切法眞如，皆一眞如，無二無別」。……其中列舉六十一個眞如。（三一六卷）在三三二卷中，亦列舉數十種眞如，謂各種眞如相均平等無二無別。無別卽係無異。兩者皆所以表詮不可得之空性。如三三。卷云：「一切法本性皆空，都無所有，無二無別，畢竟推徵，不可得故」。二二五及二六二及三六一卷中均謂：「有二者名有所得，無二者名無所得」。四六五卷云：「二是有，不二是非有」。四三一卷云：「一切法自性皆空，若自性空，則無所有」。五九卷云：「由能遍知諸法無二，定能了達我及有情與一切法，皆以無性而爲自性」。是無二爲自性空之義。楞伽經云：「空無生無二，離自性相」。宋善月大師解之云：「以其理一，融彼事異。則一切法無二，無二卽空」。故一相無相，爲空有絕待之義。思益梵天所問經云：「若二則有爲，非二則無爲」。亦不二爲空之義。涅槃經云：「無二之性，卽是實性」。亦同斯義。所謂無爲與實性，皆有不異之義。

在佛學中有與不二不異似同而不同之名相，卽中道之「不一不異」。係以因緣所生法之俗諦爲前提，與性宗之以眞如爲前提者不同。天臺家謂：「眞諦泯一切法，俗諦立一切法，中諦統一切法」。不二不異者，眞諦也，泯差別爲平等；不一不異者中諦也，統差別爲中道。不二絕對待，所以詮眞諦；不一有對待，只能詮俗諦。又不異二字含義亦有不同。眞諦所稱之不異，指平等不變異而言；中諦所稱之不異，指相同而言。故中諦之不一卽是異，不異卽是同，異同從比較得來，只能用之於對待之事物。眞如則係一眞絕待，無可比較。故合稱眞俗二諦爲不一不異則可，單稱眞如爲不一不異則不可。再詳言之：一與二皆名數也，但不二與不一之意義，恰正相反。不二指一而言，不一指多而言。故不一與不異併稱，則不一爲異，不異爲同。不二與不異併稱：則不二爲絕待之一，不異爲平等之如。經云：「一切衆生皆如也。……至於彌勒亦如也。若彌勒得受記者，一切衆生，亦應受記。所以者何？夫如者不二不異」。分明是將佛與衆生，一視同仁，並無比較之意。換言之，卽無異同之別。如改用不一不異，譯成語體文，則爲不同不異。經文上段說同，下面又說不同。豈非上下矛盾。且旣稱一如，又稱不一，亦覺費解。大般若經二八八卷云：「以一切法，一性非二。……當知諸法一性，卽是無性；諸法無性，卽是一性」。故性體只能言一，而不能言二。不二卽一也，不一卽二也。以不一用之於性體，則差之毫釐，謬以千里。

大般若經中亦有引用不一不異者：如二九六卷：「般若波羅蜜多於一切法不向不背，不引不賓，不取不捨，不生不滅，不染不淨，不常不斷，不一不異，不來不去，不入不出，不增不減」。又三〇六卷云：「甚深般若波羅蜜多，以非一非異爲相；甚深般若波羅蜜多，以無來無去爲相。……如是諸相，一切如來應正等覺，依世俗說，不依勝義說」。是前者之不一不異，係以一切法爲前提；後者則明指依世俗說。兩相對照，不二用於眞諦，不一用於俗諦，甚爲明顯。故不二所以泯對待，不一所表對待，二者恰正相反，不容稍混。

大涅槃經云：「見一切空，不見不空，不名中道」。又云：「衆生起見，凡有二種：一者常見，二者斷見，如是二見，不名中道。無常無斷，乃名中道」。是中道兼攝二諦。偏於一者，非中道也。綜合言之：所謂不二者，絕對待之謂也；不一者，對待之謂也。眞如絕對待，故稱不二，中道統對待，故稱不一。又不二是無分別，不一是有分別；不二是同一，不一是衆多。此二者截然不同之處。

寶雨經寶雲經：此兩經持誦者少。經中所說，多爲修持方法。文體與華嚴相似，每段皆分十種。首段提示要點，然後逐條詳釋。內容淵博，譯筆甚佳。經常諷誦，可作進德修業之準繩。

楞伽經：此經凡三譯：一爲宋求那跋陀羅之楞伽阿跋多羅寶經，計四卷。二爲元魏菩提留支所譯之入楞伽經，計十卷。三爲唐實叉難陀所譯之大乘入楞伽經，計七卷。三經予均僅閱讀一次，未作任何比較。一經旣經數譯。後者自係對前譯不盡同意。唐譯御製序文有云：「跋陀之譯未弘，流支之義多舛」。臺灣所印之單行本及法師所講者，均爲宋譯。可能因宋譯時間較早，曾經禪宗用作心印之故。楞伽經之主要內容：爲五法三自性，八識二無我。惟次序稍嫌凌亂，文字亦多重複與艱深難讀之處。故不易了解。聞歐陽竟無居士曾將全經折散，按五法三自性，八識二無我之順序，重加編組。讀者可一目了然，並無難解之處。惜來臺以後，已無法覩其原編。

大薩遮尼乾子受記經：此經亦爲大乘經典，對三十七道品之解釋甚詳，爲研究佛學者所不可不讀之經典。但其重點仍在遣相。如云：「非見色故，名見如來，非見受想行識故，名見如來。……離一切言語名字章句音聲，名見如來。何以故？以不可如是相見故」。此可作金剛經「不可以身相得見如來」之說明。所不同者，此經雖遣相而不執空。如云：「常行世間，不爲八法所染」。又云：「煩惱身中有如來藏」。是雖不着相而亦不否定世法。大雲經云：「一切衆生，悉有佛性，如來常住，無有變易」。卽如來藏之另一說明，與此經同一意旨。

諸法無行經：此經爲什師所譯，除詳釋四諦法門外，兼掃一切差別之相，以一切善不善法，虛妄不實，見貪欲恚嗔愚痴等性，卽是涅槃性，於一切衆生中，不起愛憎。「不見一切故，於一切法中則不生疑。不生疑故，則不受一切法。不受一切法故，則自寂滅。文殊師利長老須菩提知如是法故，不來禮佛足。須菩提尙不自得身，何況得如來身。不得自身而得如來身者，無有是處」。又曰：「貪欲之實性，卽是佛法性；佛法之實性，卽是貪欲性。是二法一相，所謂是無相」。此卽是法平等之意。經中以一切有爲法卽是無爲法，若有有爲與無爲之分別，則不能契入佛理。故曰：「若見有爲法與無爲法異，是人終不得脫於有爲法」。因此觀四諦、四念處、八正道、五根、七菩提分「均不可得，無依止，不貪不着，不見一切法」。對修持方法，則主張勤心專念，深發菩提心，不求人之長短，於一切衆生離憎愛心，亦卽所以培養平等一如之理念。言甚平易而理極高深。隋闍那崛多所譯之諸法本無經，爲同經之異名，其譯文遠不如此經之流暢。其譯不動相三字爲鷄羅句，當係音譯，不知是否尙有別解。

稻芋經：此經不知何人所譯，磧砂藏附東晉錄。但譯筆甚佳。一切名相，均爲後此譯品所通用者，不類晉代譯品。經中談緣起問題甚詳，藉稻芋爲喩，分別種與緣及內外諸緣之關係，多爲其他經論所未談及者。爲研究緣生問題所必需閱讀之經。其中一段如：「芽不從自生，亦不從他生，亦不從自他和合生，亦不從自在天生，亦不從時方（空）生，亦不從本性生，亦不從無因生，是名生法次第」。卽中論「諸法不自生，亦不從他生，不共不無因，是故知無生」。是本諸經文而來。經中特別引申他生之範圍，使不至更作他解。凡一切有主宰有作者之說，皆在破斥之列。

十住斷結經：此經爲姚秦竺佛念所譯，共十四卷，關於各種道品，均有詳解。內容豐富，亦佛學鉅著之一。其中關於空有問題，解釋尤多。爲兼攝大小乘佛法精義之經典。惟其中所用名相，多與後出諸經不同。故持誦者少。

未曾有因緣經：此經爲蕭齊釋曇景譯，所言多爲修持方法，尤重視戒律。經中特別強調五戒十善及果報。但其所主張之持戒精神，重在心不放逸，而不重在形式。所謂：「依語義者破戒修善，名有漏善」。卽指形式戒而言。所謂：「依義語者，凡心起善，名無漏善」。卽指心戒而言。經中曾擧兩例：一爲祇陀因畏豪強故飮酒，佛謂得酒念戒不放逸，非惡。一爲末利夫人因救厨監而飮酒、食肉、妄語、作衆妓樂，佛謂其有大功德。故此經實爲戒學之重典。

遺教經：此經純採意譯方法，文筆流暢，不類其他譯品。因此有人懷疑其眞實性。初期譯品，均係採用普通文句，或雜以老莊文字，稱爲格義。遺教經僅其一例耳。不能以之作眞僞之判斷。天親菩薩遺教經論，爲陳眞諦三藏所譯。如經文不實，則此論亦有問題。懷疑遺教經者，不知是否未見此論？抑係並此論而否定之。

大般若經：此經譯筆，前後略有不同，疑當時參預譯事者，不止一人。如此近千萬字之大經，由一人轉譯，在時間上似不容許。可能由奘師弟子多人，分任初譯工作，而由奘師綜合覆核。在覆核時只求文字通暢，不違原經意旨，亦無暇調整文字，使其完全一致。其著者如十二緣起，在上半部於生、老、病、死以後，尚有愁、嘆、苦、憂、惱五字；而下半部則無。實則愁、嘆、苦、憂、惱爲十二緣起支之必然結果。多此五字，自更明顯；無此五字，義亦不失。因十二緣起支所以說明無常、苦、空、無我之理。有生起門則有愁、嘆、苦、憂、惱，故可不言而喻也。又上半部之一切三摩地門及一切陀羅尼門二句；在下半部則均無「一切」二字。三摩地門與陀羅尼門均不止一種。有「一切」二字，義更明顯；無此二字，義亦不失。又在四百卷以前爲二十種空，四百卷以後爲十八種空。亦僅文句不同，意義並無改變。如前者之散空和不變異空兩種，後者則併爲散無散空一種。在四百一十二卷中解釋散無散空云：「散謂有放、有棄、有捨可得；無散謂無放、無棄、無捨可得」。是無散卽無變異之謂，自可併爲一句。前者之自相空與共相空二句，後者則併爲自共相空一句。僅詳弱之別，並無缺義。四百八十卷以後，又併爲十六種空：較十八空少不可得空與自性空兩種。前者似係併入無性空內，後者似係併入無性自性空內。又改自共相空爲相空。亦有僅列十空者。均僅開合之不同，並無實際上的差異，善讀者可玩索而有得也。觀於最後之二十卷以內仍爲二十空可知矣。

除大般若經外，各經論之空數，亦不相同。如解深密經、瑜伽師地論爲十七空；顯揚論及中邊論等，皆爲十八空；大般涅槃經爲十一空，其南本則爲二十五空，係空數之最多者。大智度論爲十八空，阿毘達摩大毘婆沙論爲十空。眞諦所譯之十八空論，曾論十六空及十四空、十八空之併攝關係，謂僅廣略不同，少者可以攝多。此說可以解釋各種不同之空數。雖未論及二十空及二十五空，其理亦同。般若之空，爲一空到底之空，擧一空而諸空皆攝。數字雖殊而義則一。論中以空空爲能照眞之相，合前四空，從境得名，呼爲智空。空智亦空，故立空空。是以空空之上一空字代表智慧，與一般解釋及予前記空其所空之義，略有不同。空爲否定，空空則爲否定之否定，此爲當然解釋。而智空僅限於前四種之否定，廣狹不同。但既爲照空之智，應係無空不照；又何以僅照前四種空而不照餘空。頗難索解。此一問題之徵結：不在名相上之差別；而在排列之順序上引起誤解。因大般若經及十八空論均將空空接連大空之後。依順序而言：只能空其以前之空，而不能空其以後之空。如解作空一切空之空，則應將空空列在諸空之後。如涅槃經及大毘婆沙論卽係如此。涅槃經云：「是有是無，是名空空，是是非是，是名空空」。卽含有否定一切之意。另有一說：以內空、外空、內外空、大空四種，已含攝一切有爲法，而不含攝無爲法之諸空。因對於無爲法之遣除，尚有最後之無性自性空，卽無爲法之空空也。如此解釋，亦甚合理。般若爲無法不遣，不僅有爲法空，無爲法亦空。大智度論云：「如來住二諦中爲衆生說法：爲着有衆生說空，爲着空衆生說有」。故於遣有之後而有空空，於遣空之後而有無性自性空。蓋空不遣則空亦成有。故於遣有遣無之後，亦遣其所遣也。空空之在前與在後，其義一也。

金剛經：此經本爲大般若經之一品，惟大般若經之全部精義，此經均能含攝無遺。故持誦者多，而註疏亦以此經爲最多。日僧空海以三寶釋金剛經開題：如來身同金剛，般若則爲法寶，波羅蜜則爲僧寶。又約三身釋：金剛卽法身，自性法身，堅實不變如金剛寶故；般若卽應身，四種應身，能應眞俗故。婆羅蜜卽化身，化身之佛，能說六度等利益衆生故。按三寶三身，總賅全部佛法，卽此可見金剛經之價值。故經云：「一切諸佛，皆從此經出」。又云：「成就第一希有之法」。此本經之殊勝處也。

黑格爾最高的正、反、合三分：是以觀念（正）自然（反）精神（合）三者爲每一事物之共同法則。觀念是抽象的事物；自然是指物理世界；精神則爲二者之綜合體。此與佛家之中道義相合。如前例的觀念卽是空，（正）自然卽是假，（反）精神卽是中道義。（合）金剛經之文法多與黑氏三分法相合：如「所謂」「卽非」「是名」等句法，皆爲三分。而辭義亦相近似。「所謂」卽相當於觀念之義；「卽非」指無常之自然界而言；「是名」卽精神之另一說法。爲此金剛經之精義所在，每爲讀者所忽視。如了知黑氏之三分法，則知般若非單純之遣相經典，實屬有中道義之精神，爲三論之先河。

江味農居士所著金剛經講義，解釋「不也世尊，不可以身相得見如來」。認爲應作兩句讀，卽「不也世尊，不可。以身相得見如來」。其意謂不可以相作性，就身相見如來；然性由相顯，亦得以身相見如來。蓋性卽相之體，相卽性之用。相非性不融，性非相不顯。離相卽無所謂性，離性卽無所謂相。但看執着與否耳。不執着卽不落二邊。正不必如小乘之滅色明空，滅相而見性。卽下文之所謂不說斷滅相也。其說明性相相融之理，甚爲允當。然全部金剛經，乃至各種般若經等，雖言性相一如，而結果均不離遣相。如菩提流支所譯之金剛經，此句譯作「不可以相成就得見如來」。眞諦譯此句爲「可以身相勝德見如來否？不能世尊」。唐義淨譯能斷金剛經云：「可以具足勝相觀如來否？妙生言；不爾世尊」。此數譯皆同一梵文原本，譯語不同而義則同。如採江居士斷句辦法，將上譯諸句中之「不可」「不能」「不爾」等均斷爲句，則上下語意不通。又大般若經九十九卷：「諸佛不可以色身見」。仁王經云：「愚夫垢識染着虛妄，爲相所縛。菩薩照見，知如幻士，無有體相」。是旣爲相縛，自不得見如來。菩薩照見無有體相，是已解脫相縛也。又金剛三昧經云：「一切萬有，無生無相，本不自名，悉皆空寂；一切法相，亦復如是。一切衆生，身亦如是。身尚不有，云何見也。……一切境空，一切身空」。如來以空爲性，境空身空，方見如來。江居士所謂性相相融，指第一義諦而言。如就世諦言，則性相仍當有別。故有了身相的觀念存在，卽不能見如來。必見諸見非相，始到了性相一如的境地。得見如來。故此處經文所言之身相，係指世諦而言。經中「以身相得見如來」句中之「以」字，作「用」字解，卽係執着身相之謂，不可解作性相相融。下文之「若見諸相非相」，才是性相相融之上舉諸經，亦是如此。智者大師以「若見諸相非相，卽見如來」。爲金剛經之主體，是性相證之證明。既曰「以身相」，顯與「非相」之義不同。故前者不得見如來，而後者得見如來也。因「以」着有而「非」則不着也。二者不能混爲一談。

又小品般若經云：「諸佛如來，不應以色身見；諸佛如來，皆是法身故」。換言之：卽係不可以色身見法身。因法身屬於本體界，色身屬於現象界。既執有色身，則所見者皆色身也。既證法身，則所證者皆法身也。斷無執有證空之理。至所謂空有不二與當體卽空諸說，係指悟有爲空而言。與執有證空不同。經文「以身相」三字，只能解作「用身相」，不能解作「從身相」。因從則不着而用則着也。故下文又云：「諸法實相，無來無去；諸佛如來，亦復如是」。此卽解釋上文諸佛如來爲實相，既曰實相，自非色身。金剛經所謂：「如來者無所從來，亦無所去」。與此同一意義。善讀經者，不僅於一經之中前後貫通；且當於諸經之中，互相貫通。般若一面遣相，一面防止學者墮於斷滅。有無並舉而又俱遣。此等處最難著筆，是在讀者之融會貫通耳。

金剛經「凡所有相，皆是虛妄。若見諸相非相，卽見如來」。末句流通本均爲「卽見如來」。江居士根據唐人寫經本改爲「則見如來」。智者大師認此二句爲全經之體。（見金剛經註疏）一般解經者，多認「凡所有相，皆是虛妄」二句，重在理解。以下「若見諸相非相，則見如來」二句爲行解。此釋甚妥。惟「則見」與「卽見」，有時可以通用，有時仍有區別。因則字多用於轉折辭句；或表示與上文相反之意；或表示加重上文語氣。至卽字則重在承襲上文或解釋上文。如云：「到了臺北，卽是到了臺灣」。如改作「到了臺北，則是到了臺灣」。卽覺生硬。般若談空，是當體卽空，與三論宗之卽空卽假卽中之義可相通。小乘則滅色明空，二者大有區別。當體卽空，是卽色明空，色空不二。滅色明空，是色空互異。前者見色卽是見空，是混然一氣的功夫；後者滅色而明空，是兩段功夫。故「若見諸相非相」，與「卽見如來」，爲同一境界之兩種說法。若用「則見」，則前後語意，不能一致。只能用之於滅色明空之小乘觀空，而不宜用之於當體卽空之大乘觀空。此不可不辨。

磧砂藏所載之金剛經譯本，共有三種：一爲鳩摩羅什大師所譯，卽佛於大般若經第九會所說者，爲現在之通行本。其餘兩種，均爲元魏三藏留支所譯。其中一本爲奉詔所譯。兩種經文，頗有出入。一經數譯，本爲習見之事。惟一人對於一經而有兩譯，此爲僅見。其中必有一種爲後譯之校正本。因先譯者早經流通，遂與後譯之校正本併行於世。惟其先後，已無法考證。又金剛能斷般若波羅蜜經之譯本有三：一爲笈多本，二爲義淨本，三爲玄奘本。其中以義淨譯文爲最短，玄奘譯文爲最長，超過義淨譯文一倍以上。同一原本，而譯文之不同乃爾。

心經：凡經皆有序分，而心經獨闕。因此有人懷疑心經是節錄大般若經而成。但經中曾兩呼舍利子，末附咒語，自成體系，不類節錄文字。大正藏般若部所載心經譯本，共有七種，及對字音心經一種。前者除什師與奘師譯本外，其餘五種，均有序分及流通分。什奘兩師略去序分之原因。可能是因正宗分過短，有序分與流通分，則不相稱。故一併略去，更覺簡練，便於記誦。

又唐梵譯對字音心經慈恩和尚述序記奘師西遊時，路次益州，遇一僧語師云：前途多險，我有三世諸佛心要法門，師若受持，可保往來無虞。後奘師每值危難時，即憶念四十九遍，所求皆效。奘師西域記亦有類此記載。心經二字之名，度係根據心要之義而來。奘師所譯之心經，即係根據唐梵譯之對字音心經作藍本。

自在之解釋甚多：新中邊云：有四自在，一是無分別自在；二是淨土自在；三是智自在；四是業自在。基師謂：「離一切相者，離所取相；離一切分別者，離能取相」。前者只斷外境，後者始絕能所，破我法二執，故名自在。基師成唯識述記云：「若至佛位，唯生空觀。或唯理非事，有唯事非理，或二俱觀，皆自在故」。故法空卽是自在。大乘義章云：「能淨佛土，名色自在；善知心物，名心自在」。故有事障理障者，均不得自在。永嘉大師證道歌云：「不見一法卽如來，方得名爲觀自在」。不見一法，卽空也。法勝阿毘曇心論釋：「世尊於一切法於一切種而得自在，故名最勝」。是自在惟佛能之。觀自在，當係指菩薩在觀時始能自在也。孫念劬謂自在是解脫無碍；觀是所修之因；自在是所得之果；菩薩是所證之位；行深申所得內觀之因；照見申所得自在之果；度苦申所得菩薩之位。

又觀自在不必定指菩薩名號，亦可讀作一句，作全經之總綱領解釋。以下所談空相，卽係發揮自在之作用。全經不離觀空，觀空卽觀自在也。經末說明菩提薩埵的自在境界，是解脫外在的一切限制，排除恐怖、顚倒、夢想等障碍。三世諸佛的境界，不僅不受外界的束縛，且能證得無上正等正覺。菩薩證此最高境界，則當在行深般若波羅蜜多時也。又十地經自在有十種：一命、二心、三物、四業、五生、六願、七信解、八如意、九法、十智。是自在有等差之不同，智自在始能含攝一切自在也。

「行深般若波羅蜜多時」句中之行字，釋經者多解作修行，此斷章取義之說也。因下文之照見五蘊皆空，係菩薩境界，非一般修行者所能到達。如解作修行，則上下文氣不能貫通。歐陽竟無居士將行字作相應解：以行深般若者，觀慧相應涅槃，行卽相應觀慧，相應之謂行也。據云：係本諸龍樹所言。不知根據何種記載。但此說甚爲合理。因相應有到達之義，修行則尚在途中。解行相應之行，知行合一之行，皆此行也。素富貴行乎富貴，素貧賤行乎貧賤之行，亦此行也。此係安行之行，非力行之行。

測法師心經贊謂「行」是能觀智，內證二空，離諸分別，無能所行以爲行相，故名行深。大品經云：「不見行，不見不行，是名菩薩行深般若。又理離有無相，絕諸戲論，無分別智。證此深境，故曰行深」。仲希法師心經略疏顯正記云：「般若行有二：一淺，卽人空般若；二深，卽法空般若。簡淺辯深，故云行深般若」。以上三種解釋，不出一個空字，僅程度上之差別耳。深般若者，一空到底之空也。

諸萬里居士解：「深者微也，言菩薩修行到微妙處」。此解最為簡明。又明僧費隱通融云：「行者乃契入之智也。深般若者，乃所契入之智理也。時乃能所雙忘，智理俱泯之時」。此可作微妙之解。有解「行」為能行之智，「深般若」是所行之法。亦簡要。

歐陽竟無居士云：「色與眞如，無差別故，是深般若唯一眞如，更無餘也」。般若為解空之智，深般若不僅解空，且解色空無異。故以深名之也。

摩訶般若經：梵語摩訶，華言大也。故摩訶般若，亦可稱為大般若。如大智度論卽係詮釋摩訶般若經之旨意。經論二者，均係什師所譯，而名稱互異，不知何故。或有懷疑經用音譯而論用意譯者，係奘師譯大般若經以後所改正，以免兩經同名之故。若果如此，何以不直接改摩訶般若經為大智度經，使與論名符合？以予臆度：什師譯經在先，譯論在後。在譯論時經已流通，不便再改。名稱之不同，當以此故。惟摩訶般若經與大般若經是否同一梵本，頗堪研究。後人以兩經卷帙不同，一為三十卷，一為六百卷，故斷其為非同一梵本。但此說不足為非同一梵本之認定。因什師係採意譯，删繁就簡，以符合華文體例。奘師係採直譯方式，仍保持梵本文字本來面目。如大般若經中同一形式之文句，往往重疊至數十句之多。如採用華文組織方式，則一句或數句已足。什師既採意譯，則縮減六百卷為三十卷，非為不可能之事。如般若心經僅二百餘字，以表詮般若之精義，並不覺其有何闕義也。此外尚有支謙所譯之大明度經及放光、道行、光讚……等般若經，或為大般若經之別譯，或為其中之一品，似皆為同源異流之經文。

放光般若經：此經爲西晉時譯，故其名相，與什師以後譯文多不相同。如十二處譯作十二衰；十八界爲十八性；貪、嗔、痴爲淫、怒、痴；精進爲惟逮，觸爲細滑；八背捨爲八惟無。義均欠妥。但亦有較勝於後譯者；如以色界爲形界，無色界爲無形界是。因五蘊之色與色界之色，同爲代表有形事物，與物字、器字、事字之義略同；與色塵之色字廻異。最易混淆。易曰：「形而上者謂之道，形而下者謂之器」。近來形上學一辭，已爲哲學家所普遍採用。形字可以含攝一切有形事物，實較色字爲妥。又放光般若經亦稱五蘊爲色、痛痒、思想、生死、識；稱波羅蜜爲度無極；稱六入爲六衰。按妄念起於無明，而造業者非無明也。如貪、嗔、癡發動以後，能以意志控制，使貪、嗔、痴不起現行，即可化戾氣爲祥和。是無明僅爲動因。而行則造業之主體，亦即生死之根源。故稱行爲生死，有深意存焉。六根爲六塵之吸引機，心爲物累，根之咎也。稱之爲衰，亦無不當。波羅蜜稱爲度無極，言其效用之高也。惟原句兼有事究竟之意，非度字所能賅括。故後世譯音而不譯意，即多含不翻之例也。至痛痒與思想，則未能表詮原意，改之宜也。

又西晉譯放光般若經及光讚經等，均將六度之毘離耶波羅蜜，或作惟逮，或作精進。二者互用，不知有何分別。譯八正道爲八由行，或作道行；譯四正勤爲四意斷；譯四念處爲四意止；譯七覺支爲七覺意。又摩訶衍有時僅用一衍字。

首楞嚴經：東晉沙門法顯自記遊天竺事：顯至耆闍崛山，獻花供養，然燈續明，慨然悲傷抆淚而言：佛昔於此說首楞嚴經，法顯生不值佛，但見遺跡處所而已。即於石窟前誦首楞嚴經。（

見高僧法顯傳）各藏中所載之首楞嚴經，只有唐譯一種，卽房融執筆者。梁任公以僞經目之。法顯所誦之經，當係另有所本。是否在唐以前尙有他譯。抑係法顯所誦者爲梵本。均不可知。惟首楞嚴經確爲佛說，則無可疑。至唐譯是否僞經，似毋庸置辯。因此經具有高深哲理。如確屬房融所杜撰，則其智慧與佛等耳。奚必僞稱佛說？故此事實不足疑。

首楞嚴破因緣與自然，驟見之似因緣與自然兩俱不立。此一問題，當從性相之關係上求之：因緣指生滅之現象而言，相也。自然指不生不滅之本體而言，性也。有生有滅是隨緣，不生不滅是不變。生滅之事物中而有不生不滅之理性。不生不滅之理性中，而有有生有滅之事物。是非因緣卽是因緣，以其隨緣也；非自然卽是自然，以其不變也。故破之正所以立之，立之正所以破之。立之者性，破之者相。性相相融，則無所謂破與立也。

湛入合湛：首楞嚴有一段說明五陰文字：「汝今欲知因界淺深：惟色與空，是色邊際；惟觸及離，是受邊際；惟記與忘，是想邊際；惟滅與生，是行邊際；湛入合湛，歸識邊際」。前四種語句簡明易曉。惟「湛入合湛」句頗爲費解。圓瑛法師首楞嚴經講義展轉註釋，益增迷悶。色、受、想、行四陰，均用相對名相，此句獨用相同名相，故不易了解。予初解爲念念遷流相續。繼思與前四句正反相對之句法不同。且前念後念，雖遷流相續，其中仍有生、滅，並未合一，仍有欠妥。按識之對待名相爲智，同屬見性所顯露。但有體用之別。內典中往往用同一名相，代表不同之意義。如知見立知之「知」字，卽有覺與不覺之分。上一知字爲覺性，下一知字爲識心。湛字在內典中通作湛明解釋。如經云：「內外湛明」。又宗鏡錄云：「見性周遍湛然，似鏡常明」。此段經文，既是爲了解釋「因界淺深」。根據前四句之例，兩湛字亦係淺深相對，與知見立知同一句法。上一「湛」字應係代表識心，下一「湛」字，應係代表覺性。卽「加明於覺」之意。經意應爲「覺海本清，因加明（湛入）於覺，（合湛）遂成染識」。如此解釋，既與上四句體例一致，且與「知見立知」經意相合。

先德對此句解釋，不盡相同。有以上湛爲行陰，下湛爲識陰者。與經文「又汝精明，湛不搖處，名恒常者。」之本意不符。德清大師楞嚴經圓通疏云：「六根湛入，是其本陰。眞常妙湛，非是其陰。但湛不自湛，因妙湛而顯乎妄湛。故以妙湛而爲識之界也。正言從眞而起妄、如源而出流，始由妙湛而爲識湛，由識湛而爲行瀾，由行瀾而爲想波。受與色，猶浪之膚，波之皮也」。此係以湛入之湛爲識，以合湛之湛爲智。明鍾惺法師楞嚴經如說云：「上湛字是功夫，下湛字是本體，謂以澄湛之功，入流旋元，與圓湛之體，彷彿相合也」。又明人曾鳳儀楞嚴經宗通云：「湛入爲識陰，眞湛爲性識明知。明知卽智。智之與識，有邊際存焉」。清人靈耀云：「上湛字是見聞覺知，下湛字乃指識體」。根據以上各種解釋，是湛入合湛，卽識入智海之謂。

荀子解蔽篇云：「人心譬如槃水，正錯而勿動，則湛濁在下，而清明在上，則足以見鬚眉而察理矣。微風過之，湛濁動乎下，清明亂於上，則不得本形之正也」。湛字在他處均作澄字解，卽清明之意。佛家多用作明覺之形容辭。而荀子獨與濁字連用。首楞嚴經「湛入合湛」句中之上一湛字，當係本諸荀子湛濁之義而來。故以「加明於覺」，解釋「湛入合湛」，以說明識心流入智海之義，當無不合之處。

華嚴經：六十華嚴，爲東晉時譯。較晉譯其他諸經之文字調暢。一切名相，在此經中均已確定，爲以後歷代譯人所採用。惟現時流通之經本，仍爲八十華嚴。又磧砂藏所載之六十華嚴與大正藏所載者，其各卷起訖，與品目起訖，各不相同。因分卷分品，並非譯人所爲之故。如金剛經之分品，係昭明太子爲便於其母之分段誦持而擬定。此爲人所共知者。其餘各經論之卷數與品目，究爲何人所擬定。此一問題，似尚無人加以研究。

中阿含經：此經爲東晉僧伽提婆所譯。東晉以前，尚有四種譯本。因譯人未善晉語，故違失本旨。僧伽提婆等來華後，經過四五年之研讀，漸通漢語，始重譯此經。由僧伽羅叉誦胡本，僧伽提婆轉胡爲晉，道慈筆授。參加譯事之沙門四十餘人。經數年之久，始完成譯事。由此足見譯經之難及前人對譯事之重視也。中國語文之含義，較梵文簡略，不易表詮佛法。兼之文言未能一致，更多一層翻譯之困難。故往往一經經數次之翻譯，一字經數次之更易，始成定型。

大明度經：此經爲支謙所譯。若干名相，爲辭典所未載。如云：「五百比丘、二十五比丘尼得應儀；六十清信士清信女皆得溝港；二十闓士逮得無所從生法樂」。又云：「溝港、頻來、不還、應儀，一緣覺入於闓士，入於佛」。應儀係阿羅漢之別稱，辭典已有記載。溝港指初果而言。（見摩訶止觀）爲預流之別稱。闓士係菩薩或大士之謂。頻來疑係一來果之別稱。一緣覺卽是緣覺。無所從生法樂，似係無生法忍。

大梵王問佛決疑經：荊公謂蔣山佛慧泉禪師曰：「世尊拈花，迦葉微笑，頃在翰林苑，偶見大梵問佛決疑經三卷有此記載」。此事見於宗門雜錄及梅溪集。惟各藏中均未搜集此經，至啓後人之疑。在日本卍續藏中有兩種大梵問佛決疑經，其第二品拈花品對此事確有詳記，是荊公之言有據。

十住毘婆沙論：此論造者爲龍樹菩薩，譯者爲什師，皆法門龍象也。論共十五卷，前十四卷爲修持方法，無甚高論。最後一卷，其中偈句，爲談空有、性相、生滅等問題，均具高深哲理。爲研究佛家形上學說所不可不讀之論。其中談緣生一偈云：「一切有爲法，終不自性生。若從衆緣生，則應從他有。不從自性生，云何從他生。自性已不成，他自亦復無。若離自性相，不以合故有。二定有則無，他不能生法。自亦不能生，自他亦不能。離二亦不生。若無有自者，云何從他生。離於世俗法，則無有自他。若他從他生，他卽無生體。無體則非有，以何物生他。以無自體故，他生亦復無。四種皆空故。無從定生滅」。語如串珠，義如剝蕉。除中論外，談緣生無性者，無如是之徹也。如能了知此義，則於空有問題，亦思過半矣。其所謂四種皆空，係指自生、他生、自他共生、衆緣生而言；亦可解作自他生滅四種。偈中只談生而未談滅者，因生滅爲相對而有，言生卽所以言滅也。原偈於最後一句，始兼擧生滅，卽以此故。

成實論：此論爲什師所譯，文字流暢，易於閱讀，較之奘師所譯各論不同。因什師係採意譯方法，可不受原文束縛；奘師採直譯方法，中印語文組織不同，勉強牽合，自難恰到好處。奘師所譯諸經論，除心經外，餘均冗長，不易閱讀。故同一譯品，什奘兩師之文字相絕不相同。而持誦者均用什本，金剛經卽其例也。然奘師譯品，確能符合因明法則，保持梵本眞象。自漢迄唐，歷千百年，譯文幾經變更，至奘公而大定；且永以爲式，此奘公之所以獨絕千古也。以往譯經大師如支謙、竺法護等譯品甚多，而頗多費解，實有重加整理之必要。

顯揚聖教論：此論爲無着所造，共計二十卷，在唯識學中，並非鉅著。惟此論對於唯識學說之各種名相解釋，並無遺漏；且簡明扼要。對於因明學亦有介紹。爲研究唯識學所當閱讀之書籍。無暇詳閱唯識論者，能閱讀此書，亦可知其精義矣。

物不遷論：肇師四論，爲華人之第一部佛學鉅著，亦爲繼莊子之第一部哲學鉅著。其議論之精闢，文字之美妙，則自莊子而上溯，莫之與比。尤以物不遷論，爲妙絕千古之作。其中「必求靜於諸動，故雖動而常靜；不釋動以求靜，故雖靜而不離動」四句，深契動靜一如之理。閱憨山大師註，（見拙著禪話）知動靜一如，不僅是文字般若；且爲實證境界，已超越識心之分別範圍。所謂「旋嵐偃嶽而常靜，江河競注而不流」。與「空手把鋤頭，步行騎水牛，人從橋上過，橋流水不流」，同一見境。物體之動相，產生於空間與時間之連續。如抽去時間，則物體爲各個不同而獨立之質點，佔據於不同之空間，求動相而不可得。如旋火輪，由時間之連續而現輪相。如將時間拉長，緩移火炬，則此空間，只存火點，輪相動相，皆不可得。相有體相與相狀二種：

其所謂體相，係指靜態之現象而言；相狀係指動態之現象而言。一切現象，在劃一之時期以內，皆有其定型，此卽所謂體相也。如在不同之時間所陸續顯現之事象，皆爲動相。此卽所謂相狀也。如電影所顯現之種種動相，係由不同之體相連續而成。如停止其活動，則其所呈現者爲各個不同之定型照相。與旋火炬而現輪相爲同一事例。惟吾人未能具此分析之慧眼，每將時空連成一片以觀察事物。故只見其假，不見其眞耳。推此觀點：雖旋嵐偃嶽，江河競注，只是時間之連續相耳。而眞實之事物，實未嘗動也。菩薩瓔珞經云：「深觀諸法，無所從來，無所從去，爾乃明達，名爲解脫」。是了知動靜一如之理者，必爲已達解脫境地者。在般若經中所談之動靜問題，爲肇師作論根據。如道行般若經云：「諸法本無所從來，去亦無所至」。卽肇師之所謂：「昔物不至今，今物不至昔」。其理論上之根據，卽前經所謂：「諸法當體卽滅，本自不生；從緣而生，故無所從來；緣散而滅、故亦無所至」。此所謂緣者，卽以動爲主體之各種關係條件也。他若如來如去種種說法，皆所以說明動而非動之理。可參閱法相篇。

法界次第初門：智者大師所著，係解釋佛學名相，類似辭典。全依性質分類編簒，便於研究同一問題之參考。倘能全部瞭解，於佛學思過半矣。此書宜印單行本，使不能閱讀全藏者，亦能深入法海。

理惑篇：牟子理惑篇，設問答凡三十七篇。後人對此書眞僞問題。頗多諍論，然文字極佳，不失爲護法要典，作者姓名之有無及其眞僞，與之無損也。

法苑珠林：唐釋道世所撰，四庫提要稱「其大旨推明罪福之由，用生敬信之念。蓋引經據典之作」。原書依經論分類編排，每篇又分爲若干部。研究佛學掌故者，手此一冊，可窺全豹，不須閱讀全藏。是大有助於學人之鉅著，不僅明罪福，生敬信而已。

經律異相：爲梁沙門僧旻與寶唱等所集，共五十卷，將經律中所載故事，按性質分類彙集成篇，尋閱便利。亦研究佛學者之一助也。

玄奘傳：各種高僧傳記一類著作，皆所以弘法利生，無可非議。然間有採自傳聞，不免有失眞之處。如玄奘大師事蹟，各傳記所載，卽互有出入之處。其著者如明永樂所撰神僧傳謂玄奘至罽賓，遇老僧口授多心經。麗藏所載大唐玄奘法師傳謂奘師在蜀，見一病人授師般若心經。此事唐詳所撰玄奘行狀及道宣所撰續高僧傳俱無記載。上述兩種記載，互有出入。一在罽賓，（今克什米爾一帶）一在蜀，此地不同也。一爲老僧，一爲病人，此人不同也。除多心經卽般若心經之誤，佛學大辭典已有辨明外。其餘人地兩殊，眞僞莫辨。與前記奘師西域記等書更不一致。此等記載，易啓人疑，且增加閱讀之負擔。故入藏資料，必須愼重選擇，寧闕勿濫。

新唯識論：邑人熊十力精研佛學，其所著之新唯識論內容要點，在本書中多有介紹。熊氏以八識爲各個獨立者，其實乃一個識之八種功能耳。吾人一切心識活動，均始於無明，是用雖不同，其爲動則一。「無明不覺生三細，境界爲緣長六粗」。心與境合，始現各種不同之相。各經論中多有此類說明。惟新唯識論確有精闢獨到之處，爲研究東方哲學所必需閱讀之書。

經論註疏：前人研究一經一論，往往窮畢生之力，專究一種，於是註疏文字，亦連篇累牘，喋喋不休。如「如是我聞」四字，卽可解至數頁之多。而註復有註，疏復有疏。印經者一律收入藏中，增加閱讀之負擔。在卍續藏中卽有一經疏註至數十次者。其中如六祖金剛經解義，已引經文；其中附有川老之金剛經註，復將經文及解義，一律全部照錄。實無所取義。

心經疏：靖邁所著。有云：「同未始異，異未始同。未始異同，自同同異。未始同異，自異異同。異自異異，異不異同。同自同同，同不同異。同異未嘗一，眞俗未詎殊。而惑者言同，卽謂同其異，言異、卽謂異其同」。以同異二字，往復疏解，文字相異而義則同。只是一種障眼之法，無關宏旨。目的只在做註疏，非解經也。

又經論文字，艱深難讀，爲弘法之大阻力；而註疏文字，亦多難解。如民初歐陽竟無居士，爲一時佛學泰斗，亦坐斯弊。如「成熟有情，嚴淨佛土」。簡稱爲「熟情嚴土」之類，使人無法了解。又「葛藤」二字寫作「葛薜」，僅能從上下文句揣摩得之。此種故作艱深之作風，非護法者所宜有也。

稱讚淨土佛攝受經：此經與阿彌陀經爲同一梵本，係奘師所譯。今人知之者少，誦之者更無。

咒語貝葉書：歐陽無畏居士所著藏尼遊記謂，尼泊爾之贊特羅學院中圖書館，保存一部尼國耆那教最古之梵文咒笈，完全爲貝葉書成。一九三三年有意大利學者研究後發表結論，謂西藏佛教最上乘之大乘密法中之金剛乘秘密瑜伽密典中所有之儀軌壇次第咒語，與此咒笈中所發現者毫釐無差。因斷定大乘密法金剛密典，爲佛教末流無可奈何襲抄耆那外道之傑作。予於密宗佛學，未曾研習，對此語不敢妄贊一辭。惟原始佛教，係自奧義書轉變而來，在形式上自不免有採取外道之處。佛教重在治心與觀心，凡有助於治心與觀心之方法，皆可用作修行之方便。並不限於一定之儀軌。在經論中記載甚多，原無損於佛教之尊嚴，正不必辯也。

偈語：內典中之偈語，不同於詩句：詩句必須用韻，偈語則否。詩句必須有平仄，偈語則否。除歌行體外，詩句句數必須成雙，偈句則不盡然。最奇特者，詩句每句均有獨立意義，偈句則不盡然。往往有連續至兩句以上始完成語意者。偈句只求字數相同，有含義較爲複雜之處，則句斷而意不斷。十住毘婆沙論中，此例甚多。如「卽爲欺罔於十方三世佛」。又「至阿耨多羅三藐三菩提」。又「比丘已住於阿練若處者，常應精勤生種種諸善法」。以上所舉，皆爲五字句偈語，而依文義則爲十字一句。其他經論中亦多此例。因中印語文組織形式不同，偈文受字數限制，不同於長行（散文）之可以任意增減。譯文勉強牽合字數，故不易工穩，不可以詩律作衡量也。

死亡咒：大正藏密部各種咒術中，有咒人死亡或疾病者。與慈悲之旨，不相契合。疑係外道法術，誤搜入經藏中者。什師所譯之大莊嚴經論記一婆羅門語一居士云：「佛無咒人死亡之術，不能稱爲仙人；婆羅門有此術，故稱仙人」。居士以偈答云：「佛斷貪嗔痴，慈悲廣饒益，永除惡咒根，但有衆善事」。足證死亡咒爲婆羅門教所有。不知大正藏何以收入。佛教修持方法，有採自婆羅門者；教徒亦有自婆羅門教轉入者，仍兼修舊法。凡有利於修心者，均可採用。但決無損人利己而可證道者。行者當知所選擇也。

名相

觸：阿含爲較早譯品，故有若干名相，與後出經論不同。如十二支之「觸」字，中阿含經均譯作「更樂」；亦有譯作「更觸」者。頗爲費解。菩薩瓔珞經云：「身知外更內樂」。則「更樂」二字，似可解作「快樂的變更」。但此釋兼有受的意義；且偏於樂的一面，而遺去苦的一面。自不甚妥。竺法護所譯漸備一切智德經：「六入相合流成於更習」。則較「更樂」爲妥。因習字可以兼攝苦樂也。十住斷結經則用一「更」字，已漸接近觸字之義。漢譯阿含口解十二因緣經譯五蘊爲色、痛痒、思想、生死、識。譯六塵爲色、聲、香、味、細滑、念欲。細滑僅觸塵之一種，尚不如更字含有感覺變更之意，但欠明晰耳。符秦僧伽跋澄等所譯之尊婆須蜜菩薩所集論，其中以細滑更樂四字爲觸，又以受爲痛。觸與受爲同一感覺作用，樂與痛則爲相反之感覺。單用已覺不當，併用益覺矛盾。一字推敲，數次變更，可見譯經之難也。

受：十二支之「受」字，中阿含經均譯作「覺」字。受之意義本爲感覺。譯作覺字，似無不可。但內典中之覺字，均作覺悟解釋。只有佛陀始稱覺者。覺字之意境既高，自不宜濫用。改用受字，用意可能在此。又雜阿含經中譯受為痛，是偏於苦受，而遺樂受，同樣欠妥。或曰：有受皆苦，其作用在令人起厭離之感。但原意並非如此。痛字是從前述漢譯痛痒二字轉變而來。

集：四諦之「集」字，中阿含經均作「習」字。兩字含義，略有不同、「集」字是指業力之積聚而言，作動詞用。「習」字兼指業力之作用而言，可兼作名詞用。較集字之含義更廣。

道：漢譯四諦為苦、習、盡、道；秦譯四分律中之四諦為苦、集、盡、出要。乃出世要道或出苦要道之義。此二字不加註釋，卽無法了解。至今在他處尚沿用出要二字以代替道字者甚多，殆亦積非成是也。

八正道：漢安世高所譯之漏分布經，以八正道為八道行。其八種名稱，亦不相同。一、直見；二、直更；三、直語；四、直行；五、直業；六、直方便；七、直念；八、直定。直字自不如正字妥。直業係指業力而言，與正命之意義相同。直行應作行業解釋。惟直更不知作解釋。更字與思惟二字，不能發生任何關係。不知是否指思惟之變更而言。存疑待考。安譯轉法輪經之八正道，則為正見、正思、正信、正行、正命、正治、正念、正定。同一人譯，而前後不同如此。宋求那跋陀羅譯雜阿含經之八聖道為正見、正志、正語、正業、正命、正方便、正念、正定。其中正志與正思惟同為心理活動作用。但正志專就意志活動而言，思惟則兼有表象作用，含義較廣，似優於正志也。增一阿含經譯等流為等治，餘均同上。僅次第稍有變更。流、治二字，同屬水部。治字可能為流字之訛。因流字有流轉之義，與更字之義略同。治字則更費解。姚秦竺佛念所譯之十住斷結經稱八賢聖道爲等念、等定、等語、等行、等業、等習、等意、等定。兩用定字，必有一誤。竺法護所譯之諸佛要集經稱八賢聖路爲正見、正念、正言、正業、正治、正方便、正意、正定。

色：色字在內典中有兩種用法：一爲五塵中色塵之色，僅表詮顯色形色，接近色字本義。一爲五蘊中色蘊之色，取其示現與質碍之義。但其應用之範圍，則不限於有形之事物。通常以色字作物質解釋，是僅限於物理範圍。而實際上生理與心理之活動，皆涉及色法。如表色指動作而言，無表色指不作爲而言，皆超越物理範圍。如定果色、自在色等且超越心理範圍。是色字包括有形與無形之事物。儒家所稱之物字略近似之。用色字既與色塵之色字混淆，而含義亦欠明確。惟沿用已久，不便更正，順古也。

七覺支：增一阿含譯七覺支爲七覺意：卽念覺意治貪；法覺意治瞋恚；精進覺意治邪見；喜覺意治欲世間；猗覺意治憍慢；定覺意治痴；護覺意治無明。又謂一心念正見者，念覺意不亂也。等治者。念一心一切諸法，法覺意也。等語者。身意精進，精進覺意也。等方便者。得賢聖四諦，盡除去諸結，定覺意也。等念者。觀四意止（四念處）身無牢固，皆空無我，護覺意也。等三昧者。因所用名相欠妥，乃愈釋而愈晦。雜阿含之七覺支，以輕安爲猗息，以念爲愛樂。與增一阿含又不相同。猗字佛學辭典中未搜入。據遁倫法師瑜珈論記解釋：「身行猗息」。以猗卽猗樂。各辭書中亦無此解釋。惟辭海中有「猗移」條，謂係無心以隨變。朱熹調息箴云：「容與猗移、靜極而嘘」與快樂之樂，要當有別。段註說文解字，謂猗字有嗟嘆、柔順、長、加、兮、倚等義，其中以柔順二字，與輕安之輕字，義頗相近。以後改猗息爲輕安，似係根據猗移及柔順之義而來。

正性離生：此四字常見於經論中，不知作何解釋。頃閱普光法師俱舍論記，謂正性爲涅槃，或爲聖道。生謂煩惱。見道能滅，故云離生。又謂身見等剛強難伏，故名生。或謂善根未熟名生。解釋甚多。均嫌牽強。以予臆度：正性卽指佛性而言，生卽指生滅而言。卽佛性不生不滅之謂。望文生義，似可作如此解釋。又正性係無爲法，生者有爲法也。離生卽所以離有爲法也。是正性卽是離生，離生卽是正性也。

五衆：色、受、想、行、識，舊譯均稱五陰；大智度論則稱五衆。與衆生之義，可以配合。並無不妥之處。奘師定名五蘊之後，不復有稱五衆者。

慈悲喜護：慈、悲、喜、捨四字，在增一阿含中(安般品)譯爲慈、悲、喜、護。意卽護持此心，不取憍慢也。與捨字之義，似異而同。

八萬戶蟲：增一阿含經有偈云：「蟲有八萬種」。是戶字應作種字解。大威德陀羅經謂：「一戶蟲有八十蟲」。是八萬戶蟲之總數爲六百四十萬，戶字是借用戶口之義。吾人身體由各個細胞所組成，實無數生命之集合體，八萬者乃其概數耳。

增語：此兩字亦爲辭典所未搜入者。俱舍論卷十：「眼等五觸，說名有對，以有對根爲所依故；第六意識說名增語。所以然者，增語謂名，名是意觸所緣之長境，故偏就此名增語觸。如說眼識，但能了青，不了是青名。意識了青，亦了青名；意識與五識同緣境已，更緣其名，故名為長。故有對觸，名從所依；增語觸名就所緣立。有說：意識語為增上，方於境轉；五識不然。是故意識獨名增語；與此相應，名增語觸。故有對觸名從所依，增語觸名就相應立」。是增語之義，可分三種：一是眼等五觸與境相對，意識不與境相對，是孤起的，故名增語。二是眼等五識，只是直覺，不起分別。如眼知此處有物，而不知其何物。意知有物，且知為何物。是緣境又緣名，故名增語。三是眼等對境，卽直接發生了境作用；意識必另有相應的名相作增上緣。故名增語。按諸法自性，本離名言。如眼以淨色為自性，於自性之上，增加名言，稱之為眼。故名增語。此類名相，本極簡單。如依原文解釋，轉覺困惑。實則增語乃事物之音符耳。故有時亦稱假名。大乘義章云：「諸法無名，假予施名，故曰假名」。大乘起信論曰：「一切言說，假名無實」。名言本為約定符號，非事物所本有。只能表詮事物，呼喚事物，以幫助人類對事物之共同了解。乃事物以外所增設與假設者，故曰：增語；亦曰假名。皆同一義。

滅：生滅之滅，是消滅之意，有時亦代表死字。至寂滅之滅及苦集滅道之滅，則含有淨字意義。圓測法師疏仁王經之四諦云：「寂淨名滅」。故此等處卽改用淨字，亦無不可。

匱法業：佛地經論中有感匱法業，感正法業，感圓法業三種。正法業指正道之業報而言；圓法業指圓滿之業報而言。惟匱法業頗為費解。基師法華玄贊卷三謂係「匱乏正法的業報」。

南無：此二字本爲音譯，義爲歸依。李通玄云：「約法以南爲離，爲離中虛。以虛無故，卽明離爲日。離主心，以心達虛無之理，卽心智明，故名南無。表歸命信順虛無理智故。是故善財南方詢友者，義亦如然。龍女南方成佛，義亦如之。但達虛無之理智，十方總南無。若執諸法實有者，十方總北故」。此南無之別解也。見新華嚴經論。音譯本不含有華語音義，不能就字面解釋。且易卦之辭義，古時未傳印度，經論中何得雜有卦義？其爲附會可知。惟南無二字音讀爲拿摩，與南無之本音不同。是否譯者確有牽就卦義之意，不敢臆斷。

分齊：澄觀法師華嚴經疏謂：「分齊者緣起事法不相雜故」。又法藏法師華嚴探玄記謂：「法界之界，是分齊義，又名枝流也」。與澄觀法師所說略同。惟枝流之義，稍欠顯明耳。綜合兩師解釋：分齊二字，似具有分別與整齊二義。分故不雜，齊故不亂。分齊與雜亂，對待語也。又大毘婆沙論中註明分齊二字，均讀去聲。是與份際二字同音，義亦可通。分際二字，可能由分齊二字所轉變。因在較早之典籍中，並無分際一辭也。

萬億：梵語萬億兩字，似係代表同一數量。如賢愚經說舍衞國有十八億人，王舍城有十二億家。在二千年前，一國人口與一城住戶，如此之多，爲不可能之事。舍衞城廣不過十里，更不類十八億人口之大國首都。如以億爲萬，尙屬近似。當時人口數字，均出自估計，故動稱億萬。如摩耶夫人出園遊觀，同行者十七萬寶車；白淨王至藍毘園，導從有一億釋迦種族；太子出城卽有十萬眷屬等，數字均極龐大，自不足信。

八萬四千：此爲經論中常用數字。如摩耶夫人從遊之婇女童人，各八萬四千。太子出生，國中八萬四千長者生子悉男，八萬四千廐馬生駒。阿育王殺八萬四千夫人，造八萬四千塔。此外如八萬四千煩惱，八萬四千法門……等。不勝枚舉。蓋係以八萬四千代表多數，爲梵語習慣。亦如華人之稱千萬也。如千頭萬緒；千言萬語；千眞萬確；千奇百怪……之類。不過強調數字之龐大而已。非實如其數也。釋經者往往強爲分析，以符其數，實大可不必。

洲渚：此二字所以喻涅槃。因洲渚爲水中陸地，取其前後際斷之義。如不加解釋，即無法了知。如雜阿含經：「自洲以自依，法洲以法依，不異洲，不異依」。晉譯華嚴經「爲歸爲洲，皆悉斷滅」。因有斷滅二字，較易了解。摩訶般若經云：「譬如江河大海，四邊水斷，是名爲洲；色亦如是，前後際斷」。餘如大般若經、大智度論均有較詳之解釋，不似阿含之難解也。

如來：如來二字，所以表佛果德，即無在而無不在之意也。吉藏大師維摩經義疏云：「如來亦名如去，體如而來，名爲如來；體如而去，名爲如去。又如諸佛來，故名如來；如諸佛同入涅槃，名爲如去」。按眞如之如，含有不變之義；則如來之來，乃來而不變之來，似無去義。如就一般文字詮釋：「如」與「似」通。則如來者似來而非來。兩種解釋，未知孰是。日僧法印大日經疏（續大正藏）謂「本覺名如，始覺名來」。義亦圓融，不知是否另有所本。又去來均含有動義。故即體而言：則爲不動之如；即用而言：則爲有動之去來。佛性原有體用之別。如來如去者，即體起用之謂也。宇宙間之引力與斥力，爲森羅萬象生滅變化之原動力，（可參閱法性篇動力問題中之能力常住義。）亦卽體用兼備如來如去之佛性也。摩訶般若經云：「諸佛無所從來，去亦無所至。何以故？諸法如卽是佛。……虛空性無去無來，虛空卽是佛」。大智度論云：「諸法實相，無來無去」。是佛性本無去來而有去來，本有去來而無去來。故曰如來如去也。

中國：經論中所稱之中國，爲中印度。稱印度以外之國家，皆爲邊地。我國載籍中始見之中國一辭，爲孟子中「我欲中國而授孟子室」。乃指國中而言。彼時稱中國爲華夏。故經論中之中國二字，非指我國而言。

行：五蘊中之「行蘊」，與十二支中之「行支」，及三法印之「諸行無常」。其所用之行字，意義本可相通；但解釋不盡相同。行蘊屬於思心所，解爲意志的活動，純爲心理現象。不包括身口之活動在內。因色法中之表色卽屬於生理之活動也。如大乘義章謂內心涉境，說名爲行。此似專就心理活動而言。法界次第上之上謂造作之心能趣於果名爲行。俱舍頌疏一曰：造作遷流二義名行。此兩行字，似不專指心理之活動。行支之行與業字皆爲造作義。其所表詮者爲同一對象。就因位言爲行，就果位言爲業。雖非絕對如此，大體無差。佛學大辭典以行是身、口、意之造作。熊十力所著佛家名相通釋謂行是遷流義，相狀義。本遷流不住，而亦幻有相現。又謂一切色法，通名爲行，因都無實自體。此就「諸行」之行字解釋，與業字義亦相通。大智度論謂法無常卽是動相，卽是空相云云。動則瞬息萬變，空則無有自性。卽兼色心而言。一切有爲法皆行也。亦皆業也。行業二字，亦可並用。如法華經云：「善知衆生諸根行業」。無量壽經云：「行業果報」。佛家名相通釋：「行蘊亦名業」。又謂身、語、意三「行」之自體，卽是思數。（思心所）意業屬於思心所。分爲審慮思，決定思，發動勝思三種。所謂發動勝思，言其勢用強勝，能動身發語也。故行蘊雖以意爲主，而有時亦兼攝身口之活動在內。因身口之活動，亦以心爲主也。三苦中之行苦，亦兼指身心之變動而言。唯識述記謂行支亦通種子而言。則行字爲包括一切活動。諸行之行，卽係如此。故行字在內典中雖有種種不同之用法，其爲表詮身心之活動則一也。

行苦：圓測法師釋三受：謂苦受名苦苦，樂受名壞苦，捨受名行苦。其所謂行，指無常而言。苦樂遷流，故謂之行。與上義相同。

五陰盛苦：亦作五盛陰苦，卽由五陰招感之苦也。然衆苦皆由五陰而來，五陰盛苦實爲餘七苦之總稱。故八苦實僅七苦。對法論謂：「五取蘊何以苦，麤重故苦」。五王經以第八苦爲憂悲苦。法苑珠林以對各種苦所起之憂愁爲五陰盛苦，是不以麤重爲限也。

煩惱：大乘義章謂：「勞亂之義名曰煩惱」。唯識述記謂：「煩是擾義，惱是亂義，擾亂有情，故名煩惱」。煩惱之定義，各家所詮，大致相同。惟界說則有差別。如臺家所立：一、見思；二、塵沙；三、無明。唯識論以我癡、我見、我慢、我愛爲煩惱。是含義均較廣。其餘經論，多以煩惱障與所知障對立。如彌陀經之見濁、煩惱濁可爲代表。煩惱既爲擾亂，則凡足以障道者，皆屬煩惱。見惑、思惑，無一不爲道障。若廣言之，則一切有爲法（塵沙惑）皆爲道障，緣之卽生煩惱。故未證我法兩空者，卽未斷除煩惱。

唵：咒語多用此字，原係音譯。華人多讀唵字本音，爲阿感切，感韻。尤純淨居士所編咒本，附有中英註音，中音讀如安 英音讀 an，佛學大辭典謂唵字爲阿烏廡三字 aum 合成，似與安字讀音有別。辭海謂佛敎咒語讀如甕，與阿烏廡三字音讀相似。聞密宗及西藏大德均讀翁，與甕音相近。英譯印度六派哲學謂瑜珈派所持之咒爲 am，讀音如翁。英譯中陰救度法之中文轉譯本，亦讀爲翁。英藏音譯既同，是辭海所註之音，亦甚正確。先德譯經時何以用唵而不用翁或甕，不知是否譯者之方音不同，致有此紛歧。但誦經誦咒，只在虔誠，音讀之正確與否無關。各從其習慣可也。

百非：離四句，絕百非，爲談般若者之口頭語。三論玄義云：「牟尼之道，道爲眞諦，體絕百非」。又曰：「若論涅槃，體絕百非，理超四句」。演密鈔曰：「離諸過罪者，離四句百非也」。所謂四句：謂有而非空，空而非有，亦有亦空，非有非空。一異、有無等義，亦如是分別。謂之四句門。初二句云二單，後二句爲俱有俱非；亦曰雙照雙非。百非則無一定解釋。涅槃經二十一曰：「如來涅槃，非有非無，……非十二因緣，非不十二因緣」。共列三十一非。或曰：百非者，於一異有無等四字上明之。謂一、非一；亦一、亦非一；非一、非非一。爲一四句異等，例此共成十六；又過、現、未各有十六，成四十八；又已起、未起各四十八，共成九十六；並根本之四，都成百非。又眞如自性：非一相；非異相；非一異俱相。非有相；非無相；非非有相；非非無相；非有無俱相。以此十句，一一能生十使煩惱，亦成百非。前說勉強湊合，後說似較簡明。然百非之百字，不一定是表示一百之定數。有時可作多數之表示，如百姓、百物……等。所謂百非，可能係泛指衆非而言。但亦可能係對百法名門論所列百法之否定。因萬法唯心，原無自性，故百法皆非也。

菩提：維摩詰經所列擧之菩提功德，幾於無所不包。僧肇註曰：「道之極者稱曰菩提，秦無言以譯之。菩提者蓋是正覺無相之眞智乎。其道虛玄，妙絕常境。……故其爲道也，微妙無相，不可言有；用之彌勤，不可爲無。故能幽鑒萬物而不曜；玄軌超駕而弗夷；大包天地而罔寄；曲濟羣惑而無私。至能導達殊方，開物成務、玄機必察，無私無慮。然則無知而無不知，無爲而無不爲者，其爲菩提大覺之道乎。此無以明之，法固非名所名也。不知所以言，故強名曰菩提」。菩提爲無知而無不知之眞智，可擬之明德；菩提爲無爲而無不爲之大道，亦可擬之爲仁。蓋儒家之仁，亦無所不包，觀於問仁各節可知矣。

菩提與般若：般若爲智慧，菩提爲覺。慧與覺在文義不易區別。實則含義各有不同。菩提爲衆生本具之覺性，但易爲六塵所蔽。掃去六塵，卽見菩提。般若具有觀照之功能，由此觀照，能證菩提。亦卽本覺與始覺之關係。一爲體，一爲用。故般若言學言度，皆所以語助緣也。菩提言證言發，皆所以語本體也。菩提爲所證之道，般若則爲見道之道也。亦猶有「明德」而又有「明明德」之「明」也。智論謂菩提與般若，但名字異。菩薩心中名般若，佛心中名菩提。是二而一也。

菩提與薩婆若：勝天王般若波羅蜜經云：「菩薩智慧，從初至後，次第轉深。初菩提心，後薩婆若」。是菩提與薩婆若同一德目，只有深淺之分。然得阿耨多羅三藐三菩提者，爲佛之境界。是菩提已爲最高德目，不應有更深於菩提者。但菩提之上既冠有「阿耨多羅三藐三」等字，則與未冠字者，似當有別。又薩婆若之下有綴一「海」字者，似係指覺性之最後歸宿而言。故菩提可能係就應身佛而言，薩婆若可能係指法身佛而言。

心：心之異號甚多，在眞心直說中所指者：計菩薩戒呼爲心地；般若經喚作菩提；華嚴經立爲法界；金剛經號曰如來；金光明經號曰如如；淨名經號曰法身；起信論名曰眞如；涅槃經呼爲佛性；圓覺經名曰總持；勝鬘經呼爲如來藏；了義經名爲圓覺；禪宗呼爲自己、正眼、妙心、主人翁、無底鉢、沒絃琴、無盡燈、無根樹、吹毛劍、無爲國、牟尼珠、無鑰鎖、泥牛、木馬、心源、心印、心鏡、心月、心珠。唐裴休序圓覺經云：「夫血氣之屬必有知，凡有知者必同體。所謂眞淨明妙，虛徹靈通，卓然而存者也。是衆生之本源，故曰心地；是諸佛之所得，故曰菩提；交徹融攝，故曰法界；寂淨常樂，故曰涅槃；不濁不漏，故曰清淨；不妄不變，故曰眞如；離過絕非，故曰佛性；護短遮惡，故曰總持；隱覆含攝，故曰如來藏；超越玄閟，故曰密嚴日；統衆德而大備，爍羣昏而獨照，故曰圓覺。其實皆一心也」。此外如實相、實性、大覺、眞諦、第一義諦，勝義諦、中道義、大圓鏡智、根本智、理、性……等，凡稱佛性者，皆眞心也。

止：「爲人子止於孝」，及「於止知其所止」。其中止字，爲安止之義。智者大師云：「涅槃則止義，是約止以明果也」。寶靜法師註云：「涅名不生，槃名不滅，不生不滅卽是止，止卽定義，故涅槃以止明極果」。則止字宜作形容詞用。如作動詞用，則有勉強按捺之意。是工夫而非證境也。

安忍：六度中之忍辱波羅蜜，在大般若經內，均作安忍波羅蜜。其義有二：「一者應受有情辱罵加害，不生忿恨，伏嗔恚忍。二者應起無生法忍，審一切法畢竟空，辱罵加害，皆無所有。諸法不生，故名無生法忍」。（四六七卷）前者爲忍辱，後者則非忍辱所能攝。故安忍之義爲較勝。

忍：依字形會意，忍字是加刄於心，有勉強忍受之意。迫於不利之情勢，勉強忍耐，在情緒上實如刄之刺心也。故儒家不以忍字爲最高德目，此誤也。忍字在六書中爲偕聲文字，不可作會意解釋。佛家之忍字，有印、持二義：卽印證與任持之謂。印證係指現量所得之理境而言；任持係指保任不失而言。亦含有安忍之義。各道品未列恕字，係以忍字兼攝。內典中凡有忍字之處，皆有恕義。大智度論云：「衆生加惡向己，不嫌其瞋，但爲除結。復次：行忍之人，視前辱罵者，如父母視嬰兒，見其瞋罵，益加慈念，愛之逾深。又念彼人加惡於我，是業因緣。前世自造，今當受之；若以瞋報，更造死苦，何以解也」。又曰：「諸佛所說無我無我所，但諸法和合，假名衆生。……無有作者，無罵者，亦無受者」。對辱罵者益加慈愛，此利他之慈與恕也。

因求離苦而忍辱，此自利之智慧也。因忘能所而空諸相，忍之觀念亦無，此一眞絕待之妙淨明心也。忍之境界，何等高深。又無生法忍，指能證涅槃而言，是佛果也。瑜珈師地論云：「於諸有情，有哀憐心，有悲愍心，有親愛故，勤修行忍」。是忍字不僅含攝恕字，並攝慈悲。故忍字含義之深，忠恕尙不足以盡之。

名：識緣名色的名字，包括受、想、行、識四蘊。識緣名色的識字，依大乘觀點解釋，便是流轉生死的賴耶識。而名中所含藏的識，是指識的全部，不僅賴耶一種。是所謂名者，卽受、想、行、識四蘊也。何以在他處稱受、想、行、識，在此處獨以名字代替？其故有二：一是與色對稱時應用便利之故。色旣包括四大，名亦包括四蘊。一是在母腹時受、想、行、識不起現行，有體無用。識以了別爲義，旣無了別作用，自不應以識名。受、想、行亦然。無以名之，名之曰名。名代表精神部份，色代表物質部份。二者和合，便成有情報身。

無表業：由身口所發動之業，皆表現於外，故稱表業。但發動身口皆由思起。在思的功能上有善惡等相，因之假名爲色，而稱無表。善見律毘婆沙云：「佛結戒制身業，不制意業，是以夢中無罪。……以心業羸弱故，不能感果報」。心爲行動之主宰，身口之業，皆源於心。惟動心而未動身口者，其業較輕耳。非謂心無業也。至夢位意識，非意志之活動，自不感果。

自在：數論派謂超自然力之瑜珈行爲自在。瑜珈派之最高神爲自在神。其修持注重精神之統一，是以自在爲解脫，原不始於佛敎也。

六相：生滅、垢淨、增減六相有兩釋。依清辨宗謂：本無今有名生，暫有還無名滅；（如瑜伽說）性染不淨名垢，離染非垢稱淨；（如諸教說）執法有用曰增，妄計法壞名減。（如攝大乘論說）依護法宗謂生滅即是有爲通相，垢淨只辨諸法自性，增減言顯法上義用理實。均另有詳細說明，姑從略。予以法法皆具六相：生滅所以言體，垢淨所以言質，增減所以言量。換言之：生滅就有無言，與時空有關；垢淨就善惡言，與效用有關；增減就形體言，與數量有關。故六相實含攝有爲法也。

無常四相：生、住、異、滅，可以詮心法，亦可以詮色法。成、住、壞、空，只可以詮色法，不可以詮心法。因色法可以言成言壞，亦可以言生言異。心法只能言生言異，而不可以言成言壞也。又住爲止義，與無常之義不符。俱舍論云：「前前後後刹那相應名住，此彼不相似名住」。是住字有變異之義。發慧論謂老爲住異，亦變異之義也。但此就譯文字義而言。細析論旨：所謂住者，似係指前後相續而言。雖相續而有變異，雖變異而仍相續。此種境象，在中國無適當文字可以表詮。用住字實太牽強。似不如改用續字較妥。因續字有無間之義，可以含攝變與不變之動靜諸相。變者如流水之異體相續，不變者如植物之一體繼生，皆成相之續也。

有支：十二有支，有三種不同之解釋：一爲三界之有，卽欲界、色界、無色界之三有。二爲三世之有，卽本有、中有、後有之三有。三爲業有。其實各種解釋，可以併用；但宜以業有爲主。因有業則有三世之正報與三界之依報；無業則無依正兩報。

記莂：授記亦稱記莂。日僧圓珍謂係記箣，宜從竹。剖竹爲二，以一爲賓，以一爲主，通國使時用之以充印信。從草爲謬。作別亦可。據此則類似兵符之制，箣字應作名詞，從竹爲宜。但依釋名書契云：「莂、別也。大書中央，中破別之也」。辭海亦採此說。是並非從竹。康熙字典謂作詩曰偈，作文曰莂。是莂具有作文與書契二義，從草爲宜。

念大：蓮池大師竹牕隨筆以地、水、火、風、空、識、念爲七大。念大在各經論中尚未之見。僅首楞嚴經中多一見大，加念大應爲八大。此處未列見大，則見大應攝入何大之中？均爲可疑。以理度之：在前五識屬於感官部份者，稱爲見大；在第六識屬於緣慮部份者，稱爲念大。同爲識大所開出之外緣部份，因作用不同而名稱亦異。如此解釋，似亦可通。又見字在佛典中亦作念字解。如六十二見與妄見之見，皆與念字之義相通。七大有念而無見者，當以此故。按大字有多、廣、羣等含義。佛家之稱大，亦猶現代之稱場也。如電磁場、力場乃至文化場……等，皆含有多、廣、羣之意。原可隨用立名，非有定數也。

慈：慈分三種：一爲衆生緣慈，二爲法緣慈，三爲無緣慈。其義如何？解釋各異。大般若經云：「慈之所緣，一切衆生，如父母妻子親屬，是名衆生緣；見一切法皆從緣生，是名法緣；不住法相及衆生相，是名無緣」。爲一切解釋之最合理者。

童子：梵語稱童子爲鳩摩羅伽地，以之表淸淨智德與悲心。故文殊、善財、寶積、月光等諸大菩薩皆稱童子。智論云：「如文殊師利十力四無所畏等，悉具佛事，故住鳩摩羅伽地」。又云：「若菩薩從初發心斷滛欲乃至菩提，是名童子」。孟子謂：「大人者，不失其赤子之心也」。則專指悲心而言。成人所具有之知識，皆從生活經驗中得來。知識愈多而去道日遠。童子天眞無邪，其心純淨。故用作智德與清淨之表徵。然以童子稱菩薩，在習俗上終覺未安。什師於譯諸法無行經時改用童貞二字，專作形容詞用，則較妥適。

八不：中論之八不，可以含攝萬有的一切差別相。生滅可以表空間；斷常可以表時間；一異可以表差別相；去來可以表動靜。以一「不」字否定一切。二者本相待而有，是具矛盾性的。因對立而矛盾，因矛盾而統一。統一之後，又有統一後之對立與矛盾。緣起的存在，皆有矛盾性。惟有智者，才知從矛盾中求統一。此卽中道觀也。亦有理事無碍之精義存焉。

聖人：白虎通曰：「聖者通也、道也、聲也。道無所不通、明無所不照，聞聲知情，故曰聖人」。說文：「聖者通也」。洪範稱：「睿作聖」。傳稱：「於事無不通謂之聖」。準是以觀，是具有通達的智慧者爲聖。順正論謂：「趣離地獄果者名爲聖，正脫已脫煩惱縛者名爲聖。聖者是自在離繫縛義，或遠衆惡故名爲聖。獲得畢竟離繫或善所趣故名爲聖」。大乘義章謂：「會正名聖，正謂理也。證理舍凡，說爲聖矣」。智圓大師謂：「聖者證也，斷惑證理，故曰聖也」。是儒家之所謂聖，只在能知理。佛家則在能證理。證者必能知，知者未必能證。故佛家之解釋較爲深邃周圓。至孟子所謂聖之淸，聖之和，聖之任，則更失之於偏而非通。

尸賴：中阿含經之優婆塞經謂：「如來衆成就尸賴，成就三昧」。尸賴二字，辭典未載，不知何義？可能係尸羅二字之另譯也。

三障：大毘婆沙論以煩惱障、業障、異熟障爲三障。究以何者爲最重？或說異熟重，以因時可轉，果時不可轉也。或說業障最重，以其能引異熟故也。或說煩惱最重，以其能引業障與異熟障也。異熟生於業，業生於煩惱，三障同體，只是顯現之先後不同。原無輕重之分也。

阿那阿波那：此五字在經論中有略去中間之阿字者，稱「阿那波那」。或稱「阿那般那」。在阿含中見之尤多。舊稱安般，譯曰：數息觀。倶舍論及顯宗論云：「言息念者，卽契經中所說阿那阿波那念。言阿那者謂持息入，是引外風令入身義。阿波那者，謂持息出，是引內風令出身義」。卽阿那爲入息，阿波那爲出息。一呼一吸，是爲阿那阿波那。

自性：無自性問題，已在法相篇內談及。玆所述者爲有自性。計分四種：一、有爲法之自性：小乘部派謂有爲法過未無體，現在有體。卽「有爲現實」。故認爲有自性。但時間遷流不住。言現在而現在已成過去。現在既不能住，又有何自性之可言？二、無爲法眞常的自性：奘傳小乘之俗妄眞實宗說出世部等，謂有爲世法，虛妄無性；無爲勝義，眞實常住。故由擇滅雜染所證得之涅槃，有眞常性。但涅槃既係由擇滅雜染而證得，則爲本來具有。而已入涅槃者，又可不住涅槃，則非永恒不變。故如此解釋自性，則欠圓融。三、依他起性及圓成實的自性：唯識宗認爲依圓有性，徧計無性。但依他係以過去分別習氣爲生起之因，圓成實爲離執淨智所顯眞理。既因依他與離執而有，則非其本有。與自性之義，仍有不符。四、禪宗的自性：六祖云：「何期自性，本自清淨。……何期自性，能生萬法」。永嘉大師云：「本來自性天眞佛」。皆指佛性而言。但旣云自性能生萬法，則非是不變。禪宗所謂佛性徧一切處，一香一色，無非都是全法界。是佛性不能離開一切法而單獨存在。而一切法又係生滅不已，與自性不滅之義，仍不相符。此一問題，惟證方知。非從分別而得。

普賢：在智度論中稱普賢爲徧吉。徧與普同義。吉與賢則不盡同。吉表福報，賢則兼表智慧與道德，故較妥。

摩耶：此二字在薄迦梵經中有兩釋：一爲無明，又稱迷妄，以其發動思惟也。一爲宇宙最高主宰所具有之力量，又稱能產生形態之能力，卽宇宙之創造力。(周祥光印度哲學史) 佛母摩耶夫人之名，與此釋義，似亦不無關係。因前者可以代表文佛出家以前之知見，後者代表成佛以後之功德。旣證法身，則自性顯現。自性能生萬法，故能作宇宙之創造力。又明與無明，乃一體之兩面。其爲宇宙之主宰則一也。

人天交接：竺法護出正法華經受決品云：「天見人，人見天」。什師譯經至此。言此語與西域義同，但嫌過質。僧叡曰：「將非人天交接，兩得相見」。什師喜曰：「然」。兩譯有雅俗之別。

忠恕：大戴禮記謂「忠有九知：知忠必知中，知中必知恕，知恕必知外，知外必知德。內思畢心曰知中，中以應實曰知恕，內恕外度曰知外，外內參意曰知德」。王聘珍大戴禮記解詁謂：

「忠者中此者也，考中度衷、中也。如心爲恕，謂如其己心也。內恕故外能處於度物也。能內得於心，則外得於物」。是所謂忠者，指自我而言；恕者指自我以外之人物言，亦猶佛家之稱能所也。忠與中通用，所以名心；恕以如心爲義，亦中也。知忠、知恕、知外、知德，卽內外合道，民胞物與景象，亦卽佛家之能所一如也。中在心爲忠恕，在道則爲中庸。故曰：「忠恕違道不遠」。孔子曰：「吾道一以貫之」。一者何？中也。乃喜、怒、哀、樂未發時之景象也。卽是一種心理平衡作用。故忠恕二字，具有佛家之大我精神。王陽明解釋「致中和」云：「心正則中，身修則和」。亦反身而誠之意也。

淨名：大珠慧海大師云：「淨者本體也，名者迹用也。從本體起迹用，從迹用歸本體。體用不二，本迹非殊。所以古人道：本迹雖殊，不思議一也」。故淨名二字，具殊勝之義。奘師譯淨爲無垢，譯名爲稱，字義相同，但不能作體用解釋。

眞如：此二字所以表詮性德。眞詮不假，如詮不變，此亦中國語文所無者。「至誠」二字雖同於眞如。但僅能詮眞而不能詮如，含義仍欠明確。此外如道如理如仁如乾……等字，則更嫌含混。均不足以代表眞如之義。

等無間緣：顯宗論解釋：「等無間緣爲一相續，必無同類二法俱生，故說名等。此緣對果無同類法中間爲隔。故名無間。……心法於餘境正馳散時，於餘境中不了知故。又心在定專一境時，餘境散心，必不生故。又一相續，若有多心，應無有調伏心者」。俱舍論謂：「色非次第緣，以生不等故」。是「等」爲不變之義。「無間」則有「單一」與「相續」二義。兼指時空二者而言。「次第」二字，只能表詮時間上「相續」之義，而不能表詮「不變」與空間上之「單一」二義。

色法無等無間緣，因爲增上緣所攝也。佛家名相通釋謂從因感果，定不隔時。若種生種，或現生現，前因滅位，後果卽生。如秤兩頭，低昂時等。若種生現及現生種，倶時而起，無間何疑。原意係偏指心法，而色法亦如之。如舊種之爛，卽新芽之生。成、住、壞、空四相輪轉不已，非無間而何。住相雖似暫停，但事實上只是行相甚細，不易覺察耳。心法之住相亦然。

悲智：內典有時稱慈悲，有時稱悲智。衆生爲業所縛，離苦卽係得樂，故悲心卽係慈心。皆指入世度生而言。相當於儒家之仁。智字則指觀空而言。有悲無智，則不免染於世法；有智無悲，則不免沈空滯寂。故必也悲智雙運，始能空有不滯。宗鏡錄云：「悲故常行世間，智故不染世法」。此大乘佛法之眞正精神也。故悲智之智，與儒家仁智之智，深度不同，未可倂用。

紀事

文佛生年：此事傳說各異：依法顯推佛生時，當殷武乙二十六年甲午。依法上答高麗國問，則爲周昭王瑕二十四年甲寅，並引穆天子別傳爲證。依像正當在平王宜臼四十八年戊午。依後周道安用羅什年紀及柱銘推，當在桓王林五年乙丑。依趙伯休衆生點記推，當在周貞定王亮二年甲戌。感通傳謂係夏傑時出世。垂裕記稱：「周莊王十年，卽魯公七年夏四月辛卯夜，恒星不見夜中星隕如雨，卽如來誕生時也」。費長房云：「依普曜本行等經校讐魯史，佛以莊王九年癸巳四月八日現白象從兜率天降中天竺國。……十年仲春二月八日夜……誕生」。周曆十一月爲正，言四月，卽今二月辛卯。釋道安著二敎論，用周曆推還合八日。惟以生時爲成道歲，遂令佛世遠三十年耳。又文選南齊王簡棲頭陀寺碑云：「周魯二莊，親昭夜景之鑒」。以此觀之，簡棲及智者，咸以佛生周莊王時，非獨費長房有此主張也。主張佛生周昭王二十四年甲寅者，尚有周書異記，法琳別傳，傳燈錄等書。主張佛生周昭王二十六年甲寅者，有百丈清規，佛祖統紀等書。

大慈恩寺三藏法師（奘師）傳記奘師至如來涅槃處，有無憂王所建塔，並立石柱，記佛涅槃事，不書年月。奘師謂：「或云千二百歲，或云千五百歲，或云過九百歲，未滿千年」。奘師至雙林時，約在西曆六三〇年，距今（民國六十年）爲一三四一年。是文佛入滅之時，迄今距離最長者爲二千八百年，最短者爲二千二百年。皆與現時所推定之二千五百餘年不符。惟中說則近之。奘師深入藏海，又親赴聖地，對佛世研究，尚不能肯定。則其餘一切推斷，皆爲戲論。故此事存疑可也。

「二」文佛傳記：文佛成道及說法度生之經過，各經論多有敍述。事則大同小異，文則互有詳略。四分律之受戒犍度，毘奈耶之破僧事，皆爲較詳者。梁僧佑根據經律所載文佛事蹟，彙編爲釋迦氏譜五卷，尤爲詳盡。

佛壽。什師所譯之首楞嚴三昧經謂照明莊王自在王佛壽七百阿增祇刼，釋迦牟尼佛壽命亦復如是。金光明最勝王經亦有類似記載：「一切諸海水，可知其滴數，無有能知數，釋迦之壽量」。又謂：「欲令衆生見涅槃已，生難遭想，憂苦等想。於佛世尊，所說經敎，速當受持讀誦通利，爲人解說，不生毀謗。是故如來現斯短壽」。此與法華經服藥喩相同。是世尊之入滅，乃大權示現。

一蔴一米：諸經論中均謂文佛修道時，日食一蔴一米，實量究爲多少，殊不可知。悲華經謂佛日食半蔴半米。以其餘半持施他人。據此推測：半數既可施人，至少應有半飽之量。是一蔴一米者，乃就次數言，非指量也，可能爲日僅一食，合蔴與米，始得一飽。若再以半數施人，則量更少矣。此就常情言。有謂印度瑜珈行者，能多日不食；或僅食粒米維生。故能以半數施人，因受施者亦爲同修之瑜伽行者，均不須多食也。

觀世音菩薩：觀世音與觀自在是否一人？抑係兩人？頗多懷疑者。據什師心經譯本，首句卽稱：「觀世音菩薩行深般若波羅蜜多時」。奘譯則稱觀自在菩薩。同一經本，兩名互用，則係一人。法月譯本，在序分中所列擧之侍佛大衆，有觀世音菩薩；而說法者則爲觀自在菩薩。則係兩人。智慧譯本中稱；「觀世音觀自在菩薩行深般若波羅蜜多時」。則兩名合而爲一。實則兩名確係一人。因㈠觀世音菩薩與大勢至菩薩，爲阿彌陀佛二大弟子，在許多經文中均係觀自在與大勢至併稱。如密部經咒均係如此。可見兩名實係一人。㈡自在爲解脫後的一種境界，既能觀察世音，卽係自在無碍。是二而一也。又觀有觀行與觀察二義：觀自在係觀行時證得自在，乃因位。觀世音係能觀察世音，乃果位。前者爲自證境，後者就度生而言。是二者實爲名號之讚語。以上雖係推測之辭，足資證明者亦多。

唐譯華嚴經補怛洛迦山觀自在菩薩頌語：「勇猛丈夫觀自在，爲利衆生住此山」。經中觀自在自稱：「我以此菩薩大悲行門，平等敎化一切衆生。……我住此大悲行門。或現種種不思議身；或以音聲；或以威儀；或爲說法；或現神變，令其心悟；或爲化現同類之形與其共居而成熟之」。此與法華經普門品所說之觀世音現身說法與救度衆生等，文字雖不盡同，而語意則同。足證觀自在卽是觀世音，且爲男身。

玄應音義云：「阿婆盧吉低舍婆多，此譯爲觀世自在，舊譯爲觀世音，或云光世音，並訛也」。宋師會法師疏心經云：「梵云婆盧枳底，此云觀世；濕伐羅，此云自在；若云攝伐多，此云音。梵本有二故，譯名有二。而法華云：『觀其音聲，皆得解脫』。卽觀世音」。是二者確爲一人。因梵語濕伐羅與攝伐多音極近似，不易分別，二者互用之可能性極大。

宋知禮法師觀音玄義謂：「此云觀世音，餘云觀自在。惟千眼大悲經中云：『觀世音自在菩薩』。其義似足。然約境智而明感應，則今三字詮顯無虧云」。是以觀爲智，以世音爲境。一號兼具能所之義

僧肇註維摩詰經引什師言曰：「觀世音菩薩者，世有危難，稱名自歸，菩薩觀其音聲，卽得

解脫也。亦名觀世念，亦名觀自在也」。吉藏大師維摩經義疏謂：「一、觀衆生口業，令得解脫，名觀世音；二、觀身業，名觀世身；三、觀意業，名爲觀世意；四、名觀自在，總鑒三業也」。其中二三兩種解釋，不知出自何處?智者大師疏請觀音經謂：「觀音應衆生機，現身說法，而衆生業感有身、口、意三種差別。觀音亦隨機感應。因之觀世音亦可稱觀世身或觀世意」。智圓大師亦持此說。倂吉藏大師而爲三人焉。依此推論，則觀自在宜爲應解脫之機所稱之名，不僅自度唯然也。正法華經稱觀世音爲光世音，乃同名異譯也。

佛祖統紀法運通塞志載：「杜行顗所譯尊勝經，遇國諱皆避之，以世尊爲聖尊，救治爲救除。（太宗諱世民，高宗諱治。）上曰：（高宗）佛經之言，豈當避諱，乃勅令改正」。觀世音之簡稱觀音，已見於首楞嚴經，非係避太宗諱而然也。現在觀音與觀世音並稱，當係自高宗時始也。

無盡居士謂：「觀音三十二身，百億化身，隨見不同」。天覺禪師謂：「千手者示引迷接物之多也；千眼者，示放光照暗之廣也。苟無衆生，無塵勞，則一指不存。而況千萬臂乎；一瞬不具，而況千萬目乎」。是菩薩原無定形，隨感而應耳。

悲華經記觀世音爲寶海梵志之第一王子，寶藏佛字其爲觀世音，並授成佛記莂。佛祖統紀謂慧辯法師禱雨於觀音像，久不應。師時以疾晝寢，夢老人白衣烏帽告曰：「明日中午必雨，如期果驗」。是觀音並非女身。大方廣菩薩藏文殊師利根本儀軌經云：「復有菩薩摩訶薩行無量義，變身爲女人形，以世間法引導一切衆生。……端嚴如觀自在」。觀世音菩薩現女人身，除普門品外，卽爲此經所述之變身。旣稱變身，則非其本形也明甚。今人誤以觀音爲女性，此俗見也。

提婆達多：一名調達，累刦與釋迦牟尼佛爲仇。諸經論中述之者多。入大乘論（堅意菩薩造）則持異議。謂係如來以善巧方便，欲令衆生起厭惡心，現作逆害，墮於地獄，欲示業報不可壞，乃菩薩善權方便。提婆達多是大賓伽羅菩薩，爲遮衆生起逆罪故，現作二業，墮於地獄。隨所應作，以度衆生，乃至現同魔業。其他經論，均未作此說。但認此事爲菩薩之大權示顯者則亦有之。鼓音王經云：「阿彌陀佛……有子有魔，亦有調達，亦有王城。若非化身，寧有此事」。瓔珞經云：「毘盧遮那佛是法身，盧舍那佛是受用身，釋迦牟尼是化身」。梵網經云：「我今盧舍那，方坐蓮花座，一花百億國，一國一釋迦」。準是以觀，則文佛確爲化身。所謂大權示現，善巧說法。魔與眷，亦無非善巧方便。推之調達，亦係權現魔身。

法華經記調達受記事，謂文佛過去求法華經，調達梵志，爲之演法華經，因得具足成佛功德。文佛感調達恩，故爲之授記。涅槃經謂如來爲提婆達多說種種法要，令其重罪，尋得微薄。法華爲開權顯實之經，涅槃亦有顯實作用。是累世與世尊爲仇及生入地獄之說，不足徵信。

釋姓：釋道安以前沙門各隨其師之姓，其師來自外國者，多以國名爲姓：凡來自月支者則姓支，來自天竺者則姓竺。因之華僧亦多冠以支竺二字爲姓。道安謂師莫如佛，宜以釋爲姓。及增一阿含至，乃知有四姓出家，同稱釋氏之說。安公之言，與經符合。印度各族，有貴賤之分。

故佛制出家同稱釋氏，以示平等。其他國家，既無種族貴賤之分，則姓字之改與不改，無關宏旨。修行人一心辦道，原不必於名字相起分別也。但數千年來已成定制，爲使出家人不以俗務分心，自係有改姓之必要。憲法上賦予人民有信教之自由，自當尊重教規。現行姓名條例：規定僧尼還俗者，可以恢復本姓，而未規定出家可以改姓。從法理言，必先有改而後有復，准復自係准改，應係當然解釋。其他宗教，既無此教規；而姓名條例又係以僧尼爲限，自亦無法援例。惟執行人員，未能盡明法理。故此事尚未解決。有待於僧尼之繼續努力也。

阿彌陀佛：十住毘婆沙論謂：「念燃燈等過去諸佛，阿彌陀佛等現在諸佛，彌勒等將來諸佛」。是阿彌陀佛，尚未入滅，故世尊以西天爲托孤之地，指示徒衆念阿彌陀佛也。

羅睺羅：羅侯羅在母腹六年，故稱覆障。原因如何，經論所說各異。有云因塞鼠穴而受此果；或云因忘供養仙人，使六日不得飲食而受此果；或云因使母負物行六里而得此果；或云因障人母子絕食而得此果。其說各異。顯係附會因果之說。盡信書，不如無書。對此類記載，亦未可深信。

摩登伽女：阿難與摩登伽女一段因緣，首楞嚴經、摩登伽經、舍頭諫太子二十八宿經，所記不同，咒語亦異。與羅睺羅事，同爲傳說之訛。

大乘非佛說：根據根本說一切有部毘奈耶雜事卷十四：「爾時大迦攝波告阿難陀曰：唯有爾許阿笈摩經（指阿含），更無餘者」。大乘非佛說一語，不知是否根據此一記載。按大小乘經皆為佛涅槃後由諸弟子所集結者。自不能與佛所講者毫無差誤。大乘之集結既後於小乘，差誤更在所難免。如前述兩例是也。但大體上並不違反佛意。因各經理論，均可相通。足證並非偽造也。

化胡經：唐僧法明對高宗云：「老子化胡成佛之際，為作華言化之耶？為作胡言誘之？若作華言，則胡人未善。必作胡語。既傳此土，須假翻譯。未審道流所謂化胡經者，於何代翻譯？筆授正義，當復為誰」？此事辯之者多，均以理論為言。此僅就事實為言。事既不存，經如何實，此不辯之辯。又宋通慧大師高僧傳末附系說，謂楊素見嵩陽觀畫化胡圖。素曰：「何不化成道，而成佛乎」？道士無言。化胡經之偽，前人闢之者多矣。未若楊公之一語破的。

又高僧傳載晉時祭酒王浮，一云道士基公，每與僧人帛遠爭邪正，浮屢屈，既瞋不自忍，乃作化胡經以謗佛法，俱見帛遠傳。按大正藏外教部附有化胡經原文，言極荒誕，文字拙劣，一見而知其偽。

唐書：歐陽修修唐書，將舊唐書所載釋道之事，並皆刪去，人皆惜之。就釋道言，教義尚存，僅略去事蹟，於法無損。惟史而不信，是為可惜耳。

佛祖歷代通載記歐陽脩官洛中，一日遊嵩山，卻去僕吏，放意而往，至於山寺。有老僧閱經自若，與語不甚顧答。公心異之。問誦何經？曰：法華經。脩曰：「古之高僧臨生死之際，類皆談笑脫去，何道致之耶」？對曰：「定慧力耳」。又問：「今乃寂寥無有，何哉」？老僧笑曰：「古之人念念在定慧，臨終安得亂？今之人念念在散亂，臨終安得定」？脩大驚，不自知膝之屈也。謝希深嘗作文記其事。續傳燈錄載歐陽脩貶異敎者，獨敬江州居訥禪師，每問南來人士，曾見訥禪師否？是文忠已三遇高僧，且爲之心折。其闢佛者，一尊之見使然也。

韓愈：唐人劉肅所著大唐新語，謂傅奕諫去佛於前，而名不彰；而韓愈一貶潮陽，人皆謂其有功聖敎。其實韓之諫迎佛骨，其說始於傅奕。奕言：「三皇五帝未有佛法，君明臣忠，年祚長久；至漢明帝，始立胡祠。然惟西域桑門自傳其敎。西晉以上，不許中國髡髮事胡。至石苻亂華，乃弛厥禁。主庸臣佞，政虐祚短，事佛致然」。是韓愈草表動機，由傅奕所啓發；表文內容，亦襲取傅奕之言。韓表前人闢之者多，而以大顚禪師與韓氏問答，爲最精詳。文長三千餘言，俱載佛祖歷代通載。其他記載，只記韓與大顚侍者三平之問答語。韓子外傳載大顚與韓愈論闢佛事。「愈聞之，瞠目而不收，氣喪而不揚，茫然有若自失」。此事不見其他記載。韓氏因諫迎佛骨而遭放逐，遇大顚時有所辯論，自係意中事。韓對佛學毫無研究，其諫表純以迷信爲言。聞大顚語，始稍了解，故不覺茫然自失也。韓與孟尙書書云：「潮州時有一老僧，號大顚，頗聰明，識道理。……實能外形骸以理自勝，不爲事物侵亂。與之語，雖不盡解，要自胸中無滯碍」。韓氏眼中之大顚，不啻爲超人。此時對佛學已略有認識。惜未能盡解大顚之言，不能深入耳。其送高閑上人序云：「今閑師浮屠氏，一生死，解外膠，是其爲心必泊然無所起；其於世必淡然無所嗜」。是又不啻對諫表中祀佛祈福之說，自我否定也。

達摩祖師遇毒事：歷代法寶紀謂達摩遇毒事，係菩提流支與光統律師所爲，先後於食中着毒六次。傳燈錄及傳法正宗記亦均有記載。惟正宗記謂後世以流支嘗屈論於達摩，意其爲之。又謂恐當時黨流支者爲之。如北宗之徒，往害六祖，是豈秀之意耶？菩提流支，亦當時佛門大德，似不應出此。正宗記之推論，甚爲合理。

六祖袈裟：歷代法寶記載：景龍元年，武則天使內侍至曹溪宣口勅將達摩祖師信袈裟奉上詵禪師傳處寂禪師，處寂禪師傳無相禪師，無相禪師傳無住禪師。此事在六祖傳記及其他傳記中，均無記載。正宗記慧能尊者傳：「上元中肅宗慕尊者之道，嘗詔取其衣鉢就內瞻禮。肅宗崩，代宗嗣位。永泰元年五月五日，遂夢尊者請還其衣鉢。天子益敬其法。卽詔使臣，持還曹溪。傳燈錄及六祖壇經均謂達摩信衣，藏曹溪靈塔中」。又傳燈錄載：「上元元年，肅宗遣使就請衣鉢歸內供養。至永泰元年五月五日，代宗夢六祖大師請衣鉢，七日勅刺史楊瑊云：「朕夢感能禪師請傳袈裟，卻歸曹溪。今遣鎭國大將軍劉崇景頂戴而還，朕謂之國寶，卿可於本寺如法安置。令僧衆親承宗旨，嚴加守護，勿令遺墜。後或爲人偸竊，皆不遠而獲，如是者數四」。此與正宗記所載，僅詳略之分。而與法寶記所載則天取歸賜詵禪師之說不同。可能因則天曾以新製袈裟賜詵禪師，詵禪師用作傳法信衣，後人遂誤以卽六祖處所得之信衣。

迦葉入定：阿毘達磨大毘婆沙論記：「大迦葉入王舍城，最後乞食。食已未久，登鷄足山。山有三峯，如仰鷄足。尊者入中，結伽趺坐。作誠言曰：『願我此身，並納鉢杖，久住不壞，乃至經於五十九俱胝六十百千歲，慈氏如來應正等覺，出現世時，施作佛事』。發此願已，尋般涅槃。時彼三峯，便合成一，掩蔽尊者，儼然而住」。法顯傳謂：鷄足山在中印度之摩竭提國。今指爲雲南之鷄足山。顯係附會。又迦葉既已涅槃，自與入定不同。則彌勒成佛時獻衣者當非出定之迦葉。且施作佛事者，除衣以外，尚有鉢杖及其遺軀。此與他處記載略有不同。又論云：「欲界有情，諸根大種，由段食住。若久在定。卽在定時，身雖無損，後出定時，身便散壞。故住此定，但應少時，極久不得過七晝夜，段食盡故」。由此可見迦葉並非入定，以色身不能久絕段食也。

佛衣：彌勒成佛經謂：「彌勒持釋迦牟尼佛僧伽棃覆手纔兩指。諸佛怪歎先佛卑小，皆由衆生貪濁憍慢所致」。釋迦與彌勒身軀大小懸殊，何以有傳衣之舉？疑之者多。佛祖統紀記明師疑飲光（迦葉）持釋迦丈六之衣，披彌勒百尺之身，正應其量。爲衣解長耶？身解短耶？韶國師云：「佛佛道齊，宛爾高低，釋迦彌勒，如印印泥」。予爲之進一解曰：「百尺非高，丈六非低，心無分別，佛佛同衣」。菩薩瓔珞經云：「過去諸佛，皆着織成金縷袈裟，亦如今日諸天所獻，菩薩卽受八萬四千織成金縷袈裟，以道神力合而爲一」。是佛衣原具有伸縮性，自無過大過小之嫌。

達摩祖師與梁武帝問答：傳燈錄載武帝問達摩祖師云：「如何是聖諦第一義」？答曰：「廓然無聖」。帝曰：「對語者誰」？答曰：「不識」。此一問題，從無加以解釋者。傳燈錄之按語謂：「帝問既高，而達摩答不能相契」。似係以祖師理屈詞窮，不解帝旨。而不知宗門禪是超越凡聖的。所謂「廓然無聖」，卽是法平等，凡聖一如，不落階級之謂。青原行思初見六祖，祖問：「落何階級」？答曰：「聖諦也不爲，何階級之有」？六祖深契之。此答正與廓然無聖，同一意義。旣是平等一如，自無能所之別。故武帝問「對語者誰」？祖師答以「不識」。有識則有能所之別，乃識心用事，非般若正智也。故祖師前後所答，不僅超越凡聖，且超越主客，絕一切對待。此正宗門禪之超脫精神也。傳燈錄所加按語，係根據武帝當時之記載，自不免偏重帝言。

雜記

靈光：德國科學家布拉那發明測驗靈光的種種方法，謂係體內紫外線的放射。現在醫學界正利用之以診病。在光線適宜之環境中，可以發現他人的靈光。在科學實驗上通常利用煤焦油染料中之氰化物裝在一片玻璃上或眼鏡上的透鏡上，當紫外線通過氰化物時，可以看見他人身上之靈光。靈光如滾水中之蒸氣，是動物體內一種能的輻射。此種輻射，有一定之規律，但隨動物之個體而異。如身體或情緒激動時，靈光亦隨之而變。科學家稱之爲精神磁力放射；佛家稱之爲慧光；基督教稱之爲靈光，實卽紫外線也。凡修持較有功力之佛教徒，皆能放光。惟隨功力之不同而光有強弱之分耳。僧尼剃髮禿頂，恒以頭部有無光澤，以驗修持之功力。

智力：人爲萬物之靈，係就智力之總和而言。若單就某一部份而言，則各類衆生，均有偏勝之處：如獸走鳥飛，魚游水，蛇穿穴，犬馬之於聽覺，螻蟻之於嗅覺，飛鳥之於視覺，此皆顯而易見者。阿毘達磨大毘婆沙論謂那落迦能憶宿住，亦知他心。一類旁生餓鬼，亦能憶宿住，知他心，及起煙焰，與雲致雨，作寒熱等。而神力威德不大於人。足知人類雖有超勝各類衆生之智能，但不及之處亦多。必假修持之力，獲得神通以後，始靈於萬物也。

神通：於一毫端，含受十方國土；於一微塵中，普現無量佛刹。此卽四法界中之事事無碍法界；十玄門中之廣狹自在無碍門。在佛學中此類語句甚多。皆爲神通之顯現。實卽心法活動現象，隨心生滅。如心無分別，則大小之相悉泯。一尺之鏡，能現千里之境，此卽小中現大之事例。仰視天空，俯視毫端，所用之心量相同，此卽心無大小之事例。心包萬物，十方國土與無量佛刹，原不離此方寸也。惟妄心逐物，則隨物而殊耳。心無物累，則物隨心轉。如水無定性，應器殊形。神通作用，亦猶是也。首楞嚴經所謂：「若能轉物，則同如來」。法不孤起，必仗因托緣，心卽因也。故神通實不離一心。

佛身充滿於法界，普現一切羣生前。隨緣赴感，無在而無不在也。華嚴經云：「不離菩提場，而遍一切處」。見與不見，視衆生心力如何耳。「佛體非是有，亦非無有佛」。有無決定於吾人之心意。一切客觀事物，皆爲吾人識心所顯現。「種種諸識境，皆從心所變」。（上兩段皆密嚴經句）外在環境，不得爲碍。大智度論記目連以神足力去無量千萬億佛世界聞佛音聲，如近不異。以往視此事如神話，近來之電視機與收音機已證明形像與聲音之無遠弗屆。只是吾人之根身配備，欠缺健全，無法見聞耳。乃根自爲障，非塵之爲障。能障而非所障，內障而非外障也。

近年一切科學儀器，較前進步，可以補助耳目所不及。但仍不足以窮盡宇宙之奥秘。憑借物理以補助生理之缺陷，捨本逐末，所得甚微。如加強心力之活動，則一切塵境，皆心識之臣僕，供其驅使也。

元珪禪師解佛神通謂佛有三不能：「佛能空一切相成萬法智，而不能卽滅定業；佛能知羣有性，窮億刼事，而不能化導無緣；佛能度無量有情，而不能盡衆生界。是爲三不能也。……如我解佛，亦無神通也。但以無心通達一切法耳」。宇宙之動力，莫如無常；次爲業力，其主之者乃衆生之心也。成佛以後，心空萬法。不受無常與業力之困擾，非能操縱與避免也。「但以無心通達一切法」。乃不易之論。

神：印度黎具吠陀時代，將神分爲天神如太陽等；空神如風雷等；地神如水火等。共爲三界，每界各爲十一神，共爲三十三神。佛敎之三十三天，可能濫觴於此。他如阿脩羅及羅刹等，亦爲黎具吠陀時代之神名。

動物名：印人祖先，喜以動物爲名：如迦葉波爲龜之名；馬兹夜爲魚之名；瞿曇爲牛之名，拔差爲犢牛之名；須那迦爲狗之名。以後均成望族姓氏。早在黎具吠陀時代，印人卽崇拜動物神，遂以爲姓。後人加以附會，指祖先爲動物。經論中仍保持此種傳說，實不足徵信。

偏袒：印度偏袒之俗，爲各國所無。宋知禮法師金光明經文句記，謂偏袒者西方之禮。弟子請師，必須偏袒，表示有執役。釋氏要覽謂天竺之儀也。律云：「一切供養皆偏袒，示有於執着也。亦如孔子之短右袂，便作事也。若入聚落俗舍，皆以袈裟通披之」。是西俗之偏袒與中國之短袂，乃同一作用。鄭伯肉袒，爲春秋時之最敬禮。惟中國古禮久廢，見偏袒則視爲殊俗耳。

飯食經行：諸經敍分中多有此句。言飯食何必經行，每不解其故。因中土無此俗也。基師說無垢稱經疏謂：「西方地濕，所食難消，疊磚爲道，擬行消食。來而復往，如世經物，故言經行」。是印度古有此俗。

塔：長阿含經謂四種人得起塔：一者如來；二者辟支佛；三者聲聞人；四者轉輪王。其中少菩薩一級。眞諦三藏引十二因緣經云：「八人應起塔：一、如來；二、菩薩；三、緣覺；四、羅漢；五、阿那含；六、斯陀含；七、須陀恒；八、輪王」。依僧祇律：凡僧亦起塔。是塔有九種之分。佛祖歷代載謂：「西域之制，以塔爲方坟。然言有四類：輪王一級，聲聞四級，獨覺十二級，菩薩如來十三級，各有所表也」。所表爲何？未有說明。中土建塔，有五級、七級、九級、十五級（魏初造）不等，與西制似又不符，不知何所表也。

乞食：印度供養沙門之習，不自佛教始，其來也漸。故教徒乞食，受人尊敬。因此可以不必從事生產事業，專心辦道。中國對沿門托鉢之比丘，視同乞丐，故乞食之風不行。除法師有信徒之供養外；其餘僧衆，多藉香火經懺收入以維生活。故寺廟多集中市區。如昔之地藏禪師每自耕田；百丈惟政禪師，令大衆開田；仰山禪師鋤地種粟；斷際禪師栽松钁茶。皆採自給自足政策。叢林普請之風，（集衆作務，上下均力。）曾盛行一時，而今不聞也。

道士；大宋僧史略載：習鑿齒呼道安爲道士。漢魏兩晉僧人，多自稱貧道。如法曠上書於晉文帝稱貧道。支遁上書劉剡，亦稱貧道。道安諫苻堅，自稱貧道。南齊法猷，玄暢二人分爲僧正，對帝稱名。時有僧鐘啓對帝稱貧道。帝嫌之，以問王儉。儉對曰：「漢魏佛法未興，不見紀傳。自僞國稍盛，皆稱貧道，晉初亦然。迄今皆稱貧道云」。帝曰：「暢猷二僧，道業如此，尚自稱名，況復餘者」。由是沙門皆稱名於帝王，自暢猷始也。智度論云：「得道者名爲道人，餘出家未得道者，亦名道人」。又貧道有二種：一、財貧；二、功德法貧。瑜珈論云：「出家品智貧財貧」。指歸云：「道則通物之稱也，屬三乘聖人所證之道也。謂我寡少此道，故曰貧道」。姚書云、「始乎漢魏，終暨苻姚，皆號衆僧以爲道士。至魏太武世，有寇謙之流，始竊道士之名，私易祭酒之稱」。（見法琳別傳）按道人仙人，皆所以名僧人。經論中多見之。今則已成爲道家專稱矣。

拜俗：唐代以前，沙門不應拜俗問題，爭論者多，而歷時亦久。一代大師如慧遠，亦參預其事。與桓玄往返辯論沙門不敬王者問題。朝野互諍，君民均被捲入。唐彥悰纂錄，專就此一問題，集成六卷，可見其議論之多也。沙門拜俗，計分兩種：一爲不敬王者，一爲不拜父母。此在專制時代之宗法社會中，與儒家所創導之忠孝倫理，自多扞格。大乘佛法，重在度生。故四攝法有施捨、愛語、利行、同事，欲其混俗和光，接近人羣，易於弘法也。貢高我慢，爲佛所深戒。衣糞掃衣以乞食，皆所以折除我慢之習也。終身以肩載父母，尚不能報恩，此爲佛語。禮六方亦爲佛制，焉有不拜父母與尊長之說。新學比丘，禮維摩足。常不輕菩薩，見人便拜，此皆拜俗之顯例也。佛學之最高哲理，爲平等一如，沙門而異俗，非隨緣不變之謂也。現在已無獨尊之王者，亦無拜跪之禮節。沙門與俗人相見，合十已足。前此諍論，皆爲戲論。但曾經歸依三寶者，見師僧時，仍應依敎規行至敬禮，所以重道也。

世尊成佛以後歸國，淨飯王見其儀相非常，乃頭面禮足。時諸臣民，情俱不安。共言云何父禮子足。此事若在中國，亦與俗例不合。但世俗之見，不盡與禮相契。禮以表敬：有敬其位者，如臣民之於君王；有敬其分者，如子弟之於父兄；有敬其德者，如弟子之於師長；有表賀意者，如冠日之受拜；有表祭誠者，如生人之拜亡者。是受拜並不限於尊長。南山鈔及法苑皆云「剃髮了，禮繞三寶，拜謝大衆及二師已，然後在末座。父母諸親，皆爲作禮，賀悅其道意」。儒禮冠義曰：「冠者禮之始也。凡冠日見母母拜，見兄兄拜之」。註云：「以其成人而爲禮」。是尊長之拜子弟，儒禮亦有之。本起經云：「父王頭面禮佛足者：一者敬道；二者愛故」。摩耶經云：「爾時摩耶夫人，長跪佛前，五體投地」。釋氏要覽註云：「五分律云：佛言非我所制，餘方爲清淨者，不得不行」。蓋尊卑乃世相分別。父母以敬道而禮子，所以遺世相，故稱清淨；又非佛所制而佛遵守者，是禮從儀，制從俗之意也。

領衆：智者大師入寂時答智朗云：「吾不領衆，必淨六根。爲他損己，祇五品耳」。大乘佛法，重在利他，何以反爲損己。大師之意，重在必淨六根。六根之淨與不淨，只在一心，領衆何傷。其意蓋爲末世比丘垂戒，不可因領衆而怠於淨心耳。

慈受法師謂每於禪定夢寐，得見普賢。住持以來，不復夢見。信領徒有損，其言有實。（指智者大師）遂屏跡草堂。經半載忽書偈趺坐而化。則智者大師之言，似信而有徵。吾人自無始以來，習心用事。根塵相接，遂爲物轉。故隨緣易而不變難也。

業病：南嶽思大師嘗有疾，念曰：病由業生，業由心起，心緣不起，外境何尤。業病與身，都如雲影。作是觀已，身遂輕安。（行狀本傳及釋氏稽古略）此理知之甚易，但能證者實少。

相好：三十二相，八十種隨形好，係菩薩在因位所修得之果。爲適應衆生之機而顯現者。菩薩具有神通，可以變現各種之相，原無定型。此事在智論中曾經談及。世尊應機說法，隨俗顯相。當時聽衆均係印人。一切世法，均隨順印俗。三十二相與八十種隨形好，自亦爲印俗所尙。如印度爲熱帶地區，人面皆爲赤黑色。體格健康者，面帶光彩，卽與赤金色相似。故金色亦列爲相好之一。如對白種人說法，必不以金色爲相好。舉此一例，可概其餘。惟各種相好之修因方法，爲說法之重心所在。乃學人所當知。智論將三十二相與八十隨形好，均列入修道品中，卽此意也。

護法：劉謐撰三教平心論云：「學儒者到收因結果處，不過垂功名也。學道者到收因結果處，不過得長生也。學佛者到收因結果處，可以了生死，究竟涅槃，普度衆生，俱成正覺也」。又曰：「儒教所行者中國也；道教所行者天上人間也。佛教所行者，盡虛空，遍法界也」。此數語雖僅就三教之外表言，亦可概見其範圍之廣狹也。其餘議論，均就各家闢佛言論，加以反駁。張無盡居士，曾著護法論，以韓愈等闢佛言論爲駁斥對象，議論至爲精闢。契嵩禪師所著非韓三十篇，則專以韓愈爲攻擊對象。凡其一言一行，雖與闢佛無關者亦予抨擊。(見鐔津文集)元沙門祥邁辯僞錄，備引化胡經，分段予以駁斥。以上諸作，均爲護法要典。

美人杜威爲提倡實用主義之哲學家，謂「宇宙萬有之本體，縱能證明，亦與人類無關。而人類之所急者，端在生活上之實用而已」。學者均認其言爲非哲學。因有用無用，非有絕對之唯一標準。卽係可以稱爲有用者，亦必隨時隨地而有變化。斷無恒常之功。如人當飢渴時，飲食爲有用；不飢渴時，飲食爲無用。杜氏認爲有實用卽眞理所在，無實用卽非眞理所在。欲依此說以否定一切形上學。而不知其本身無以自立也。國人胡適，爲杜氏門人，大張其師學說，以提倡科學爲口號。早年以「打倒孔家店焚燬線裝書」爲號召，使數千年賴以維持社會秩序之倫理哲學，爲之摧毀殆盡。胡氏對佛學毫無研究。其所著中國哲學史，至魏晉以後，無法着筆，只完成半部。因易名爲中國古代哲學史。晚年校勘神會語錄，(另文駁斥)以掩飾其不諳佛學之羞。亦實用主義也。胡氏除提倡白話文外，在學術上無所表現，而享有盛名，爲千古學人中之最幸運者。死後予挽之云：「孔家店打倒，馬家店開張，故園歸去已無家，魂兮胡適。文學史一篇，哲學史半部，墜緒旁搜誇內學，神會如來」。

佛學問答

1問：佛教與一般迷信，有何不同之處？

答：佛教有兩大特點：第一是平等，認爲人人都可成佛。佛是已悟的衆生，衆生是未悟的佛。佛與衆生，只有悟與不悟之分，本質上並無差別。第二是自覺，佛教修行的人，一切求之自我，不祈禱任何神力的幫助。心卽是佛，一念清淨，便能證果。放下屠刀，立地成佛。卽是這個意思。

2問：佛教爲何崇拜偶像？（外道對佛教的批評）

答：禮拜並不是佛教獨有的教規，任何宗教，對於教主都有禮拜的儀式。此乃表示尊師重道之意。卽在世俗中，子弟對於尊長，也有拜跪儀式，不能當作崇拜偶像。

3問：淨土宗的持名念佛，與祈禱有何不同？

答：衆生的心，本來清淨無染。因被雜有物欲的生活經驗所蒙蔽，不得見性。念佛可以排除一切雜念。此是以楔出楔的辦法。念到一心不亂，就是念而無念，把自心的佛性顯露出來。和向外追求的祈禱不同。

4問：六祖何以不主張修淨土？

答：佛法有一個各宗派共同的基本原則：便是一切唯心。一念心可以豎窮三際，橫徧十方，不受時間和空間的限制。同時不論修行任何法門，必須心淨。心淨土淨，也是念佛的基本原則。所以六祖說：「心地但無不善，西方去此不遙。若懷不善之心，念佛往生難到。」和彌陀經所說的「一心不亂」，恰正相同。是六祖並未反對念佛生西，他只是認為生西必定要具備生西的條件，等於出國留學，一定要具備種種出國的條件。壇經疑問品最後一頌所說的心平、行直、恩、義、讓、忍等，便是生西的條件。這些條件，便是我們旅行西方的資糧，千萬不可缺少。

5**問**：修淨土是從有門入，修般若是從空門入。金剛經和心經等，都是般若經典，念佛是否可以兼誦空宗經典？

答：淨土行者念佛念經，皆有同樣功德。大般若經云：「菩薩摩訶薩為聽法故，常樂見佛。……常不遠離念佛作意。……菩薩摩訶薩常為利樂諸有情故。……教諸有情，十善業道；亦隨願力，現生欲界有佛國土」。是般若亦主張念佛往生，並無排斥之意。大般若經所述之具妙香城各種殊勝莊嚴，即是淨土。又四六二卷云：「以一花供養恭敬，或一稱南無佛陀，均獲大功德，其福無盡」。即是稱贊淨土文字。是念般若經何碍於淨土。

6**問**：念佛是否便能見佛？

答：念佛可以見佛，不僅阿彌陀經有此說；其他諸經，亦有此說。如華嚴為性宗經典，談修持則不離念佛。如云：「應發無厭足心，求見諸佛，無有休息」。又云：「若能念佛心不動，則常覩見無量佛」。又云：「一切衆生淨心器中，佛無不現；心器常淨，常見佛身；若心濁器破，則不得見」。是念佛必當見佛，只在能否淨心耳。吾人心識活動，有電波發散。故一念之誠，無遠弗屆。骨肉之間，雖相隔數萬里，尙能發生感應作用。佛菩薩皆有度生之願，焉有不能得見之理。

7問：三界唯心，萬法唯識，這是佛教中的基本概念。惟修淨土者，何以是他力往生？

答：自力他力，在印度早期的梵神教，就有南北兩派不同的主張；南派謂神之救人，如母猫對未能步行的仔猫，獨力護持，不需要仔猫的努力。北派謂神之救人，如仔猿必須抱持母猿的胸懷，須臾不離。人之蒙神救助，亦須自己努力。淨土宗謂佛菩薩度生，如母鷄卵小鷄，必須啐啄同時。這是採取猿說的主張。所謂他力，是就感應而言。感應是一種互動作用。有自力，也有他力。自力是因，他力是緣。佛菩薩有度生之願，只要衆生有求度之心，努力修行，均能得到加被。但修與不修，與修行之是否努力，仍操之自我。是他力卽係自力也。

8問：修禪與修淨土，究以何者爲最有效？

答：這是一個不易解答的問題。禪宗認爲頓悟可以成佛；淨土宗認爲念佛可以橫出三界。根據這些說法，是兩種方法，都易見效。我對於這兩種修行方法，都無經驗，不敢有所低昂。遺教經云：「制心一處，無事不辦」。各種修行方法，只要能制心一處，便能有效。所以在方法上並無優劣之分。只看各人的根性如何。宜於修禪的能制心一處，便頓悟成佛。宜於修淨土的，能制心一處，便可横出三界。此一問題，我想只能作如此解答。

9問：禪淨雙修，是怎樣的修法？

答：這是一個行的問題，應請教有實際經驗的人才可以。據我的了解：一般的步驟，是先打坐，後念佛；或先念佛，後打坐，各成片斷。至於孰先孰後，可就各人的生活習慣，自由選擇，原無一定標準。也有坐禪與念佛併行的。坐禪三昧經云：「菩薩坐禪，不念一切，惟念一佛，自得三昧」。即是主張坐禪兼念佛號。此外還有念佛時兼參話頭的；此是中峰禪師的主張。又參念，不免分心爲二，工夫不易打成一片。但是從另一觀點而言：無論念佛或參禪，均不免雜有他念。念時兼參，雜念反不易入。因話頭代替了佛號中的雜念，而佛號也代替了話頭中的雜念。如果在念佛時忘了話頭，是佛號打成一片；參話頭時忘了佛號，是話頭打成一片。兩俱有利。但不宜以雜念代替話頭或佛號耳。此是純就理論而言。但不知實行結果如何？還須就正於有道。

10問：佛教教義，包羅萬象。如何用最簡明的語句，說明全部佛法的眞理。

答：說明全部佛學精義的，莫如三法印。便是用三種法可以印證佛果：㈠是「諸行無常」，是一種變異的世間觀。「行」是指一切遷流不定的世相。任何事物，都不是恒常不變的。物理的有成、住、壞、空四相；生理的有生、老、病、死四相；心理的有生、住、異、滅四相。都不斷地在變異。（生滅垢淨增減）所以說是無常。㈡是「諸法無我」，這是一種相對的事理觀。「法」是指一切現象界的事理而言。「我」有唯一和主宰兩義。每一事物，都需要衆多事物的幫助。如人需要食、衣、住、行；植物需要水土、日光、空氣；乃至因長而有短，因短而有長，及大小、方圓、橫直、上下、左右、前後……是非……等，都是相互依存。所謂「諸法衆緣生」，均不能單獨存在和自由主宰，所以說是無我。㈢是「涅槃寂靜」，這是一種絕對的本體觀。「涅槃」是不生不滅義。因無常無我，都是生滅性，他給衆生帶來無限的煩惱。必需超越這些生滅境界，煩惱才能斷盡，故稱寂靜。

綜上所述，再作簡明的解釋：卽衆生生活在現象世界，所遭遇的一切事物，既不斷地在變異，而又無獨立的自性，故不免於煩惱。必需證悟不生不滅的涅槃境界，使一切由變異相，對待相、生滅相所生的煩惱，到此都寂靜了，卽是解脫。

11問：三法印中「諸法無我」句中的法字，應該是包括有爲法與無爲法兩種。涅槃是無爲法，何以涅槃四德中，又說有我呢？

答：三法印中的我，是指小我而言。小我是就衆生的身心（識心）而言，是有對待的，有對待便不能獨立存在。同時也是有生滅的，有生滅便非永恒存在。這種小我，並不是一個實體的我。只是受業力的牽引，用來承受痛苦的一個報體。在業力未盡時，沉沒在生死海中，頭出頭入，無有了期，果報盡時，還歸消滅。其存在期間，既受制於空間，必須有各種助緣，以滿足生活上的需要，不是一個自在的我。又受制於空間，有生理上的生、老、病、死，心理上的生、住、異、滅，不是一個自主的我。我的實體既不存在，故說無我。涅槃四德，亦稱四法印。其中所稱的我，是指大我而言。大我在空間上是和宇宙混然一體，絕一切對待，無自他之分。在時間上是不生不滅，超越三世，永恆存在。這個我，是能度一切苦厄，遠離顛倒夢想，而能得到自在和自主的我。文佛出生，一手指天，一乎指地說：「天上天下，唯我獨尊。」唯與獨，是指超越空間，絕對待的自在而言。我與尊，是指超越時間，永恆的自主而言。這個我便是大我，也是涅槃四德中所稱的我。就唯識三性言：生理上的我，是依他起性；心理上的我，是徧計所執性；涅槃中的我，是圓成實性。簡言之：有爲法中的我是假我；無爲法中的我是眞我。故有我與無我，只是眞假之分。

12 **問**：三法印的涅槃，只有寂靜的一種功能。而四法印中的涅槃，有常、樂、我、淨四種功能。兩說不免紛歧。

答：四法印有兩種：一是指涅槃四德而言。一是三法印有時亦稱四法印。在無常無我之後，增加一個苦法印。無常無我法印，是就執常執我的因位言；苦法印是就果位言。故三卽四而四卽三。到了涅槃境界，變異（無常）的世相，便寂止了；執我的心理活動，也寧靜了；因執常執我所引起的苦受也寂止了。故寂靜二字，是一種遮詮的說法。至涅槃四德，是用表詮方法：無常的世相，到此便成有常；無我的世相，到此便成有我；因執常執我所感受的一切痛苦，到此變爲快樂的感受；一切不淨的世相，到此都清淨了。三法印的涅槃，重在遣相，故用遮詮；涅槃四德，重在顯性。故用表詮。此爲兩者不同之點。靜淨二字，有時是通用的。不過用在三法印和涅槃四德中，便略有不同。靜是靜止之意，卽無爲寂靜，是否定的形容詞。只能用之於遮詮句法中。淨是清淨之意，亦可作淨化解，指離一切垢染的眞實清淨智慧法身而言，亦卽指法性而言。是肯定的形容詞。可用之於表詮句法中。故靜與淨，是涅槃的兩面觀。經云：「若見諸相非相，卽見如來。」又云：「離一切諸相，則名諸佛。」這兩種經文，上句都是遮，下句都是表。可以解釋兩種涅槃和靜與淨的差異性。

此外還有一個問題，必須附帶說明的：印是指各種經義是否爲佛所說的印證而言。小乘經必須有諸行無常，諸法無我，涅槃寂靜三法，始能印定爲佛所說。大乘經必須有一法印始爲了義。一法印指「諸法實相」而言。又稱「一實相印」。謂「眞實之理，無二無別，離諸虛妄之相。」這兩句話是說明是法平等，無有高下，絕諸對待之義。法相雖千差萬別，法性則平等一如。西洋哲學所謂共相，卽相當於實相（一合相）之義；別相相當於世相。旣是一相，卽不能稱爲四法。故法印只有一法印與三法印兩種。同時涅槃四德，僅見於涅槃經，不能用作其餘大乘經是否了義之印證。故四德不能稱之爲四印。釋經者往往任意添增名相，轉增學佛人之困擾，此不可不辨。

滄海叢刊已刊行書目(八)

書名	作者	類別
文學欣賞的靈魂	劉述先	西洋文學
西洋兒童文學史	葉詠琍	西洋文學
現代藝術哲學	孫旗譯	藝術
音樂人生	黃友棣	音樂
音樂與我	趙琴	音樂
音樂伴我遊	趙琴	音樂
爐邊閒話	李抱忱	音樂
琴臺碎語	黃友棣	音樂
音樂隨筆	趙琴	音樂
樂林蓽露	黃友棣	音樂
樂谷鳴泉	黃友棣	音樂
樂韻飄香	黃友棣	音樂
樂圃長春	黃友棣	音樂
色彩基礎	何耀宗	美術
水彩技巧與創作	劉其偉	美術
繪畫隨筆	陳景容	美術
素描的技法	陳景容	美術
人體工學與安全	劉其偉	美術
立體造形基本設計	張長傑	美術
工藝材料	李鈞棫	美術
石膏工藝	李鈞棫	美術
裝飾工藝	張長傑	美術
都市計劃概論	王紀鯤	建築
建築設計方法	陳政雄	建築
建築基本畫	陳榮美 楊麗黛	建築
建築鋼屋架結構設計	王萬雄	建築
中國的建築藝術	張紹載	建築
室內環境設計	李琬琬	建築
現代工藝概論	張長傑	雕刻
藤竹工	張長傑	雕刻
戲劇藝術之發展及其原理	趙如琳譯	戲劇
戲劇編寫法	方寸	戲劇
時代的經驗	汪琪 彭家發	新聞
大衆傳播的挑戰	石永貴	新聞
書法與心理	高尚仁	心理

滄海叢刊已刊行書目(七)

書名	作者	類別
印度文學歷代名著選(上)(下)	糜文開編譯	文學
寒山子研究	陳慧劍	文學
魯迅這個人	劉心皇	文學
孟學的現代意義	王支洪	文學
比較詩學	葉維廉	比較文學
結構主義與中國文學	周英雄	比較文學
主題學研究論文集	陳鵬翔主編	比較文學
中國小說比較研究	侯健	比較文學
現象學與文學批評	鄭樹森編	比較文學
記號詩學	古添洪	比較文學
中美文學因緣	鄭樹森編	比較文學
文學因緣	鄭樹森	比較文學
比較文學理論與實踐	張漢良	比較文學
韓非子析論	謝雲飛	中國文學
陶淵明評論	李辰冬	中國文學
中國文學論叢	錢穆	中國文學
文學新論	李辰冬	中國文學
離騷九歌九章淺釋	繆天華	中國文學
苕華詞與人間詞話述評	王宗樂	中國文學
杜甫作品繫年	李辰冬	中國文學
元曲六大家	應裕康 王忠林	中國文學
詩經研讀指導	裴普賢	中國文學
迦陵談詩二集	葉嘉瑩	中國文學
莊子及其文學	黃錦鋐	中國文學
歐陽修詩本義研究	裴普賢	中國文學
清真詞研究	王支洪	中國文學
宋儒風範	董金裕	中國文學
紅樓夢的文學價值	羅盤	中國文學
四說論叢	羅盤	中國文學
中國文學鑑賞舉隅	黃慶萱 許家鸞	中國文學
牛李黨爭與唐代文學	傅錫壬	中國文學
增訂江皋集	吳俊升	中國文學
浮士德研究	李辰冬譯	西洋文學
蘇忍尼辛選集	劉安雲譯	西洋文學

滄海叢刊已刊行書目(六)

書名	作者	類別
卡薩爾斯之琴	葉石濤	文學
青囊夜燈	許振江	文學
我永遠年輕	唐文標	文學
分析文學	陳啓佑	文學
思想起	陌上塵	文學
心酸記	李喬	文學
離訣	林蒼鬱	文學
孤獨園	林蒼鬱	文學
托塔少年	林文欽 編	文學
北美情逅	卜貴美	文學
女兵自傳	謝冰瑩	文學
抗戰日記	謝冰瑩	文學
我在日本	謝冰瑩	文學
給青年朋友的信(上)(下)	謝冰瑩	文學
冰瑩書柬	謝冰瑩	文學
孤寂中的廻響	洛夫	文學
火天使	趙衛民	文學
無塵的鏡子	張默	文學
大漢心聲	張起鈞	文學
回首叫雲飛起	羊令野	文學
康莊有待	向陽	文學
情愛與文學	周伯乃	文學
湍流偶拾	繆天華	文學
文學之旅	蕭傳文	文學
鼓瑟集	幼柏	文學
種子落地	葉海煙	文學
文學邊緣	周玉山	文學
大陸文藝新探	周玉山	文學
累廬聲氣集	姜超嶽	文學
實用文纂	姜超嶽	文學
林下生涯	姜超嶽	文學
材與不材之間	王邦雄	文學
人生小語(一)(二)	何秀煌	文學
兒童文學	葉詠琍	文學

滄海叢刊已刊行書目㈤

書名	作者	類別
中西文學關係研究	王潤華	文學
文開隨筆	糜文開	文學
知識之劍	陳鼎環	文學
野草詞	章瀚章	文學
李韶歌詞集	李韶	文學
石頭的研究	戴天	文學
留不住的航渡	葉維廉	文學
三十年詩	葉維廉	文學
現代散文欣賞	鄭明娳	文學
現代文學評論	亞菁	文學
三十年代作家論	姜穆	文學
當代臺灣作家論	何欣	文學
藍天白雲集	梁容若	文學
見賢集	鄭彥棻	文學
思齊集	鄭彥棻	文學
寫作是藝術	張秀亞	文學
孟武自選文集	薩孟武	文學
小說創作論	羅盤	文學
細讀現代小說	張素貞	文學
往日旋律	幼柏	文學
城市筆記	巴斯	文學
歐羅巴的蘆笛	葉維廉	文學
一個中國的海	葉維廉	文學
山外有山	李英豪	文學
現實的探索	陳銘磻編	文學
金排附	鍾延豪	文學
放鷹	吳錦發	文學
黃巢殺人八百萬	宋澤萊	文學
燈下燈	蕭蕭	文學
陽關千唱	陳煌	文學
種籽	向陽	文學
泥土的香味	彭瑞金	文學
無緣廟	陳艷秋	文學
鄉事	林清玄	文學
余忠雄的春天	鍾鐵民	文學
吳煦斌小說集	吳煦斌	文學

滄海叢刊已刊行書目(四)

書名	作者	類別
歷史圈外	朱桂	歷史
中國人的故事	夏雨人	歷史
老臺灣	陳冠學	歷史
古史地理論叢	錢穆	歷史
秦漢史	錢穆	歷史
秦漢史論稿	刑義田	歷史
我這半生	毛振翔	歷史
三生有幸	吳相湘	傳記
弘一大師傳	陳慧劍	傳記
蘇曼殊大師新傳	劉心皇	傳記
當代佛門人物	陳慧劍	傳記
孤兒心影錄	張國柱	傳記
精忠岳飛傳	李安	傳記
八十憶雙親 師友雜憶 合刊	錢穆	傳記
困勉強狷八十年	陶百川	傳記
中國歷史精神	錢穆	史學
國史新論	錢穆	史學
與西方史家論中國史學	杜維運	史學
清代史學與史家	杜維運	史學
中國文字學	潘重規	語言
中國聲韻學	潘重規 陳紹棠	語言
文學與音律	謝雲飛	語言
還鄉夢的幻滅	賴景瑚	文學
葫蘆・再見	鄭明娳	文學
大地之歌	大地詩社	文學
青春	葉蟬貞	文學
比較文學的墾拓在臺灣	古添洪 陳慧樺 主編	文學
從比較神話到文學	古添洪 陳慧樺	文學
解構批評論集	廖炳惠	文學
牧場的情思	張媛媛	文學
萍踪憶語	賴景瑚	文學
讀書與生活	琦君	文學

滄海叢刊已刊行書目(三)

書名	作者	類別
不疑不懼	王洪鈞	教育
文化與教育	錢穆	教育
教育叢談	上官業佑	教育
印度文化十八篇	糜文開	社會
中華文化十二講	錢穆	社會
清代科舉	劉兆璸	社會
世界局勢與中國文化	錢穆	社會
國家論	薩孟武譯	社會
紅樓夢與中國舊家庭	薩孟武	社會
社會學與中國研究	蔡文輝	社會
我國社會的變遷與發展	朱岑樓主編	社會
開放的多元社會	楊國樞	社會
社會、文化和知識份子	葉啓政	社會
臺灣與美國社會問題	蔡文輝 蕭新煌 主編	社會
日本社會的結構	福武直 著 王世雄 譯	社會
三十年來我國人文及社會科學之回顧與展望		社會
財經文存	王作榮	經濟
財經時論	楊道淮	經濟
中國歷代政治得失	錢穆	政治
周禮的政治思想	周世輔 周文湘	政治
儒家政論衍義	薩孟武	政治
先秦政治思想史	梁啓超原著 賈馥茗標點	政治
當代中國與民主	周陽山	政治
中國現代軍事史	劉馥著 梅寅生譯	軍事
憲法論集	林紀東	法律
憲法論叢	鄭彥棻	法律
師友風義	鄭彥棻	歷史
黃帝	錢穆	歷史
歷史與人物	吳相湘	歷史
歷史與文化論叢	錢穆	歷史

滄海叢刊已刊行書目(二)

書名	作者	類別
語言哲學	劉福增	哲學
邏輯與設基法	劉福增	哲學
知識·邏輯·科學哲學	林正弘	哲學
中國管理哲學	曾仕强	哲學
老子的哲學	王邦雄	中國哲學
孔學漫談	余家菊	中國哲學
中庸誠的哲學	吳怡	中國哲學
哲學演講錄	吳怡	中國哲學
墨家的哲學方法	鐘友聯	中國哲學
韓非子的哲學	王邦雄	中國哲學
墨家哲學	蔡仁厚	中國哲學
知識、理性與生命	孫寶琛	中國哲學
逍遥的莊子	吳怡	中國哲學
中國哲學的生命和方法	吳怡	中國哲學
儒家與現代中國	韋政通	中國哲學
希臘哲學趣談	鄔昆如	西洋哲學
中世哲學趣談	鄔昆如	西洋哲學
近代哲學趣談	鄔昆如	西洋哲學
現代哲學趣談	鄔昆如	西洋哲學
現代哲學述評(一)	傅佩榮譯	西洋哲學
懷海德哲學	楊士毅	西洋哲學
思想的貧困	韋政通	思想
不以規矩不能成方圓	劉君燦	思想
佛學研究	周中一	佛學
佛學論著	周中一	佛學
現代佛學原理	鄭金德	佛學
禪話	周中一	佛學
天人之際	李杏邨	佛學
公案禪語	吳怡	佛學
佛教思想新論	楊惠南	佛學
禪學講話	芝峯法師譯	佛學
圓滿生命的實現（布施波羅蜜）	陳柏達	佛學
絶對與圓融	霍韜晦	佛學
佛學研究指南	關世謙譯	佛學
當代學人談佛教	楊惠南編	佛學

滄海叢刊已刊行書目(一)

書名	作者	類別
國父道德言論類輯	陳立夫	國父遺教
中國學術思想史論叢 (一)(二)(三)(四)(五)(六)(七)(八)	錢穆	國學
現代中國學術論衡	錢穆	國學
兩漢經學今古文平議	錢穆	國學
朱子學提綱	錢穆	國學
先秦諸子繫年	錢穆	國學
先秦諸子論叢	唐端正	國學
先秦諸子論叢（續篇）	唐端正	國學
儒學傳統與文化創新	黃俊傑	國學
宋代理學三書隨劄	錢穆	國學
莊子纂箋	錢穆	國學
湖上閒思錄	錢穆	哲學
人生十論	錢穆	哲學
晚學盲言	錢穆	哲學
中國百位哲學家	黎建球	哲學
西洋百位哲學家	鄔昆如	哲學
現代存在思想家	項退結	哲學
比較哲學與文化(一)(二)	吳森	哲學
文化哲學講錄(一)(二)(三)(四)	鄔昆如	哲學
哲學淺論	張康譯	哲學
哲學十大問題	鄔昆如	哲學
哲學智慧的尋求	何秀煌	哲學
哲學的智慧與歷史的聰明	何秀煌	哲學
內心悅樂之源泉	吳經熊	哲學
從西方哲學到禪佛教 —「哲學與宗教」一集—	傅偉勳	哲學
批判的繼承與創造的發展 —「哲學與宗教」二集—	傅偉勳	哲學
愛的哲學	蘇昌美	哲學
是與非	張身華譯	哲學